Knaur®

Von Clemens Laar sind außerdem erschienen:

»Garde du Corps« (Band 2847)
»Meines Vaters Pferde« (Band 2863)

Vollständige Taschenbuchausgabe Juli 1990
Droemersche Verlagsanstalt Th. Knaur Nachf., München

Originalverlag Adolf Sponholtz Verlag, Hannover
Umschlaggestaltung Manfred Waller
Umschlagfoto Sammlung Menningen
Druck und Bindung brodard & taupin
Printed in France 5 4 3 2 1
ISBN 3-426-02848-4

Clemens Laar:
Morgen

Die seltsam verworrenen Pfade
des Jürgen Godeysen,
des getreulich nach Erfüllung
des Daseins Suchenden

Vollendet von Peters-Arnolds

Roman

Knaur®

INHALT

Clemens Laar † 7. Juni 1960
hinterließ ein unvollendetes Manuskript sowie ein Exposé mit den charakterisierten Personen des Romans. Ab Seite 204 dieses Buches vollendete der dem Verstorbenen freundschaftlich nahestehende Schriftsteller Peters-Arnolds das Manuskript nach den hinterlassenen Unterlagen.

MORGEN

Und morgen wird die Sonne
wieder scheinen.
Und auf dem Wege, den ich gehen werde,
wird uns, die Glücklichen,
sie wieder einen.

I

G U N T H E R M A N N

oder

DER WEG ZURÜCK

Am Ende eines Märztages, der sich lau und beseligt in rauchig-blaßviolettem Licht auflösen wollte, stand ich wieder vor dem Hause, in dem ich so viele Jahre begraben gewesen war.

Als ich es einst verließ — und ich konnte mir zu dieser Stunde kaum vorstellen, wie und wann dies geschehen war —, da hatte ich kaum gemerkt, daß dieses Haus eigentlich ein Schloß war, vornehm zurückgezogen hinter einem ebenso edel gewachsenen wie gestalteten Park, aber wiederum nicht so feudal, daß es nicht mit seiner barocken Fassade und dem leuchtenden First durch diese oder jene Baumgruppe und über einen Wall von Rhododendron hinweg voll heiterer Zutraulichkeit, geradezu mit zwinkernder Anmut, an der Straße und dem vorüberflutenden Verkehr teilgenommen hätte.

Leute mußten es einmal gebaut haben, die nicht nur in ihr eigenes Dasein, sondern in das Leben überhaupt überschwenglich verliebt gewesen waren.

Ich wäre bei diesem Anblick stehengeblieben, auch wenn ich mich nicht gerade vor dem Portal befunden hätte. So weich und warm die frühlingshafte Luft war, ich zitterte vor Kälte, und ich glaubte auch, Tränen in den Augen zu haben.

Das war natürlich Unsinn. Jemand wie ich konnte ebensowenig weinen wie lachen. Einbilden konnte er es sich, gerade noch einbilden ...

Ein Fetzen jenes herrlichen, jenes geliebten und verfluchten Liedes, das ich vergessen mußte, wehte wieder heran und war, wie immer, durch nichts zu zertrampeln und zum Schweigen zu bringen:

„. . . und ich geh' mit einer, die mich lieb hat, in den Frieden dieses weißen Hauses, der voll Schönheit wartet . . .“

Ich wollte lachen, aber ich konnte es nicht. Ich starrte ins Leere und würgte nach Atemluft — ein ratloser, ein hilfloser Golem.

Doch denken konnte ich noch.

Friede, der voll Schönheit wartet! Herrgott, was dort hinten in dem Hause wartete, das war nur das Grauen.

Ich merkte, daß ich auf ein Schild am Eingang stierte. Es war ein sehr stilvolles Gebilde aus Bronze oder Messing und besagte, daß sich hinter diesem einladenden, schmiedeeisernen Gitter das Sanatorium Prof. Dr. Guntherman befand. Welch diskrete, geradezu ermunternde Bezeichnung für ein Institut, dessen Aufgabe allein darin bestand, die letzten gräßlichen Scherben des großen Völkerirrsinns zu sammeln, zu bewahren, zu verstecken und treuhänderisch zu verwalten.

Sanatorium Prof. Dr. Gunthermann! Steinerner Traum von festlicher Daseinslust aus einem verzückten Baumeisterherzen. Zum Teufel damit! Eine Grabkammer war es und sonst nichts. Ein komfortabel umkleidetes Beinhaus, ein zentralbeheiztes und mit allerlei Kulissen und Requisiten des großen, leuchtenden Lebens verstelltes Unterweltsgewölbe für eine unnennbare Zahl von lebendig Toten.

Der Krieg hatte sie nicht verschlungen, auch nicht ausgespieen. Er hatte sie nur zermalmt.

Jahr um Jahr hatte ich zu ihnen gehört, und jetzt trieb es mich zu ihnen zurück.

Doch selbst diese Gemeinschaft würde mir wohl verschlossen bleiben.

Ich war auf den Strand des Lebens geworfen. Wo gab es für mich noch einen Platz?

Der Pförtner sprach mich an. Er war immer noch der gleiche wie damals, ein Mann ohne Alter, und das gehörte sich ja wohl auch für jemand, der eine Arm- und eine Beinprothese trug, der nur noch ein Stück Lunge und keine Rippen mehr besaß und deshalb in einem stählernen Korsett leben mußte. Man sah es ihm nicht an, doch ich wußte es. Als ich damals in meinem Sarkophag lag, zu dem sie Bett sagten, und nur den Kopf ein wenig zum Fenster hin bewegen konnte, da war er oft wochenlang das einzige Lebewesen da draußen, das ich zu Gesicht bekam.

Und ich hätte so gern einen Vogel, vielleicht gar ein Eichhörnchen gesehen!

Ich konnte mich nicht dagegen wehren, daß ich ihn zu hassen begann, wenn er gemächlich, widerlich selbstzufrieden um das große Boskett im Vorgarten ging, hier ein wenig harkte und dort ein welkes Blättchen abknipste ...

Bis ich dann hörte, daß auch er eigentlich einer von uns war.

Nun stand er, satt und zufrieden und sogar ein wenig rosig und rundlich, und wartete, daß ich ihm antwortete.

So ist das also, dachte ich. Nur das Halbzerbrochene und Halbverweste, an dem die Götter bereits höhnisch ihr Mütchen gekühlt haben, nur das hat Bestand.

Ich war über mich selbst verwundert, daß ich etwas wie Enttäuschung empfand, als er mich nicht erkannte. Ein Zeichen von Erinnerung wäre eine Art Willkommensgruß aus dem Gefilde des fahlen Vergessens gewesen. Doch dann fiel mir ein, daß ich ihm gar nicht bekannt sein konnte. Als ich kam, hatte mich eine amerikanische Ambulanze gebracht, einen neuen Haufen Scherben zu den anderen.

Und als ich dann ging, hatte ich mich nicht umgeschaut; nicht nach ihm und nicht nach dem Haus. Vor mir lag das herrliche, neugewonnene Leben, und an meiner Seite schritt Nikoline, meine Frau. —

Ich fühlte einen kleinen Stoß an der Brust:

„He, Sie, Herr Nachbar, wachen Sie auf!"

Der Pförtner tippte mich noch einmal an, und ich überlegte, ob er das wohl mit seiner Prothese tat. Handschuhe trug er an beiden Händen.

„Ich will zu Dr. Gunthermann", sagte ich, „wenn Sie mich vielleicht anmelden wollten ..."

Er blinzelte mich mißbilligend, aber nicht unfreundlich an: „Erstens ist unser Doktor längst Professor, und zweitens gibt es bei ihm so was wie Anmeldung nicht. Zu ihm kann jeder. Wer zu mir kommt, das sagt unser Professor, der hat es bestimmt nötig; und wenn er es nicht nötig hat, dann bringt er vielleicht etwas Gutes. In jedem Fall wird also kein Kaleika gemacht. —

Doch als ich dann um das Boskett herum zum Hauptweg schritt, hatte ich auf einmal entsetzliche Angst, daß mir vielleicht doch, so ganz ungewöhnlich und zufällig, einer von denen begegnete, die hier hausten. Ein Ungeheuer, eine Fratze mit zwei traurigen, sehnsuchtsvollen Menschenaugen darin.

Im Schloßinnern war mir auf einen Schlag alles wieder vertraut. Nun ja, wie oft hatten sie mich hin und her gefahren. Von einem Zimmer in das andere, vom Zimmer in das Bad, vom Bad in das Ambulatorium. Zum Röntgenraum, zum Vorbereitungszimmer, zum Operationssaal.

Es war alles wie damals; nichts hatte sich verändert. Kein Krankenhaus, kein Spital, keine Leidens- und Gebrestenstätte. Sondern ein lichtes und ein wenig in das eigene Behagen versponnenes Herrenhaus, in dem alles Mozart oder Chopin zu summen schien: die Täfelungen, die schönen alten Möbel im Treppenhaus und auf den Gängen und vor allen Dingen die vielen kolorierten Kupfer- und Stahlstiche mit den süß-frivolen Frauengesichtern des Barock und Rokoko.

Ein ganz leiser Hauch Parfüm, schon ein wenig vom Vergehen durchströmt, hätte den Traum von einstigem Glück vollständig gemacht; doch es roch nur muffig und auch ein wenig nach Kresol.

Unwillkürlich mußte ich lächeln. Ich wußte von Gunthermann, wie sehr er, als er im Jahre 1948 oder 1949 mit der Einrichtung des ... also des Instituts beauftragt worden war, mit den vorgesetzten Behörden gerade um dieses Haus gerungen hatte. Als es ihm endlich gelungen war, einige kluge und empfindsame Persönlichkeiten der Landesregierung davon zu überzeugen, daß man denen, die hier für den Rest ihres Daseins weilen sollten, wenigstens die Kulisse eines schönen Lebens bieten mußte, da fing der eigentliche Kampf erst an. Ein schier unendlicher Kleinkrieg um die Frage der Beschriftung der Türen zu den klinischen Anlagen, der Numerierung und dergleichen. Heftig war der Streit um die in der Tat recht zerschlissenen Läufer und Brücken auf den Gängen gewesen, die nach dem Willen des Landesgesundheitsamtes durch hygienischen Bodenbelag ersetzt werden sollten.

Das war gerade um die Zeit, da ich ging, und wie es schien, hatte Gunthermann obsiegt. Natürlich ...

Einmal — ich lag im Halbdämmer meines damaligen Zustandes auf dem Untersuchungstisch — hatte ich ihn im Nebenzimmer telefonieren gehört:

„Mache ich nicht mit. Wenn Sie mir die Maler schicken, schmeiße ich sie raus. Eigenhändig. Hier bei mir wird nicht sanitär gestrichen und gekleckst. Die ollen, munteren Tapeten bleiben. Die ersparen mir eine Unmenge von Barbitursäure.“

Selbst damals hatte ich lächeln müssen und war durch diese Worte ganz kurz in eine seltsame, gar nicht bedrückende Wachheit zurückgerissen worden; und auch jetzt, in der Erinnerung, fühlte ich mich bewegt. Da war plötzlich etwas wie ... ja wie ein bißchen Zuversicht.

Vielleicht ... war mir doch zu helfen.

Gunthermanns Sprechzimmer hätte ich auch gefunden, wenn nicht zahllose Schwestern eilfertig und huschend wie weiße Mäuse hinein- und herausgeraschelt wären.

Keine nahm Notiz von mir, keine erkannte mich. Doch ich kannte sie alle, wenn ich auch ihre Namen nicht mehr wußte. Und alle waren noch genauso wunderschön, wie sie mir damals erschienen waren; denn sie hatten auf ihren Gesichtern — jung oder alt, prall oder verschrumpelt — jenes stillheimliche Leuchten, jene heiter-nüchterne Güte, die man wohl im Herzen tragen muß, wenn man freiwillig hierher kommt und hier bleibt.

Und wenn ich an diesem Ort nichts anderes erkannt und in mir bewahrt hätte, so doch dieses, daß Güte auf einem Frauenantlitz die höchste Schönheit ist.

Professor Gunthermann hing, ein widerwillig zur Ruhe gezwungener Donnergott, massig in seinem Lehnsessel hinter dem Schreibtisch, und natürlich stand eine Schwester neben ihm. Es war schwer, sich Gunthermann in einer anderen Erscheinungsform vorzustellen. Mindestens eine, meistens jedoch mehrere Schwestern waren anscheinend immer damit beschäftigt, irgend etwas an ihm in Ordnung zu bringen. Gunthermann selbst übersah es oder fand nicht die Zeit dazu oder hielt es auch prinzipiell für nichtig, so inferiore Dinge wie Schlipsbinden, Kittelwechsel oder Jackettanziehen selbst vorzunehmen. Es gab Künstlerinnen unter den Schwestern, die es morgens fertigbrachten, dem durch die Gänge stürmenden Gunthermann die Pantoffeln von den Füßen zu streifen und durch Leder- oder Leinewandschuhe zu ersetzen.

Die Wirkung solcher köstlicher Szenen schien mir in der Erinnerung an dieses Haus nicht weniger heilsam gewesen zu sein als die Worte meines Vaters, mit denen er mir noch vom Jenseits her den Glauben an das Leben zurückgab, als Nikoline, der ich den Mut zur entscheidenden Operation verdanke, und als die berühmten Ärzte, die an mir das Unmögliche wagten. Hier hatte ich wieder begriffen, daß es wirklich Lachen und Lieben auf der Welt gab.

Ich hatte Gunthermann immer mit einem Ozeanriesen verglichen, der von schnaufenden Schleppern gezerrt wird; doch Nikoline fand, daß ihr Bild passender sei. Ihr Vater, der ganz zum Schluß des großen Irrsinns noch als Kommandeur eines Infanterie-Regiments — wahrscheinlich Kompaniestärke — im Reinhardswald fallen mußte, war ein großer und begeisterter Nimrod gewesen; und obschon Nikoline selbst keinerlei persönliche Beziehung, geschweige denn Passion zu Jagd und Jägerei hatte, waren fast alle ihre Vergleiche und viele ihrer Redewendungen waidmännischer Natur. Es war sehr drollig und ein bißchen rührend und beim näheren Nachdenken sogar ergreifend. Ganz und gar ohne es zu ahnen, setzte hier eine Tochter ihrem toten Vater ein Denkmal besonderer Art.

So war denn für sie der gute, grobe Gunthermann ein urig durch das Unterholz preschender Keiler, in den sich ein paar größenwahnsinnige Zwergteckel verbissen hatten.

Verdammt, wie weh das bei der Erinnerung plötzlich an jener Stelle tat, an der für die Anatomen das Herz und für die Dichter die Seele sitzt.

Und ich hatte geglaubt, vor Nikoline flüchten zu können!

Gunthermann sah mich in der Tür stehen:

„Komm rein, mein Junge, und schließ hinter dir die Tür ab. Sonst haben wir doch keine Ruhe vor Aeskulaps Hühnerhof. Und nimm dir 'ne Zigarre, wenn du willst. Du weißt ja, wo sie stehen."

Zeitlich trennte uns eine Ewigkeit — von der fraglichen Brücke einiger Briefe und Postkarten abgesehen — aber Tonfall und Haltung bei ihm waren so, als hätten wir am Abend davor noch Skat miteinander gespielt.

Das tat wohl.

Auch die Atmosphäre in seinem Zimmer beschwichtigte, wenn sie nicht gar einlullte. Das war kein Ordinationsraum und kein Sprechzimmer eines leitenden Arztes, sondern mit Möbeln und Bildern und zwei riesigen, wunderschönen französischen Gobelins das Refugium eines wohlhabenden und sehr kultivierten, dazu sehr erfolgreichen Reiters.

Wenn es meinem armen, wahrscheinlich hoffnungslos zerschossenen Kopfe möglich gewesen wäre, dann hätte ich mich wohl jetzt entsinnen müssen, daß so ähnlich — bis auf die Wohlhabenheit! — das Arbeitszimmer meines Vaters auf dem Fohlenhofe ausgesehen hatte.

Die aufsteigende, schlimme Beklemmung wich, als Gunthermann mir zublinzelte — keiner konnte das so herzerfrischend tun wie er — und mit dem Daumen auf die überlange weibliche Gestalt an seiner Seite zeigte:

„Macht sie großartig, was? Gewaltiges Talent, von mir entdeckt."

Es war seine erste Operationsschwester; völlig geschlechtslos, doch mit einem gescheiten Raubvogelkopf, der als einprägsame Allegorie für Treue und Zuverlässigkeit hätte dienen können.

Unerschüttert fuhr sie in ihrem Tun fort, und das war von solcher Art, daß ich beinahe hell aufgelacht hätte, wenn mir nicht im gleichen Augenblick der Gedanke durch den Kopf geweht wäre: Welch ein Jammer, daß Nikoline das nicht sehen kann.

Mit einer gewaltigen Schere, die ihrer eigentlichen chirurgischen Laufbahn entfremdet war, schnitt die Operationsschwester dem Professor Dr. Gunthermann die Haare.

„Erstens komme ich kaum in die Stadt", erklärte Gunthermann, „und zweitens ist es mir ein Greuel, so einen professionellen Verschönerungskünstler mit seinen Fingern an meinem besten Stück herumtasten zu lassen. Lieber 'ne Trepanation ohne Narkose. Aber Schwester Gisela ist ein Genie. Man merkt sie gar nicht. Bloß daß ich in den ersten Tagen nach ihrer Behandlung 'ne gewisse gestufte Erscheinung bin."

Hinter seinem vergnügten Grimassieren erkannte ich einen besorgten und forschenden Blick. Er hatte also sofort gesehen, daß er mir nicht nur über eine erste, leise Befangenheit hinweghelfen mußte.

„Was macht Nicoline? Ich meine jetzt nicht Ihre Frau, Jürgen Godeysen, sondern die Stute, die Ihnen Ihr Vater, der olle prächtige Reitersmann und Kavalier, hinterlassen hat."

„Es geht ihr gut", sagte ich steif.

Diesmal war sein Blinzeln wirklich nur Vergnügtheit mit einem kleinen Schuß von Boshaftigkeit darin:

„Woraus ich schließen möchte, daß der Reiter noch keine besonderen Mériten vorzuweisen hat und das Pferd vorläufig noch besser ist als er."

Er hatte es geschafft, mich wirklich zu einem ungezwungenen Lächeln zu bringen.

Dieser alte Schurke! Er besaß den Instinkt und das Auge eines Jagdfalken.

Eine Vorstellung, die natürlich auch von Nikoline stammte.

Und wie recht er mit dem Pferd hatte. Nicht einmal an ihm hatte ich mich bewährt.

Wie konnte es anders sein, als daß jetzt die Szene vor meinen Augen stand, da ich zum ersten Mal dem Pferd begegnete, das mein Vater mit den zarten, empfindsamen Händen eines Künstlers in seinem Adel für mich geformt hatte, auf daß es mich zurückträge in den Frieden und in das Leben. Grell und überdeutlich stand das Bild vor mir: Ein gerissener und aus dem Dunkel übergrell wieder aufgeblendeter Film . . .

Ja, natürlich, als ich dann das erste Mal aufsaß, da wurde wenigstens das eine klar, was bis dahin nur eine unbewußte, aber durch keinerlei Kenntnis oder Erinnerung bestätigte Überzeugung gewesen war. Alles Äußere am Reiten, alle Arten der Technik und sogar jene Verfeinerungen, die an der Grenzlinie zur Kunst lagen, alles das stak mir in den Knochen. Doch das Eigentliche, Nerv und Beseeltheit, die fehlten. Wie überhaupt ...

Gunthermanns Stimme, ein wenig angestrengt gleichmütig, was ich deutlich heraushörte, riß mich in die Stunde zurück.

Schwester Gisela hatte ihr Werk beendet und war gegangen, ohne daß ich es bemerkt hatte.

Ich starrte auf Gunthermanns Hände. Mit den sparsamen, zielsicheren Bewegungen des Chirurgen zerkrümelte er zwei oder drei Zigarrenstummel auf einem Zeitungsblatt und stopfte das Ergebnis in ein verzogenes und verkohltes Gebilde, das sich in der aristokratischen Welt der Pfeifen genau so ausnehmen mußte wie ein altes Panjepferdchen unter einer Herde von Vollblütern.

Auch dies war wieder so rührend und bezwingend, daß es mich mehr als alles andere aus dem unmittelbar würgenden Jammer des eigenen Ichs herausriß.

Ich wußte seit meinen letzten Tagen in diesem Hause, daß er ein recht ansehnliches Gehalt bezog und aus Veröffentlichungen und Gutachten und ähnlichen Quellen darüber hinaus ein hohes, wahrscheinlich sogar ein sehr hohes Einkommen besaß. Fast alles steckte er in dieses Heim, Sanatorium genannt, das sein Werk und sein eigentliches Leben war, wortlos und selbstverständlich. Niemand durfte dessen Erwähnung tun. Es gab allzu viel zu bezahlen, was als amtlich gebilligter Posten nicht erscheinen durfte.

So rauchte er denn Stummel aus seiner alten, verschmorten Pfeife — wahrscheinlich der einzige „Luxus", den er sich gestattete — und es war ihm durchaus zuzutrauen, daß es keineswegs die eigenen waren. Das richtige, das gute Rauchwerk, das war für die anderen. Für Leute wie Jürgen Godeysen ...

„Na?"

Ich konnte nur hilflos die Schultern heben. So ungeheuer viel war zu sagen, aber ...

Was war schon über das Leben eines Menschen zu reden, der nichts als einen grauenvollen und grotesken Irrtum des Schicksals darstellte.

Mir war nicht vergönnt gewesen, rechtzeitig zu sterben. Damals, als es an der Zeit war. Anno 44 oder 45.

„Soll ich fragen, Jürgen Godeysen? Oder willst du lieber erzählen?“

„Es ... es gibt nichts zu erzählen.“

„Quatsch. Es gibt immer was zu erzählen. Wetter, Politik und vor allen Dingen Gesprächsstoff Nr. 1 im lieben deutschen Vaterland, das neue Auto. Denn du bist doch natürlich nur zu einem freundschaftlichen Besuch gekommen, wie?“

Ich schüttelte den Kopf, und ich wußte, daß ich jetzt wie ein verstockter Knabe wirken mußte.

Ich, ein Mann Mitte Dreißig!

„Also werde ich fragen, Jürgen Godeysen. Oder noch besser, ich werde mal wieder meine somnambulen Fähigkeiten zeigen, damit ich dir und mir beweise, was für ein verdammt guter Arzt ich bin. Du bist gekommen, um mir zu sagen, daß du am Ende bist. Ganz und gar am Ende.“

„So deutlich sieht man mir das also an?“

Ich war jetzt ohne Gram und ohne Erbitterung, nur müde, nichts als müde.

„Nicht unbedingt“, sagte Gunthermann, nachdem er erst einige Male verzweifelt an seiner absurden Pfeife gezogen hatte. „Eher im Gegenteil. Du siehst straff, gut und gesund aus. Doch ein Mann, der bei Nacht und Nebel seiner Frau ausrückt, reichlich melodramatisch ... Verzeihung, mein Junge! ... ein Pferd mitnimmt und schließlich alles tut, um seine Spuren zu verwischen, der muß schon jenen Punkt erreicht haben, wo er von sich behauptet, daß er am Ende sei.“

Das wirkte wie ein Peitschenschlag über den Schädel.

„Woher wissen Sie das schon wieder, Herr Professor?"

Sekunden-, vielleicht sogar minutenlang schien er nur gemächlich und genüßlich mit der Erzeugung sehr übel riechenden Rauches beschäftigt zu sein. Doch als er mich dann ansah und antwortete, da waren Blick und Sprache von der gleichen, schonungslosen Härte.

„Jürgen Godeysen, du gehörst zu einem Volk, dem verdammt übel mitgespielt worden ist. Wenn wir allen Jammer in der gesamten deutschen Geschichte zusammenbündeln, dann erreicht er lange nicht Ausmaß und Gewicht von dem Elend der letzten drei oder vier Jahrzehnte. Es ist dabei völlig piepe, ob die ganze jammervolle Tragik selbst verschuldet war oder nicht. Die Endbilanz, die wir heute ziehen müssen, ist grauenhaft. Die scheinbare Gewöhnung daran sagt nichts, und es hilft auch nicht die angenehm wattierte Luxusbinde des üppigen Wohlstandes vor den Augen. Das sei also vorausgeschickt."

„Woher wissen Sie ...", er unterbrach mich rüde:

„Du solltest eine der Haupttugenden des Mannes, nämlich Geduld gelernt haben, mein Junge. Wir kommen noch dazu. Ich habe meine Gründe, dir jetzt ein paar Wahrheiten zu sagen, die du vergessen zu haben scheinst. Dir selbst zum Schaden übrigens ...

Ja, du gehörst also zum Volk der Deutschen, mein lieber Jürgen, und das bedeutet von vornherein, daß du — ob du es wahrhaben willst oder nicht — einen ganzen Haufen verschorfter Wunden mit dir herumträgst, mehr oder minder mäßig verheilter Brüche, aber auch noch einen ganzen Haufen schlimmer und unheilbarer innerer Verletzungen. Wenn sie auch keineswegs lebensgefährlich sind und man, wie mancherlei Beispiele beweisen, mit ihnen ganz passabel weiterexistieren kann.

Dann ist dir zu attestieren, daß du über dieses völkische ... oder, um diesen so idiotisch mißbrauchten und mißverstandenen

Ausdruck nicht zu benutzen, daß du über dieses nationale Schicksal hinweg noch zu den Jahrgängen gehörst, die in besonderem Ausmaß mißbraucht, verhökert, verheizt, verschlissen und zerstampft wurden. Du warst Frontsoldat von den ersten Fanfarentönen bis zum letzten Sirenengeheul. Du gehörtest also zu den unglückseligen Jahrgängen 1917 bis 1925 und befandest dich schließlich unter denen, die auf ihrer Wanderung der tausend Qualen vom Truppenverbandplatz über die Kriegs- und Reservelazarette nach Jahr und Tag schließlich hier landeten. Eine Bürde, unter der man zusammenbrechen kann — weiß Gott, wie viele gingen elendig zugrunde, ohne daß schließlich ein Hahn danach krähte. Nie wird es da eine Statistik geben ..."

Ich wollte etwas sagen, doch er hob die Hand. Der Raum war so dunkel geworden, daß ich es mehr ahnte als sah. Wenn Gunthermann an seiner Pfeife sog, dann stand sekundenlang eine winzige, rötliche Lohe in der zum Dunkel verfließenden Dämmerung.

Fast fröhlich und lustig sah das aus.

Nein, es war wie manchmal im Feld, wenn uns eine stille Nacht bevorzustehen schien, und man ein wenig aufzuatmen wagte. Man wollte nach oben blicken, ob vielleicht Sterne funkelten. Doch dann brach urplötzlich irgendwo eine grausam feurige Lohe aus der Nacht und ...

Da war es wieder. Gab es denn kein Entrinnen? Ich war auf ein erbarmungslos kreisendes Karussell geschmiedet. Der Krieg und Nikoline ...

Nichts war in mir als Qual und immer wieder Qual.

„Laß mich aussprechen, Jürgen Godeysen. Dann darfst du eine Minute lang überlegen, und dann kannst du sagen, was du zu sagen hast ...

Zurück also zu dir. Du bist nicht zermalmt worden. Du hast dir — wie heißt das bei euch Soldaten so bildkräftig —

also, du hast dir buchstäblich in letzter Minute den Durchbruch erkämpft und erzwungen ...“

Seltsam, wie weich jetzt seine Stimme klang:

„In der Tat, das war eine Sache. Klar, daß dabei die letzten inneren und auch äußeren Kräftereserven draufgehen mußten. Grundgütiger Gott, posttraumatische Ausfälle, jahrelange Lähmung, zunehmender Persönlichkeitsverfall, seelische und geistige Auflösungserscheinungen. Jahrelanger Dämmerzustand, der vielleicht gnadenvoll gewesen wäre, wenn deine eigene zähe Natur dich nicht wieder ab und zu in eine kurze Phase der Wachheit zurückgepeitscht hätte ...

Und dann das schreckliche Wagnis der Operation. Es war ein Wagnis, das kann ich dir jetzt sagen. Neurofibrom an unzugänglichster Stelle und ... verdammt noch einmal, wie dankbar war ich, daß es sich nur um solch Scheiß-Fibrom handelte. Ich hatte schon an einen malignen Tumor gedacht und einen Haufen Metastasen. So was wird nämlich manchmal traumatisch ausgelöst ... Na, schön und gut, und dann schließlich der Schock, dessen Folgen sich bei deiner Rekonvaleszenz herausstellten. Partielle Amnäsie, Gedächtnisverlust für den größten Teil deines jungen Lebens ...“

Ich konnte jetzt nicht anders, ich mußte es schrill und hysterisch herauslachen:

„Schönes Leben, Professor! Über 30 Jahre!“

Ich dachte, er würde mich jetzt nach echter Gunthermann-Manier anbrüllen, doch sein Gleichmut war nicht zu erschüttern:

„Eben, mein Junge, eben. Und damit sind wir beinahe an dem Punkt angelangt, den ich dir in Erinnerung bringen wollte. Diesen Klageruf hast du schon mal ausgestoßen, und ich glaubte, du hättest es begriffen, als ich dir sagte, es sei im Grunde sogar ein gewaltiger Vorzug. Teuer bezahlt, zugegeben, aber den Preis und noch einen höheren haben auch andere bezahlt.

Millionen mußten als Jünglinge in den Krieg ziehen, und nur wenigen wurde die große Gnade zuteil, überhaupt aus ihm zurückkehren zu dürfen. Genau wie du waren sie biologisch und geistig Männer geworden, aber die seelische Fülle, das innere Erlebnis, die Erfahrung von ein oder zwei Jahrzehnten normalen Lebens, das alles fehlte. Nach den entscheidenden Maßstäben des Friedens waret ihr alle und seid es noch — Jünglinge. Und das ist eben ein ganz besonderer Vorzug. In deinem Alter sein eigentliches Leben beginnen zu dürfen, bedeutet auch eine ganz besondere Gunst. Noch träumen zu können, von dem, was kommen soll. Mit reifem Kopf, aber der empfängnisbereiten, weit aufgeschlossenen Seele ...“

Es war nicht mehr anzuhören, nicht zu ertragen. Ich wollte aufspringen, aber ich war zu müde, zu schlaff. Doch zum Aufschrei langte es:

„Seele! Seele ... Wieviel ist denn davon übriggeblieben? Wieviel bei mir?“

Er antwortete nicht sogleich; die kleine Lohe zuckte einige Male kurz hintereinander auf.

„Bei dir mehr als bei manchen anderen, mein lieber Jürgen. Aber was dein Vater dir schon — irgendwo an einer Stelle seiner Tagebücher — in seiner milden und kavaliermäßigen Art gesagt hat, das muß ich dir jetzt einmal gröber und ungeschminkter und eindeutiger zurufen, denn bei deinem Vater scheinst du es nicht begriffen zu haben. Du bist obstinat, mein lieber Jürgen, und auf deine Weise auch verflucht anmaßend. Die Sache ist nämlich die, daß du erwartet hast, ausgerechnet deine glorreiche Innerlichkeit, also deine sogenannte Seele, werde von vornherein wie ein einziges Freudenfeuer zum Himmel lodern. Aber einleuchtenderweise war genau wie bei Millionen anderer zunächst nur ein kleines Flämmchen da. Und weder deine Umwelt noch — und das ist der springende Punkt — du selbst habt das begriffen und seid damit zufrieden gewesen.

Ihr habt keine Geduld gehabt, und wenn man allen anderen, die den neuen Kreis deines Lebens ausgemacht haben, das nachsehen kann..., dir selbst, mein lieber Jürgen, darfst du es nicht verzeihen. Es gehört ohnehin zu den schlimmsten männlichen Fehlern, keine Geduld mit sich selbst zu haben. Und schon gar nicht in deiner Lage."

Nach einem Augenblick der Stille setzte er hinzu:

„Ich glaube nicht, daß du mich mißverstehst, Jürgen Godeysen, aber ich mache mich lieber überdeutlich, als daß ich in die Gefahr geraten möchte, nicht begriffen oder falsch verstanden zu werden. Wenn ich sage, der Mann muß Geduld mit sich haben, und du selbst in ganz besonderem Maße, so heißt das nicht etwa Geduld mit den eigenen Schwächen. Ein bißchen Langmut mit dem eigenen Ehrgeiz heißt das. Die Forderung, an sich selbst im natürlichen maßzuhalten. Sich nicht zu überfordern und die eigenen Kräfte wachsen zu lassen. Nicht vorgreifen wollen und nicht, um aus deiner und deines Vaters Begriffswelt zu sprechen, auf die großen Hindernisse lospreschen, wenn man gerade erst einigermaßen im Sattel sitzt. Korrigiere mich, wenn es falsch ist: wenn man also gerade erst Knieschluß gelernt hat."

Wie dankbar ich ihm war, daß er, bestimmt wohlberechnend, kein Licht gemacht hatte. Es stimmte ja alles so sehr, was er sagte, und doch traf es nicht mehr den Kern meiner verwirrten Existenz. Ich empfand das Gesagte eher als einen gemurmelten Zuspruch, ein leises Trostwort am offenen Grab.

„Warum sagen Sie mir das alles, Professor?"

„Du kannst ruhig Gunthermann sagen, Jürgen Godeysen. Und von mir aus, weil du wahrscheinlich sofort das Bedürfnis haben wirst, auch krummer Hund. Das war nämlich alles nur eine Vorrede für das, was ich dir jetzt sagen muß. Damit du mir nicht Mangel an Verständnis und Gerechtigkeit vorwerfen kannst..."

„Also raus damit", sagte ich heiser.

„Du handelst wie ein Lump, Jürgen Godeysen. Du kennst nur dich selbst, du rechnest nur mit dir allein. In der Bilanz deines Daseins gibt es nur einen einzigen Posten, und der heißt Jürgen Godeysen, noch einmal Jürgen Godeysen und wieder Jürgen Godeysen. Zum Kotzen, mein Lieber!"

War das eine Ohrfeige? Ein Keulenschlag?

Tat es weh?

Nichts dergleichen. Ich glaube, ich lächelte in diesem Augenblick sogar ein wenig, wenn es wahrscheinlich auch ein dünnes und krankes Lächeln war.

Nicht einmal der Professor Dr. Gunthermann konnte mich noch verletzen, wenn ich es auch jetzt nicht nur erfühlte, sondern hellklar wußte, daß ich nicht nur einen praktischen Rat und eine praktische Hilfe von ihm erwartet hatte, sondern Verständnis. Von ihm als dem einzigen Menschen von allen, die ich kannte, der die Klugheit und die echte Güte dazu besaß.

„Willst du keine Erklärung von mir?"

„Nein!"

„Ich gebe sie dir trotzdem. Ich kann mir vorstellen, mein lieber Jürgen, und es ist auch verständlich in unserer arg zerrütteten Zeit, daß selbst ein ganzer Kerl einmal nicht mehr weiter will. Wohlgemerkt, nicht kann, sondern will. Daß er sich bedenkenlos und angewidert fallen läßt...

Schön und gut. Das ist seine Sache. Aber unter keinen Umständen, verstehst du, unter keinen Umständen darf man sich aufgeben und fallenlassen, wenn man andere mitreißt."

Jetzt schoß mir doch das Blut in den Kopf; ich spürte in den Schläfen ein dröhnendes Hämmern.

Und das scheußliche Lächeln war auch wieder da. Daß ich armer Schwachkopf nicht damit gerechnet hatte...

Nikoline hätte nicht ihres Vaters Tochter sein müssen, eine zwar inaktive, aber recht kundige Artemis, wenn sie sich nicht auf den Wechsel angesetzt hätte, den das Wild früher oder später passieren mußte.

„Meine Frau war hier?“

Er zögerte einen Augenblick, dann sagte er ruhig:

„Ja.“

Auch das hätte mir auffallen müssen, dieses Zögern und dann diese einfache, durch nichts erweiterte und erklärte Zustimmung.

Später wußte ich, daß er recht daran getan hatte, mir in diesem Augenblick die wesentliche Wahrheit vorzuenthalten.

Ein ganz simpler Tatbestand: Keine dreißig Minuten bevor ich kam, war Nikoline aus diesem Hause und diesem Raum gegangen. Zu diesem Zeitpunkt saß sie, wie schon seit Tagen, keine zwei Kilometer Luftlinie entfernt, in einem freudlosen Hotelzimmer und wartete, und wartete ...

Wenn ich es mir schon nicht mit dem Verstand ausrechnen konnte, dann hätte ich es eigentlich fühlen oder zumindest wittern müssen. Wenn ich sie nicht erahnen konnte, dann hätte ich einen Hauch ihres Parfums spüren müssen.

Doch der Ruch von Gunthermanns umkämpften Plüschläufern und seinem fragwürdigen Pfeifeninhalt war stärker.

Ich konnte in diesem Augenblick nicht hoffen oder gar vermuten, daß ich gerade jetzt erst am Anfang des eigentlichen Weges stand, der mich zu ihr und zu dem ersehnten Frieden führen sollte.

Ein verfluchter Weg und ein gelobter Weg. Ich danke Gott, daß ich ihn gehen darf.

Ich will auch jetzt schon berichten, was mir dieser verbrecherisch-kluge, dieser herrliche Kraft- und Gemütskerl Gunthermann dann viel, viel später gestand:

„Wenn du wüßtest, mein Junge“, sagte er da, „wie saumäßig übel mir an diesem Tage zumute war. Am nächsten auch noch, und nicht bloß in der Stunde, da du zusammengefallen ... nein, seien wir ehrlich, zusammengehauen vor mir auf deinem Stühlchen hocktest. Aber es ging nicht anders. Daß man zwei Menschen erst einmal trennen muß, damit sie wirklich zueinanderfinden, das ist eine Weisheit und eine Therapie, die nicht unbedingt von mir stammt. Der liebe Gott praktiziert sie sehr oft und nicht immer mit gutem Erfolg. Denn diejenigen, die betroffen sind, die begreifen es selten, und noch seltener finden sie auch die Kraft, es durchzustehen ...

Und bin ich der liebe Gott? Mensch, was habe ich für Angst gehabt. Um euch beide ..."

In dieser Stunde aber war ihm nichts dergleichen anzumerken. Er kam mir stumpf und beinahe einfältig, wortgewaltig und sogar ein bißchen schwadronierend, sicherlich gescheit und wohlwollend, aber auch hart und ... blind und ungerecht vor.

Gunthermann zu fragen, was Nikoline von ihm gewollt habe, erschien mir überflüssig; ich glaubte es genau zu wissen. Nikoline war eine Frau der klaren Entscheidungen. Der Brief, den ich ihr hinterlassen hatte, mußte sie zu solch einem Entschluß gezwungen haben. Auch gegen ihren Anstand, der sie von den Haaren bis zu den Fingerspitzen erfüllte und ... gegen ihr Mitleid.

Ich hatte ihr geschrieben, unser Zusammenleben sei nurmehr eine Qual für beide Teile, ihre Güte und ihr Mitgefühl, beides könne nicht mehr von mir ertragen werden. Ich hatte ihr mein Wort gegeben, daß ich sie nicht mit einem Freitod belasten würde. Sie könnte sicher und ruhig sein und beginnen, wieder einmal als freier, unbefangener Mensch das rechte Atmen zu lernen, ich ginge dorthin zurück, woher ich gekommen war. In das Nichts. Die äußere Lösung unserer unglückseligen Bindung — Dank für die Großherzigkeit, mit der du sie ertrugst! — müßte ja einfach sein. Böswilliges Verlassen ...

Ein simpler und klarer Fall für jeden Scheidungsrichter.

So hatte ich mir das gedacht in meiner erbärmlichen Unzulänglichkeit. Einer, der nur in Traumvorstellungen leben konnte, und der keine Ahnung hatte vom nüchternen, harten und praktischen Dasein.

Das Gesetz, das war mir nicht erst in diesem Augenblick klar, verlangte wohl noch manche andere Fakten dazu. Zumindest mußten geraume Fristen verstreichen.

Doch Nikoline konnte nur in der sauberen Luft des Klaren und Absoluten leben. Ich hatte sie erneut einer Tortur unterworfen. Jener schlimmen Marter des ewigen Hangens und Bangens, der Unsicherheiten und der Wesenlosigkeit. Nicht Frau und nicht Witwe. Einsam und doch nicht allein, gebunden durch äußeres, aber nicht durch sittliches Gesetz.

Deshalb war sie also hier gewesen, und deshalb war ich für Gunthermann ein Lump.

Nun ja. Es mochte stimmen, und warum sollte ich mich jetzt noch vor meiner Frau, vor Gunthermann und vielleicht gar vor mir selbst rechtfertigen.

Warum solch widerliches Plädoyer für die eigene Unschuld, das zum Schluß doch nur eine Anklage des eigenen Versagens, der Ohnmacht und des kläglichen Nichtgenügens sein mußte.

„Scheinbar interessiert dich nicht, was deine Frau von mir wollte?"

„Ich weiß es."

„Ach nee."

Ich versuchte, meine Stimme in der Gewalt zu behalten:

„Sie wird mit meinen Vorschlägen für einen Scheidungsgrund nicht einverstanden sein. Das ... ist verständlich. Wenn sie ... wenn sich Nikoline noch einmal bei Ihnen meldet, dann sagen Sie ihr, ich wäre mit allem einverstanden. Sollte sie es sehr eilig haben, so will ich ihr auch einen Ehebruch liefern, wenn es ihr paßt. Oder einen zugeben oder was weiß ich. Jedenfalls alles, was sie will ..."

Der Pfeifenschein zuckte jetzt ganz schnell hintereinander auf. Etwas fahler, dachte ich, ein bißchen bläulicher vielleicht, und man könnte sich vorstellen, ganz hinten, am Rande der Nacht, flackerte Mündungsfeuer. Vielleicht das einer Batterie in höchster Not. Die Sowjets sind eingebrochen ...

Dann blieb der Widerschein ganz aus, und wir hörten nicht einmal unseren Atem. Wäre noch ein Dritter im Zimmer gewesen, so hätte er annehmen müssen, wir seien beide eingeschlafen.

„Und auf den Einfall, daß deine Frau dich liebt und dich braucht, kommst du gar nicht, Jürgen Godeysen?"

Was sollte dieses dauernde Betonen meines Nachnamens? Mir schien, als wollte er damit irgendeinen Effekt erreichen, mich in irgendeiner Weise provozieren.

Vermutlich nach der Richtung: Erinnere dich gefälligst deines ritterlichen Herrn Vaters und sei so nobel und so schlichtgroßartig wie er.

Erst können, Herr Professor Gunthermann! Erst können ...

In diesem Augenblick riß jemand die Tür auf, und wie ein Sturzbach eiskalten Wassers überfiel uns das elektrische Licht.

Natürlich Schwester Gisela; wir hatten vergessen, vorhin die Tür hinter ihr wieder zu verriegeln.

„Machen Sie das Licht aus, Sie Seekuh!" brüllte Gunthermann.

„Bitte, lassen Sie es so", sagte ich und wunderte mich selbst, daß es weniger wie eine Bitte denn wie ein befehlendes Ersuchen klang.

Schwester Gisela war im richtigen Augenblick gekommen. Nur kein Verhüllen mehr in einlullend dunkle Verschwommenheiten.

Die Operationsschwester verschwand wortlos und sicherlich ungekränkt, und ich überlegte, ob sie nicht vielleicht recht absichtsvoll gekommen war. Sie mußte ja Nikoline hier erlebt haben und ahnen, was nunmehr an der gleichen Stelle zur

Sprache kam. Schwester Gisela glaubte nur an das harte, scharfe Licht der Wahrhaftigkeit und nicht an scheinbare Schonung, an Verhüllen und Verdunkeln.

„Willst du einen Schnaps?"

„Mir ist durchaus danach zumute. Aber später, bitte."

Und dann gab ich ihm die Antwort auf seine Frage und erzählte ihm, wie es soweit gekommen war, daß wir beide — Nikoline und ich — uns eines Tages zornbebend gegenübergestanden hatten.

Der Rendant des Gutes meiner sehr verehrten Schwiegermama hatte sich wieder einmal, wie so oft schon, über mich beschwert.

Wie immer hatte der Mann im Grunde recht gehabt, und wie immer hatte Nikoline auszugleichen und zu beschwichtigen versucht. So ganz und gar voll Sanftmut war sie, so ganz und gar voll bekümmerter Mütterlichkeit.

Es war nicht mehr zu ertragen, und ich ... nein, es schrie aus mir heraus:

„Laß doch dieses Seelenschmalz, diese gottverdammte Edelmutskomödie. Sag's mir doch ins Gesicht ... Deine Mutter läßt es mich ja deutlich genug spüren. Ich bin ein Eindringling und Störenfried, eine gräßliche Last, die ihr euch aufgepackt habt, weil ihr ja so großmütig, so unendlich anständig seid ...

Sag's doch, daß ich nur verwirre und zerstöre und überhaupt zu nichts gut bin und Mißbrauch mit eurem Anstand treibe und euch dabei seelisch zerrütte. Von Tag zu Tag mehr, und daß ihr mich am liebsten dahin zurückschleppen möchtet, wo ihr mich hergeholt habt ..."

Nein, noch war sie nicht böse entflammt.

Ganz dicht war sie an mich herangetreten und hatte mein Gesicht in ihre Hände genommen.

„Reiterlein", sagte sie ganz leise, „Reiterlein, was redest du da? Was geht denn da mit dir durch?"

Ja, sie hatte es von meinem Vater entlehnt, dieses Reiterlein, und hatte gemeint, daß es genauso gut zu mir passe wie zu dem alten Kavalier Kaspar Godeysen. Und zuerst hatte ich das auch geglaubt.

Sie hätte jetzt nicht Reiterlein sagen dürfen. Es klang mir nur als Hohn in den Ohren und war, als ob sie mir eine Fackel in das Herz bohrte.

Lachen hätte sie müssen, mir dabei eine Ohrfeige geben und dann aus dem Zimmer gehen.

„Reiterlein, kannst du dir denn nicht vorstellen, wie schrecklich lieb ich dich habe. Merkst du denn das nicht in jeder Minute, in jeder Sekunde?"

Die Lüge eines stolzen Herzens. Die Lüge einer Frau, die nur ganze Entscheidungen kennt und sich an sie hält.

Und das schrie ich denn eben auch noch heraus:

„Liebe? Eine feine Liebe. Duldung und nichts als Mitleid, das ist deine sogenannte Liebe!"

Dann kam das, was mich umwarf.

Sie ließ die Hände sinken und trat zurück. Ich sah, daß sie totenblaß war. Ihre Lippen zuckten, und die Augen wurden immer größer und dunkler.

Schon wollte ich betteln: verzeih mir, Nikoline. Was ich da eben geredet habe ... mein Gott, du weißt ja, daß ich verrückt bin und verzweifelt, weil ich dich nicht verdiene und ...

Doch da hatte es auch sie gepackt, und es gab kein Zurück mehr.

Sie stampfte auf den Boden, und ihre schönen, geliebten Augen, sonst immer nur zwei Fenster in einer Welt unendlicher Herzlichkeit, zeigten böse, flackernde Wut.

Dabei schrie sie mich an, und auch ihre Stimme war grell und fremd:

„Und wenn es so ist! Deine Liebe ist nicht besser. Dankbarkeit und noch dazu widerwillige. Ach, pfui Teufel ..."

Damit war sie aus dem Zimmer gelaufen, und ich glaube nicht, daß sie weinte. Jetzt nicht und auch nicht später.

Ich war näher daran gewesen.

Was hatte sie so ungeschickt heuchlerisch, so selbstverleugnend gesagt?

Kannst du dir nicht vorstellen, wie lieb ich dich habe? Merkst du es nicht . . .

Bei mir war alles echt bis in die letzte Seelenfaser hinein, wenn es so etwas geben sollte. Jeder Gedanke und jede Empfindung drehten sich um sie und, aus welchem Anlaß sie immer entstanden waren, sie endeten mit seliger und quälender Sicherheit bei ihr.

Auch dies gab ich neben der Erzählung des Vorfalls dem Dr. Gunthermann jetzt preis, wenn natürlich auch mit anderen Worten.

Ich war nun überzeugt, daß er sofort anheben würde, mir ein Privatissimum über das Wesen der Liebe zu halten. Himmel, als ob ich nicht in der Zwischenzeit so mancherlei Einkehr hätte halten können.

Doch er schwieg nur, räumte umständlich und hingegeben seine Pfeife aus, füllte sie erneut und fragte dann so sachlich, wie ein praktischer Arzt sich nach dem Stoffwechsel eines neuen Patienten erkundigt:

„Und deshalb bist du davongelaufen? Desertiert, in deinen Begriffen. Oder, um es milder zu sagen, du hast das Rennen — oder sagt man Parcours? — schon vor dem ersten Hindernis abgebrochen?“

Wahrscheinlich war das auch ein Zeichen von Anomalie, von Zerrüttung und krankhafter seelischer Abwegigkeit, doch ich hatte in diesem Augenblick ein deutliches Empfinden von geradezu höhnischer Befriedigung.

Der kluge Dr. Gunthermann! Das genaue Gegenteil von allem, was er mir unterstellte, war die Wahrheit. Doch welchen

Sinn konnte es haben, dies alles vor ihm auszubreiten. Ich wollte ja etwas ganz Bestimmtes von ihm, und deshalb mußte ich jetzt wider Willen sagen:

„Nein, das war es nicht."

„Sondern?"

Ich mußte dreimal ansetzen, bevor ich mit der Nüchternheit, die ich mir vorgenommen hatte, fragen konnte:

„Ist Ihnen der Name Sesselkamp ein Begriff?"

Unwillkürlich stieß er einen kleinen Pfiff aus:

„Professor Sesselkamp, Koryphäe der Psychiatrie. Bannerträger der Psycho-Analyse."

„Genau der."

Er sah mich böse an:

„Hast du ihn etwa konsultiert? Bist du bei ihm gewesen?"

Ich versuchte, etwas zustande zu bringen, was ich für einen sarkastischen Gesichtsausdruck hielt. Wie unendlich schwer das Sprechen jetzt fiel.

„Im Gegenteil. Er ist bei mir gewesen. Das heißt, Nikoline und ihre Mutter hatten ihn hinter meinem Rücken bestellt . . ."

Und dann, setzte ich hinzu, und ich wußte nicht, ob meine Sprache halb erstickt war oder ob ich es vielleicht überhaupt nur dachte:

„Natürlich nur aus lauter Fürsorge. Aus lauter Güte und Mitleid. Natürlich wollten sie mir nur helfen . . ."

Gunthermann schien zu grübeln. Eine Ewigkeit. Schließlich brachte er zwischen zwei Qualmwolken nur ein Wort hervor:

„Und?"

„Gar kein ‚und'. Oder vielleicht doch. Von dem Herrn Professor Sesselkamp bekam ich, was ich gerade noch brauchte. Den letzten Schlag ins Genick . . . Ich kann es aber auch seriöser sagen: den Gnadenschuß."

Meine Worte schienen Gunthermann gar nicht zu gefallen,

denn er legte jetzt sogar seine Pfeife fort. Doch seine brummelige Entgegnung klang mir recht lahm:

„Na, noch lebst du ja, wie es scheint."

„Wie es scheint."

Im gleichen Augenblick packte mich wieder die blanke Verzweiflung. Ein Strohwisch in einem Wirbelsturm.

Ich stöhnte:

„Hat er denn recht, Doktor? Sagen Sie mir doch, hat er recht?"

Er stand auf und begann, stampfend hin und her zu wandern. Hin und her und immer hin und her. Und ich saß da und starrte auf meine Hände und kämpfte, daß sie nicht zitterten. Es gelang sogar.

Schließlich ließ er sich krachend wieder in seinen Sessel fallen. Das Ding mußte eine Einlage aus Kruppstahl haben:

„Ich kann dir deine Frage schon aus dem schlichten Grunde nicht beantworten, mein Junge, weil du mir noch gar nicht gesagt hast, zu welcher Indikation oder besser gesagt, zu welchem Befund Professor Sesselkamp kam. Ich will aber vorher einiges zurechtrücken. Die Psychiatrie ist eine ernsthafte Wissenschaft, und Professor Sesselkamp ist weltberühmt und anerkannt..."

„Also hat er recht!"

„Nimm dich zusammen, Junge. Davon habe ich nichts gesagt, und das kann ich auch nicht, weil ich noch gar nichts weiß. Aber laß dir erst einmal erklären, daß ein hervorragender Psychiater noch lange kein guter Psychologe zu sein braucht. So was wird sogar immer seltener, und das ist ein Jammer. Aber es ist nun einmal so. Genauso wie ein erstklassiger Pathologe oder ein Anatom zwar ein hervorragender Wissenschaftler sein kann, aber eben kein Arzt. Keiner, der heilen und helfen kann. Verstehst du das?

Also nun mal klipp und klar und möglichst sachlich: Ich will gar nicht wissen, was der berühmte Professor Sesselkamp alles mit dir angestellt hat. Den Befund will ich wissen, möglichst knapp und kurz."

„Mein Gedächtnisschwund ist keine Folge einer organischen Veränderung. Sie hat mit der Gehirnverletzung nichts zu tun. Unbewußte Erlebnisverdrängung. Nicht das Kriegserlebnis, weil sich da immer wieder, wenn auch zusammenhanglos, Erinnerungsfetzen bilden ..."

„Halt. Das interessiert mich. Du hast also tatsächlich ganz präzise Bilder und Vorstellungen von früheren Ereignissen gehabt?"

Seine schnelle und scharfe Frage brachte mich über das gräßliche Gefühl hinweg, wieder einmal bei lebendigem Leibe seziert zu werden.

„Ja und nein. Und im Anfang war es so ... Ja, also wie man sich an einen Traum erinnert. Und je mehr man versucht, das Geträumte festzuhalten, um so mehr entschwindet es. Nur in letzter Zeit ..."

„Was heißt letzte Zeit. Ich muß das genau wissen."

Natürlich konnte ich das nicht sagen, doch damit er nicht weiter bohrte, zuckte ich die Schultern und erklärte:

„Ungefähr seit einem Vierteljahr."

„Aha. Seitdem hast du zwar mehr oder weniger zusammenhanglos, wenn ich dich richtig verstanden habe, eindeutige Erinnerungen an eine zurückliegende Zeit. Mit klar erkannten Orten, Einzelheiten, Personen und Namen?"

Ich schüttelte den Kopf:

„Nein, so nicht. Das heißt, ich weiß, dies war in Rußland und jenes in Ungarn und ... Ja, doch bei einer Erinnerung weiß ich sogar den Truppenteil. Es war nämlich kurz, nachdem ich von meinem alten Haufen versetzt worden war. Da deckte uns der Iwan mit seinen widerlichen Granatwerfern ein, und ich bekam ein Stück Blech in den Oberschenkel. Nicht tief, aber ..."

Er winkte ab:

„Das ist jetzt ohne Betracht, mein Junge. Das können wir dir ersparen."

Ich mußte kurz die Augen schließen. Ich kam mir jetzt genauso vor wie damals auf dem Verbandsplatz. Auch damals stocherte jemand mit einer Sonde in einem offenen Wundkanal herum.

„Also, selbst wenn du dich nicht an abstrakte Teile des Erlebnisses wie Namen, Daten und Ortsbezeichnungen erinnern kannst, davon, daß es sich um reale Ereignisse und nicht um Traumvorstellungen handelt, davon bist du überzeugt?"

„Ja."

„Das meiste aber bleibt verschwommen, unkontrollierbar durch das Bewußtsein, traumhaft also?"

Ich hörte mich sagen, erstaunlich deutlich und ohne Stocken:

„Ja, doch wie wäre es jetzt mit dem Schnaps, Dr. Gunthermann?"

Er sprach erst wieder, als er uns beiden eingoß:

„Mir ist auch danach, mein Junge."

Wir tranken kurz hintereinander und wortlos zwei Gläser; Gunthermann-Gläser, doppelstöckig, bis zum Rande gefüllt.

„Kannst du jetzt weiter?"

Ich konnte weiter. Es lag nicht am Schnaps; es lag an seiner selbstverständlichen Kameradschaftlichkeit, schulterdicht neben dem anderen zu stehen in dessen Schwäche und Not. Er war doch ein geschickter Psychologe.

Trotzdem fehlten mir jetzt die Worte, und nach einer kleinen Zeit des Wartens griff er ganz lässig ein:

„Nach Professor Sesselkamp ist also nicht der Krieg das Objekt der Verdrängung?"

„Nein."

„Sondern?"

Mir saß eine erbarmungslose Faust an der Kehle, doch ich brachte zwei Worte heraus:

„Eine Frau."

Gunthermann hob die Hand, als wolle er auf die Tischplatte schlagen, bezwang sich aber. Nur seine grau-silbernen, borstigen Augenbrauen hatten sich drohend zusammengezogen.

„Soso", sagte er, und ich hörte durch alle Dämpfung die Empörung und die höhnische Wut heraus: „Soso. Das hat dir der Herr Professor gesagt. Hat er dir vielleicht auch verraten, ob sie dick oder dünn ist, blond oder brünett?"

Es lag wohl an dem Gunthermannschen Schnaps, daß ich jetzt, gänzlich abgestumpft, auf einem trägen, schlammigen Fluß der Gleichgültigkeit trieb.

„So war es ja nicht", antwortete ich schleppend. „Professor Sesselkamp hat es gar nicht so genau gesagt. Er hat mir nur erklärt, daß mit Sicherheit ein schweres, seelisches Erlebnis und ... ja, eine tiefgehende Erschütterung von mir ... von mir ..."

„Kompensiert werden mußte, wie?"

„Ja, so ungefähr hat er sich ausgedrückt. Und mit größter Wahrscheinlichkeit, ja, schon mit neunzigprozentiger Sicherheit, könnte man annehmen, daß es sich um ... ein Liebeserlebnis gehandelt haben muß."

„Und diese Hypothese, denn um mehr kann es sich ja schließlich nach Lage der Dinge nicht handeln, diese bloße Vermutung hat dich umgeworfen?"

„Ja, es hat mich umgeworfen. Aber nicht einmal sofort ... Im Gegenteil, zuerst war es wie eine Befreiung. Also nichts Politisches. Ich hatte nicht irgend etwas Gräßliches angestellt. Ich gehörte nicht zu denen, die ..."

„Du verdammter kleiner Idiot! Ich dachte, ich hätte dir diese ganz und gar blödsinnige Einbildung, diese krankhafte Chimäre schon damals ausgeredet. Nach der Operation. Aber du hast sie natürlich insgeheim weiter aufpäppeln müssen. Bockig und widersätzlich wie ein Maulesel. Du, du ..."

„Vielleicht war es so, Doktor", erklärte ich müde. „Aber wer kann gegen seine Natur ..."

„Quatsch! Gegen deine eigene Vernunft hast du gewütet... Aber jetzt mal weiter im Text. Zuerst bist du also dankbar und erleichtert gewesen, daß du gegen alle deine innere Überzeugung kein Kriegsverbrecher und kein SS-Unhold aus dem alliierten Bilderbuch von Anno 45 gewesen bist?"

„Es waren keine Überzeugungen, Doktor, sondern Befürchtungen."

„Ein gewaltiger Unterschied", höhnte er. „Wohlgenährte Ängste sind auch Überzeugungen. Bloß mit negativen Vorzeichen... Im übrigen, mein lieber Jürgen, ich muß immer wieder den Kopf schütteln. Auch mit einem Mindestmaß an Intelligenz hättest du dir sagen können, daß der Sohn von Kaspar Godeysen niemals zu der bekannten Schar der braunen und schwarzen Wüteriche gehören konnte. Und weiter: Wenn du ein blutbesudelter Supernazi gewesen wärest, mein lieber Jürgen, dann hättest du eine bessere militärische Karriere gemacht. Machen müssen...

Denn, es wird dich ja nicht kränken, laut deinen Militärpapieren, die wir mit Ach und Krach und nach vielem Hin und Her doch noch in Berlin-Frohnau ausgegraben haben, nach diesen zwar dürftigen, aber immerhin genauen Angaben bist du seit 1938 Soldat gewesen. Also sieben Jahre lang. Geschafft hast du es bis zum Oberleutnant. Nicht gerade eine blendende Karriere. Als Gralsritter des bekannten Gefreiten hätte man dich schon ziemlich gewaltsam wesentlich weiter nach oben geboxt, wenn du überhaupt in der Wehrmacht geblieben wärst. Und ein Drückeberger und Feigling bist du offenkundig auch nicht gewesen, deinen Auszeichnungen nach zu urteilen."

„Die habe ich mir vielleicht zu guter Letzt aus einem Kochgeschirr gefischt."

„Jetzt verdienst du eine links und eine rechts in deine verbockte und verstockte Visage."

Ich konnte seinen ebenso zornigen wie traurigen Blick nicht

ertragen und starrte zu Boden. Er hatte ja nur zu sehr recht.

Ich war eben nicht Ich. Ich war ein Garnichts.

„Aber zum Thema zurück", fuhr er fort. „Zunächst warst du also erleichtert, aber dann kam die Geschichte mit der Frau im Dunkeln. Und die Geschichte hast du dem Seelen-Anatom blindlings und gläubig abgenommen?"

„Ja, Doktor."

„Warum? Wieder nur aus deinen neurotischen Befürchtungen heraus?"

Wieder das Würgen in der Kehle; ich konnte nur den Kopf schütteln.

Er forschte nicht weiter, und ich wunderte mich nicht. Dieser aus Urzeittagen übriggebliebene Wikinger war nicht nur ein wunderbarer Arzt, sondern auch ein Mensch mit einem großen Herzen, voll von wissendem Gefühl, von Empfindsamkeit, von letzter Zartheit des Einfühlens und Mitempfindens. Er wußte, daß es keine Worte gab, meinen Zustand erschöpfend zu schildern. Dieses verzweifelte Taumeln im Nebel, dieses erstickende, zerrüttende Treiben und Geworfensein zwischen unfaßbaren Visionen und Halluzinationen. Was war Traum, was war Wirklichkeit? Was war verwehtes Erinnern ...

Doch diese Frauengestalt, dieser Reflex von Wetterleuchten auf einem dunklen Gewässer, dieses Klingen einer Stimme ohne Ton aus unnennbaren Fernen ...

Das war anders als die vielleicht nur wirklich krankhaft neurotischen Befürchtungen. Das war mehr als Ahnung. Denn dahinter stand irgendein Wissen.

„Und nachdem der Herr Professor Sesselkamp dich also auseinandergepolkt hat, sauber in allerlei seelische Einzelteile zerlegt, ließ er dich mit frohem Gruß liegen?"

Ich spürte jetzt etwas wie eine kleine, geheime Genugtuung. Auch einem Gunthermann konnte also das Temperament zu unsinnigen Äußerungen und sogar zu Ungerechtigkeiten durchgehen

„Nein. Er will mir natürlich helfen."

„Wie?"

„Er will mich hypnotisieren lassen. Durch einen Experten."

Gunthermann verstand sofort:

„Aha. Und deshalb kommst du zu mir. Du hast Angst vor dem Experiment?"

„Ja."

Gunthermann griff wieder nach seiner Pfeife und der Schachtel mit den Zigarrenstummeln. Die Gesamtprozedur ging ihm diesmal gar nicht recht von der Hand. Ich sah ihm stumpf und völlig gefühlsleer zu, aber doch ohne Benommenheit und so wach, daß ich genau wußte, wie es um mich stand.

Dies war jetzt der Zustand der Lethargie, niederdrückend bis in die tiefste Schmach der Selbstverachtung und zugleich wohltuend wie ein Himmelsgeschenk.

Jede andere Art von innerem Frieden war mir versagt.

Ich wußte auch, wie trügerisch dieser erbärmliche Schein von Ruhe war, denn gleich mußte das Denken wieder einsetzen und mit ihm die Folter, der Zwang, zu schreien und den verräterischen, den feindseligen Kopf gegen irgendeinen Stein zu schlagen.

Nun, noch hatte ich es nie getan. Eines Tages aber ...

Vielleicht schon morgen, vielleicht schon in der nächsten Minute.

Doch da stand auch gleichzeitig jener gespenstische Geselle neben mir, dieser Spuk meines einstigen und verlorenen Ichs. Der gottverdammte Oberleutnant und deutsche Frontkämpfer und mit ihm das berühmte Spruchband: Sei ein Kerl! Nieder mit dem inneren Schweinehund! Zackig geht man zugrunde und auf alle Fälle im vorschriftsmäßigen Stillgestanden.

Herr Gott! Jedes Tier in der Falle durfte sein Grauen hinausbrüllen und gegen ein unbarmherziges Schicksal rasen.

Der Mensch darf nur dulden und demütig stumm sich zermalmen lassen.

Nein! Nicht denken. Noch nicht!

Da half Gunthermann. Gedanken in der Zwiesprache, so wurde mir auf einmal klar, haben ein anderes Wesen als die in der Einsamkeit.

„Du hast also Angst", sagte er, und wie er so dahinpaffte, klang es nicht nur nüchtern und sachlich feststellend, sondern beinahe behaglich. „Du hast also Angst, und das scheint mir geradezu eine Gipfelleistung deiner krankhaften Verstörtheit und deiner blindwütigen Autosuggestion zu sein."

Er beugte sich weit über den Schreibtisch — beide gerieten dabei in Knarren und Ächzen — und tippte mir mit dem Pfeifenstiel gegen die Brust.

„Warum hast du denn Angst, Mensch? Nehmen wir einmal an, der Wunderdoktor Sesselkamp hat recht ... wovon ich übrigens noch lange nicht überzeugt bin. Nehmen wir weiter an, die Hypnose bringt was zu Tage, wovon ich noch weniger überzeugt bin. Was kann schon dabei herauskommen? Du erfährst, daß der Jüngling oder der junge Mann Jürgen Godeysen irgendwann einmal eine oder ein paar Weibergeschichten gehabt hat ...

Na und? Ein Pennemätzchen, wer so was in jungen Jahren nicht hinter sich gebracht hat ...

Schön und gut.

Da ist vielleicht eine Geschichte, die ein bißchen schief gelaufen ist und an die Nieren ging. Mensch, selbst wenn so was herauskommt, das ist doch kein Grund, einer Frau wie der Nikoline davonzulaufen. Aus einer Ehe auszubrechen bei Nacht und Nebel wie ein türmender Zuchthäusler."

Ich schwieg, und er erwartete wohl auch keine Antwort. Ich hörte kaum noch hin, als er weiter murrte:

„Solch ein Blödsinn. Glaubst du ernsthaft, deine Frau nimmt dir übel, daß du nicht im Zustand holdseliger Keuschheit zu ihr gekommen bist. Mensch, im Gegenteil. Sie wäre seit Eva die erste Frau, die nicht im Grunde wohlbefriedigt und stolz auf eine frühere und sehr weitgehende amouröse Aktivität ihres Männchens wäre. Die er natürlich ihrethalben abgebrochen hat, damit wir uns recht verstehen."

Ich brauchte ihm nicht einmal in die Augen zu blicken, um jetzt genau zu wissen, daß seine ganze Drastik, sein wohlberechnetes Jonglieren mit Randbegriffen eine wohl kalkulierte Komödie war.

Natürlich erzielte er den Erfolg, den er beabsichtigte. Ich konnte leicht und einfach sprechen, wo ich sonst vielleicht nur mühsam Worte gefunden hätte.

„Ein wenig anders, Doktor", sagte ich leise, „ganz anders . . ."

Er wartete geduldig.

„Ich habe keinen Beweis, nicht einmal Anhaltspunkte, höchstens solche, die Sie als Halluzinationen abtun werden, als nächtliche Schimären, geboren aus zuviel Alkohol oder aus einem zu vollen Magen. Mein Gott, Doktor . . ."

Es riß mich hoch, und es ächzte der alte Stuhl, auf dem ich saß:

„Ich weiß so sicher wie . . . wie dies hier meine Hände sind. Da ist . . . irgendwo eine Frau, die zu meinem Leben gehört hat. Oder immer noch gehört. Verstehen Sie das, Doktor? Immer noch gehört!"

Er ging gar nicht darauf ein, sondern ließ in atemlos prasselnder Folge ein Kreuzfeuer jagender und verwirrender Fragen auf mich los. Ich mußte antworten, ob ich wollte oder nicht, und wußte dabei wiederum, daß auch dahinter Gunthermannsche Taktik steckte.

Ich kam mir vor wie ein verirrter Schmetterling, den wohlmeinend gute Hände scheinbar drohend und feindselig aus einem dunklen Zimmer zum hellen, offenen Fenster scheuchten.

„Zuerst hast du ganz genau gewußt, daß du ein Kriegsverbrecher oder sogar noch etwas Schlimmeres, ein Verbrecher gegen die Menschlichkeit bist. So genau hast du das gewußt, daß du damit nicht nur dich, sondern vermutlich auch deine Ehe zu Tode gequält hast. Auf einmal aber steigst du voll Begeisterung und unter Assistenz von Professor Sesselkamp auf einen neuen Dampfer in anderer Richtung. Jetzt ist es auf einmal irgendeine verschollene Frau. Die Frau deines Lebens natürlich?"

Ich wußte um seine Berechnung und seine absichtliche Ungerechtigkeit — um es gelinde zu sagen —, aber ich verteidigte mich trotzdem.

„Das erste war doch ganz etwas anderes. Das war Furcht, das war eine grauenvolle Angst. Sagen Sie dazu, was Sie wollen, Doktor. An ausgezeichneten medizinischen Ausdrücken wird es Ihnen nicht mangeln. Aber das andere . . ."

„Das ist natürlich heiligste Wahrheit. Eben hast du mir aber noch gesagt, du hättest Angst vor diesem Hypnose-Experiment. Warum steigst du nicht frisch und fröhlich hinein, wachst vergnügt wieder auf und hast, hoppla, die Frau deines Lebens, deine eigentliche Frau wiedergefunden . . . und sie lebten glücklich bis an das Ende ihrer Tage!"

„Das habe ich nicht gesagt", brüllte ich ihn an. „Verdammt noch mal, Doktor, das habe ich nicht gesagt!"

„So?"

Seine allzu deutliche Scheinheiligkeit beruhigte mich wieder, und jetzt hatte er mich dort, wo er mich hatte haben wollen. Ich konnte mich leidenschaftslos erklären. Eine Selbstdiagnose ohne Aufbegehren, ohne Selbstbemitleidung, ohne inneren Aufruhr.

Wie eine militärische Meldung klangen meine Worte:

„Ich bin ein Mann, der nichts ist und nichts kann. Ich habe keinerlei Besitz. Ich kann nicht einmal auf Verdienste der Vergangenheit verweisen, denn ich habe keine Vergangenheit, weil ich mich nicht genau an sie erinnere. Seit ich wieder äußerlich ein Mensch bin, denke und fühle, lebe ich ausschließlich durch meine Frau und aus ihrer Hand. In jeder Beziehung. Eine

Kreatur, nichts sonst. Allerdings eine Luxuskreatur. Großes, herrliches Gut, Herrenhaus, Geld, Auto und Pferd."

„Es soll Schlimmeres geben."

Doch seine Sticheleien beirrten mich jetzt nicht mehr. Schon deshalb nicht, weil sie nicht mehr notwendig waren. Ich wurde nur etwas lauter:

„Meine Frau liebt mich nicht. Als sie mich heiratete, hat sie einen sehr häufigen Irrtum des Herzens begangen. Doch Mitleid genügt eben nicht, um eine solche Last, wie ich es bin, zu ertragen. Deshalb bin ich gegangen. Es wäre leichter gewesen, mir eine Kugel durch den Kopf zu jagen. Einmal war ich nahe daran. Ich hätte Nikoline eine Last aufgebürdet, an der sie ein Leben lang zu tragen gehabt hätte. Doch ein aufrechter Mann hinderte mich an diesem Wahnsinn. Dann bin ich fortgelaufen!"

Gunthermann schaltete sich erbarmungslos ein:

„Ein Entschluß, der dem treuen Husaren Jürgen Godeysen um so leichter fiel, als ja inzwischen im Stall seines Unterbewußtseins ein neues Pferd ... pardon, eine einstige Frau, überhaupt die echte und große Frau seines Lebens auftauchte."

„Der Entschluß fiel nicht leichter, sondern wurde absolut unvermeidlich, Herr Professor Dr. Gunthermann. Der gewisse Jürgen Godeysen, von dem wir hier sprechen, ist vielleicht kein treuer Husar, denn wenn man so unglücklich und inbrünstig liebt, wie dieser hoffnungslose Kerl es getan hat, dann ist Treue keine allzu kostspielige Tugend. Der Jürgen Godeysen aber hat auch ein träumendes und hoffendes Menschenherz. Er hat versucht, wie ein Mann zu denken. Vielleicht, hat er sich gesagt, gewinne ich eines Tages doch noch die Liebe meiner Frau. Wenn es mir zunächst einmal gelingt ... ihre Achtung zu verdienen. Und dann ..."

„Dann kam der Professor Sesselkamp und erfand die Frau aus dem Dunkel?"

„Er erfand sie nicht; sie war schon da. Er bestätigte nur eine immer schlimmer werdende und eine von Tag zu Tag furchbarer drückende Gewißheit. Und das war eben das Ende. Mehr ist nicht zu sagen."

„Ach nee. Du machst es dir aber verdammt leicht, Jürgen Godeysen."

Da war es aus mit der militärischen Meldung. Ich glaube, ich heulte jetzt sogar, daß mir das helle Wasser aus den Augen strömte.

„Ja, ich bin ein geborener Feigling und Schwächling, und ich drücke mich, wo ich nur kann ...

Es wäre so viel leichter gewesen, auf Matthiasruh bei meiner Frau zu bleiben. Sie ist voller Güte und Mitleid, und das hätte ich richtig weiter ausnützen können. Immer weiter ausnützen und ausbeuten und vergeuden ...

Oder sie hätte sich daran gewöhnt — ich sehe ja ganz gut aus, nicht wahr, Doktor? —, vielleicht sogar eines Tages ihr wirkliches Herz für mich entdeckt? Wunderbar, ganz wunderbar. Und ich hätte es entgegengenommen, und dann wäre eine andere gekommen: ‚Der da, der gehört mir. Ich bin seine wirkliche Frau!'"

„Dann gibt es auch Lösungen. Solch ein Fall ist ja nicht gerade ungewöhnlich heutzutage. So etwas ist tausendfach passiert und tausendfach auf menschlich anständige Weise repariert worden. Da gibt es unzählige Arrangements ..."

„Arrangements — sehen Sie, Doktor, schon dieses Wort. So etwas gibt es weder für Nikoline noch für mich."

„Also, wühle weiter in deinem Wahn."

Ich konnte nur noch stammeln:

„Aber es ist doch kein Wahn, Doktor. Die Frau ist da, ich weiß es."

„Hast du sie gesucht?"

„Nein."

„Warum denn nicht? Das ist doch das Nächstliegende. Wozu überhaupt, wenn du so verdammt sicher bist, das blödsinnige Hypnose-Experiment? Wozu?"

Ich konnte nicht antworten.

„Da bist du stumm, mein Lieber. Aber ich will dir sagen, warum du auf Sesselkamps blödsinniges Experiment eingehen willst. Weil du im Grunde hoffst, daß irgend etwas Unverbindliches herauskommt. Etwas, was dir eine Ausflucht möglich macht. Weil du wieder zurückkehren willst zu deiner Frau. Weil du noch lange nicht so am Ende bist, wie du es dir halsstarrig selbst einredest."

Wie von weitem hörte ich mich sprechen:

„O nein, Dr. Gunthermann. Ich bin keineswegs am Ende. Sie haben ja so recht. Wie immer. Mit der einen Frau, die ich liebe, mit der darf ich nicht leben, wenn ich nicht möglicherweise wie ein Lump handeln will. Und mit der anderen, mit der aus der Vergangenheit, die nicht mehr die meine ist, weil ich ja nichts mehr von ihr weiß . . ., mit der kann ich nicht leben. Wenn ich sie fände, dann müßte ich es aber doch, nicht wahr, Doktor? Sie hat doch sicher ein Recht, das von mir zu verlangen . . .

Und wenn sie es tut? Wenn ich mein letztes bißchen Kraft zusammenpresse zur Lüge?

Dann mache ich noch einen Menschen unglücklich. Und vielleicht noch mehr, denn wer verbürgt, daß nicht Kinder da sind . . .

Was soll ich tun? Herrgott, was soll ich denn nur tun? Sterben darf ich nicht, mit mir allein leben kann ich auch nicht mehr. Zu welchem Zweck denn?

Ich bin mir doch selbst ein Fremder. Wer bin ich denn und was bin ich?

Sagen Sie es mir, Doktor! Womit rechtfertige ich meine Existenz?"

Er sah mich nur still und unverwandt an.

„Sehen Sie, das können Sie mir auch nicht sagen! Sie sind doch ein hochgebildeter Mensch, Doktor. Ich weiß, daß Sie viele Klassiker in- und auswendig kennen. Und ich weiß, daß Schiller in irgendeinem Brief einmal geschrieben hat: Der Mensch ist nicht mehr wert als seine Wirkung . . .

Und das stimmt, Doktor. Das ist eine der monumentalen Wahrheiten, an denen durch nichts und durch niemanden zu rütteln ist.

Und wo sind meine Wirkungen? Ich habe als Soldat geschossen und getötet und einen Haufen Menschen an den Rand der Verzweiflung gebracht.

Das sind meine Wirkungen, Doktor! Unheil, nichts als Unheil. So wird es weiter bleiben, mir ist nicht einmal erlaubt, mich selber auszutilgen . . .

Doch ich bin nicht am Ende! O nein, ich bin noch nicht am Ende!"

Er hatte, weniger forschend als abwägend, während meines ganzen Ausbruchs den Blick nicht von mir gelassen. Jetzt griff er, ohne dabei seine Haltung zu verändern, in eine Schreibtischlade und warf mir ein viereckiges, blaues Päckchen zu. Zweifelsohne irgendein Medikament.

„Strychnin oder Zyankali?"

Ich hoffte, daß es sarkastisch klang.

„Allotropal", erklärte er gleichmütig, „davon nimmst du nachher drei Kapseln. Du wirst acht bis zehn Stunden durchschlafen und einigermaßen im Gleichgewicht aufwachen. Dann sehen wir weiter."

Ich lachte. Weiß Gott, ich lachte:

„Wunderbar! Auf deutsch heißt das: weitermachen, weiterbrüllen, weiterkreischen und weiter bluten, weiter im Veitstanz."

Er hörte gar nicht hin:

„Du bleibst einige Tage hier. Außer ein paar dummen Ausbrüchen habe ich wenig aus dir herausbringen können. Nein, sag jetzt nichts, mein Junge. Ich billige dir das Recht zur Verzweiflung zu, aber nicht die absichtliche Selbstzerstörung."

„Aha! Die Rettung ist beschlossen und besiegelt."

„Wieder vorbei, mein Junge. Du steckst wahrhaft tief drin im Gestrüpp. Rettungen, das ist ja wohl eine Binsenwahrheit, kann man ebensowenig beschließen wie Erfolg oder Sieg. Nee, mein Junge, aber man kann sich entscheiden, darum zu kämpfen. Man kann sich zur Tapferkeit, zur Mühsal, zum Ringen und zum Streben entscheiden."

„Die Worte! Die großen Worte!"

Er lächelte in seiner vertrackten und unangreifbaren, halb überheblichen und halb jovial-kameradschaftlichen Art.

„Worte, mein Junge", sagte er, und es war ganz und gar wie ein über der Feuerzangenbowle genüßlich ausgesprochener Gedanke, „Worte werden gelegentlich unterschätzt, weil sie seit der Erfindung der Volksvertretungen so maßlos überschätzt werden. Worte sind nämlich die Induktion zur Idee, mein Junge, zum Beginn einer Vorstellung, zum Traum und zum geistigen Vorsatz. Und der Traum ist noch immer die Mutter der Tat."

Ich ließ ihn reden. Es war ein angenehmes Geplätscher und ganz bestimmt von ihm so überlegt verabreicht wie eine Beruhigungstablette. Es war dabei völlig gleichgültig — und ihm in erster Linie —, ob es etwas Gescheites oder Altbackenes war, was dabei herniederrieselte.

Natürlich wirkte es. Ich kam mir mit einem Schlage wieder so normal vor, daß mir mein eigener Einwurf unverzeihlich unreif und töricht erschien.

Dann horchte ich auf, seltsam gefestigt und beruhigt. Jetzt sprach der Arzt Professor Dr. Gunthermann. Etwas beiläufig, aber nüchtern und überzeugend. So, als ob er einer seiner Schwestern eine Anweisung gäbe.

„Du befindest dich in einem Zustand exzessiver seelischer Auflösung, mein lieber Jürgen“, erklärte er mit einer gemächlichen Sachlichkeit. „Da heißt es, erst einmal Ordnung, vor allem geistige, zu schaffen, bevor Ruhe eintritt. Nein, zucke nicht zusammen, ich will meinem großen Kollegen Sesselkamp keine Konkurrenz machen. Ich glaube auch nicht unbedingt an den Nutzen seiner vorgeschlagenen Therapie, aber immerhin ...“

„Eher vielleicht ein bißchen Kaltwasser-Behandlung, Zwangsjacken sind ja wohl unmodern.“

„Über die kalte Dusche läßt sich reden.“

Dann verdutzte er mich durch eine scheinbar völlig abwegige Schwenkung:

„Weißt du, woran unsere Zeit am meisten leidet? Wo vielleicht der entscheidende Punkt von unserem ganzen großen Weh und Ach und dem gewaltigen Mißbehagen der zivilisierten, vorwiegend der europäischen Menschheit liegt?“

Natürlich erwartete er keine Antwort.

„Er liegt in dem Mangel am Gespräch, in dem Mangel an geistiger Beziehung von Mensch zu Mensch. Das elementare Mitteilungsbedürfnis, ein Grundinstinkt des homo sapiens, ist völlig abgewürgt worden, und man weiß nicht einmal, wann dieser unheilvolle Prozeß begann. In unserem Jahrhundert oder schon im vergangenen? Ist ja auch egal ...“

Er betrachtete kummervoll seine Pfeife, die nunmehr endgültig verstopft war:

„Durch diesen Prozeß sind die echten, menschlichen Berührungen so unglaublich selten geworden, und darum leben so viele in der großen, grauenvollen Angst der Einsamkeit. Man teilt sich einander nicht mehr mit, man unterhält sich. Aber es ist eben kein Gespräch, wenn man sich gegenseitig Meldung von der letzten persönlichen Errungenschaft macht. Vom neuen Auto, Fernseher, Aktienkauf oder der letzten Selbstdemonstration auf der Auslandsreise ...

Und warum ist es so? Warum kann der Mensch sich in seinen echten, inneren Belangen nicht mehr mitteilen? Weil es ihm schon an der ersten Grundform des Gespräches fehlt, nämlich an dem Gespräch mit sich selbst. Er vergißt die edelste und notwendigste Beschäftigung des Menschen, weil er zu beschäftigt ist. Er kommt gar nicht mehr dazu, festzustellen — und das nenne ich eben das Gespräch! —, was ihn wirklich freut und was ihn wirklich reut, was ihm ein Wert oder eine Last ist, was Lebensgenuß darstellt und was letztlich Überdruß und Widerwärtigkeit ist ...

Mein Gott, wie ungeheuer armselig sind wir alle geworden. Lies einmal Briefe, die sich Menschen im vorigen Jahrhundert schrieben, ganz von jenen Zeitaltern zu schweigen, die von wirklicher Kultur erfüllt waren. Nicht nur die großen Geister ..."

Er mußte die große Frage auf meinem Gesicht gelesen haben: „Was das mit dir zu tun hat? Sehr viel, mein Junge, möglicherweise alles. Erinnerst du dich an die vier oder fünf Wachstuchhefte, die dein Vater dir — wie er es bezeichnete — als einziges Erbe außer dem Pferd — hinterlassen hat? Hast du mal ernsthaft darüber nachgedacht?"

Mir schien das eine oberflächliche Frage.

Nachgedacht?

Mit diesen Aufzeichnungen hatte mein Vater mich in das Leben zurückgerissen, als ich es verlassen wollte, weil es keinen Platz für mich, keine Aufgabe, kein Versprechen und keine Verlockung gab.

Wie scharf und richtig glaubte ich damals alles zu sehen.

Doch dann hatte mich der alte Kavalier vor die bunte Laterna magica seines Lebens geführt und verzaubert. So herrlich, so überquellend in Fülle und Erlebnis. So wunderbar reich, auch wenn man arm am Beutel war, konnte sich also das Dasein bieten. Wenn man nur das Herz und den Mut hatte, unbekümmert hineinzureiten in den immer neuen Morgen.

Vater hatte nicht gelogen, der alte Zauberkünstler, der alle kleinen und großen Nöte des Alltags zu verklären wußte. Alles war schlicht und echt und hatte sein inneres, helles Leuchten, und jedes Wort war ein Weiterreichen sprühender Lebensfreude.

„Ja, Doktor", sagte ich leise, „ich habe nachgedacht. Allerdings vor ein paar Tagen erst. Ich habe sehen müssen, daß ich eben kein Kaspar Godeysen bin. Mir fehlt doch wohl alles. Und dann ... glauben Sie eigentlich, daß mein Vater, dieser gläubige Tor, auch in unserer dreckigen, ordinären Zeit so hätte bleiben können? So wie damals in den goldenen Zeiten? Damals, als es in unserem Vaterland noch Dinge gab und Maßstäbe, die man verehren konnte? Für die es sich zu leben und sogar zu sterben lohnte? Glauben Sie das?"

„Ja, mein Junge, das glaube ich, doch darüber wollen wir jetzt nicht rechten. Du hast auch meine Frage mißverstanden, und ich will sie anders formulieren. Meinst du, daß dein Vater die besagten Heftchen nur deinetwegen vollgekritzelt hat?"

„Ja, das glaube ich ganz bestimmt."

Er wiegte den Kopf:

„Natürlich mußt du diese Frage bejahen, sogar zu Recht. Doch ich behaupte, lieber Jürgen, daß im Unterbewußtsein dein Vater auch noch aus einer anderen, einer zweiten, inneren Notwendigkeit Abend für Abend oder Nacht für Nacht und wahrscheinlich bei einem Kerzenstummel — denn es geschah ja zur Zeit der bittersten Not — Rückblick auf sein Leben gehalten hat. Ich glaube, daß er es auch tat, um Übersicht zu gewinnen, Bilanz zu ziehen über Wert und Unwert aller Dinge, die auf ihn eingestürmt waren, die er bezwungen hatte oder denen er erlegen war. Ordnung wollte er schaffen und alles in das rechte Verhältnis zum Ganzen rücken und so den inneren Frieden finden und schließlich die Kraft, auch den letzten Rest seiner Existenz voll auszuleben und schließlich lächelnd und mit dem Wissen der Erfüllung hinüberzugleiten. Oder, wie es seine Art wohl war, in elegantem Trab die große Grenze zu passieren und nur noch einmal mit fröhlich-ritterlichem Gruß zurückzuwinken ...“

Was wollte er jetzt, dieser Gunthermann? Was sollten diese Gemütstöne? Wollte er mich vollends weich machen und zur heulenden und sentimentalen Auflösung bringen?

Er ließ mir keine Zeit zum Grübeln:

„Nee, mein Junge. Bewußt oder unbewußt hat der alte Herr das einzige getan, was ihm in seiner gottverdammten grausam-einsamen Lage davor bewahrte, in die Knie zu gehen, stumpf zu resignieren. Denk mal nach, was ihm alles und mit welch höllischer Wucht zum Ausgang seines Lebens aufgepackt worden war, was er noch durchlebt und ertragen haben mußte an seelischer und körperlicher Not. Wieviel mehr als du hatte er verloren. Welches Unmaß an Entwürdigung und Demütigung muß ihm zuteil geworden sein. Wie sehr ...“

„Hören Sie auf, Doktor!“

„Schön, hören wir auf. Wir können es sogar, mein lieber Jürgen, denn wir wissen, daß dein Vater damit fertig wurde. Er hat kein Wort darüber verloren, doch wir wissen es. Und wenn wir richtig darüber nachdenken — was du bisher leider verabsäumt hast —, dann wissen wir auch, woher er sich mit der schlichten Gescheitheit seines Gemütes die Kraft dazu geholt hat.

Aus dem Gespräch, mein lieber Jürgen. Aus dem Gespräch mit sich selbst, aus der Überschau und dem unmerklichen Zurechtrücken aller Dinge. Aus dem stillen Vordringen in die innere Wahrheit seines Lebens, aus dem Trennen von Wesentlichem und Unwesentlichem, wobei dann ganz von selbst alle Chimären und Nachtgespenster, alle Unbilden der Stunde und auch alle Einbildungen — auch in einem Kaspar Godeysen — sich in Nichts auflösten.“

Worte, wollte ich wieder sagen, nichts als Worte. Ich wollte auch fragen: Ist das nun eine Diagnose, Herr Professor Dr.

Gunthermann, oder haben Sie bereits ein Rezept ausgeschrieben? Aber ich brachte den Spott nicht mehr über die Lippen. Ich spürte, daß hier irgendwo eine Erkenntnis lag, ob sie mir nun helfen konnte oder nicht.

„Das Gespräch ist alles, mein Junge. Das Leben, das ist doch im Grunde nichts als die Beziehung der Menschen untereinander. Keiner lebt für sich allein und durch sich allein, und wer es behauptet, der lügt. Wenn wir es schon nicht mehr fertigbringen, uns einander mitzuteilen und miteinander Nähe und menschliche Gemeinsamkeit zu gewinnen, dann sollte es wenigstens der einzelne für sich tun."

Er hat recht und unrecht, dachte ich. Ganz bestimmt sogar, soweit es mich betrifft. Er will mich nur verwirren und abdrängen.

„Vor wenigen Minuten, Doktor", sagte ich bitter, „haben Sie mir gerade das vorgeworfen. Daß ich nämlich ... daß ich mich zu viel mit mir selbst beschäftige."

„Stopp, mein Lieber. Was du treibst und getrieben hast, das ist kein Gespräch. Das ist nicht Rede und Widerrede, das ist nicht Klärung. Du hast nur gegrübelt, und zwar in einer einzigen Richtung. Du hast nur mit Fleiß und Bemühen und Ingrimm immer verbissener und verzweifelter einen einzigen Acker gefurcht. Dein tatsächliches oder eingebildetes Elend hast du um und um gepflügt. Das machen Millionen. Wobei sie sich allerdings nicht mit den echten und wesentlichen Belangen des Lebens auseinandersetzen, sondern mit dem letzten Bürogezänk oder dergleichen. Und wenn sie gequält und furchtsam in der eigenen Wirrnis herumtasten und an etwas Angenehmes und Schönes denken möchten, dann stellen sie sich vor, was für ein Gesicht die lieben, guten Bekannten machen werden, wenn sie nächste Woche mit dem neuen Wagen anrücken. Und dann ist prompt einer da, der auch einen neuen hat, der noch viel teurer und größer und schöner ist."

Er nickte mir zu:

„Ich weiß, was du denkst. Aber 'ne Wahrheit ist nicht nur dann 'ne Wahrheit, wenn sie vielleicht von Herrn Sartre oder Bertrand Russel ausgesprochen wird. Sie kann auch aus den Binsen kommen."

Vielleicht war es genau das, was er haben wollte. Ich mußte mich jetzt einfach auflehnen:

„Oder aus der Hypnose", sagte ich trotzig.

Es verblüffte mich, daß er mich ernst zu nehmen schien:

„Vielleicht. Als ultima ratio, wenn ich auch in deinem besonderen Fall nicht daran glaube."

Auf einmal hielt er mir seine geballten Fäuste vor die Nase:

„Aber an die glaube ich, mein lieber Jürgen. Und wenn es sein soll, dann werde ich dich mit denen auf den richtigen Weg prügeln. Wenn du es nicht vorziehen solltest, das selbst zu tun. Du bist jetzt kaputt und zerschunden und verlaufen ..."

Ich konnte nicht anders, ich mußte grinsen:

„In der Mitte meines Lebens befand ich mich in einem dunklen Walde. Ich wußte nicht, wie ich hineingekommen war ..."

Er nickte gemächlich:

„So ungefähr. Dante Aligheri zitiert und erlebt von Jürgen Godeysen! Aber jetzt Schluß mit der Quatscherei. Jetzt, hochverehrter Reitersmann, wird eine Jagd geritten. Wahrscheinlich wird sie verdammt hart und lang werden, und es kann sogar immer wieder mal 'n bösen Sturz setzen. Aber es wird geritten und es wird gejagt, und der Fuchs heißt Jürgen Godeysen, und wenn wir ihn haben ... oder wie das heißt, wenn wir ihn stellen oder ausheben, dann wird sich schon herausstellen, was mit diesem Fuchs los ist. Wie er beschaffen ist, was er will und was er kann und vor allen Dingen — was er soll."

„Welch wunderschöner Vergleich, Doktor."

„Zugegeben, Vergleiche sind meistens blöd. Also nunmehr ganz sachlich, und das ist eine Verordnung, und wenn dir das nicht paßt, dann gibt es einen Befehl. Du bist jetzt hier, und bilde dir nicht ein, daß ich dich aus diesen Klauen lasse, bevor ich dich nicht in den Sattel gesetzt habe und dich reiten sehe. Ist das klar?"

Ich hob die Schultern.

„Du wirst jetzt zunächst einmal das tun, was dir dein Vater vorgemacht hat. Gespräch mit dir selbst halten. Ordnung schaffen und Übersicht. Klare und anständige Bilanz. Was ist geschehen und wie habe ich gehandelt. Wer hat mir wehgetan und wem habe ich Schmerzen bereitet. Was ist Tatsache und was ist Spuk. Wo ist wirkliches Versagen und wo ist läßliches Versehen. Wo Irrtum, wo echte Schuld. Rerum cognoscere causas!"

Nichts konnte mir in diesem Augenblick sinnloser erscheinen, doch ich stand willenlos auf:

„Na schön, Doktor. Wenn ich Sie richtig verstanden habe, dann soll ich jetzt runter in die Stadt ins Hotel gehen, mir einen Stapel Papier geben lassen, meinen Füllfederhalter aufschrauben ... und nach dem Rezept meines Vaters und der Gepflogenheit früherer kultivierter Geschlechter die Geschichte meines Lebens schreiben, von dem ich nichts weiß."

„Die Geschichte der letzten Monate genügt mir", erklärte Gunthermann trocken. „Und das Hotel ..."

Sein Zögern, ja sogar seine sichtbare Beunruhigung oder gar Verlegenheit hätten mir auffallen müssen, wenn ich jetzt nicht in einer völligen und stumpfen Gleichgültigkeit gelegen hätte.

„Du hast doch auch gar kein Geld."

Mein Gesicht verzog sich, möglicherweise war es ein Grinsen:

„Sie selbst haben mir ja allerhand Geld verschafft, Dr. Gunthermann."

„Ist dir denn die Rente zugesprochen worden?"

„Nee. Ich habe Ihnen damals schon gesagt, daß ich kein Rentenjäger bin. Ein klein bißchen Selbstachtung muß der Mensch behalten. Aber Sie haben sich ja fleißig für mich bemüht, Dr. Gunthermann. Allerlei Entschädigungen und Heimkehrer-Abfindungen und was weiß ich. Ich hätte den Dreck zurückgeschickt, wenn ich nicht zu faul dazu gewesen wäre ... Ich wollte von all dem überhaupt nichts mehr wissen, nichts hören und nichts sehen. Verstehen Sie das?"

„Ganz und gar nicht, du Trottel. Aber darüber können wir später reden. Jetzt bleibst du hier. Du kriegst ein ordentliches Zimmer."

Schön. Hatte ich überhaupt etwas anderes gewollt?

Gunthermann nahm meinen Arm, und ich ließ es geschehen. Ich war ja nur müde. So grenzenlos müde.

II

NIKOLINE GODEYSEN

oder

DIE GESETZE DER LIEBE

Mein Reiterlein, mein Liebstes!

Soeben war Dr. Gunthermann bei mir, aber eigentlich weiß ich nun gar nicht mehr genau, ob das Minuten, Stunden oder gar Tage her ist. Vielleicht habe ich auch alles nur geträumt, und ich wache auf und sehe Dich neben mir liegen. Du liegst zusammengekuschelt da wie ein Eichhörnchen im Nest. Nein, ich habe es Dir nie gesagt, weil Du ja sonst vielleicht gekränkt sein würdest: Du liegst da wie ein Baby. Den Mund hast Du ein wenig offen, und Du bist auch ganz selig entspannt, und nur auf der Stirn stehen die dicken Kummerfalten. Mein Gott, das Herz hat mir immer wehgetan vor lauter Liebe, wenn ich Dich so liegen sah.

Jetzt weiß ich eigentlich schon nicht mehr weiter. Ich möchte mich jetzt auf das Bett werfen und den Kopf in die Kissen stecken und die gräßlichen Tränen loswerden, die unbedingt herauswollen. Aber Dr. Gunthermann hat gesagt, Tränen könnten nicht nur trösten, sondern sie könnten auch die Tapferkeit aufweichen. Und ich müßte von jetzt ab sehr tapfer sein, und Tapferkeit sei überhaupt das Beste im Leben, und nur die Geduld sei sogar noch ein bißchen mehr.

Geduld! Und ich hatte schon geglaubt, in den ganzen letzten Tagen, ich hätte nichts mehr davon, obschon Vater mich immer deshalb gelobt hat, und nun ist es auf einmal meine einzige Aufgabe im Leben, und mehr darf ich nicht tun, als Geduld zu haben und immer wieder Geduld. Ich soll auf Dich warten.

Bis Du einmal zurückkommst. In ein paar Tagen, in einem Jahr oder in zwei Jahren, vielleicht auch nie wieder ...

So, da prangen nun vier große weiße Kleckse auf dem Papier, ich habe gar nicht gewußt, daß Tränen so dicke Wassertropfen sein können. Mit einem bißchen Salz dabei, nicht wahr, mein Reiterlein?

Ich hab's also doch nicht fertiggebracht, tapfer und beherrscht zu sein. Wahrscheinlich nicht einmal eine Stunde hindurch, und ich soll es doch noch so lange tun. Vielleicht lerne ich es. Gunthermann hat gesagt, man könne es.

Ich weiß nicht, wie lange ich geweint habe, aber ich glaube, es geht schon gegen Morgen. Es ist noch ganz dunkel draußen, aber überall regt sich schon eine Ahnung des Tages. Das war die erste Lektion, die ich hinter mir habe, denn ich muß unwillkürlich daran denken, wie Du mir dann und wann Mörike vorgelesen hast. Weißt Du noch?

„Ängste, quäle Dich nicht länger, meine Seele,
Freu' Dich, schon sind da und dort
Morgenglocken wach geworden."

Ach! Da ist schon wieder ein Klecks, aber das ist nur noch ein Nachzügler.

„Geduld!" habe ich den Gunthermann angeschrien, „woher soll ich denn die Kraft dazu nehmen?"

Er war so scheußlich sachlich, aber ich glaube, gerade das hat mir geholfen.

„Millionen Frauen haben das gekonnt", sagte er mir, „Millionen Frauen im ersten Weltkrieg und im zweiten noch ein paar mehr. Auf der ganzen Welt. Und nicht einmal unter komfortablen Umständen wie Sie. Sie haben gefroren und gehungert, die Bombennächte ertragen, nicht gewußt, wie lange sie noch eine Heimat und ein Dach über dem Kopf haben. Sie haben durch unausdenkbares Elend gehen müssen. Ach, was heißt Elend. Durch das reine Grauen."

Ich habe nur schluchzen können. Er hatte recht, und ich hätte mich schämen müssen bis in die Erde hinein, aber ich habe nur geschluchzt:

„Die haben ihren Männern wenigstens schreiben können."

Da hat er gelacht, der widerliche Kerl:

„Keiner hält Sie. Das bleibt Ihnen unbenommen, schöne Lady."

„Wenn ich doch aber nicht weiß, wo . . . wo er ist?"

„Briefe müssen nicht unbedingt abgesandt werden. Was in diesem Fall noch nicht einmal ganz klar ist. Vielleicht ergibt es sich so, vielleicht bündeln Sie Ihre Briefe und legen sie Ihrem Manne mal unter den Weihnachtsbaum. Besser, als 'n gestrickter Pullover."

Ich hätte ihm mit beiden Fäusten ins Gesicht schlagen mögen, aber dann war er plötzlich wieder ganz weich und voll Güte:

„Es wird sogar helfen. Man staunt immer wieder und möchte es nicht für möglich halten, aber wenn unsere arme, gefolterte Seele sich krümmt vor allerlei Weh, dann läßt sie sich mit ein paar Tricks auf erstaunliche Weise beschummeln. So was reicht von einer Zigarette und einem Schnaps oder etwas guter Musik bis zum Kirchenbesuch. Schreiben Sie Ihrem Liebsten also, meine schöne Lady, und grübeln Sie nicht darüber nach, ob er das jemals zu Gesicht bekommt, was da aus Ihnen herausquillt."

Er sagte wahr und wahrhaftig „schöne Lady", aber kurz vorher hatte er mich noch „saudumme Göre" betitelt. Vielleicht nicht ganz wörtlich, aber doch dem Sinne nach.

Ich saß in der Hotelhalle und fror. Dann wieder wurde mir plötzlich siedend heiß. Aber Du mußt nicht denken, Reiterlein, daß ich krank war.

Es war nur so, daß ich es im Zimmer einfach nicht mehr aushielt. Zuerst, nachdem ich hier eingetroffen war und zum ersten Mal mit Gunthermann gesprochen hatte, da fühlte ich mich noch recht zuversichtlich. Ich bin spazieren gelaufen, aber das tat gar nicht gut, denn bei jedem dritten Mann, der mir entgegenkam, mußte ich denken, daß Du es bist. Und im Kino kann man auch nicht den ganzen Tag sitzen. Überhaupt, in dem einen Kino haben sie immer nur Filme gegeben, wo unentwegt Menschen aufeinander schossen und sich umbrachten und in dem zweiten — mehr haben sie hier nämlich nicht — spielten sie nur Filme mit lauter Liebe, und statt sich totzuschlagen, küßten sie sich unentwegt. Da war das Schießen beinahe noch erträglicher.

So saß ich also da, und mir wurde immer nur warm, wenn sich die alte Drehtür in Bewegung setzte und ich ganz sicher glaubte: Jetzt, jetzt kommt er. Und gleich liege ich in seinen Armen, und ich will nur ein ganz klein bißchen böse mit ihm sein ... oder nein, überhaupt nicht. Er ist da, und alles ist gut und alles war überhaupt nur ein dummer Irrtum, und wir können darüber lachen und fröhlich sein. Ich hatte auch schon längst aus der Weinkarte die Flasche ausgewählt, die wir dann trinken würden.

Doch es kamen nur mürrisch blickende Männer mit Musterkoffern und einmal ein junges Paar, das verlegen am Eingang stehenblieb, miteinander flüsterte und dann schnell wieder ging.

Sicherlich hatten sie nicht genug Geld, aber ich beneidete sie glühend. Sie waren beieinander.

Ich mußte schnell nach einer Zeitung greifen, denn die Leute an der Rezeption sollten mein Gesicht nicht sehen.

Unversehens stand dann Dr. Gunthermann vor mir, und er sah aus wie ein zorniges Waldgetier aus einem Märchenbuch, ein Bär oder ein Einhorn, das sich aufgerichtet hat und wütend mit den Hufen schlägt.

Er sagte nicht einmal guten Abend. Er knurrte mich nur bitterböse an:

„Wenn ich nur einen Funken Grips besäße, wenn ich nicht ein Herumkurierer, sondern ein wirklicher Arzt wäre, dann hätte ich es wissen und Sie mit meinen eigenen Händen hinausschmeißen müssen, als Sie damals mit dem Nachlaß des seligen Kaspar Godeysen bei mir im Sanatorium erschienen."

Was waren das für schreckliche Worte! Zuerst begriff ich überhaupt nicht, was sie bedeuten sollten, aber dann — mir bleibt jetzt noch das Herz stehen, wenn ich an diesen furchtbaren Augenblick zurückdenke — dann schrie es ganz unsinnig in mir auf: Er hat sich etwas angetan! Das Reiterlein ist tot!

Und weil es so laut in mir schrie, kam kein Ton über meine Lippen, und das war wohl gut, denn sonst hätte es einen entsetzlichen Auftritt gegeben, und ich wäre wohl davongerannt, und wer weiß, was alles geschehen wäre. Auf alle Fälle hätte Gunthermann es nicht mehr fertiggebracht, mich zu beruhigen.

Er mußte wohl sofort gesehen haben, was er angerichtet hatte, denn er setzte sich auf meine Sessellehne. Es war ihm ganz egal, was die Leute vom Hotel denken mochten, oder vielleicht wollte er mich auch gegen die Blicke schützen.

Er nahm meinen Kopf und zog ihn an sich:

„Ruhe, Ruhe ... Es ist ihm nichts Ernsthaftes passiert. Im Gegenteil. Der Lümmel sieht großartig aus."

Du warst also am Leben, und mehr wollte ich in dieser Sekunde nicht wissen. Ich glaube sogar, mein armes Gehirn konnte gar keinen anderen Gedanken fassen.

Oder doch. Ich bemerkte, daß es eine Schande war, wie Dr. Gunthermanns Mantel jetzt noch nach Mottenpulver roch, wo es doch schon wieder Frühling war.

„Jürgen ist nicht verhungert und nicht im Straßengraben verkommen, und, wie gesagt, er sieht wie'n Filmstar aus. Einer von der besseren Sorte. Die Schwestern sind schon alle bis über die Ohren verschossen in ihn."

Die sollten sich lieber um Gunthermanns Mantelknöpfe kümmern, dachte ich, sie hingen gerade noch an einem Faden.

Als ich ein wenig zur Ruhe gekommen war und nicht mehr zitterte, nahm er mich bei den Schultern und drückte mich in den Sessel zurück. Er selbst blieb mit dem Rücken zum Vestibül seelenruhig auf der Lehne meines Sessels sitzen.

„So, mein Kind, und jetzt sperren Sie mal ganz weit Ihre rosigen Öhrchen auf und hören mir gut zu. Es wird ziemlich kompliziert klingen, aber es ist im Grunde ganz einfach, was ich Ihnen jetzt zu sagen habe. Zunächst mal, damit die Ausgangsposition restlos klar ist: Ich bin ein alter und wahrscheinlich schon ziemlich seniler Trottel, und Sie sind eine dumme, unreife Göre. Ins Bild kommt wahrscheinlich noch Ihre hochgeschätzte Frau Mama mit einem erstaunlichen Maß an Verblendung."

Ich wollte ja eigentlich ganz folgsam sein und nur zuhören, doch wie konnte ich denn jetzt anders als stammeln: „Mein Gott, Dr. Gunthermann ... Was sagen Sie da alles. Was haben wir denn nur getan und was ist denn nur geschehen?"

Er machte ein grimmiges Gesicht:

„Es muß eine ganze Menge geschehen sein, von dem Sie in Ihrer holdseligen Blindheit und Gefühlsüberfülle — so sieht es jedenfalls zunächst aus — nichts gemerkt haben. Und was wirklich geschehen ist, das werde ich genau auch erst in einigen Tagen wissen. Jedenfalls ist er in einer furchtbaren Krise, einer tödlichen möglicherweise ... Na, na, das bedeutet nicht unbedingt körperlich ... und wie und ob er herauskommt, das wird man sehen. Sie sollen jetzt aber nicht fragen, sondern zuhören, sonst kommen wir überhaupt nicht weiter."

Ich versuchte, ganz still zu sein, aber leicht fiel es mir nicht. Gunthermann erzählte mir lauter Dinge, die ich zwar hörte, doch nicht glauben konnte.

Ich lächelte sogar ganz schwach, als er sich selbst mit allerlei groben Ausdrücken belegte. Bis mir dann die Wahrheit schwer auf's Herz fiel.

Ein Mann, so sagte er, der nach vielen, vielen Jahren der Qual gewissermaßen dem gewaltigen Massengrab des Krieges entsteigt, den stößt man nicht einfach von heute auf morgen in das jetzige Leben hinein, dieses Leben, vor dem selbst die Gesunden bisweilen ohne Verständnis und voller Angst stehen. Geschweige denn jemand, der nichts von seiner Vergangenheit und also auch nichts von sich selbst weiß, der sich weder auf eine bewußte Kraft noch auf Können und Erfahrung stützen kann. Einer, der gerade erst die Beherrschung über seine Gliedmaßen, über die Daseinsäußerungen des eigenen Ich gewonnen hat. Und schon gar nicht entläßt man einen solchen Menschen in die furchtbar schwere Aufgabe einer Ehe ...

„Das ist es eben, was ihr jungen Leute ganz und gar nicht begreifen wollt. Ihr nehmt das entflammte Herz, die erste Ahnung von etwas Kommendem schon für den vollendeten Tatbestand. Liebe, meine törichte Jungfrau, ist aber nichts, was tafelfertig serviert wird. So etwas will wachsen unter pfleglich gescheiten und behutsamen Händen. So etwas will auch erkämpft werden, meistens gegen sich selbst. Gegen die bösen Launen und Wirrnisse und Irrtümer, die aus dem Alltag wachsen. Auch gegen die blinde Selbstsucht des jungen Herzens, das einfältig nur auf die eigenen Gefühle, auf die eigene innere Überfülle und die Notwendigkeit der eigenen Seele stiert."

„Ich habe doch nur immer geben wollen."

„Eben. Und das war ganz und gar falsch. Damit haben Sie den Menschen, bei dem sich erst schüchtern ein ganz klein wenig Ich-Bewußtsein prägte, blindlings und gedankenlos überschüttet und erstickt."

Er sagte das so böse, daß ich in diesem Augenblick richtig Angst vor ihm hatte. Ich ahnte ja noch gar nicht, daß er mich nicht anklagen wollte.

Ich saß da wie betäubt, Reiterlein, und konnte es einfach nicht fassen, daß es falsch sein soll, wenn eine Frau ihren Mann so liebt, wie ich es getan habe. Wenn sie ihm bedingungslos und bedenkenlos und jubelnd alles gibt, was sie ist und was sie hat. Wenn sie von morgens bis abends nur ein Gefühl kennt und eine Art des Denkens: wie mache ich ihn glücklich.

So etwas kann doch einfach nicht sein, so etwas ist doch barer Aberwitz, und das habe ich dann auch Gunthermann gesagt, aber der hat mich bloß ganz traurig angeguckt, und jetzt war er nicht mehr böse, sondern nur so betrübt, daß ich ihm am liebsten die Fingerspitzen auf die Augen gelegt hätte, wie ich es so oft bei Dir getan habe.

„Ach, kleine, schöne Lady", sagte er, und ich wunderte mich sehr, wie leise und sanft der alte Brummbär sprechen konnte, „begreifen Sie doch, daß es gar nicht um Schuld geht. Nicht einmal um das Suchen nach Fehlern. Der Jürgen ist krank, sehr krank und gefährdet. Ich bin Arzt, und es ist meine Aufgabe, alles zu tun, um den Krankheitsherd festzustellen und nach Möglichkeit zu beseitigen. Aber da ist so viel an Verhängnis zusammengekommen ..."

Aha, wollte ich sagen, und das Hauptverhängnis bin natürlich ich. Sie haben es ja vorhin deutlich genug gesagt. Doch Gunthermann legte mir einen Finger auf den Mund:

„Pst! Nicht vergaloppieren. Sie haben schon recht, schöne Lady, es kann einem bei dem Widersinn schaudern, daß so viel guter Wille auf allen Seiten, so viel echte und innige Liebe auch Unheil heraufbeschwören können. Aber es ist nun einmal so."

Er mußte ein paarmal husten, bevor er weitersprechen konnte:

„Es gibt ohne Zweifel ungeschriebene Gesetze, und ich möchte sagen, daß es Naturgesetze sind, die man nicht ungestraft verletzen darf. Selbst bei einfacher liegenden Verhältnissen als in unserem Fall.

Das Gesetz Nummer eins heißt: Die Frau hat sich in das Leben des Mannes zu fügen als gute, als fördernde und ergänzende Kraft. Sie wird Teil seiner Existenz!

Bei Ihnen beiden aber ist es genau umgekehrt geschehen. Das ist unnatürlich, und das erträgt kein Mann. Jedenfalls kein richtiger ...

Dann das zweite Gesetz jeder Liebe und jeder auf Liebe beruhenden Ehe, und das heißt: Austausch. Man gibt und man nimmt. Jürgen Godeysen hat aber, jedenfalls seiner Wesensart nach und seinen inneren Grundsätzen zufolge, nichts zu geben gehabt."

Dr. Gunthermann hob die Hand:

„Jetzt nichts sagen. Hinhören, meine schöne Lady, ohne Aufbegehren und ohne Schielen auf das verletzte Gefühl. Drängen Sie mal überhaupt das Herz zugunsten der Vernunft ein wenig in den Hintergrund. Wobei ich nebenbei bemerken möchte — lernen Sie's als Kalenderspruch auswendig —, daß unser ganzes herrliches Menschenherz, wenn's überhaupt da ist, ohne Vernunft einen Dreck wert ist ...

So, jetzt haben Sie es geschafft, ich bin aus dem Konzept gekommen. Passiert mir nicht oft ... Ja, also der Jürgen Godeysen. Sehen Sie, Mädelchen, das ist eben einer, der nicht damit zufrieden ist, daß er seiner Frau nichts anderes zu bieten hat ... das heißt also zurückzugeben hat, als mütterliche Zärtlichkeit."

„Mein Gott, mehr wollte ich doch gar nicht. Was habe ich denn sonst von ihm verlangt?"

„Sehen Sie, da liegt der Hase im Pfeffer. Sie waren vollendet glücklich bei dieser Situation. Ihnen hat nichts gefehlt, und Sie haben auch nichts verlangt, wie Sie eben sagen. Aber er hat etwas verlangt. Von sich selbst nämlich, und das mit Fug und Recht und absoluter Verpflichtung. Und da hat er eben immer wieder und von Tag zu Tag mehr ... nebenbei mit einer Geradlinigkeit und Unerschrockenheit, vor der man nur den Hut ziehen muß . . ., ja, da hat er immer wieder festgestellt, daß er nur ein Bündel von Ohnmacht und Kraftlosigkeit ist. Unwesentlich und — das sind jetzt seine Worte — wertlos, weil ohne echte männliche Wirkungen. Ein Mann, der im Grunde nur ein Name ist, hingeschrieben vor einem dunklen Abgrund. Ein Mann ohne Zukunft, da er nicht weiß, wo seine Kräfte liegen. Ein Fluch und eine Last für sich selbst und . . . für die Frau, die er liebt."

Die Leute an der Rezeption konnten wohl mein Gesicht nicht sehen, aber sie mußten hören, wie ich jetzt schrie, und es war mir auch ganz gleichgültig:

„Das ist nicht wahr!"

„Es ist doch wahr. Jedenfalls für ihn, und das ist das Entscheidende. Wollen Sie das endlich begreifen . . . Sie kleiner, kindischer Hohlkopf?"

Das war eine schlimme Ohrfeige. Ach, Reiterlein, es ist nicht leicht, demütig zu sein und still und geduldig vor Wahrheiten zu stehen, vor schlimmen Wahrheiten, wenn man meint, sie seien ungerecht und unverdient.

Aber ich glaube, ich habe es in diesem Augenblick geschafft. Ich habe sogar die dicken Tränen herunterwürgen und flüstern können:

„Was hätte ich denn nur tun sollen?"

Gunthermann beugte sich über mich, und ich mußte wieder den gräßlichen Mottenpulver-Geruch schlucken.

„Nichts", sagte Gunthermann so leise, daß ich es kaum hören konnte. „Nichts, arme, kleine, schöne Lady. Handeln konnten Sie gar nicht anders, aber darum geht es jetzt nicht. Es geht um das Begreifen, was war, was ist und was werden soll."

Ich wußte, daß jetzt etwas Furchtbares kommen würde, aber es gab wohl kein Ausweichen:

„Und was soll nun werden?"

Er ließ mir etwas Luft und rückte von mir fort, aber er antwortete nicht sogleich. Er blickte über mich hinweg, und ich dachte mir, daß er meine bettelnden und flehenden Augen nicht ertragen könne.

Aber er suchte wohl nur nach den richtigen Worten, der kluge, der sachliche und der immer so weit vorausdenkende Dr. Gunthermann.

Ich war voll zitternder Angst; doch noch fiel das erwartete Urteil nicht.

Warum grübelt er nur so lange? Warum sagt er nicht, daß Du recht hattest mit dem, was Du mir geschrieben hast? Daß es keine Brücke mehr zwischen uns gibt und ich mich scheiden lassen soll von Dir?

„Verhängnis, Tragik ... also, ich glaube nicht daran", murrte Gunthermann. „Ich glaube einfach nicht daran. Neunundneunzig Prozent des ganzen menschlichen Jammers sind auf das Phänomen der Dummheit oder der vulgären Selbstsucht zurückzuführen ...

Da ist also unser Jürgen und da sind Sie. Wer trägt Schuld an Ihren Tränen und seinem Jammer? Der verfluchte Krieg doch zunächst, und der wäre nie und nimmer gekommen, gäbe es nicht die gottverdammten professionellen Politiker mit ihrem bequemen Opportunismus, mit ihrem Schielen nach der Wahlurne und dem Zittern um die Futterkrippe. Ist doch klar, wie?

Aber dann gibt es noch einen gewissen Professor Dr. Gunthermann, der sich zeitlebens eingebildet hat, einen Kopf auf den Schultern zu haben. Großer Himmel! Zu einem ganz bestimmten Zeitpunkt hätte 'ne Zuckerrübe den gleichen Erfolg erzielt ...

Gucken Sie mich nicht so entsetzt an, Mädchen, das ist leider kein Gequatsche. Wunschdenken ist nämlich kein Denken, und diesem allgemeinen Erbfehler bin ich in Ihrem Fall auch unterlegen.

Das paßte alles so wunderschön. Scheinbar. Da lag der arme Hund und wollte nicht mehr leben, und da kamen Sie angetanzt, ungeahnte Verwandtschaft oder Bekanntschaft dreimal links um die Ecke. Sie waren ein wunderhübsches Mädchen, das blühende Leben selbst, Verlockung und Verheißung in Person. Vom lieben Gott gefügtes und gebildetes Schicksal. Peng, da war ganz folgerichtig die große Liebe auf beiden Seiten. Im Himmel selbst geschlossen und beschlossen ...

Nein, schleudern Sie keine Blitze mit Ihren Augen, ich will das nicht antasten. An die ursprünglich guten Fügungen des lieben Gottes glaube ich sogar oder muß ich zum mindesten meinen Erfahrungen nach glauben. Aber auch, daß wir Menschen sie verpanschen.

Und das ist geschehen. Nee, nicht durch Sie und nicht durch den Jürgen, sondern durch mich. Ich hätte Sie nämlich rausschmeißen sollen und sagen: Mein Kindchen, Sie kommen um ein paar Posttage zu früh. Lassen Sie die Hefte hier und hauen Sie ab. Ihr Stichwort wird in ein paar Monaten oder vielleicht in einem Jahr fallen. Vielleicht auch erst in zwei Jahren. Sehen Sie zu, daß Sie sich bis dahin nicht verplempern. Es wartet nämlich was auf Sie ...

Vielleicht hätten Sie meinen Worten geglaubt. Wahrscheinlich sogar. Irgendeine Ahnung lag ja schon in Ihnen drin ...

Na schön. Und ich hätte mir dann den Jürgen alleine vornehmen müssen. Den Durchbruch zum Lebenswillen, den hätte ihm das Tagebuch seines Vaters auch ohne Sie erzwungen. Und dann hätte ich ihm sagen müssen: so, nun Schritt für Schritt, mein Junge. Jetzt baust du dir ein neues und eigenes Leben auf. Wie wär's, wenn du erst mal was Handfestes lernst. Für Leute wie dich gibt's ja Gott sei Dank gute Plätze und allerhand Hilfe an deutschen Hochschulen. Jawoll, das hätte ich tun müssen, und dann wäre schon der richtige Augenblick gekommen, wo Sie termingemäß ins Bild hätten treten können."

Mein Gott, was sollte das alles? Hatte Gunthermann recht, hatte er unrecht, aber ...?

„Aber was soll denn nun werden?"

„Nichts anderes, als was ich eben gesagt habe, meine schöne Lady. Wenn auch unter wesentlich schlimmeren Umständen. Jetzt hat der arme Hund nämlich nicht nur damit zu tun, sein eigenes Ich und dann seine wirkliche Aufgabe und Bestimmung im Leben zu finden, jetzt muß er sich auch mit einem ganzen Heer selbstgeschaffener oder meinethalben unnötig heraufbeschworener Dämonen herumschlagen. Und jetzt muß er — was vielleicht sonst gar nicht nötig gewesen wäre — erst mit den bloßen Händen seine verlorenen Jahre, seine verschüttete Vergangenheit aus dem Schutt wühlen."

„Und ich kann ihm dabei nicht helfen?"

„Das hat sich ja wohl herausgestellt. Sie können ihn nur lähmen und beirren. Wenn einer — verzeihen Sie den plumpen Vergleich — gehen lernen soll, ein Kind oder ein Mann, dem mal die Beine weggeschossen worden sind, dann darf man den nicht huckepack herumtragen."

Ich hörte nur das eine heraus: Du kannst mich nicht mehr brauchen, mein Reiterlein, und ich kann und darf Dir auch nicht helfen.

„Ich soll also gehen?"

„Ja. Vorläufig jedenfalls."

„Und gar nichts tun, überhaupt nichts?"

„Doch. Warten und nebenbei auch ein bißchen beten."

Dann setzte er beinahe drohend hinzu:

„Aber richtig, meine Liebe. Tränenreiche Bettelei, das ist kein Gebet. Aber Ihre Zuversicht dürfen Sie herausstammeln und Ihren Glauben an die Güte des lieben Herrgotts. Immer dann, wenn die Bedrückung kommen will. Wahrscheinlich nachts, so kurz vor dem Einschlafen ..."

Das sagte Gunthermann, mein Reiterlein, und jetzt, wo ich

wieder auf meinem Zimmer hocke und der Koffer gepackt ist und ich zurück soll in ein Alleinsein, das ich mir noch gar nicht vorstellen kann, da will es mir trotz allen Bemühens nicht in den Kopf, warum der letzte Satz von Gunthermann so trostreich war. War es nur das Wort ‚Gebet'? Ich weiß es nicht.

Doch mir fällt jetzt noch das Ende unseres Gespräches ein. Er sagte noch, mein Gott, wie grauenvoll simpel das klang: „Kopf hoch, Mädelchen, und im übrigen wird der olle Gunthermann schon auf ihn aufpassen, wenn auch bloß aus der Ferne, aber auf alle Fälle so, daß er zupackt, sollte der Geh-Lehrling etwa ins Schwanken kommen."

So sitze ich denn nun da, mein Reiterlein, eine glücklichliebende und eine völlig unglückselige Frau. Ich bete in jeder Sekunde, aber noch richtet sich mein Gebet nur an mich selbst. Das ist eine Art Gebetsmühle, weißt Du. Sei tapfer, sei tapfer, sei tapfer. In der einen Sekunde erscheint mir alles, wie der Gunthermann es nun mal bestimmt hat, schrecklich vernünftig, und ich glaube auch daran und kann dabei sogar ein wenig Hoffnung schöpfen — aber in der nächsten, da schreit dann alles in mir, und ich will nichts als zu Dir laufen, bei Dir sein, alles andere ist reiner Irrsinn.

Aber ich fühle dabei doch, daß ich mich fügen werde. Aus Schwäche oder aus Kraft oder aus Gläubigkeit?

Ich weiß es nicht, Reiterlein. Ich sage Dir jetzt Adieu. Für heute, nur für heute, mein Liebster.

Ich kann jetzt nicht weiter, ich will mich ins Bett legen, so wie ich bin, und will das tun, was Gunthermann gesagt hat. Obschon es schon hell draußen ist, grau, aber doch hell.

Die Deine.

So kam ich also zum Schreiben.

Zunächst hatte man mich schlafen lassen. Bis in die Puppen, und ich weiß jetzt nicht bestimmt, ob Dr. Gunthermann mich gestern, vorgestern oder gar vor drei Tagen wie einen jungen Hund beim Nackenfell packte und beutelte.

Eine reizende, wenn auch nicht mehr ganz junge Schwester war erschienen, hatte die Vorhänge aufgezogen, mir das Frühstück ans Bett gestellt, aufgeräumt und dabei über das prächtige Wetter und den sehenswerten Revue-Film unten in der Stadt geplaudert.

Sie trug — typisch für die Gunthermannsche Regie — statt der Berufstracht ein ziemlich elegantes Kleid mit einem koketten Tändelschürzchen. Als sie wieder ging, stellte ich fest, daß ich einen Pyjama — ich konnte mich gar nicht erinnern, ihn angezogen zu haben — aus erstklassiger Nylon-Qualität anhatte.

Großartiger Service. Auch mein Dreß hing gebügelt im Schrank, Oberhemd und Unterwäsche waren gewaschen und geplättet.

Ein Luxushotel. Wäre noch ein zweites Bett im Zimmer, hätte ich mir einbilden können, auf der Hochzeitsreise zu sein.

Verdammt! Da ging es wieder los.

Gunthermann hat es mir zur Pflicht gemacht, meinem Leben ins Gesicht zu starren, Einkehr zu halten und Gespräch mit mir selbst zu pflegen. Ich folgte seinem Auftrag.

Ich kann ihm nicht recht glauben, diesem alten Verführer, aber ich weiß, daß ich mich im Grunde schon unterworfen habe, und außerdem, was soll ich denn sonst tun?

III

JÜRGEN GODEYSEN

oder

DER EINZUG AUF MATTHIASRUH

Wenn er mir gesagt hätte: Junger Mann, nehmen Sie sich einen Stoß Papier und einen Bleistift und malen Sie dreihunderttausend Männchen, dann hätte ich mich vermutlich auch dagegen nicht gewehrt.

Hinauf also auf das Karussell und abgewartet, wann der Ausgangspunkt wieder in das Blickfeld rückt.

Ja, der Ausgangspunkt ...

Wie fing es an und wann fing es an? Womit begann es?

Wo beginnt meine Möglichkeit des Erinnerns, des Zurückdenkens? Was löste den Prozeß aus?

Wenn ich genau sein will, dann muß ich jetzt sagen: es geschah nichts anderes, als daß jemand, den ich nicht erblicken konnte und der mich nicht sah, auf mich schoß.

Auch das ist schon wieder ungenau. Der sowjetische Kanonier und seine Batterie schossen Störungsfeuer auf eine ganz bestimmte Wegkreuzung. Ganz stur und programmgemäß. Leider auch verdammt präzise. Wir vier Landsknechte des „Führers" warteten in unserem schönen, dreiachsigen Panzerspähwagen in gebührender Entfernung und zählten mit.

Bald hatten wir es heraus. Vier Einschläge mit immer fünf Sekunden Abstand. Dann sechs Sekunden Ruhe und der Kladderadatsch ging wieder in schöner Methodik von vorne los.

Die Pause genügte, um anzufahren und über den Feuerbereich hinauszukommen. Das war das Schöne am Iwan, in bezug auf Sturheit konnte man sich auf ihn verlassen. Man konnte eben nicht — der Volltreffer, der uns packte, kam zu früh. Wahrscheinlich hatte der Russe an der Reißleine eine schwere Erkältung und mußte niesen.

Fing es also damit an? Mit diesem Zufall?

Herrgott! Ich will nicht weiter zurückdenken. Wohin gerate ich sonst!

Sachlich soll ich sein, das hat Gunthermann von mir verlangt. Ohne Schonung, aber auch ohne Wehleidigkeit. Kein Melodrama. Nicht nur die schlimmen Gefühle wägen, sondern auch die guten, die freudigen und die strahlenden. Den Stunden und Tagen, den Wochen und Monaten der schweren Not auch die Momente des Glücks entgegenstellen. Richtig! Auch mir waren Augenblicke des Glücks beschieden.

Jetzt weiß ich, womit ich beginnen muß. Mit einer Stunde, einer einzigen Stunde der vollkommenen Glückseligkeit.

Hinter mir lag Dr. Gunthermanns infernalisches Sanatorium; die schmiedeeiserne Pforte fiel ins Schloß. Das metallische Klingen war mir eine Salve festlichen Salutes.

Es paßte so gut, daß niemand uns begleitete, um nachzuwinken, wie das wohl sonst bei solchen freudigen Abschieden die Gewohnheit ist. Was an Dank- und Abschiedsworten dem wunderbaren, alten Gunthermann zu sagen war, das lag hinter Nikoline und mir. Vielleicht geschah es auch nicht nur aus Rücksicht und im Hinblick auf die anderen, die bleiben mußten, daß Gunthermann uns nicht zum Portal und zum Wagen begleitete. Er hatte es zwar gesagt, doch ich glaube jetzt, daß es gar nicht der eigentliche Grund war. Er wollte diesen gemeinsamen Weg, diesen Gang zu zweit in ein herrlich lockendes Leben hinein, durch nichts beeinträchtigen.

So waren diese Minuten Glück von unüberbietbarer Vollendung. Vielleicht wird überhaupt jedem Menschen so etwas nur einmal, nur ein einziges Mal vom Himmel geschenkt.

Vielleicht...

Da stand ein Auto, wie ich noch keines gesehen hatte. Ich hatte mir auch nie vorstellen können, daß solch ein industrielles Produkt tatsächlich das Sinnbild der großen menschlichen Freiheit und aller verlockenden Möglichkeiten sein konnte.

„Unser Wagen", sagte Nikoline, „der Schlüssel steckt im Schloß, Reiterlein."

Nichts weiter sagte sie. So völlig nüchtern und alltäglich, und es war doch eine Zauberformel.

Sie wirkte so stark, daß ich mich ohne ein besonderes Gefühl wie selbstverständlich ans Steuer setzte und losfuhr.

Plötzlich schwiegen alle verwirrenden Fragen und Überlegungen, die ebenso naiv wie vernünftig waren. Konnte man denn wirklich jetzt in Deutschland solch einen Wagen kaufen? So ganz simpel ohne besondere Machenschaften, Beziehungen oder Zugehörigkeit zu einer privilegierten Schicht?

Hatten wir überhaupt einen roten Winkel?

Und wie stand das mit dem Betriebsstoff und überhaupt...

Konnte es mit diesem märchenhaften Vehikel so zugehen wie vordem mit meinen neuen Anzügen und all dem anderen Zubehör, ohne Bezugschein oder Anweisung irgendeines Zahlmeisters? Da war ein Schneidermeister erschienen, ein gepflegter, rosiger und erstaunlich fülliger Mann, und hatte nur nach Wünschen gefragt.

So war noch manches gewesen, was unsagbar verwirrte, und mein armer Kopf konnte gar keine Überschau gewinnen, aber Gunthermann und Nikoline, sie lächelten und beteuerten, daß nichts weiter dabei sei und ich nur eine Pflicht hätte, nämlich nicht darüber nachzudenken, und eigentlich wollte ich es auch gar nicht.

All diese rätselhaften Verwirrungen waren jetzt mit einem Schlag fort. In einem Zustand, den ein Dichter einmal einen heilig-nüchternen Rausch genannt hatte, fuhr ich mit der Gefährtin meines Lebens in eine herrliche Zukunft hinein.

Ich will jetzt nicht nachdenken oder gar nachrechnen, in welche Jahreszeit dieses Ereignis fiel. Für uns beide war es Frühling.

Mag sein, daß dem Rest der Menschheit dieser Tag ganz besonders grau und abstoßend erschien. Uns beiden leuchtete er.

Ja, auch Nikoline und nicht nur mir armen Narren. Wenn sie sagte: „An der nächsten Kreuzung rechts, Reiterlein," oder: „Im nächsten Dorf ist eine böse und enge S-Kurve", dann waren das keine sachlichen Winke, sondern kleine, heimliche Jauchzer.

Von einer Sekunde auf die andere war dieses Leuchten vorbei. Ich fuhr zügig, aber wahrscheinlich ziemlich schnell, und Nikoline drehte die Scheibe an ihrer Seite ganz tief herunter und ließ den Wind mit ihren Haaren spielen. Sie lachte mich an:

„Du fährst phantastisch. Bestimmt bist du einmal Rennen gefahren?"

Mir war, als hätte mich ein Schlag getroffen. Die Straße, die eben noch glatt und gerade vor meinen Augen lag, schien auf einmal steil anzusteigen, und gleich darauf war sie überhaupt verschwunden hinter graublau wogenden Schleiern. Aus allen Poren — und das schien das einzige zu sein, was ich noch genau wahrnahm — drang mir kalter, ekliger Schweiß. Ich konnte gerade noch an den Straßenrand fahren und den Wagen zum Stehen bringen.

„Um Himmels willen, Reiterlein, was ist dir?"

Es gelang mir nicht, zu antworten; ich bekam keinen Ton heraus. Nikoline drang, völlig aufgelöst, mit entsetzten Fragen und Beschwörungen auf mich ein, sie streichelte und küßte mich und wischte mir mit den bloßen Händen die gräßliche Feuchtigkeit von Stirn und Wangen, doch ich konnte immer nur verzweifelt den Kopf schütteln.

Du großer Gott! Hatte ich denn überhaupt jemals selbst am Steuer gesessen?

Bestimmt, ich hatte korrekt die simple äußere Mechanik des Fahrens erfüllt. Doch was sagte das schon? Womit war bewiesen, daß ich die Fähigkeiten und, mehr noch, das Recht hatte, einen Wagen zu führen?

Wenn ich mich auch an keine Einzelheiten erinnern konnte, feststand, daß ich Offizier einer motorisierten Abteilung gewesen war.

Zumindest hatte ich Tausende von Malen neben einem Fahrer gesessen, einem blutjungen oder einem uralten. Das Spiel von Händen und Füßen mußte ganz automatisch in mich eingedrungen sein bis zur Fähigkeit des unbewußten Imitierens. Oder war es selbstverständlich, daß ich als Offizier einer motorisierten Einheit das Fahren beherrschte?

„Du bist eben noch nicht ganz gesund, Liebster", sagte neben mir Nikoline nach einer Ewigkeit sehr leise. „Du brauchst noch schrecklich viel Schonung, und ich bin ein oberflächliches und rücksichtsloses Geschöpf. Komm, rücke beiseite und mache es dir bequem. Ich werde jetzt fahren."

Damit beschritt ich den Weg, der in das Dickicht führte. Mißtrauen und Argwohn mir selbst gegenüber, ständig wachsend das Gefühl der Ohnmacht, der Schwäche und Hilflosigkeit. Verzweiflung schließlich.

Und war das jetzt schon Mitleid statt Liebe, was ich in Nikolines Augen zu entdecken glaubte? Wurde schon in dieser Stunde an der Kette geschmiedet, mit der die anderen mich ungewollt und besten Willens umschlingen sollten? Diese unentwegte Güte, die verdammte geduldige Nachsicht. Ich verkroch mich so sehr in mein Erschrecken und meine Verwirrung, daß Zeit und Weg sich auflösten und ich es kaum glauben wollte, als Nikoline plötzlich mit einer erzwungenen Munterkeit sagte:

„Gleich sind wir in deiner neuen Heimat, Reiterlein. Dort hinten liegt Matthiasruh.“

Wir waren lange, und ohne daß ich es recht bemerkte, bergan und durch einen uralten Mischwald gefahren. Jetzt hielten wir auf einer Anhöhe, und vor uns lag, zur Rechten und zur Linken endlos und flachgestreckt wie ein ungeheueres, schmuddliges Handtuch, der Besitz derer von Pratt. Erst später erfuhr ich, daß nicht nur der Tannenwald dazu gehörte, sondern auch die Waldungen jenseits des Handtuches, die in der Ferne von blau-dunklen Höhenzügen begrenzt wurden.

Unendlich schön war alles, was in der weiteren Ferne lag, niederdrückend die unmittelbare Nähe. Der Verwalter erklärte es mir später einmal. Die lange und schmale Ackerbreite von Matthiasruh war in Urzeiten einmal der Weg eines Gletschers gewesen.

Es mochte ein herrlicher Gletscher gewesen sein. Einer, der von wilder Schönheit war, doch die Spur seines Zuges war von jener Häßlichkeit, die alles Unbewegte, alles Monotone hat. Ein einziges Gefilde von Nüchternheit, wenn auch von Nützlichkeit.

Mir erschien es überaus verwunderlich und beinahe gegen den Stil, daß rings um die Gebäude von Matthiasruh, das aus der Ferne wie ein Kasernen-Geviert wirkte, doch hier und dort ein paar Bäume, sogar Baumgruppen standen. Den ausgedehnten, wenn auch nicht gerade beglückend schönen Park — Baum und Strauch und Rasen können ja beim besten Willen nicht zur Häßlichkeit gezwungen werden — konnte ich nicht vollständig überblicken, weil er hinter den Gebäuden lag. Eine Art von Windfang gegen die vom Tal gefangenen ewigen westlichen Luftströme.

Es gab keine Baumreihen, von denen die schmale Straße auf das Gut zu — übrigens in erstklassigem Zustand — begleitet wurde. Dafür aber Telefon- und Leitungsmasten.

Eine schmucklos nüchterne Lücke zwischen Gebäuden, die

als Stallungen, möglicherweise aber auch als Maschinenschuppen dienten, stellte die Einfahrt dar.

Zur Linken ragte ein hoher Schornstein, zur Rechten ein Doppelsilo aus Beton. Ich begrüßte unbewußt beides, denn sonst wäre der Eindruck, auf einen Kasernenhof zu fahren, vollkommen gewesen.

Ich war bereits zu müde, um, wie ich es sonst getan hätte, laut aufzulachen.

Das war also das „weiße Haus im Grünen“, das voller Schönheit meiner harrte.

Welches von den Zweckgebäuden Wohnhaus ... nein, genannt Herrenhaus, werden wollte, das wurde nur durch einen simplen Umstand offenbar. Dem Dachfirst eines der Gebäude hatte der Baumeister ein Türmchen mit einer riesengroßen Uhr angeklebt. Man konnte nicht übersehen, daß dieses Türmchen nur der notwendigen Verankerung für die Uhr seine Entstehung verdankte. Hier war ganz eindeutig Zeit immerdar als Arbeitsleistung verstanden worden.

Als wir hielten, konnte ich sehen, daß das Herrenhaus seinen Charakter außer dem Uhrentürmchen auch noch durch drei Stufen betonte, die zur Eingangstür führten. Ein Haufen männlichen und weiblichen Volkes drängte sich auf den Stufen.

Unzählige Gesichter, unzählige Hände, da und dort sogar ein Knicks, Begrüßungs- und Segenswünsche in einem mir völlig fremden Idiom.

Feierlicher Einzug des neuen Herrn!

Wenn Hochstapler Scham empfinden können, so gehörte ich jetzt zu ihnen.

Nur einer fiel mir auf. Ein hochgewachsener, aber vornüber gebeugter Mann mit einem stillen, verschlossenen Gesicht, dessen Augen mich ruhig und doch mit zwingender Helligkeit und Gescheitheit anblickten. Er trug eine grüne Tracht und war der Gutsförster Walter Lindemann, und wenn ich auch noch nicht ahnen konnte, was ich diesem Manne alles in nicht zu ferner Zukunft zu danken haben würde — jetzt rettete er die Stunde.

Vielleicht nicht einmal so sehr für mich — denn was ist es schon wichtig, ob mein Zusammenbruch in der ersten Minute erfolgt wäre oder erst einige Monate später?

Doch an der offenbaren Schmach, die ich ihr gleich bei meiner Ankunft bereitet hätte, würde Nikoline schwerer getragen haben als an der jetzigen Enttäuschung.

Wahrscheinlich hätte ich auch nicht jenes Quentchen Selbstachtung gerettet, über das ich immerhin noch verfügte.

Ohne Lindemann hätte ich damals schrill und irre über einen Vorgang gelacht, der mir nur als ein peinigendes, widersinniges und schlechtes Dilettanten-Theater erschien. Lindemann drückte mir nur stumm die Hand und sprach kein Wort, in seinen Augen aber las ich Verständnis:

Ich weiß, wie dir zumute ist, du armer Hund. Du wirst gezwungen, hier eine Rolle zu spielen, die dir schäbig vorkommen muß. Nimm's hin, wie man das als Mann eben so oft tut, wenn man andere nicht enttäuschen oder gar in Peinlichkeiten stürzen will. Man muß sich nun mal an die Regeln halten, auch wenn man unfreiwillig unter die Spieler geraten ist.

Ich vergaß den ganzen krampfhaft-feudalen Auftritt jedoch gleich darauf, denn nun kamen kurz hintereinander zwei neue und wirklich erschütternde Stöße.

Arm in Arm mit Nikoline — diesmal war es mir bewußt, daß sie mich stützte und führte — schritt ich in das Vestibül der großen Wohndiele des Hauses.

Ein starker Geruch, wie er wahrscheinlich jedem Vorraum eines deutschen Gutshauses eigen ist, schlug mir entgegen. Loden war zu verspüren, unzählige Male naß geworden und ebensooft wieder getrocknet, Leder und Gewehröl. Ein Schuß Hundegeruch hätte noch dazu gehört, doch der fehlte.

Dann kam der Stoß in die Magengrube und jenes Gefühl

des Abscheues, ja, des unüberwindlichen Widerwillens, von dem ich selbst in dieser Sekunde wußte, daß seine Ursache mehr als anderswo in mir und meinem pathologischen Zustand lag.

Da hingen neben allerlei Lederzeug, das zum Abrichten und Führen von Jagdhunden gebraucht wird, zwei Gewehre. Eine Schrotflinte und eine Jagdbüchse, und diese letztere war es, die mich zum inneren, vielleicht auch zum äußeren Widerstand brachte. Sie sah, wenigstens auf einige Entfernung, genau so aus wie jener Karabiner „98 K", den Millionen deutscher Männer, Jünglinge und Knaben Jahre hindurch in der Hand gehalten hatten, um damit zu töten.

Welch ein Wahnwitz, welch ein Unsinn, dieser Gedankengang. Eigentlich betraf der Anblick der beiden Schießprügel mich selbst nur in einer sehr indirekten Form, denn allzu lange Zeit war vergangen, seit ich ein solches Ding in der Hand gehalten hatte. Sogar mit der Freude an der guten Waffe, die ein gesunder Mann sein Leben lang nicht ablegt oder höchstens nur einmal vorübergehend vergißt. Wenn an der Tapete mit den etwas verblichenen Jagdmotiven eine Maschinenpistole gehangen hätte, eine „P 38" vielleicht, oder als entscheidendes Memento eine 5-cm-Kanone ...

Die reine Hysterie hatte mich gepackt, denn ich wußte damals in den grausigen Jahren genauso gut wie jetzt, daß an der Front mit dem unglückseligen Karabiner das allergeringste Unheil angerichtet wurde, aber doch ... diese Waffe hatten die Erschießungspelotons jener Männer geführt, die auf teuflischen Befehl aus dem Ruf und dem Ruhm des kämpfenden Soldaten die untilgbare deutsche Schmach gemacht hatten.

Aber das konnte mir doch keine Erklärung dafür geben, warum ich plötzlich ein brennendes und idiotisches Haßgefühl gegen die Frau fühlte, die ich liebte, die neben mir stand und mit einer ahnungslos plappernden Heiterkeit sagte:

„Du mußt nicht etwa glauben, daß dies alle Gewehre von

Papa sind. Er hat“, sie sprach wirklich in der Gegenwartsform, „er hat eine ganze Sammlung. Wie ein Museum, aber ganz und gar keine Museumsstücke. Fünf Meter groß ist sein Waffenschrank ... Du wirst ja gleich sehen, und natürlich sind die jetzt für dich da. Er hat die Flinte und die Büchse nur hier hängen, damit er sie immer gleich zur Hand hat, wenn sich Raubzeug zeigt. Du glaubst gar nicht, Reiterlein, was wir mit den Füchsen und den Iltissen zu tun haben. Einmal lief sogar bei hellem Tage ein Wiesel quer über den Hof, und Papa hat es tatsächlich erwischt. Mit der Büchse, weil es so weit war. Papa ist ... Papa war ein wunderbarer Schütze.“

Jetzt erst hörte ich die Tränen in ihrer Stimme heraus und glaubte auch zu wissen, daß sie mein plötzliches Verhalten gemerkt und auf ihre Weise ausgedeutet hatte. Das Geplapper sollte mir helfen.

Bedurfte sie meiner Hilfe? Doch was sollte ich tun?

Hätten wir uns jetzt, in der Minute des Einzuges, der Heimkehr und — wie sie es sehen mußte — des neuen, schönen Beginnes in die Arme fallen und wie zwei verlaufene und verlorene Kinder weinen sollen? Im Schluchzen des anderen Trost für das eigene verstörte Herz finden?

Sie zog mich weiter in die Wohndiele hinein, und nun wurde klar, welche Rolle dem absonderlichen Heimkehrer aus dem Jenseits, dem Mann ohne Schatten, von den noblen, fürsorglichen und gütigen Herzen dieses Hauses zugedacht war.

Da stand in der Mitte des Raumes, der gepflegte Kühle ausstrahlte, Nikolines Mutter, die verwitwete Frau Major — oder war er sogar Oberstleutnant? — Cathleen von Pratt.

Ihr Mann, so stellte sich sehr schnell, für mich keineswegs verwunderlich, heraus, hatte sie selbstverständlich immer nur Lina genannt.

Das Lächeln, das mir Cathleen von Pratt entgegenstrahlte, war von einer gewinnenden Wärme und Herzlichkeit, doch als sie mir entgegenkam, da war hinter der gemessenen Art ihres Schreitens ein absonderlich gehemmter Drang spürbar, so als hätte sie eigentlich lieber stürmen und sich mir an den Hals werfen mögen. Diesen herrlich gehaltenen und verhaltenen Schwung, dieses verklärte Ungestüm des Wesens, mußte Nikoline wohl von ihrer Mutter haben.

Erst in dieser Minute wurde mir ganz und gar deutlich, daß der Mutter dieser Frau einmal das ganze überschwengliche Herz und die Träume meines Vaters gehört hatten. Mehr noch: Sie hatte ihn wahrscheinlich inniger und stärker geliebt, als ihm das in seiner damaligen Phase des Werdens und der seligen Trunkenheit aller Lebensverheißungen möglich gewesen war.

Ließen diese blitzhaften und dabei so sonderbar scharf umrandeten Gedankengänge mir jetzt förmlich den Atem stocken, oder war eine Vorahnung kommender Wirrnisse und tragischer Verstrickungen die Ursache?

Ich finde keine Klarheit. Jetzt, im Augenblick, da ich es gerade hingeschrieben habe, da erscheinen mir die Worte altbacken und dümmlich hergeholt. Gedankenlos nachgeplappert nach irgendeiner Romanphrase.

Die meisten von uns leben ja aus zweiter Hand, und wenn sie sich nicht nach Vorstellungen und Meinungen begrenzt intelligenter Romanfabrizierer richten, dann entleihen sie ihre Vorstellungs- und inneren und äußeren Bewegungsformen dem Kintopp oder der Panoptikumwelt der Illustrierten.

Wie könnte es bei mir anders sein, der ich über gar nichts Eigenes verfüge.

Vielleicht war es sogar nur eine Art von Eifersucht, daß ich bei dieser ersten Begegnung mit Cathleen von Pratt nur ganz flach und mühsam Luft holen konnte. Eine unbewußte Parteinahme für meine tote Mutter, die, so war es doch vorstellbar, in den kurzen Jahren ihrer Ehe schmerzlich und wortlos im Schatten der anderen Frau gestanden hatte. Und einer Liebe also, die unsterblich blieb und bleiben konnte, weil sie unerfüllt und allein dem Traum verhaftet war.

Und doch — befand ich mich nicht auf einem Irrwege? Was wußte ich von meiner Mutter anderes als das, was mir mein Vater mit einer eigentlich erschütternden Sparsamkeit des Gefühles in seinem Nachlaß berichtet hat? Wenn man es recht besah, so hatte er mir mehr von der anderen Frau erzählt als von jener, die mich zur Welt brachte.

Oder war ich sogar, wenn die geheimsten Gefühle, Sehnsüchte und Visionen eines Vaters das Wesen und Leben seines Sohnes bestimmen, mehr Kind der irischen Aristokratin Nicoline Fitzpatrik St. Ives Lady of Eryllgobragh?

Wieder Unsinn! Wieder pathologische Verstiegenheit!

Gunthermann hat mir daher auferlegt, Ordnung zu schaffen, simple Tatsachen zu sichten und zu schichten und Abstand davon zu nehmen, was er das ewige Umpflügen meines Seelenackers nannte.

Urplötzlich sah ich mich also einem Menschen gegenüber, der mir völlig fremd war, der aber — so wollten es die Umstände — von nun ab zu meinem Leben gehören sollte. Ein Mensch wie hunderttausend andere auf den Straßen, aber ich spürte von der ersten Sekunde an eine andere Beziehung.

Es war nicht nur das verblüffte Staunen über die äußere Erscheinung der Cathleen von Pratt und auch nicht das Erschrecken, das sie aus unmittelbarer Nähe in ganz anderer Weise wirkte als auf einige Meter Entfernung.

In den langen Wochen meiner Rekonvaleszenz in Gunthermanns Sanatorium hatten Nikoline und ich genug gemeinsame Stunden, in denen wir der gegenseitigen, gegenwärtigen oder vergangenen Umwelt besonders eindringende Gespräche hätten widmen können. Was über mich noch festzustellen war, über die Gegebenheit der Stunde hinaus, das hatte Nikoline durch die Tagebuchblätter meines Vaters erfahren; entweder aus Gründen des Herzenstaktes oder auch schon in der klugen Regie des Erbarmens hütete sie sich vor weiteren Fragen. Wir waren also nur damit beschäftigt, einander zu entdecken und in die seelische und geistige Brücke, die uns von Anbeginn an zu verbinden schien, einen festen Pfeiler nach dem anderen zu ziehen.

Das Ehepaar von Pratt interessierte mich durchaus nicht, und daneben ging es mir wohl wie allen Männern: Ich konnte mir meine Schwiegermutter — wenn ich mir schon einmal so nebenbei die Mühe der Vorstellung machte — nicht anders als eine alte und vom Leben verbrauchte Frau denken.

Jetzt aber stand mir eine Frau gegenüber, die man nicht nur klassisch schön nennen konnte, sondern die auch jedem Begriff von Alter und Verwelktsein weit entrückt schien. Um sie war der warme Glanz eines lebendigen weiblichen Gemütes.

Als sie dann dicht vor mir stand und, immer noch lächelnd, aber wortlos, meinen Kopf in beide Hände nahm, bevor sie mich küßte, da wurde meine erste Beklemmung so stark, daß ich nicht übertreibe, wenn ich schreibe: mir wurde unheimlich zumute.

Nichts schien mir an dieser Frau echt zu sein, und, um es gleich auf die einfachste Formel zu bringen, sie war weder Cathleen noch Lina.

Nein, es war nichts Gemachtes oder affektiert Gewolltes an ihr und schon gar nicht etwa spürbar, daß sie mehr oder weniger geschickt oder prätentiös eine vorgefaßte Rolle spielte. Sie wirkte ... ja, mir fällt kein anderer Vergleich ein, sie wirkte wie ein plötzlich zum Leben erwachtes Glasbild. Ihre Jugendlichkeit hatte etwas Wächsernes an sich, etwas unbeabsichtigt Konserviertes. Ein Mensch, der nicht altern konnte, weil er nicht wirklich jung gewesen war, ein Lebewesen aus einer ganz besonderen Art von Treibhaus.

So waren denn auch ihre Schönheit, ihr Lächeln und ihre scheinbare Herzenswärme geartet. Gläsern, spröde und auf bedrückende Weise indirekt und... ja, wesenlos, ohne bewußt künstlich zu sein.

Als sie mich geküßt hatte, trat sie einen Schritt zurück:

„Matthias war breiter und auch ein wenig größer als du", sagte sie.

Klangen diese Worte nicht gut? Jeder andere Mann hätte sie als Illustration zu der vorhergehenden Gebärde der Bereitwilligkeit zur menschlichen Nähe aufgefaßt. Es war der mütterlich-liebevolle Vergleich des jüngeren, eben aus der Ferne zurückgekehrten Sohnes mit dem anderen, dem älteren.

Aber ich hörte nur eine kühle und erbarmungslose Entscheidung heraus. Ich war eingeordnet in den Empfindungen und Vorstellungen dieser Frau als ein Substitut für den Herrn Matthias von Pratt.

So sah die Rolle, die ich in Zukunft zu spielen hatte, also aus. Ich durfte nicht mehr Jürgen Godeysen sein, sondern nunmehr der Ersatz für den toten Gutsherrn, Vater und Gatten.

Man führte mich durch die Räume, und beide Frauen hatten sich bei mir eingehängt. Ein schönes, ein innigliches Bild der Verbundenheit; ich aber sah darin nur den sinnbildlichen Vollzug der Besitzergreifung.

Mit jedem neuen Raum, ja mit jedem Schritt wurde es unbezweifelbarer, was mir bevorstand. Die beiden hatten es wahrscheinlich nie gemerkt, wie sie mit der gewissen frommen Einfalt kindlicher Gemüter aus dem Andenken an den Vater und den Mann einen Kult der Erinnerungen getrieben hatten, der schon beinahe in das Spukhafte reichte.

Die Tatsache, daß Matthias von Pratt gefallen war, hatten sie zur Kenntnis nehmen müssen, doch da sie beide immer in einer geistigen und tatsächlichen Isolation nur mit ihm und durch ihn gelebt hatten, konnte es wohl keine andere Art der Weiterexistenz für die beiden geben, als seinen Verlust nur intellektuell zu registrieren.

Sie hatten ganz einfach Jahre hindurch so getan, als sei er gerade erst fortgegangen und käme in der nächsten Stunde, morgen oder übermorgen wieder.

Das Buch, das er gelesen hatte, als ihn aus seinen schmalen letzten Urlaubstagen das Telegramm an die zusammenbrechende Front rief, lag noch mit dem Rücken nach oben auf seinem Lesetisch.

„Landwirtschaftliche Rationalisierung im Rahmen der Kriegswirtschaft."

Daneben jedoch schien Matthias von Pratt, strenger und unbeugsamer Pontifex des zweckmäßigen Lebens, gewisse Annehmlichkeiten des Daseins nicht verleugnet zu haben. Falls er sie nicht ebenfalls als zweckmäßig aufgefaßt hatte. Neben dem Buch befanden sich noch ein Cognac-Schwenker — sichtbar unausgespült — und eine nahezu volle Flasche Armagnac, sie wurde wohl täglich abgestaubt.

Im übrigen gab es in diesem Raum eine erstaunliche Fülle von Büchern, alle in offenen, wandhohen Regalen. Ich habe später in langen Stunden des Stöberns und Lesens erkannt, daß man es hier mit einer ziemlich geschlossenen Bibliothek der wesentlichsten volkswirtschaftlichen und agrar-ökonomischen Erscheinungen der neueren Zeit zu tun hatte.

Ich erwähnte dies auch lobend, wenn auch etwas nebenher, und war sogar gerührt, als ich dabei das Aufleuchten auf dem Gesicht meiner Frau sah.

Ein Banause, eine einseitig ausgerichtete, stumpfe Natur konnte der Mann nicht gewesen sein. Oder anders ausgedrückt: Er hatte der geschlossenen Einseitigkeit seiner Art gelinde Abschweifungen und Arabesken erlaubt. So war ich verblüfft, als ich unter seinen Büchern sogar bestimmte Werke der Philosophie und der Belletristik entdeckte. Es handelte sich jedoch immer um geschlossene und gesammelte Werke.

In Einzelerscheinungen waren nur die französischen Moralisten des 18. Jahrhunderts vertreten, doch dann in Gesamtausgaben Balzac, Zola und Romain Rolland. Dann erblickte ich, ohne eine Beziehung dazu zu besitzen, Kipling und Wells. An deutschen Autoren entdeckte ich immerhin F. W. Hackländer, Gustav Freytag und erstaunlicherweise Gerhart Hauptmann. Unter den Jagdschriftstellern Gagern und Bley.

Nein, ein Primitivling war Matthias von Pratt nicht gewesen. Es würde mir also wenigstens erlaubt sein, dann und wann zu einem Buch zu greifen.

Nebenbei gesagt: Im Damenzimmer stand auch ein wunderhübscher, offenbar aus dem Biedermeier stammender Schachtisch mit den Figuren eines unvollendeten Spieles.

„Matthias und ich", sagte Lina — ich will jetzt bei dem Namen bleiben — mit dem seltsamen kristallenen Klirren im Unterton, selbst bei heiterem Stimmklang, „Matthias und ich waren sehr harte Gegner."

Also würde ich wohl des Abends oder am späten Nachmittag eine Pflichtstunde an diesem Schachtisch absolvieren müssen.

Da stand ein Rauchtisch, überladen mit Zigarrenkisten, und mit zitternden Händen öffnete ich die oberste.

Es wirkte so, als ob Nikoline in die Hände klatschte:

„Das ist fein, Reiterlein. Ich habe gar nicht gewußt, daß du Zigarren rauchst."

Ich auch nicht, wollte ich sagen, doch ich brachte keinen Ton über die Lippen.

Die ausgewählte Zigarre zerbröckelte mir bei dem Versuch des Abschneidens unter den Händen. Wie konnte es anders sein, sie war ja uralt.

Ich sah scheu zu Lina hin. Würde ich Zorn und Empörung auf ihrem Gesicht lesen? Hatte ich nicht ein Sakrileg begangen?

Doch nein. Das Gegenteil war der Fall. Ihr Lächeln war genau wie jenes meiner Frau, beglückte, ja beseligte Genugtuung. Nur daß es eben auf Glas gemalt war.

Es drückte wortlos jene Empfindung aus, die sie nachher aussprach, als wir uns im Speisezimmer zu Tisch setzten und sie mir einen Stuhl zeigte:

„Dies ist von nun an dein Platz ..., mein lieber Jürgen", den Namen Matthias hatte sie wohl im letzten Augenblick hinuntergeschluckt. „Du bist ja jetzt der Herr."

Dann saßen wir da, starrten aneinander vorbei und schwiegen, bis endlich Nikoline sanft mahnte:

„Willst du nicht läuten, Reiterlein?"

Ach so! Natürlich! Da lag ja in Griffnähe ein elektrischer Druckknopf, und es war Vorrecht oder Aufgabe des Herrn über Haus und Hof, über Familie und Gesinde, jetzt Bedienstete herbeizuschellen und das Mahl zu eröffnen.

Es war eine gespenstische Mahlzeit, denn der Geist Matthias von Pratts kontrollierte jede meiner Handlungen. Ich wußte nicht recht, wer uns bediente und was wir aßen. Ich wußte nicht einmal, ob ich auf den Teller starrte oder irgendwo ins Leere. Ich glaubte nur die Blicke der beiden Frauen ununterbrochen auf mir liegen zu spüren, und einmal, in einem Gott sei Dank blitzschnell vorübergleitenden Augenblick, war ich so weit, daß ich in ein Irrsinnsgelächter ausbrechen und kreischen wollte: Esse ich richtig? Muß ich vielleicht schmatzen? Muß ich das Besteck mehr nach oben oder mehr nach unten halten? Raus mit der Sprache. Sagt's doch!

Doch es gelang mir, vorerst noch, den Ausbruch zu verhüten, und zwar durch das einfache Hilfsmittel, ohne Scheu den Raum zu mustern.

Fast beruhigend wirkte, daß sich das Speisezimmer im Charakter durch nichts von den anderen Räumen unterschied. Es vermittelte die gleichen Stimmungswerte wie der Rest des

Hauses. Wenn man von der Schnapsflasche des Matthias von Pratt absah. Man befand sich nicht in einem Heim, sondern in den Ausstellungsräumen einer Firma für Innenarchitektur.

Ich flüchtete mich in die wahrscheinlich zutreffende Vorstellung, wie es denn wohl vor sich gegangen war, als Matthias von Pratt vor der Notwendigkeit einer Ausstattung seines sogenannten Herrenhauses gestanden hatte.

Ganz bestimmt prüfte er gewissenhaft seine Bilanz und stellte dann nach Maßgabe aller Gesetze gesunder Betriebswirtschaftslehre fest, daß soundsoviel Prozent für diese leider unumgängliche Ausgabe ohne Bedrängnis des Gewissens eingesetzt werden könnten.

Dann wurde mit der gebotenen Sachlichkeit und Gründlichkeit ein zweckentsprechender Auftrag gegeben, wobei der Gedanke einer gewissen Repräsentanz sicherlich auch nach einigem Seelenkampf gebührend in Erwägung gezogen und beachtet wurde.

Während dieses Gedankens lachte ich innerlich auf. Seitdem Lina meine Körpergröße mit der ihres gefallenen Mannes verglichen hatte und mich dann quasi als Ersatz auf seinen verwaisten Stuhl placierte, war in mir eine starke Aversion gegen diesen Mann aufgekommen. Das war der Grund, weswegen ich das Bild des früheren Hausherrn in meinen Gedanken maßlos verzerrte. Diese Abneigung wuchs von Tag zu Tag.

Ich konnte mir sogar vorstellen, wie der selige Matthias es vor sich selbst gerechtfertigt hatte: Man muß mit der Zeit gehen.

Die Pratts gehen immer mit der Zeit.

Ich glaube, ich schrak sichtbar zusammen, als Lina unvermittelt das Glas hob:

„Auf euer Glück, ihr beiden, und unser aller Wohl und ... und mögest du, mein lieber Jürgen, bald wieder ganz geheilt ... ganz gesund werden.“

Nikolines angstvoll entsetztes Gesicht rührte mich, und so

fand ich sogar die Kraft, gehorsam und vorschriftsmäßig zu lächeln.

Dann standen wir auf und küßten uns reihum. Vom Standpunkt Linas aus war dies ja eine Art Hochzeitsmahl. Geheiratet hatten wir in der Stille des Sanatoriums.

Es ist mir unbekannt, welche Gefühle man bei einem normalen Bräutigam in solcher Situation voraussetzen darf. Ich jedenfalls kam mir vor wie ein neugekaufter Rassehund, den man gerade aus der Transportkiste herausgelockt hat.

Dann standen wir drei uns, die Sektkelche in der Hand, schweigend und ratlos gegenüber, und ich wußte, daß es jetzt an mir lag, irgendein schönes und herzliches Wort zu sprechen. Doch mir fiel nichts ein. Wenn ich jetzt die Lippen geöffnet hätte, dann hätte ich vermutlich „Waidmannsheil" gesagt.

Auf einmal ließ Lina ihr Glas fallen, schlug die Hände vor das Gesicht und lief blindlings aus dem Zimmer.

Das wirkte überaus dramatisch und ernüchternd auf mich, doch entgegen meiner Erwartung dachte Nikoline nicht daran, ihrer Mutter nachzulaufen.

Sie lächelte nur gelassen und nachsichtig:

„Mama ist manchmal wie ein großes Kind. Ich komme mir ihr gegenüber dann geradezu irrsinnig erwachsen und reif vor."

Sie versuchte, mir Linas absonderliches Verhalten zu erklären:

„Ach, Reiterlein, du mußt das bitte verstehen. Ich war noch eine ganz kleine Göre, da hat Mama mir schon immer vorgeschwärmt und vorgeträumt, wie festlich und prächtig einmal meine Hochzeit sein sollte. Weil nämlich ... ich verstehe wirklich nicht warum, denn damals war doch alles ganz anders ... aber als meine Eltern heirateten, da wollte Papa auch nur eine standesamtliche Trauung in aller Stille, und ich glaube, ganz im geheimen hat Mama immer ein bißchen darunter gelitten und ..."

Sie lehnte sich wie schutzsuchend an mich und flüsterte:

„Du verstehst das doch, nicht wahr, Reiterlein?“

O ja, ich verstand nur zu gut. Es war unbeträchtlich, ob damals bei der Eheschließung von Nikolines Eltern der Rechenstift des Herrn Matthias von Pratt, seine sachliche Natur oder möglicherweise sogar eine noble Reserve den Ausschlag gegeben hatten. Diese in der Gefühlswelt Linas nicht vollzogene Heirat stand sinnbildlich und schicksalhaft über ihrem ganzen Leben.

Wann und wie konnte ich jemals diese Erkenntnis erworben haben? Hatte mir Nikoline einmal ein so markantes Bild über den Charakter ihres Vaters gegeben? Wieso wußte ich, daß er seine Familie und sein Gut fast wie ein Patriarch geführt hatte? Ich kann mir sogar vorstellen, daß der alte Diener, der uns mit selbstverständlicher angeborener Würde das Essen servierte, das Zimmer seines Herrn nur auf Zehenspitzen betrat. Genauso bin ich überzeugt, daß weder Frau noch Tochter es gewagt hätten, beim abendlichen Essen das erste Wort an ihn zu richten. Seine ganze Umgebung beugte sich, zumindest innerlich, vor seiner starken Persönlichkeit.

Natürlich legte ich mir zu dieser Stunde keine Rechenschaft darüber ab, so wie ich es jetzt tue. Doch selbst nunmehr, da ich dieses alles niederschreibe, erstaunt mich meine damalige plötzliche Klarsicht.

Vielleicht war es aber auch nur der geschärfte Instinkt, den wir alle haben, die wir Jahre hindurch dem Krieg und der großen Vernichtung gegenüberstanden.

Da war auch die fröstelnde Ahnung, daß diese absonderliche Cathleen von Pratt mir geheimnisvoller verbunden war als durch den Zufall, daß ich ihre Tochter heiratete. Alle Schicksalslinien waren genau jetzt, präzis in dieser Stunde, mit erschreckender Logik verwoben.

Und mich hatte man in den Mittelpunkt gestellt. Zum letzten Akt? Zu neuem Beginnen? Sollte ich so mein Schicksal und mein Leben finden? Mein verlorenes Ich?

War es nicht vielleicht sinnvoller, Matthias von Pratt zu werden?

Gab es überhaupt jemand, der besser in diese Schicksalsrolle gepaßt hätte?

Hatten nicht alle Dinge, Menschen und Umstände mit mathematischer Präzision nur dazu gedient, mich hierher zu führen, einer Zukunft entgegen, die nach allen äußeren Vorzeichen nur glückhaft sein konnte und vor der ich doch eine unbeschreibliche Furcht hatte.

Alles hatte dazu beigetragen. Mein Vater nicht mehr und nicht weniger als der unbekannte sowjetische Kanonier.

Vor einem halben Jahrhundert spielte sich die unerfüllte, bitter-süße Romanze meines Vaters Kaspar Godeysen mit Lady Nicoline, der Frau seines Freundes ab. Da war der schmerzhafte Verzicht und das Auseinandertreiben in verschiedene Welten, die Verstrickungen Nicolines und ihres Mannes im irischen Freiheitskampf, die inoffizielle Verbannung, die Auflösung ihres königlichen Besitzes in Eryllgobragh, die Übersiedlung in die Vereinigten Staaten, von wo sie erst nach mehreren Jahren zurückkehrten. Kurz vorher war ihnen die Tochter Cathleen geboren worden. Nicoline und mein Vater hörten nichts mehr voneinander, vielleicht haben sie nur ganz im geheimen voneinander geträumt.

Krieg überfiel die Welt, ich wurde geboren und Mutter starb — neben meiner Verwundung die einzigen Vorgänge in meinem früheren Leben, deren ich sicher sein kann — und auf der anderen Seite kam Cathleen St. Ives nach ihrer Internatserziehung in das heiratsfähige Alter. Aus diesen oder jenen Gründen, die für mich ohne Bedeutung sind, wurde ihr der zuverlässige und honorige Matthias von Pratt als geeigneter Partner bestimmt.

Das junge Mädchen, schon von den ersten Jahren von St. Coeur an Demut, Gehorsam und Fügsamkeit gewöhnt, dazu vom Himmel mit der Gnade und dem Fluch des überfließenden guten Willens belehnt, hatte wahrscheinlich an Widerspruch überhaupt nicht gedacht.

Eine gute Verbindung, eine Verbindung mit allen Sicherheiten eines komplikationslosen Daseins.

Matthias von Pratt war ein Ehrenmann ohne Fehl und Tadel. Außerdem mit Sicherheit der erste und einzige Mann im Leben der jungen Cathleen, deren nonnenhafte Erziehung ihr vermutlich noch nicht einmal die Träumerei und Schwärmerei von Romangestalten erlaubt hatte.

Wie konnte es anders sein, als daß der um vieles ältere Matthias von Pratt nicht nur das innere Gesetz dieser Gemeinschaft bestimmte, sondern auch Wesen und Daseinsform, Gedanken- und Gefühlswelt seiner Frau.

Wie konnte es bei der Naivität ihres guten Wollens, der anerzogenen Überzeugung, daß die Erfüllung der Frauenpflichten identisch mit der Liebe ist, wie konnte es bei der Fülle ihres eigenen Herzens sich anders entwickeln, als daß Matthias von Pratt nicht nur bestimmende Kraft und Zentrum ihrer Existenz wurde, sondern daß sie sich überhaupt ganz und gar in ihm aufzulösen begann. Sicherlich kam es ihr auch nicht in einer einzigen Sekunde ihres Lebens zum Bewußtsein, daß sie ihren Mann liebte, weil es ihr eben so auferlegt war. Weil sie es wollte und sollte.

So lebten sie denn gut miteinander. Ohne Rausch, aber auch ohne Konflikt, ohne Beseligung, aber auch ohne Schmerz. Ohne Glück und ohne Unglück.

Ein wohlarrangiertes Dasein.

Es konnte kein Zweifel daran bestehen, daß selbst meine Frau Nikoline ein Arrangement darstellte. Den Zeitpunkt ihres Erscheinens in der Welt hatte der Herr von Pratt ohne Zweifel nach genauen Erwägungen auf Grund der inneren und äußeren Bilanz als zweckmäßig angesehen und bestimmt.

Erstaunlich blieb nur, daß Nikoline, hineingestellt in diese wohltemperierte und nach exakten Nützlichkeitsbestimmungen ablaufende Umwelt, ein derart freier, gefühlsbetonter und vitaler Mensch geworden war. Es lag wohl daran, daß sie die Enkelin der Nicoline St. Ives von Eryllgobragh war.

Ja, so war es, und da außerdem in diesem Hause und in den Herzen dieser beiden Frauen sonst nichts anderes galt als eben dieser Matthias von Pratt, der aus seinem einsamen Soldatengrab heraus noch ebenso lebendig wirkte, als sei er körperlich vorhanden, deshalb mußte ich auch für meine Frau nunmehr die Rolle des Matthias spielen.

Warum auch nicht?

Was war Erschreckendes bei diesem Gedanken? Beruhten die Beziehungen zwischen Mann und Frau nicht sehr häufig und vielleicht sogar glückhaft auf solchen unbewußten Identifizierungen?

Ich wußte es nicht, und ich weiß es nicht. Ich weiß nur, daß in jenen geradezu unwirklichen ersten Stunden auf Matthiasruh mein Argwohn nicht nur gegen mich, sondern auch gegen Nikolines Liebe geboren wurde.

Denn so deutlich die Fügung zu erkennen war, nüchtern überschaubar wie das Schema eines Stellwerkes, mir schauderte davor.

Welche undankbare Rebellion, da sich doch alles so perfekt fügte wie die Teile eines Puzzle-Spiels.

Hier war ein leerer Platz, und ich paßte hinein.

Ich war ein Mensch ohne Gesicht und Charakter. Was von meinem Herkommen bekannt war, das genügte, um mich zu akzeptieren, und im übrigen war ich ja prädestiniert als Sohn jenes Kaspar Godeysen, der einmal Bedeutung im Leben der Großmutter meiner Frau gehabt hatte.

Alles wartete auf den neuen Herrn, den Besitzer und Besitzergreifer. Hier war er nun. Jürgen Godeysen, ein Mann, der nichts um sich und nichts an sich hatte als eben diesen Namen.

Wie ungeheuer sinnvoll auch, daß vorher alles ausgelöscht, zerstampft und verweht worden war, was auf irgendeine Weise so lebendig, faßbar und real die Godeysensche Welt darstellte.

Wenn man ganz in die Tiefe dachte, so war ich der einzig ethisch-legitime Erbe. Wurde nicht in mir und durch mich lebendige Gestalt, was über Zeit und Raum hinweg meinen Vater und die irische Nicoline verbunden hatte? Eine ewige, eine untilgbare und unzerstörbare Liebe?

Waren nicht die anderen, die das Schicksal für unbeträchtlich hielt, meine eigene Mutter und Nicolines Mann, mit der ganzen folgerichtigen Erbarmungslosigkeit der Götter ausgelöscht worden?

Und noch tiefer hinab zu den Wurzeln: Ging es nicht vielleicht nur darum, daß der Geist der Godeysens für immer getilgt werden sollte, um jenem der Pratts Raum und Existenz zu geben? Sollte sich gar in mir sinnfällig verkörpern, daß die Godeysensche Fahne eine falsche gewesen war? Daß der Drang nach einem der Schönheit und der Würde gewidmeten und von Humanität geprägtem Leben überholt, schwächlich verträumt, daseinsfern und falsch gewesen war? Daß ein Mensch von heute nur nach den Gesetzen der Nützlichkeit, des Egoismus, der Gefühls- und Gedankenleere und der skrupellosen Dschungelinstinkte existieren durfte und konnte?

Himmel, wohin taumelte ich? Was war jetzt noch Erkenntnis oder Ahnung und was reiner Wahn?

Warum konnte ich denn nicht jetzt meine Frau in die Arme nehmen und ein jubelndes Dankgebet nach oben schicken? Ich hätte es doch noch vor ein paar Stunden gekonnt.

Was nur hatte sich geändert?

Wahn, nichts als Wahn. Wirklichkeit aber war, daß ich doch von einer Gnade überschüttet wurde, von der Millionen von Schicksalsgenossen nicht einmal zu träumen wagten. Liebe, strotzende körperliche Gesundheit, Besitz und Aufgabe und sichere Zukunft, alles war mir über Nacht in die Hände gelegt worden. Warum wagten sie nicht zuzupacken und festzuhalten?

Und warum, zum Teufel, wollte der wesenlose Jürgen Godeysen nicht ein Matthias werden? Wo es doch so opportun war. So ... so logisch zweckmäßig. Ich preßte beide Hände an den Kopf, als wollte ich die Zeit aufhalten ...

Auf einmal war Lina wieder bei uns, und der vergangene Auftritt schien überhaupt nicht geschehen zu sein. Sie plauderte heiter und aufgeräumt mit kleinen burschikos-zärtlichen Bemerkungen für Nikoline und mich, trank sehr viel und sehr schnell dabei. Doch nicht einmal, als sie allerlei reizend beobachtete und charmant wiedergegebene Dinge von meinem Pferd zu erzählen wußte, konnte ich mich ganz aus meiner Benommenheit lösen.

Mein Pferd! — Mein Gott, ich war schon so in die Rolle des Matthias von Pratt hineingepreßt worden, daß ich das Lebewesen, das mir mein Vater hinterlassen hatte und auf das ich mich ehrlich freute, bis jetzt vergessen konnte. Ich wollte aufspringen ...

„Ich muß sie sehen!"

„Sehen kannst du die Stute erst morgen, mein Lieber. Und überhaupt ... ich habe ja noch eine Überraschung für euch. Mein Hochzeitsgeschenk. Das kommt auch erst morgen."

Warum war ich bei dieser Eröffnung so bitter enttäuscht? Lina hatte der Stute bei dem wunderschönen Wetter ein paar Tage in Sonne und Wind auf der Koppel verschafft. „Auf dem Nachbargut, weißt du, Lieber. Wir sind noch nicht auf Pferde eingerichtet. Es lohnte nicht ..."

Natürlich. Es lohnte nicht.

Doch nicht deshalb und nicht wegen der Enttäuschung war ich innerlich zusammengezuckt. Ihre Art der Anrede erschreckte mich, dieses „Lieber", das mit einem Akzent gesprochen wurde, daß es mir wie Liebster in den Ohren klang.

Schon wieder Wahn?

Wahrscheinlich. Lina selbst gab gleich darauf eine Erklärung, die plausibel genug war. Sie lachte mädchenhaft und hell:

„So. Jetzt habe ich einen herrlichen Schwips, und den will ich ausnutzen und wunderschön einschlafen. Gute Nacht, ihr beiden."

Nikoline und ich gingen in das Arbeits-, nein, das Herrenzimmer. Das heißt, Nikoline leitete mich. Unmerklich, wie man wohl so sagt.

Es brannte die Leselampe, und in einem Kamin, den ich noch gar nicht bemerkt hatte, flackerte ein kleines Feuer. Lina war eine exakte Regisseurin.

Da drückte mich Nikoline in den wuchtigen Sessel des Hausherrn, hockte sich auf die Lehne und schmiegte sich an mich. „Papas Lieblingsplatz", sagte sie.

Die Szene war vollkommen. Ich führte gehorsam die mir zugedachte Rolle durch.

Meine Hand zitterte nicht im geringsten, als ich zu der Flasche Armagnac griff und mir das Glas des toten Matthias von Pratt voll, sehr voll goß.

Als ich trank, wußte ich ohne hinzusehen, daß Nikoline jetzt glücklich lächelte.

Später dann, mitten in der Nacht, wachte ich auf und lag in einem fremden Bett, friedliche und ruhige Atemzüge an meiner Seite. Es waren jene Nikolines, die noch vor Stunden — oder waren es nur Minuten — mir mit den Zärtlichkeiten einer vollkommenen Hingabe das Glücksgefühl der Geborgenheit geschenkt hatte.

Jetzt hörte ich ihren Atem. Für Sekunden hatte ich die deutliche und wahnwitzige Vorstellung, daß es Lina war, die neben mir lag.

Das war schnell niedergekämpft, doch etwas anderes blieb. Eine Befürchtung zunächst nur und doch schon erwachender Argwohn. Klang nicht noch im dunklen Raume das Wort nach, mit dem sie eingeschlafen war?

„Du sollst den Frieden finden, mein ‚Liebster'."

Verflucht sei dieses „Liebster", das den Damen Pratt so gut vom Munde ging! Verflucht seien die Gnade, die Beglückung, sei die ganze wunderbare, betörende und zerstörende, gleißnerische und lügnerische Attrappenwelt des guten Willens!

Ich setzte mich im Bett auf, verschränkte die Arme über den Knien und fror.

Das war ein gutes Gefühl, denn es war wirklich.

Dann entdeckte ich noch eine echte Empfindung an mir. Ich freute mich auf mein Pferd. Eigentümliche Gedanken in einer Hochzeitsnacht.

Meine Uhr — Geschenk von Nikoline! — war stehengeblieben, als ich am hellen Tage aufwachte, sorgsam zugedeckt, die Kanten der Steppdecke pedantisch unter die Matratze gestopft.

Ein normaler Mensch, ein Mann von ungebrochener Persönlichkeit, wäre darüber froh, wenn nicht gar beseligt gewesen. Ich jedoch spürte nur sinnlosen Zorn und, selbstverständlich, das schon zwangsläufig wachsende Bewußtsein meiner Minderwertigkeit.

Hatte ich nicht wachend den Morgen erwarten wollen? Wollte ich nicht sogar meinem Pferde entgegengehen oder es selbst nach Hause ... nein, in den Stall reiten?

Ich hatte nur zu deutlich vor Augen, wie es seit dem frühen Tage in diesem Hause zugegangen sein mußte. Ein Betrieb auf Zehenspitzen. Aber nicht aus Ehrerbietung wie einst vor dem Gutsherrn Matthias von Pratt. Jetzt war es anders ... Der arme, kranke, der dürftig zusammengeleimte und keiner Belastung gewachsene Mann der jungen Frau mußte geschont werden.

Schön ausschlafen lassen! Nur nicht stören! Das Bett ist seine Domäne!

Da mein ganzes neues Dasein offenkundig nach den Gesetzen eines gutgezimmerten Theaterstückes ablief, verwunderte es mich nicht im geringsten, daß ich bei der Suche nach einem Frühstücksraum — der Wintergarten erwies sich als solcher —

genau in jenem Augenblick in Hörweite der beiden Damen auftauchte, als ihr Gespräch an einem kritischen und beziehungsreichen Punkt angelangt war.

„Nimm es mir nicht übel, Nikoline", hörte ich Lina in jenem liebenswürdigen Plauderton erklären, den sie auch bei Auseinandersetzungen souverän innehielt, „ich sehe nur Halsstarrigkeit und eine ganz und gar verfehlte Auffassung von modernem Verhalten. Eine Hochzeitsreise ist keineswegs ein spießbürgerliches Vergnügen. Sie dient einer zwanglosen, ich möchte sagen innigeren Annäherung ..."

Nikolines Stimme klang gequält:

„Mein Gott, Mama, warum du doch immer auf den gleichen Punkt zurückkommst. Kannst du denn nicht verstehen, daß bei uns die Dinge nun einmal anders liegen, und Jürgen ... Also, er muß jetzt einfach irgend etwas tun und endlich eine Selbstbestätigung finden."

„Aber er ist doch noch so krank und elend. Nein, nein, sag nichts, ich meine das nicht so sehr körperlich. Aber wenn man seine Augen sieht ... Mein Gott, der arme Mensch braucht doch Ruhe und Fürsorge und schrecklich viel Liebe und ... das Gut braucht bald einen Herrn. Der Rendant und dieser gräßliche Kandinski an der Spitze, die machen, was sie wollen, und ich lasse es mir nicht nehmen, daß sie uns schrecklich betrügen. Aber Jürgen ..."

Ich machte auf dem Absatz kehrt. Es war nicht sehr schwer, sich den Satz zu ergänzen: Aber Jürgen ist doch noch so elend. Jürgen kann doch noch kein Matthias sein ...

Dann erlebte ich mich, wie ich über den Gutshof marschierte, und alles, was mich vorher bestürzt, gekränkt oder in Depressionen geworfen hatte, war fortgewischt von dem unsagbar köstlichen Erlebnis, nach unendlich langer Zeit zum erstenmal wieder ganz und gar allein mich zu bewegen. Einfach zu gehen, ohne gestützt, geführt oder von ängstlich-fürsorglichen Augen kontrolliert zu werden.

So ging ich denn nicht wie ein normaler Mensch, und schon gar nicht schritt ich in der gelockerten und kraftvollen Gelassenheit des — so oder so vorbestimmten — Herrn von Matthiasruh.

Ich bewegte mich militärisch, kurzum, ich marschierte, und vielleicht war es gar nicht die Infamie, die ich gleich darauf bei der Anrede des Herrn Gutsverwalters Kandinski zu spüren meinte, sondern mein eigenes Auftreten.

Er stand vor einem langgestreckten Quergebäude, in dem ich auf Grund winziger, hochgesetzter Fenster einen Stall vermutete.

Mit liebedienerisch betonter Eile kam er mir entgegen:

„Schönen guten Morgen, Herr Oberleutnant. Kandinski, mein Name. Oberverwalter Kandinski."

„Ich weiß", sagte ich eisig und hätte doch am liebsten, immer noch aus dem winzigen und erbärmlichen Selbstvertrauen der letzten Minute heraus, laut und schallend gelacht.

Wenn der Herr Kandinski von Anfang an unserem Verhältnis den seiner Ansicht nach einzig richtigen Nenner geben wollte, dann konnte ich das auch.

Die Anrede „Herr Oberleutnant", so glaubte ich genau zu wissen, war natürlich eine wohlberechnete Herabsetzung.

Du stehst, so sollte dies wohl heißen, in keiner Weise in dem Range des eigentlichen, legitimen Herrn auf diesem Besitz. Lerne es beizeiten, daß du keine andere Rolle hier zu spielen haben wirst als die eines geduldeten Doubles.

Wir musterten uns längere Zeit wortlos. Kandinski lächelte, scheinbar devot-erwartungsvoll und freundschaftlich, doch die blanke Unverschämtheit dahinter war nur zu deutlich spürbar. Mir wurde blitzhaft klar, daß auch der letzte Handlanger oder Gänsehirt — falls es so etwas auf Matthiasruh überhaupt geben sollte — die gleiche Haltung einnehmen würde. Was auch immer über mich durchgedrungen sein sollte — natürlich auf Grund von Linas vorhergehenden Beschwörungen an die gesamte Gutsbelegschaft, mir gegenüber doch ja Rücksicht und Verständnis zu üben —, ich war in aller Augen nichts anderes als ein Halbverrückter, eine bedeutungslose Attrappe von Mann und bestenfalls eine sehr fragwürdige Erscheinung von Prinzgemahl.

Ich wußte, daß es jetzt darauf ankam, mich zu behaupten, und wußte doch nicht, wie ich es anfangen sollte.

Da stand nun dieser Kerl und grinste mich an. Er hatte nichts von einem Landwirt, nichts von einem Mann, dessen Beruf und Berufung die Sauberkeit und Wahrhaftigkeit der Scholle sein sollte. Er sah aus, wie man sich so um die Jahrhundertwende herum die Karikatur eines Oberlehrers gelegentlich eines Klassenausfluges vorgestellt haben mochte. Schlechtsitzendes Loden und steifer Stehumlegekragen. Für mich von oben bis unten die Personifizierung von versteckter Bösartigkeit und schleimiger Unwahrhaftigkeit. Ich sah förmlich die Polypenarme der Ohnmacht, der Rat- und Hilflosigkeit wieder nach mir greifen.

Zum Teufel, was sollte ich mit diesem Kerl jetzt tun? Wenn ich ihn anbrüllte und ihm erklärte, er sei mir widerwärtig und solle sich zum Henker scheren, dann würde er eine höfliche Verbeugung machen und mich stehenlassen, und — ich hätte ihn bestätigt.

Wenn ich aber, was nur das Natürliche und Gegebene gewesen wäre, die Fragen des völlig ahnungslosen und unsicheren Laien stellte, wenn ich den allerersten und notwendigen Versuch gemacht hätte, mich an die Aufgaben meines neuen Lebens heranzutasten, dann wäre ich erst recht seiner nur notdürftig verhüllten und verachtenden Überheblichkeit begegnet.

Schon wollte ich mich in meine Niederlage schicken und in die blanke Erkenntnis von der völligen Hoffnungslosigkeit jeglichen Strebens nach männlicher und menschlicher Vollwertigkeit, schon wollte ich mich umdrehen und stumm zurückschleichen in irgendein Loch, irgendeinen verborgenen Winkel, da griff, ohne daß ich es zunächst recht erkannte, der ebenso im Leben zu Recht wie zu Unrecht zitierte schicksalhafte Zufall ein.

Es war aber kein Zufall. Der Vorfall oder die Begebenheiten, die jetzt begannen, waren ein neuer, deutlicher Schachzug jener unbegreiflichen, dunklen Gewalt, die mein Leben zur Gnade oder zum Verhängnis hin ordnete.

Nur wußte ich es damals nicht.

In dem Stall, vor dem wir standen, erhob sich ein Tumult, der von Sekunde zu Sekunde anschwoll. Zuerst hörte ich nur das Klirren und Rasseln unzähliger Ketten, immer lauter werdend, immer heftiger. Dann, zusammenschlagend in einen gräßlichen Chor der Verzweiflung, das dumpfe Brüllen unzähliger Rinder. Geschrei und Zurufe von Männern, rohes Gelächter und unflätige Flüche und dazwischen immer wieder jenen herzzerreißenden Klang, der mir nur zu sehr im Ohr lag.

Das Grauen der hilflosen Kreatur vor der brutalen Gewalt, die entsetzliche Ahnung des unausweichlichen Endes, die gräßliche, nackte Todesfurcht ... bei jedem Lebewesen ist es die gleiche, ungehört flehende Stimme.

Es ist so gleich, ob es sich um ein letztes Röcheln, ein unterdrücktes Stöhnen, einen grellen Schrei oder um ein Blöken handelt.

„Was ist da los?“

Kandinski hob die Schultern:

„Nichts von Betracht, Herr ... Herr Oberleutnant. Wir verladen Schlachtvieh. Die Jungkälber müssen fort.“

Ich ging, nein, ich lief durch eine offene Tür zur anderen Seite des Stalles. Mit halbem Blick bemerkte ich, daß Gutsarbeiter eine Art Spießrutengasse gebildet hatten.

Der Lärm war betäubend; die meisten Männer lachten und johlten.

Draußen stand ein riesiger Lastzug mit zwei Anhängern. Sie waren auseinandergekoppelt und von einem war die hintere Klappe als Rampe zur Erde gebracht.

Auf der Rampe stand ein schwarz-weißes, winziges Lebewesen und stemmte die zitternden Beinchen gegen die Querleisten. Zwei Männer zerrten an seinen Ohren. Ein dritter in einem weißen Kittel — selbst in diesem Augenblick eines sinnlos rasenden Zornes verwunderte es mich, daß er untadelig sauber war — schlug von hinten mit einem knorrigen Spazierstock auf das Tierchen ein. Er hatte seine Schiffermütze behaglich in das Fettgenick geschoben und balancierte einen zerkauten Zigarrenstummel im Mundwinkel.

Ich weiß nicht mehr genau, in welcher Reihenfolge dann alles geschah. Der Kerl im Kittel lag jedenfalls plötzlich unter der Rampe, die beiden anderen Kerle ließen erschreckt los, und das Kälbchen sprang mit einem blökenden Schrei, der mir wie ein Freudenruf vorkam, zur Erde, stolperte, raffte sich auf und jagte dann mit einem derart wilden und blinden Drang in den Stall zurück, daß die Spießrutengasse ins Wanken kam.

Ich hatte unbegreiflicherweise den Stock in den Händen, und als der Kittelmann sich aufraffte, immer noch den Zigarrenstummel in den vorgestülpten Lippen, da stand ich über ihm und wartete, bis er auf den Beinen war.

Irgend etwas loderte in mir. Wie Flammen und Qualm, eine wüste Eruption, die ich doch auf eine höchst rätselhafte Art unter Kontrolle bekommen hatte.

Der Kerl glotzte mich mehr ungläubig als fassungslos an und hob nicht einmal einen Arm zum Schutze gegen den Stock in meiner Hand.

Nur den Stummel spie er aus:

„Aber Herr Baron! Aber, aber ..."

„Abladen, aber sofort."

Seltsam, wie beherrscht und ruhig, ja sogar betont leise, ich das herausbrachte.

Der Kittelkerl — es stellte sich bald darauf heraus, daß es sich um den Viehgroßhändler Lippke handelte — stand geduckt und jetzt sichtbar unsicher, wenn nicht geradezu ängstlich, vor mir, doch er versuchte, aufzubegehren:

„Herr Baron, das ... das geht doch nicht. Das ist ja wohl geradezu ungesetzlich. Ich habe doch schon seit Wochen meinen Vertrag mit Herrn Kandinski ..."

Da brüllte es aus mir heraus:

„Scheiß auf Ihren Vertrag! Abladen!"

Er setzte zu einem erneuten Einspruch an, da hob ich den Stock, und er stolperte zurück.

Die Leute hatten sich inzwischen an der Stalltür zusammengedrängt. Sie hielten zwar alle noch ihre Knüppel in der Hand, doch sie wirkten nur, wie sie mich so mit unverhohlener Bangnis anstierten, wie ein Haufen von Hühnern, die den Schatten des Habichts gespürt haben.

Ich brauchte nur mit dem Stock zu winken, und sie rannten sich förmlich um vor wildem Eifer.

„Alle Tiere zurück in den Stall. Ihr habt zehn Minuten."

Es dauerte bei weitem nicht so lange.

Ich ging in den Stall und betrachtete das Schauspiel, wie Mütter ihre verlorenen Kinder zurückbekamen. Auch wenn es nach den Begriffen jener, die nicht wie ich verrückt, sondern vernünftig sind, nur Tiere waren.

Ein überwältigender Augenblick. Ich hatte gehandelt. Ich, Jürgen Godeysen, und nicht irgendein erdachter und willkürlich geformter Spuk. Schon gar nicht das Falsifikat des Herrn Matthias.

Ich atmete so tief, daß ich überzeugt war, es überhaupt zum allerersten Mal in meinem Leben getan und auch zum allerersten

Male gespürt zu haben, wie unsagbar herrlich die Luft dieser Erde ist. Gottes reiner Odem.

Nein, es war kein Rauschzustand, sondern die Seligkeit, sich vorhanden und wirken zu spüren.

Selbst wenn es mir in diesem Augenblick in den Sinn gekommen sein sollte, mir Rechenschaft über mein Tun abzulegen, ich hätte nur unbekümmert und froh gelacht.

Was galten mir Sinn oder Unsinn, Vernunft oder Unvernunft, Gewinn oder Verlust. Ich war der Sohn jenes Kaspar Godeysen, der ein ganzes reiches Mannesleben hindurch nur dem Gesetz seines ungestümen, seines unerschütterlich empfindsamen und frommen Herzens gefolgt war.

Und mein Herz wollte und konnte es nicht länger ertragen, daß dieses Leben nichts anderes sein sollte als ein einziges Schlachthaus, eine ewige Stätte des Mordens und Zerstörens. Ich wollte es nicht anerkennen, daß Menschlichkeit — und was ist sie anderes als Gerechtigkeit der Seele und demütige verantwortliche Kraft des Gemütes —, diese höchste Pflicht, dieses kostbarste Gut der Lebenden dort aufhören sollte, wo der Profit beginnt.

Doch warum sollte ich grübeln und entweder eitel oder erschreckt und in Ängsten mich vor einem imaginären Spiegel drehen und wenden. Ich war ja in Einklang mit mir. Jürgen Godeysen...

Als ich wieder auf den Vorplatz trat, war der Lastzug längst zusammengekoppelt. Die Motorhaube der Zugmaschine klirrte über dem arbeitenden Diesel.

Der Großhändler Lippke schien auf mich gewartet zu haben. Seine Haltung machte deutlich, daß er keineswegs von einem Willen zur Auseinandersetzung oder gar von markigen Vergeltungsgelüsten erfüllt war. Er war ein einziges Bild hochroter Verlegenheit, wenn nicht gar des schlechten Gewissens.

Nur so ganz nebenher wunderte es mich, daß auch jetzt der Herr Kandinski unsichtbar blieb.

„Herr Baron", stotterte Lippke, „ich meine ... Also, unter Männern. Man kann ja drüber reden. Sagen wir 'n Taler mehr pro Stück. So über 'n Daumen ..."

Ich hob nicht noch einmal den Stock; ich tippte ihm nur mit der Spitze gegen die Magengrube.

„Ich zähle bis zehn. Wenn Sie bis dahin nicht vom Hof sind, dann wird es ganz dreckig für Sie, Strolch, verdammter!"

Belustigt, wenn auch mit einem leise aufsteigenden Erstaunen, beobachtete ich seinen Rückzug in das Führerhaus, der eigentlich ganz und gar einer kopflosen Flucht glich.

Warum stand der Kerl eigentlich nicht seinen Mann? Warum beharrte er nicht auf seinem sogenannten Rechtsstandpunkt? Er hatte doch irgend etwas von Vertrag gesagt. Warum ließ er sich mit „Strolch" bezeichnen?

Konnte es wirklich in den Kopf eines Lippke hineingehen, daß meine böse Wut nicht allein durch den ganzen Vorgang, sondern auch durch die Gemeinheit der Durchführung ausgelöst worden war?

War es wirklich möglich, daß sogar ein Lippke begriff, vielleicht auch nur ahnte, daß Brutalität, die nackte und gemeine Gewalttätigkeit und Grausamkeit — wo und wie auch immer — durch nichts, durch gar nichts zu entschuldigen war?

So flüchtig und schnell wie mir dieser Gedanke gekommen war, schob ich ihn wieder beiseite. Zum Teufel mit diesem Lippke. Was bedeutete er schon? Einer unter Millionen.

Nun schickte ich mich an, die Gutsgebäude zu besichtigen.

Viel wurde nicht daraus. Kandinski war und blieb verschwunden, doch als ich an der Rendantur — großes weißes Emailleschild natürlich — vorbeiging, da kam ein junger Mensch herausgestürzt, der sich höflich, doch wohltuend, ohne falsche Beflissenheit, als Gutssekretär bezeichnete und fragte, ob seine Begleitung mir erwünscht sei. Sie war es mir um so mehr, als der junge Mann keinerlei Anstalten machte, unaufgefordert weitschweifige Erklärungen abzugeben, sondern nur kurz und knapp auf Fragen antwortete.

Doch selbst aus diesem Teilrundgang gab es kaum etwas, was der besonderen Erklärung bedurfte. Selbst ein Mann, der, sagen wir einmal, Zeit seines Lebens nur Gasuhren abgelesen hatte, wäre auf Anhieb im Bilde gewesen. Dies war weniger ein Gutshof als eine Fabrik.

Nicht nur, daß Maschinen und Gerätschaften vorherrschten, der Hauptbetrieb des Prattschen Unternehmens war weitaus mehr industriell als landwirtschaftlich.

Die Brennerei für Kartoffelsprit war eingestellt und die Konzession zurückgegeben worden. Es lohnte nicht mehr. Die Deutschen tranken jetzt bessere Sachen. Doch die Fabrikation von Flocken, Kartoffelmehl und Stärke und Futterkuchen aus den Schalen war rentabel, sehr rentabel. Wenn man so sagen darf.

Auch die Fabrikation von Sauerkraut und Rübensirup. Beides war als Prattsches Erzeugnis fest auf dem einschlägigen Markt verankert und galt, das war ohne Übertreibung zu sagen, schon seit langem als Markenartikel.

Ja, und dann natürlich die Milch- und Fleischwirtschaft. Reine Stallfütterung selbstverständlich. Viel rentabler als Weidewirtschaft und ...

Das wollte ich gar nicht alles wissen. Ich fragte nach Pferden.

Der junge Mann lachte:

„Pferde? Die hat es hier nie gegeben. Der Herr Major von Pratt war seiner Zeit immer voraus. Ganz und gar fortschrittlich. Selbst im Kriege ist hier nur mit Traktoren gearbeitet worden. Wir waren ja Musterbetrieb, aber trotzdem ... Na ja, gute Beziehungen nach oben. Selbst gegen Schluß hatten wir ein Treibstofflager, das wir noch kompensieren konnten.“

„Waren sie denn nicht eingezogen?“

Das Gesicht des jungen Menschen wurde starr:

„Schwere Tbc. Ich nehme an, das war auch der einzige Grund, warum der Herr Major mich einstellte.“

Zweckmäßig! Alles überaus zweckmäßig ...

Doch seltsam genug, es berührte mich gar nicht sehr. Ich hätte sogar lachen können, wenn nicht eben das blasse und versteinerte Gesicht des Sekretärs gewesen wäre.

Auch unsinnig. Der Mann lebte ja noch, und scheinbar nicht allzu schlecht, und ohne die sicher zugreifende Hand des Herrn Major von Pratt wäre er bestimmt nicht mehr unter den Lebenden.

Ich brach die absonderliche Besichtigung ab, keineswegs aus Gefühlen der Unlust oder irgendeinem anderen inneren Widerstreben, sondern nur, weil ich einen eindeutigen, ehrlichen und geradezu erfrischenden Hunger fühlte.

Doch als ich die gräßliche Travestie an der Freitreppe hinaufging, konnte ich nicht umhin, mir zu überlegen, welcher Art wohl die letzten Gedanken oder gar Gefühle des Matthias von Pratt gewesen sein mochten. Ob es ihn wohl in einer Deckung erwischt hatte, die ihm ganz besonders zweckdienlich erschienen war?

Ich war so in mein Sinnieren versunken, daß ich sehr erschrak und beinahe in die Knie gegangen wäre, als mir ganz unversehens eine angenehm weiche und sehr stark nach einem erregenden Parfum duftende Weibsgestalt in den Armen lag. Der Hut flog mir vom Kopf und zwei Hände zausten in meinem Haar.

„O Jürgen, Jürgen! Du bist wunderbar. Also ... also nicht einmal Matthias hätte das fertiggebracht. Nicht so schnell jedenfalls.“

Beides, der herausgejubelte Satz wie auch die beutelnden Zärtlichkeiten wirkten als Belästigung auf mich, denn die, von der ich sie gerne erfahren hätte, stand nur lächelnd und gelassen im Hintergrund.

Möglichst sanft schob ich Lina von mir:

„Was, zum Teufel, ist denn nur los?“

Auch Nikoline machte jetzt ein Gesicht, als wolle sie gleich Linas Beispiel folgen:

„Lippke hat eben angerufen.“

Ich weiß nicht, ob es für oder gegen mich spricht, daß ich in diesem Augenblick ein schafsdämliches Gesicht machte. Wer und was war Lippke?

Doch es fiel mir sofort ein, als Lina herauszusprudeln begann:

„So klein war er am Apparat, so klein. Eine schwänzelnde Mikrobe, wenn es so etwas überhaupt gibt. Und mit Jammertönen. Du möchtest doch um Gottes willen ihn und seine Familie nicht unglücklich machen und Strafanzeige erstatten.“

Wer Lippke war, das fiel mir ja nun ein, aber Mikrobe und unglückliche Familie und Strafantrag ...

Versagte etwa wieder einmal mein geschundener Kopf? Ich verstand überhaupt nichts mehr.

Doch dann kam eine ruhige und vernünftige Erklärung von Nikoline, und während sie sprach, konnte ich einerseits aufatmen und war doch wiederum gezwungen, aus dem alten, gräßlichen Schauern heraus den Kopf einzuziehen.

Da war sie wieder spürbar, jene unbegreiflich waltende Hand, die mich, die Schachfigur, auf einem vorbezeichneten Felde führte. Ich war offensichtlich ein wenig aus der mir bestimmten Bewegungsform geraten, und das wurde jetzt korrigiert.

„Lippke“, sagte Nikoline sachlich, aber strahlend, „hat Mama gebeten, ein gutes Wort für ihn einzulegen. Er gibt zu, daß der Vertrag mit Kandinski ... nun, er hat nicht gerade gesagt, betrügerisch ist, aber immerhin, er hat es mehr oder weniger gewunden zugegeben. Er will den marktüblichen, das heißt den doppelten Preis zahlen und auch den Schaden aus den beiden vergangenen Jahren wieder gutmachen. Und wenn du gegen Kandinski vorgehen willst, sagt er, so will er gerne beeiden, daß er ihn bestochen hat, und er hat auch schon alle Quittungen von Kandinski herausgesucht.“

Jetzt war sie es, die an mich herantrat und die Hände um mein Gesicht legte:

„Reiterlein, ich bin wahnsinnig stolz auf dich. Daß du so tüchtig bist ...“

Lippkes Knotenstock, den ich immer noch gedankenlos über den Unterarm gehängt mit mir herumschleppte, fiel dabei zu Boden.

Jürgen Godeysen hatte zu handeln geglaubt und Matthias von Pratt wurde applaudiert. Es gab einfach kein Entrinnen.

„Was hast du denn da?“ fragte Nikoline erstaunt. „Papa hat doch niemals ...“

Klar, ein Herr von Pratt besaß nichts, was nicht direkt verwendbar gewesen wäre, und einer Stütze bedurfte solch ein Gigant der Lebenstüchtigkeit natürlich nicht.

Ich grinste:

„Oh, das ist ein kleines Geschenk meines guten Freundes Lippke. Anerkennung und Symbol gewissermaßen für zeitgemäßen Kaufmannsgeist.“

Nikoline sagte nichts, doch eine erste Beunruhigung war deutlich auf ihrem Gesicht zu lesen, und daran lag es wohl, daß ich der plötzlichen Aufwallung, ihr die volle Wahrheit zu sagen, einfach nicht nachgeben konnte. Ich wäre frei geblieben von einer Schuld, die sich von nun an Tag um Tag zu einer immer unerträglicher werdenden Last sammelte. Neben Dummheit, Ichsucht und Herzlosigkeit ist die Feigheit wohl die schlimmste und folgenschwerste Menschensünde.

Aber Lina ergriff Besitz von mir und drängte mich nach einem fröhlich-geheimnisvollen Blick des Einverständnisses mit Nikoline in ihr „Kabinett“, wie sie es ausdrückte.

Der Raum, den ich noch nicht betreten hatte, verwunderte mich, denn er hatte Wärme, Atem und Leben. Alles, vom Teppich bis zu den Wandkerzen, war edles und originales Empire. Ich fand, daß es zu Lina paßte.

Auf einmal weinte sie. Dicke, mädchenhafte Tränen rannen ihr über die Wangen. Ihre Augen leuchteten, und ich wußte, daß es sich nicht um ein Weinen der Bedrückung handelte. Ich wollte sie an mich ziehen, so wie man eben impulsiv auch ein Kind in die Arme nimmt, dem Freudentränen quellen, doch irgend etwas hielt mich davon ab.

Sie wies auf den zierlichen Schreibtisch, auf dem — sichtlich schon vorher geordnet — einige Papiere lagen.

„Der Herrgott . . . der Allgütige selbst hat es so gefügt."

Ich nahm gehorsam die mir am nächsten liegenden Papiere auf. Ein sehr offiziell wirkendes und mit allerlei Stempeln und Marken versehenes Dokument. Ich überflog es und stellte fest, daß es sich um eine Vollmachtserklärung handelte, die mir so ziemlich jedes erdenkliche Verfügungsrecht gab.

Ich versuchte zu scherzen:

„Das scheint mir ja wohl mehr deine und des Herrn Notar Dr. Steinkopfs Fügung zu sein als die des lieben Gottes."

Noch immer mit tränenfeuchten Augen sah sie mich mit einem verzückten Ausdruck an.

„Die Vollmacht", flüsterte sie, „die Vollmacht ist doch gar nicht so wichtig. Aber dort . . . der Brief . . ."

Schon der Umschlag war bedeutsam. Unbetont feudal, ein nichtfarbiges, geprägtes Wappen auf der Verschlußklappe.

Auf der Vorderseite stand, bräunlich-vergilbt, in jenen steilen und entschiedenen Schriftzügen, die gerade gefühlsbetonte Frauen sich anzueignen suchen:

An meine Tochter Cathleen St. Ives im Falle meines Todes auszuhändigen.

„Lies", drängte Lina leise.

Der steife, voluminöse, kleine Umschlag hatte einen anderen Inhalt, einen von größerer Fülle erwarten lassen, als ich ihn fand. Es war nur eine einzige Seite mit ungefähr folgenden Zeilen:

Mein Kind!

Wenn Gott es gefügt hat, daß Du diesen Brief lesen mußt, ist meine Ahnung wahr geworden, daß ein dunkles Schicksal über Deinem Vater und mir steht. Eigentlich weiß ich es seit der Stunde, da ich ihm die Hand reichte.

Ich beklage es nicht, doch ich bin voll von Weh, wenn ich daran denke, wie sich Deine Kindheit und Jugend wohl gestalten mag. Vielleicht sind die Tage des Wachsens, die Du nun hinter Dir hast, glücklicher verlaufen, als ich es jetzt zu hoffen wage. Doch auch dann wirst Du in großer Einsamkeit dastehen.

Ich will von Gefühlen schweigen, die Dir nichts sagen können, denn es ist ja nicht möglich, daß ich Dir mehr bin als eine Vorstellung, bestenfalls von einigen vergilbten und zerkratzten Photographien unterstützt.

Du hast Dein Leben von mir empfangen, und das ist alles, was ich Dir zu geben vermochte. Dein materielles Erbe ist zwar erheblich und nach menschlichem Ermessen auch sicher angelegt, doch Geld ist nicht nur eine Waffe in diesem Dasein, sondern kann auch ein Gewicht sein, das hinunterzieht.

Aber Dir wird nichts geschehn und Dein Leben wird unter einem hellen Stern stehen, wenn Du dem Rat, nein, der Bitte folgst, die ich jetzt, in einer Stunde schlimmer Not an Dich richte. In Deutschland lebt ein Mann, der Deinem Vater und mir tief verbunden war und ist, obschon keine äußerliche Nähe mehr zwischen uns herrscht. Aus seiner Hand wirst Du Schutz und Leitung, überhaupt alles empfangen, was Deine Eltern Dir nicht mehr geben können.

Er heißt Kaspar Godeysen und wohnt auf dem Fohlenhof in der Nähe der Stadt Wollin, auf einer Insel, die den gleichen Namen trägt. Sie liegt an der deutschen Ostsee-Küste.

Mehr kann ich Dir nicht sagen und nicht geben, mein Kind.

Solange mein Herz schlägt, wird es ein einziges Gebet für Dich und auch für diesen Mann sein.

Deine Mutter
Nicoline St. Ives of Eryllgobragh.

Es ist furchtbar, es zu gestehen, doch dieser Brief bewegte keineswegs mein Herz. Er ließ mich nur frösteln. Für mich war er nichts anderes als eine Illustration, nein, eigentlich nur eine winzige Vignette zu jener dunklen und mehr erschreckenden als tröstlichen Ahnung, die mich erfüllte, seit ich in dieses Haus gekommen war. Noch deutlicher als zuvor erkannte ich die Schicksalsfäden, ohne das Muster zu begreifen, zu dem sie zusammengewebt werden sollten.

Ich war also nicht einmal überrascht, und Lina mußte es gefühlt haben, denn deutliche Enttäuschung klang hindurch, als sie fragte:

„Sagt dir dieser Brief denn gar nichts, Jürgen? Verstehst du nicht seine wunderbare Bedeutung?"

Sie trat so dicht an mich heran, daß es schon fast ein Anschmiegen war, diesmal konnte ich nicht ausweichen, da ich um des besseren Lichtes willen am Fenster stand.

Wahrscheinlich erklärte ich nur deshalb bewußt sachlich, wenn nicht gar grob:

„Ich verstehe eine ganze Menge nicht. Warum bist du der Bitte deiner Mutter nicht gefolgt? Sonst hätte es mein Vater doch ganz bestimmt erwähnt. Und überhaupt . . ."

Mir war, als müßte ich den Kopf jetzt über mich selbst schütteln. Wie hatte es geschehen können, daß mir diese seltsame Diskrepanz in Nikolines Berichten nie aufgefallen war. Hatte sie, als sie in mein Leben trat, nicht erklärt, die Suche nach den Godeysens sei auf Geheiß der Großmutter erfolgt?

Und warum war mir wenig später nicht aufgefallen, daß zu

diesem Zeitpunkt Lady Nicoline schon längst nicht mehr unter den Lebenden weilte?

Nun, das mochte verständlich sein. Es war ja zuviel, was plötzlich auf mich und in mich eindrang, und wer rechnet dem Kalender nach und zählt die Jahre voll Pedanterie, wenn er aus einer Gruft in den Himmel gehoben wird?

Ganz abgesehen von der eigenen, hinter mir in einem unfaßbaren Dunkel versunkenen Zeit.

Doch warum hatte man erst nach so langen Jahren — ich überschlug schnell, daß es mehr als zwei Jahrzehnte gewesen sein mußten — sich dem Wunsche der Nicoline St. Ives gefügt?

Ich drängte noch einmal mit dieser Frage, und Lina brauchte einige Zeit, bis sie schamerfüllt und beinahe unhörbar erklärte:

„Er hat mir den Brief nie gegeben."

„Matthias von Pratt?"

Sie nickte wortlos, und es bedurfte auch kaum weiterer Erklärungen. Mit der Eheschließung hatte der Herr Major seinerzeit nicht nur das blutjunge Menschenkind, nicht nur ihr materielles Erbe, sondern auch in Bausch und Bogen ihr gesamtes Leben in eine feste, in eine sehr feste Hand genommen. Er hatte ihr nur jenen Teil zu freiem Ermessen überantwortet, der ihm zweckdienlich erschien.

„Und diesen Brief", fragte ich jetzt viel weicher, als ich es eigentlich beabsichtigt hatte, „den hast du im Nachlaß deines Mannes gefunden?"

Wieder konnte sie nur nicken, und ich verstand, daß sie die Mystik des ganzen Vorganges innerlich und doppelt betonen mußte, um den toten Gatten freizusprechen.

„Jürgen."

„Ja?"

„Glaubst du nun endlich, daß alles kein Zufall war, daß es so kommen mußte?"

Ich suchte krampfhaft nach einer möglichst trivialen Antwort. Natürlich, wollte ich sagen, die Zufälle haben sich wirklich erstaunlich gut gefügt, und hoffen wir, daß es so bleibt und ...

Doch ich brachte nichts dergleichen über die Lippen. Etwas wie Panik hatte mich auf einmal gepackt. So mußte es einem Wildpferd zumute sein, das die Schlinge des Lassos spürt. Wie ein unmerklicher Hauch zunächst und dann ein erstes deutliches Strangulieren und mit ihm die Ahnung der endgültigen Fesselung, der völligen Hilflosigkeit. Ich wollte herausbrüllen: Verdammt noch einmal, hör auf mit diesen verzückten Unterstellungen und Ausdeutungen. Das alles ist nichts als Altweiberhysterie!

Verschont mich damit. Du und Nikoline. Ich bin kein Hauptdarsteller in einem Mysterienspiel. Ich bin ein ganz normaler, wenn auch ein bißchen angeknackster Mensch. Und ich will ein gesunder Mensch werden und ein Alltagsleben führen wie jeder andere, ich will tun und handeln nach freiem Willen und nicht unentwegt inbrünstig in irgendwelche Schicksalstiefen spähen.

Gesund will ich sein, verdammt noch einmal. Gesund und durchschnittlich und mittelmäßig und, wenn's geht, auch anständig. Begreift das doch, ihr gottverdammten Gänse!

Natürlich konnte ich das nicht sagen. Ich blieb steif und stumm und förmlich eingefroren vor ihrem wortlosen, aber immer stärker physisch spürbaren Drängen.

Noch eine Sekunde weiter, dachte ich, dann explodiere ich doch, und weiß der Himmel, ob ich dann für meine Worte noch geradestehen kann und, hilflos und ohnmächtig gegen mich selbst, in das dunkle Revier des Psychopathen hinüberwechsle.

Die Rettung, die gesunde Wirklichkeit, kam von draußen, und zwar mit einer der herrlichsten Melodien, die es auf der Welt gibt. Hufgetrappel auf blankem Stein.

Es waren zwei Pferde, die über den Gutshof in Richtung auf das Haus geführt wurden. Sie waren prächtig eingedeckt — sogar mit Kopfstück — aber trotz der Vermummung und obschon ich mir nur Zeit für einen schnellen Blick ließ, sah ich sofort, daß nur das linke Tier meine Stute sein konnte.

Herr Gott, mein Pferd! Das einzige Lebewesen, das mir wirklich angehörte und mit dem ich legitimer verbunden war als nur durch das Erbe.

Ich drängte, nein, ich stieß diese verwirrend seltsame Frau vor mir beiseite und jagte hinaus. Ganz deutlich spürte ich schon in der Vorfreude den warmen Atem meines Pferdes im Gesicht, in den Handflächen die beseelte Zärtlichkeit, mit der es die Nüstern darin schmiegen würde.

Ich mag nicht berichten, was dann weiter geschah. Den äußeren Vorgang, so glaube ich, habe ich schon niedergeschrieben, und für das, was in mir vorging, oder was gar die ewig rätselhafte Empfindsamkeit des Pferdes, meines Pferdes, angeht, so gibt es einfach keine Worte dafür. Nur dummes, lächerliches Pathos könnte herauskommen, alberne und hirnverbrannte Verstiegenheit oder ekstatische Heuchelei.

Meine Frau, die schon vorausgegangen war, stand bereits bei den Pferden und hatte verständnisvoll und in gütigem Vorbedacht der Nicoline den Kopfschutz abgezogen.

Als sie mich kommen hörte, drehte sie sich sehr langsam um. Ihre Augen leuchteten feucht in der Seligkeit, Glück bereiten zu dürfen. Sie schnüffelte auch noch etwas, als sie sagte:

„Da ist sie, mein Reiterlein. Deine andere Herzliebste."

Sie trat beiseite, und vielleicht hätte ich ihr jetzt ganz bedenkenlos und ohne Argwohn mein verstörtes und geängstigtes Herz eröffnet, wenn da eben nicht das bewußte Zuviel der Gebärde gewesen wäre. Das Absichtsvolle dieses Beiseitetretens war zu deutlich.

Doch da war mein Pferd, meine andere Herzallerliebste.

So sicher es ist, daß es zwischen den Menschen keine Liebe auf den ersten Blick gibt und geben kann, so unleugbar existiert aber diese Beziehung von einem Augenblick auf den anderen zwischen Pferd und Mensch. Die Fälle, wo zwei, die dann später untrennbar sind, sich zusammenraufen, die sind eigentlich die Ausnahme.

Es muß wohl daran liegen, daß Pferde, diese im Grunde ewig rätselhaften Geschöpfe — jedenfalls soweit es das Begreifen aus dem Verstande heraus angeht —, den großen und geheimen Strömungen des Daseins näherstehen und dem unentzifferbaren Weltgeist verwandter sind als wir. Vor ihrer Empfindsamkeit dichten sich Rätsel, an die wir uns nur plump und unbehilflich herantasten können, und nur in ganz äußerlichen Dingen, also in den Gegebenheiten des Alltags, bedürfen sie der Erfahrung. Alles andere ist bei ihnen Wissen und Ahnung. Wenn es seit den Zeiten des Herodot zu den Binsenweisheiten gehört, das Erinnerungsvermögen des Pferdes zu rühmen, das Jahrzehnte zu überbrücken weiß, wenn selbst der blutigste Anfänger im Sattel früher oder später mit dummer Verblüffung feststellen muß, daß seine Laune oder seine Stimmung vom Pferd erfühlt wird, und man dann in Bausch und Bogen von „besonderer Empfindsamkeit" spricht, so fingern wir eben recht stumpf und primitiv nur an einem Teil jenes Dinges herum, für das wir weder einen Begriff noch einen rechten Namen haben. Sagen wir also der Seele des Pferdes.

Ja, deshalb gibt es eben in der Beziehung zwischen Mensch und Pferd entweder Liebe auf den ersten Blick oder aber in seltenen und besonderen Fällen eine Beziehung, die im Grunde nichts anderes ist, sich aber die Gebärde der Herausforderung, ja sogar einer anscheinenden Auflehnung gibt. Die Gründe sind uns ebenso unklar wie alles andere in den seelischen Tiefen dieses edelsten aller Tiere, und es bleibt nur übrig, uns mit einem Höchstmaß an Feinempfinden und Geduld darauf einzustellen. Wenn wir es können, dann sind wir Reiter.

Im übrigen glaube ich, daß für diese Raufbeziehung zwischen

Mensch und Pferd bestimmte Gegebenheiten des Charakters bei allen beiden verantwortlich sind.

Nun ja, da war also meine Herzallerliebste Nummer zwei, und sie beachtete meine ausgestreckten Hände überhaupt nicht, sondern sah nur mit ganz leise vibrierenden Nüstern zu der anderen Nikoline hin, die sich mir anvertraut hatte.

Nach menschlichen Gesetzen gehörten sie beide mir und ich ihnen, und in keiner Sekunde vorher oder nachher wie in dieser hatte ich so deutlich gespürt, daß es nichts als eine schöne Vortäuschung war.

Ich hätte in dieser Sekunde ebenso gut nackt und frierend und gottverlassen am Nordpol stehen können.

Mein Pferd lehnte mich ab. Mein Pferd nahm von mir nicht einmal mit der nachlässigen Neugier seiner Gattung Notiz. Ich war weniger vorhanden, als wenn ich ein bewegter Schatten gewesen wäre. Ich war ein Nichts, ein Schemen.

In der Welt des Menschen gelten auch Phantome; in der Welt des Pferdes nur das absolut Wahre.

Und ich war für die Stute Nicoline nicht einmal ein Schurke, vor dem sie voll Widerwillen und Erschrecken zurücktrat oder sich versteifte ... ich war überhaupt nichts.

Ich weiß heute nicht mehr, was in diesen Augenblicken alles in mir vorging. Nur an eines erinnere ich mich, an eine plötzliche, unsinnige Sehnsucht: wieder ein kleiner Junge zu sein und heulen zu dürfen.

Lina war mir natürlich auf dem Fuße gefolgt, und die beiden Frauen veranstalteten ein lärmendes und fröhliches Getue um das andere Pferd. Es wäre unnatürlich gewesen, zu erwarten, daß sie mich nicht beobachteten, doch bedrückte mich ihr Verhalten nicht. Was soeben geschehen war, was mir geschah, das konnten sie unmöglich erkennen. Nur ein wirklicher Reiter, einer von denen, die in unseren Tagen der reiterlichen Manegenkünste und der Kunstschlosserei im Sattel im Aussterben sind, hätte es gesehen und begriffen.

Lina, aufgeregt und flattrig wie ein junges Mädchen, das eine Handarbeit vorzeigt, hängte sich bei mir ein:

„Was sagst du zu meiner Überraschung, Jürgen? Hab ich's ein bißchen gut gemacht?"

Richtig, das andere Pferd sollte wohl das Hochzeitsgeschenk darstellen.

„Nun könnt ihr jeden Tag zusammen ausreiten. Wie Tom der Reimer und die Elfenkönigin. Es ist ein Trakehner, ein Wallach, und vier Jahre alt. Gefällt er dir, Jürgen?"

Das klang so ängstlich, daß es mich ein wenig rührte. Ich trat an den Wallach heran, doch ich wagte nicht noch einmal, die Hände vorzustrecken.

Mein Gott, wie dankbar ich war, daß der gute Kerl wenigstens Neugier zeigte. Im übrigen war auch er, genau wie die Stute, viel mehr an Nikoline als an mir interessiert.

„Tom der Reimer", sagte ich, „und seine Elfenkönigin ritten auf e i n e m Pferd durch den Wald. Und es war ihr Pferd ..."

Ich wollte noch hinzusetzen, daß also bei aller literarischen Ungenauigkeit Linas romantischer Vergleich trotzdem den Kern der Dinge traf. Doch ich schluckte es hinunter und beobachtete nur stumm, wie der Wallach mutwillig nach einer lockeren Haarsträhne meiner Frau schnappte, und die Stute Nicoline sich eifersüchtig einmischte.

Es war ein sehr reizvolles Bild, und ich betrachtete es mir mit stumpfer Entrücktheit und einer plötzlichen und grenzenlosen Gleichgültigkeit. Ich konnte sogar ein wenig lächeln, als ich auf den kostspieligen Stalldecken, goldgelb aufgesteppt, die Initialen „JG" bemerkte. Auf beiden, nicht etwa nur auf jener meiner Stute.

Nun ja, so gehörte es sich doch. Nach Willen und Meinung der beiden Frauen war ich ja der unumschränkte Herr über alles, was hier kreuchte und fleugte, lag und stand, was atmete, lebte und liebte.

Jürgen Godeysen, der Gebieter. Von himmlischen Mächten selbst entsandt als eine Art reitender Lohengrin.

Das heißt, wenn er überhaupt reiten konnte ...

Der Gedanke belustigte mich so, daß ich widerspruchslos und sogar mit dem Anschein von frohgemuter Beglückung der herumzirpenden Lina bestätigen konnte, welch großartigen Griff sie mit dem Wallach getan hatte, und wie sie überhaupt alles, ganz und gar alles, auf das großartigste eingeleitet und durchgeführt habe.

Lina war von meiner rückhaltlosen und wohl nicht ganz sicher erwarteten Zustimmung so gerührt, daß sie das Gesicht in der Mähne des inzwischen ebenfalls barhäuptigen Wallachs verstecken mußte, obschon man die Ängstlichkeit in ihrer kunstvoll gebauten Frisur geradezu knistern hörte.

Nikoline suchte ebenso freudig wie fragend meinen Blick, und ich nickte ihr zu:

„Er ist wirklich ein ganz braver Kerl. Du wirst viel Freude an ihm haben."

„Wir beide, Reiterlein, aber du mußt ihm jetzt einen Namen geben."

Ich trat an den Dunkelbraunen heran, kraulte ihm den Schopf, was er sich auch — und wie dankbar war ich dem guten Tier — gefallen ließ. Als ich aufhörte, forderte er mich aber keineswegs auf, das für ihn doch angenehme Spiel fortzusetzen.

Von seinem Exterieur war bei der umhüllenden Stalldecke nicht allzuviel zu sehen, doch sein ganzer Habitus, Gesicht und Auge, ließen ihn als den Inbegriff von eifriger Gutmütigkeit, von Zuverlässigkeit und unzerstörbarer Willigkeit erscheinen.

Bammelohrig und ziemlich gedrungen, war er weit von dem Idealbild des Trakehners entfernt, doch ich kannte diesen Typ des eisernen Zuverlässigkeitspferdes. Manchmal steckten sogar Überraschungen drin. Wie beispielsweise ... wie beispielsweise ...

Da fielen die dunklen Schleier. Hatten sie sich überhaupt erhoben?

Wie aus dem Schlaf aufschreckend, spürte ich Nikolines Hände an meinen Wangen:

„Um Gottes Willen, Reiterlein, was ist denn? Du bist auf einmal so blaß und ..."

Ich reagierte so, wie von nun an immer in ähnlichen Situationen — und, weiß Gott, sie begannen sich zu häufen! Grob und plump und aufsässig aus lauter Verzweiflung. Aufbegehrend gegen Mitgefühl und besorgte Güte.

„Quatsch", sagte ich, „ich grüble nach einem Namen für das Vieh. Wie heißt er überhaupt auf dem Fohlenschein?"

Ich vermied es dabei, meine Frau anzusehen. Ihre Stimme zitterte leicht, als sie mir Antwort gab. Natürlich trug der brave Wallach einen völlig verbogenen und idiotischen Züchternamen.

Zum Glück mischte sich Lina ein:

„Aber es ist doch ganz klar. Zur Nicoline gehört eben ein Nicky."

So war es denn entschieden, und bald würden Nikoline und Nicky und Nicoline, ein herrliches und schönes Dreigespann, durch Gottes herrliche Welt traben.

Richtig, und ein Schattengeschöpf würde auch noch bei ihnen sein ... ich!

Dann drängte Lina zur Besichtigung der anderen prächtigen Gaben, die sie noch vorbereitet hatte, und ich war sogar — so viel Reiter war ich wohl doch — ein wenig gespannt auf den Stall für Nicky und Nicoline.

Und damit kam es zum ersten jener schlimmen Auftritte, die sich von nun an unaufhaltsam und in gräßlicher Kette aneinanderreihen sollten.

In einer Ecke jenes Betonklotzes, der zwei Mähdrescher und mehrere andere ziemlich rätselhafte landwirtschaftliche Maschinen beherbergte, hatte irgendein fraglos bemühter Zimmermann eine Art Verschlag abgeteilt.

Es war zum Heulen. Hier, in dieser Zementkiste, sollten meine — ja, so dachte ich in diesem Augenblick wirklich —, hier sollten meine Pferde das ihnen zustehende Stück Heimat und Geborgenheit finden?

Ich war erregt, gereizt und aufgebracht, und das alles wohl nicht nur aus jener seltsamen ungerechten Unduldsamkeit heraus, die unsereins immer packt, wenn man bei den Belangen des Pferdes auf tapsige Unbeholfenheit oder wohlmeinende Ignoranz stößt.

Heute kenne ich, aus dem Bewußtsein jener Situation heraus, die Grundformel, die in der kommenden Zeit meine ganze Haltung gegenüber der Umwelt prägen sollte. Ich fühlte mich gedemütigt, tief gedemütigt, und mußte mich zur Wehr setzen und ebenfalls demütigen.

Noch schwieg ich. Ein wenig beschwichtigte mich auch das kindliche Übermaß der guten Absichten.

Irgend jemand mußte Lina klargemacht haben, daß zu einem Stall auch eine Sattelkammer gehörte, und so war da eine Art Kabuse gebaut, in der doppelt und dreifach alles hing, was einerseits eines Reiters Herz erfreuen kann, zum anderen auf der Lieferungsliste einschlägiger Firmen steht. In der bestmöglichen Ausführung natürlich. Vom Halfter über den Kappzaum bis zur Kandare, farbenprächtige Stallgurte, Stall- und Turnierdecken, Sprung- und Schlaufzügel, Lammfellunterlagen, Futterbeutel aus Chromleder und — weiß der Himmel was der Lieferant sich dabei gedacht hatte — sogar vier schweinslederne Packtaschen.

Bei diesem Anblick lächelte ich, und nichts ließ mich ahnen, wie wichtig eines Tages diese Packtaschen für mich werden sollten.

Das alles war in einer gewissen einfältigen Ordnung, lang zu lang, kurz zu kurz — und fraglos mit dekorativem Sinn an die Wände gehängt.

Die beiden Frauen beobachteten mich. Nikoline, gescheit und einfühlsam, wie sie war, mit einer gewissen beunruhigten Spannung und Lina mit einem deutlichen Gesichtsausdruck zwischen banger Unsicherheit und naiver, stolzer Selbstgefälligkeit.

„Bist du zufrieden, Jürgen? Ich habe mir solche Mühe gegeben."

Sie hätte schweigen sollen. Dieses „Mühe geben" war es, das mich zum Ausbruch brachte:

„Das entscheidet leider gar nichts, liebste Lina. Das alles hier ist Blödsinn und nicht nur das. Ein bißchen Gedankenaufwand ist besser als Mühe geben."

„Aber Jürgen . . ."

„Dieser Stall hier, der sieht euch ähnlich. Keine Spur von Nachdenken . . . Das ist kein Stall, das ist eine Folterkammer. Hier kann man eure verdammten Zweckmäßigkeitsmaschinen unterbringen, aber keine lebenden Geschöpfe."

Jetzt brüllte ich sie förmlich an:

„Dieser Drecksbunker ist im Sommer eine Bleikammer und im Winter eine Tropfsteinhöhle. Eine Folterkammer für jedes Geschöpf von Fleisch und Blut, unerträglich für jeden Hammel, geschweige denn für ein Pferd . . .

Könnt ihr euch überhaupt vorstellen, was ein Pferd ist? Beseelt und empfindsam und unglaublich verletzbar durch alles, was der Natur widerspricht . . . Ein Pferd geht innerlich zugrunde und stirbt ab, wenn es sich nicht wohl fühlt. Und in der konstruierten Unnatur kann es sich eben nicht wohl fühlen. Es braucht natürlich gewachsenes Material um sich. Draußen braucht es Gras und Himmel und Weite und drinnen Backstein, Holz oder Fachwerk. Dinge, die noch atmen, versteht ihr?"

Natürlich verstanden sie nichts. Wie sollten sie auch, die beiden armen, erschrockenen Dinger.

„Pferde stellt man nicht in Garagen ab", brüllte ich noch einmal.

Du grundgütiger Himmel, es sollte nicht allzu viel Zeit vergehen, bis ich entdecken mußte, daß gerade dies die Praktik in der sogenannten zeitgenössischen und fortschrittlichen deutschen Reiterei ist.

Pferde sind nur noch Sportgeräte. So ungefähr wie ein Rennauto oder ein Bobsleigh. Jederzeit austauschbar gegen ein neueres und besser scheinendes Modell und nach Gebrauch ohne weiteren Blick abzustellen.

Lina schluchzte auf:

„Matthias . . . Matthias war doch immer so stolz auf den Bau. Und er hat ihn doch selbst entworfen . . ."

Das war genau der fehlende Akzent auf dieser Szene.

„O ja, der Herr Major", höhnte ich, „der Herr Fabrikant, der Maschinenmensch. Herrgott, auf diesem sogenannten Gutshof gibt es ja kaum etwas, was lebt und sich natürlich bewegt. Nicht einmal einen Hund scheint der Herr Major geduldet zu haben."

Nikoline war beschäftigt, zusammen mit zwei Gutsarbeitern, denen Pferde unverkennbar wie unheimliche Erscheinungen vorkamen, Nicky und Nicoline zu versorgen. Sie wendete sich nicht zu mir um, als sie sehr ruhig, aber auch sehr scharf, sagte:

„Du irrst, Jürgen. Mein Vater hatte immer Hunde um sich, und er liebte sie. Und sie ihn. Zuletzt, im Krieg, war nur noch der Hektor da. Ein Deutsch-Drahthaar, wenn du weißt, was das ist. Er ging ein und war eigentlich noch sehr jung. Nur wenige Tage nachdem mein Vater gefallen sein mußte . . ."

Nach einer Sekunde des Schweigens setzte sie tonlos hinzu:

„Niemand wußte, warum der Hektor starb. Er fraß einfach nichts mehr. Es gab ja weit und breit keinen Tierarzt damals. Und . . ."

Sie trat aus dem Verschlag heraus und sah mich fest an:

„Und seitdem gibt es keinen Hund mehr auf Matthiasruh.

Wir haben es nicht übers Herz gebracht. Sicherlich eine dumme Pietät, nicht wahr, Jürgen?"

Ich hörte nur heraus, daß sie nicht Reiterlein zu mir sagte, sondern Jürgen. Kalt, wie ich meinte, fremd und auch ein wenig verächtlich.

Das gab mir den Rest.

„Aha", sagte ich böse und muß dabei wohl auch ein verzerrtes Gesicht gezeigt haben, „und den soll ich nun wohl auch ersetzen, wie? Soll ich apportieren oder soll ich Pfötchen geben oder mal bellen?"

Im Hintergrund hörte ich Lina schluchzen.

Nikoline und ich starrten uns stumm an, und ich glaube, jetzt hatten wir beide den gleichen Ausdruck in den Augen. Das war das fassungslose Entsetzen darüber, daß wir uns als Gegner gegenüberstanden.

Und wenn es auch nur mit Worten war.

Lina drängte sich an mich heran, die Hände wie bittend erhoben:

„Liebster, liebster Jürgen, warum bist du denn nur so? Du sollst doch alles haben, was du willst. So viele Hunde, wie du willst, so viele Pferde."

Sie war entwaffnend in ihrer kindlichen Ahnungslosigkeit, und ich legte den Arm um ihre Schultern und dachte dabei, wie recht sie doch eigentlich hatte.

Ich wußte, wie sich das Leben auf Matthiasruh entwickeln mußte. Eine einzige Manege, in der ohne Plan, Ordnung und Ziel sich Mißtrauen und Argwohn, Irren und Wirren, Sehnsüchte und Illusionen und die furchtbare Zwecklosigkeit des bloßen guten Willens umeinander drehen würden. Ein Hexentanz der Verzweiflung, ein Hippodrom der Hoffnungslosigkeit.

Bis zur schließlichen unabwendbaren Katastrophe.

Am Abend saßen Nikoline und ich im gedämpften Licht des Arbeitszimmers und trieben stumm in einer Stimmung der

Stille, die mehr aus hilfloser Ergebenheit denn aus der Geborgenheit der Harmonie stammte. Ich hatte wieder den Backensessel des Herrn Matthias in Besitz zu nehmen gehabt, und Nikoline kauerte sich auf einem Kissenberg zu meinen Füßen. Ich war ganz sicher, daß uns beide das gleiche Gefühl erfüllte. Wir hatten Angst, uns in die Augen zu sehen.

Lina hatte sich in die Stadt fahren lassen und erklärt, im Hotel übernachten und erst am nächsten Tag zurückkehren zu wollen. „Nein, wie dumm von mir, ich hätte doch beinahe vergessen, daß ich heute Abonnements-Vorstellung im Theater habe. Irgend etwas von Shaw, und der ist doch so interessant . . .“

Weder Nikoline noch ich glaubten es ihr, und sie merkte es auch und flatterte davon. Hoffentlich saß sie jetzt wenigstens im Kino.

So hockten wir dann da und tranken Wein und hielten uns sogar zaghaft bei der Hand.

„Willst du Musik hören?“

Ich nickte stumm, denn es quälte mich, wie allzu deutlich sie eine Anrede vermied.

Nikoline brauchte lange Zeit, bis sie nebenan den Plattenspieler in Gang brachte. Dabei hatte ich vorhin gesehen, daß sie, wahrscheinlich schon um die Mittagszeit, einen Plattenstapel bereitgelegt hatte. Lieder von Richard Strauß in der Hauptsache, und das erste war die „Freundliche Vision“.

„Und ich geh’ mit einer, die mich lieb hat . . .“

Doch Nikoline legte das Klavierkonzert von Schumann auf, dann Tschaikowsky — die „Pathetique“, glaube ich — und schließlich die „Scheherazade“ von Rimski Korssakow.

Ich brauchte nicht sehr zu grübeln, um zu wissen, warum sie das tat. Mit der Musik wollte sie uns ein trügerisches Gefilde des Friedens schaffen. Sie steckte gewissermaßen eine neutrale Zone ab.

Doch als wir uns schließlich in unserem pompösen Schlafzimmer gegenüberstanden, gab es keinen Grenzstreifen der Unverbindlichkeit mehr. Mit einem kleinen Schrei, der wie ein Schluchzen war, warf sie sich in meine Arme, und mit verzweifelt-wilden Zärtlichkeiten versuchten wir beide etwas zu finden, von dem wir wußten, daß wir es verloren hatten.

So blieb es. Jeder zweite, dritte oder vierte Tag brachte eine ähnliche Szene, wenn dabei auch nur noch eine einzige Person im Vordergrund stand: ich, der Hauptdarsteller.

Es gab keine Widerrede mehr von seiten Nikolines, keine Korrektur und keinen Einspruch. Ich wußte, daß sie sich vorgenommen hatte, Verständnis für alles aufzubringen. So war sie voll betonter, sanfter Güte und einer schweigenden Fügsamkeit. Ich war mir selbst und meinem Trotz gegen ein aufgezwungenes Schicksal noch nicht genug entglitten, um nicht zu spüren, wie entwürdigend dieser Zustand für uns beide war.

Selbst in den Intervallen scheinbarer äußerer Harmonie herrschte eine von mühsam abgewehrter Trauer überhangene Furchtsamkeit zwischen uns. Unbewußt bewegten wir uns immer mehr auf der Ebene der Unverbindlichkeit, einer trügerischen Gemeinschaft auf neutralen Gebieten. Wir besuchten Konzerte und Theater und ließen uns auch gemeinsam dadurch langweilen, was die Filmbühnen der Kreisstadt boten.

Ich bekam auch einen sehr fragwürdigen Kontakt zur neuen deutschen Wirklichkeit. Doch diese Welt der schönen, komfortablen Tatsachen war keineswegs dazu angetan, mir ein gesundes Lebens- und Persönlichkeitsgefühl zu vermitteln.

Wo war die Welt meines Vaters? Wo gehörte ich hin?

Und immer wieder: Wer bist du, Jürgen Godeysen?

Es gab auch Feste in unserem Hause, und ich weiß nicht, wer sie guten Glaubens inszenierte. Meine Frau oder Lina.

Es fanden sich freundliche und scheinbar fröhliche Menschen ein. Gutsnachbarn der weiteren Umgebung, ein Sparkassen-

Direktor, bei dessen Institut das Gutskonto lief, ein sehr hoher Bankmann aus der großen Stadt, der Linas und Nikolines Vermögen verwaltete (nunmehr mir verantwortlich, der ich jedoch bisher noch keinen Gebrauch davon gemacht hatte), und dazu die unumgänglichen Honorationen der Kreisstadt, Landgerichtsräte und Studienräte, ein Getreide-Großhändler, ein Fabrikant von Elektrogeräten und dergleichen und einmal sogar ein Mann, den ich nur staunend betrachten konnte. Er sah aus wie der Fahrstuhlführer eines weltstädtischen Warenhauses, doch er stellte sich als Kommandeur eines Panzergrenadier-Bataillons in einem neugeplanten deutschen Heer heraus.

Er lachte über mein Staunen und meinte, daß er und seine absonderliche Tracht wohl noch auf einige Zeit hinaus das einzig Tatsächliche an diesem Bataillon sein würden.

Im übrigen war dieser Mann der einzige, mit dem ich wirklich sprechen konnte. Die anderen hielten in meiner Gegenwart vor Betretenheit den Atem an, denn sie wußten ja, wie es um mich stand.

Ich war keineswegs gekränkt oder gar verletzt. Sie taten mir sogar leid, denn es war ja klar, daß entweder Nikoline oder Lina sie vorher beschworen hatten, um Gottes willen jedes Gesprächsthema zu vermeiden, das mich in Verlegenheit bringen konnte.

Was aber gab es denn da? Eigentlich nur das Wetter.

Nur der „Fahrstuhlführer" machte eine Ausnahme. Wahrscheinlich, weil er als einziger die harte, doch im Grunde natürliche, klare und sogar saubere Unsentimentalität und Rücksichtslosigkeit des Soldaten besaß.

Wir trafen, jeder mit einem gefüllten Sektglas in der Hand, im sogenannten Wintergarten aufeinander.

Er wies mit dem Kopf nach den Gesellschaftsräumen hin, in denen es jetzt, da ich verschwunden war, wie in einem Bienenhaus nach dem Rückzug eines unheimlichen Eindringlings zuging:

„Sie können wohl nicht besonders mit denen da?"

„Es sieht so aus."

„Na, trösten Sie sich. Ich auch nicht. Dieser neue deutsche Menschenschlag ..."

Er schwenkte sein Glas und ließ den Sektpegel grüblerisch auf- und niederwippen:

„Bewunderungswürdige Leutchen eigentlich. Irrsinnig tüchtig, und haben ja auch in die Hände gespuckt und was zuwege und was hinter sich gebracht. Aber diese unbekümmerte und bedenkenlose Genußsucht, wissen Sie, diese Fröhlichkeit ... Wie das ‚Haha' nach 'nem Generalswitz. Stimmt einfach nicht. Kommt einem verlogen oder bestenfalls krankhaft vor. Hol's der Henker, die meisten haben doch die gleiche Chose durchgemacht wie unsereiner. Diese Sintflut aus Dreck und Blut und Gemeinheit. Wer dieses europäische Harakiri erlebt hat, dieses ... Also, da gibt's ja gar keine Worte. Kann mir jedenfalls einfach nicht vorstellen, daß jemand, der das alles mitmachte, noch richtig lachen kann ..."

Jetzt trank er endlich; mit seiner Glasspielerei hatte er mich schon beinahe schwindlig gemacht. Jedenfalls glaubte ich, daß es nur dies war.

„Bei mir reicht's dann und wann jedenfalls nur noch zum Feixen. Geht Ihnen wohl auch so, wie?"

„Ich fürchte, es reicht nicht mal dazu?"

Er nickte, als ob ihn meine Erklärung zutiefst befriedigte:

„Sehen Sie, deshalb kommt unsereiner mit diesen lebenstüchtigen Erfolgs- und Karrieretigern nicht zu Rande. Möchte nur wissen, wer recht hat. Die oder wir?"

Weiß Gott, dies war alles andere als eine erquickliche Schampus-Konversation, doch ich hatte das Gefühl, in freier, frischer Luft zu atmen. Hier sagte auf einmal jemand ‚wir', und ich war, jedenfalls für Minuten, kein zerquälter und mit Vorsicht zu behandelnder Narr mehr.

„Ich weiß es auch nicht", sagte ich. „Vielleicht ist der gleiche Vorgang nicht bei allen Beteiligten das gleiche Erlebnis. Dem einen dringt es knapp unter die Haut, dem anderen frißt es das Mark aus den Knochen. Übrigens wohl eine Binsenweisheit."

Mein Gesprächspartner lachte; scheppernd und ohne Resonanz:

„Nischt gegen die Binsenweisheiten, mein Lieber. Kommt ja nicht darauf an, ob sie wirklich stimmen. Sie gelten immer, und man kann sich daran halten."

Einer aus dem Schwarm der von Lina gedingten Lohndiener kam mit einem Tablett voll frischer Sektgläser herein, und für den Bruchteil einer Sekunde stieg in mir ein unfröhliches Lachen auf. Wäre die Jacke des Mannes nicht schwarz gewesen, so hätte er genauso ausgesehen wie mein Gesprächsfreund. Ein Oberstleutnant übrigens, wie ich später erfuhr.

Mit betonter und abgezirkelter Genauigkeit wechselte der neudeutsche Offizier sein Glas, und nur an dieser kontrollierten Präzision erkannte ich, daß er nicht mehr ganz nüchtern war, dies aber genau wußte und ein gewisses Zuviel an Alkohol auch gut zu tragen vermochte. — Erstklassige Kasino-Schulung!

Doch dann mußte ich denken: Hast du sie auch gehabt? Und ich stand wieder im Leeren.

Nebenan hatten sie das Radio angestellt, und ein munterer Sänger pries die Tatsache, daß man wieder Polka tanzte wie weiland Tante Olga und daß es zum Frühstück Schweineschnitzel und Rüdesheimer Wein gab.

Es hätte ganz lustig sein können ...

Der Oberstleutnant schien jetzt entschlossen, früheren Absichten zum Trotz, seinen Alkoholpegel im Blut noch um einige Grade zu erhöhen und kippte das Glas auf einen Ruck hinunter.

„Wissen Sie“, sagte er und starrte dabei an mir vorbei, „das klingt vollkommen wahnwitzig und ist es möglicherweise auch, aber ... manchmal sehnt man sich direkt nach dem Krieg ... das heißt natürlich nach der Front, zurück. Da konnte man sich orientieren. Man wußte, was oben und was unten war. Der Mensch neben einem war entweder ein Kerl oder ein Schweinehund. Aber deutlich zu erkennen und unverwechselbar. Und alle Lebensprobleme waren so herrlich zusammengeschrumpft. Wunderbar einfach und unkompliziert. Umbringen oder umgebracht werden, fressen oder hungern, und damit hatte es sich. Geht Ihnen das auch so?“

Er merkte, wie ich mich versteifte.

„Ach so ... pardon“, sagte er gleichmütig und ohne jede Verlegenheit. Warum auch? Es mußte ja doch im Blut stecken, diese grauenvolle und notwendige Wurstigkeit: ‚Du hast ein Ding in den Bauch erwischt, mein Junge. Ausschuß wie eine Untertasse. Beiß die Zähne zusammen und halte dich ruhig, dann kommst du vielleicht durch!‘

Warum ging es eigentlich nicht mir so?

Der Oberstleutnant riß mich aus dem Grübeln. Er sprach jetzt um eine winzige Nuance zu laut:

„Kommt mir manchmal wie ein einziger Ballsaal vor, unser liebes deutsches Vaterland. Respektive der kümmerliche Rest davon. Mühsam dekoriertes Dorfgasthaus allerdings und Kostümfest vom Männergesangverein. Einer macht dem anderen was vor, und der schönste Platz ist an der Theke. Auf Spesenkonto ...

Möchte wirklich wissen, ob sie sich alle so wohl fühlen wie sie tun, und wenn's wirklich so sein sollte, ob sie damit recht haben und wir die Idioten sind. Oder schlimmer noch, die Schlappschwänze. Möchte ich wirklich rauskriegen.“

Ich hörte mich zu meiner eigenen Verblüffung einen Einwurf machen:

„Das ‚So-tun-als-ob' kann aber schließlich Kontenance bedeuten. Eine besondere Art von Haltung. Vielleicht die einzige, mit der man manche Gegebenheiten bewältigen kann."

Mein Gott, dachte ich dabei, was hast du da eben ausgesprochen. Das war in eigener Sache geredet. Das war ein Plädoyer für meine Frau Nikoline.

Das war, in Worte gefaßt, etwas, was ich noch nicht einmal deutlich zu denken gewagt hatte.

Doch jetzt stand es unwiderruflich da. Die Erkenntnis und die Anerkennung der Vortäuschung, die Illusionsmache aus gutem Willen.

Ich hatte andere Worte gebraucht, doch im Grunde mir selber ins Gesicht gesagt: Deine Frau liebt dich nicht und kann dich nicht lieben, doch sie will es und wünscht es, und da der Wille nicht Herr über Gefühle ist, bleibt die Gebärde und das qualvolle Mühen um die Illusion.

Ich hörte nur, aus weiter Ferne, wie der Oberstleutnant erneut sein Bocksgelächter ausstieß:

„Vortäuschungen, Verbrämungen, Fiktionen! Mein Lieber, wenn irgend jemand, so sollten wir Deutsche gelernt haben, wohin das führt. Der Präzeptor germaniae, der Herr Studienrat Hitler, hat es uns doch bestens beigebracht. Gründlichster Unterricht in der Menschheitsgeschichte ...

Kann mir nicht helfen, ich glaube mehr an den ollen Moltke oder den noch olleren Marc Aurel oder wer immer es zuerst gesagt hat. Mehr sein als scheinen! Esse quam videri ...

Na, Waidmannsheil, mein Lieber!"

Ich hielt es unten nicht mehr aus. Wie ich mit oder ohne Anstand in unser Schlafzimmer gekommen war, weiß ich nicht mehr. Ich fand mich vor einem Spiegel wieder und starrte in ein Gesicht, das mir gleichzeitig fremd und vertraut vorkam.

Es war gar nicht mehr verzerrt und in Trotz oder Verzweiflung verhärtet, sondern seltsam beruhigt und entspannt.

Das Gespräch mit dem absonderlichen Oberstleutnant hatte mir auf eine rätselhafte Weise gutgetan.

Ich weiß nicht, wie lange ich so dastand und stumme Zwiegespräche — jawohl, Herr Dr. Gunthermann! — mit mir selbst hielt. Sein und nicht scheinen, darauf kam es an.

Die Vergangenheit war verwehter Schein und die Zukunft noch weniger als dies. Was jammerte ich der einen nach, die mir entglitten war, und was ängstigte ich mich vor der anderen? Beherrschen kann der Mensch nur die Gegenwart, nur den Augenblick.

Es stand mir genauso frei wie jedem anderen unter den Lebenden.

Sei etwas, Jürgen Godeysen, und dann findest du auch dein eigentliches Gesicht, dein wirkliches Ich.

Sei etwas, und dann werden und müssen sich auch die Umstände rings um dich in eine gute Wirklichkeit fügen.

Ich legte mich zu Bett und hörte nicht, daß Nikoline kam. Ich schlief so gut und fest wie schon seit langem nicht, und als ich einmal ganz kurz wach wurde, merkte ich, daß ich meinen Kopf in ihre Achselhöhle geschmiegt hatte. In der traumtrunkenen Seligkeit eines Kindes schlief ich wieder ein.

Der holdselige Traum zerplatzte mit der ersten Stunde des Alltages. Ich verschlief und kam, noch verhangen in schöne Vorstellungen und etwas benommen, verspätet zum Frühstück.

Nikoline sah mich prüfend an, während sie, sehr fraulich und beinahe mit zärtlichen Gebärden, mir den Tee eingoß.

„Es ist schön, daß du einmal so gut geschlafen hast, Jürgen. Der gestrige Abend und überhaupt diese Gesellschaft... es müssen ja Zumutungen für dich sein. Sei nicht böse."

Natürlich mußte Lina sich, und wieder einmal höchst unsinnig, in die Bresche werfen:

„Es ist alles meine Schuld. Ich dachte nur ... ach, ich habe es doch so gut gemeint."

Ich wußte zunächst gar nicht, wovon sie sprachen, bis mir dämmerte, daß von ihrem Gesichtspunkt aus diese Gesellschaften lauter Katastrophen gewesen waren. Eine immer schlimmer als die andere. Katastrophen für alle Beteiligten und natürlich in der Hauptsache für mich.

„Wir waren sehr gedankenlos, Jürgen", sagte meine Frau mit einer Härte in der Stimme, mit der sie wohl nur die Schonungslosigkeit sich selbst gegenüber betonen wollte. Ich hörte nur Verdruß und Widerwillen heraus:

„Ja wirklich. Wir waren sehr gedanken- und verständnislos. Es wäre unsere Pflicht gewesen, zu verstehen, wie dich diese Menschen alle belasten müssen und ..."

Ich setzte die erhobene Tasse klirrend ab, und als ich hinausging, nein, stürmte, da ahnte ich förmlich ihre entsetzten, ihre fassungslosen Blicke in meinem Rücken.

Schon in der Vordiele hatte ich mich wieder in der Hand, und ich fragte mich, ob ich nicht ungerecht und allzu spontan gehandelt hatte. Mein Auge fiel auf die Ablage, und was ich dabei entdeckte, verstärkte dieses Gefühl und diese innere Last der Beschämung.

Die Jagdwaffen des Herrn Matthias hingen zwar noch dort, aber jemand, dessen Lebensanliegen nichts als das große Verständnis für den gebresthaften Jürgen Godeysen war, hatte einen Regenmantel und eine Windjacke darübergehängt.

Nikoline natürlich.

Ich biß buchstäblich die Zähne zusammen.

Winseliger Bursche, dachte ich. Was kannst du eigentlich erwarten, was kannst du fordern? Sei erst einmal etwas anderes als ein Daseinskrüppel.

Esse quam videri!

So stürmte ich in den Betrieb und begann zu regieren.

Tage, Wochen und Monate hindurch. Ich war besessen und schonte mich nicht. Die Nächte verbrachte ich zwischen Bücherbergen. Ich las und las.

Ich war nicht so dumm, daß ich es völlig systemlos tat. Von drei wissenschaftlichen Buchhandlungen hatte ich mir Kataloge schicken lassen, und daneben bekam ich recht gute Richtlinien durch die Beteiligung an drei agri-kulturellen Fernkursen. Ein amerikanischer darunter, und der Teufel mag wissen, was mich zu der naiven Überzeugung verleitet hatte, daß ich das Englische beherrschte. Ich staunte nicht einmal sehr darüber, daß ich es tatsächlich beherrschte.

Vielleicht hatte mich mein lieber Papa irgendwann einmal auf irgendeine englische Public-school geschickt.

So wühlte ich mich in eine mir bis dahin völlig fremde Wissenswelt hinein, die vielleicht auch gesündere Köpfe als meiner im gleichen Zeitraum nicht bewältigt haben würden. Denn von allen vorstellbaren Berufen ist der des Landwirtes jener, der am wenigsten aus Büchern erlernbar ist. Er ist und bleibt den ewig fließenden, ewig wechselnden Gesetzen der Natur verhaftet, die nur ein durch die Erfahrung entwickeltes Gefühl begreifen kann und bei denen theoretische Formeln und Erkenntnisse allenfalls ein Ordnungsprinzip ergeben können.

Du lieber Himmel, ich ahnte noch nicht einmal, daß selbst die Erde, daß Boden und Ackerkrume keine konstanten Größen sind.

Niemand fiel mir dabei in den Arm und schon gar nicht der Herr Verwalter Kandinski. Es gab keine Unsinnigkeit, der er nicht beflissen und sogar mit gut gespielter Begeisterung applaudierte und die er als ausführendes Organ auf mein Geheiß hin nicht mit Energie und Genauigkeit durchführte.

Den Vorfall mit dem Viehbetrug hatte ich längst vergessen, und im übrigen wäre es mir nicht im Traume eingefallen, den Mann aus diesem kleinen, schmierigen Geschäft einen Vorwurf zu machen oder gar seine Existenz zu vernichten. Um das Geld war es ja bei Gott nicht gegangen, doch wie sollte ein Kandinski sich das vorstellen können, wenn noch nicht einmal die Menschen, die mir am nächsten standen, dazu imstande waren.

So wirtschaftete ich denn munter und großartig drauflos und hatte in kürzester Zeit einen Betrieb fast an den Rand des Ruins gebracht, der in Jahrzehnten aufgebaut, bis ins letzte durchdacht und durchorganisiert war — mehr noch: das Lebenswerk eines vielleicht kargen, aber honorigen und sehr tapferen Mannes.

Noch ahnte ich nichts davon. Ich glaubte mich einem lokkenden Ziel entgegenzukämpfen. Ich wähnte zu säen und hoffte auf die Ernte.

Ich war dabei nicht einmal überheblich, und, nur äußerlich betrachtet, mochte ich als der unumschränkte Feudalherr in Erscheinung treten, der gebieterisch über seine Liegenschaften ritt und . . . na ja, der regierte.

Goethe soll einmal bei einem pikanten Anlaß gesagt haben: Ich sehe es zwar, doch ich glaube es nicht.

Es scheint mir, ungefähr die gleiche Haltung nahm ich jetzt ein. Es gelang mir sogar, mich selbst nicht mehr zu sehen oder wenn, dann nur in mir genehmen Punkten.

Eine Weile noch ging es gut. Noch bemerkte ich nicht, wie sich alles unter meiner ahnungslosen Despotie dahinquälte. Teils verzweifelt, müde und wohl auch hoffnungslos, teils stumpf und gleichgültig oder hämisch und voll Schadenfreude. Der ganze Betrieb, Nikoline und Lina.

Wir erlebten eine sehr von unfrommen und unfrohen Schauern erfüllte Weihnachtszeit. Es ist ja unmöglich, daran vorüberzusehen, daß zum Kern des Festes die stille Besinnung und die Rückerinnerung gehören. Ein lächelnd versonnenes Rückwärtstasten in die märchenschönen Gefilde von Kindheit und Jugend.

Genau das, was mir versagt bleiben mußte.

Wir drei waren schon in der Adventszeit wie gelähmt, besonders aber am Heiligen Abend, denn mein ewiges Rebellieren und Aufbegehren gegen die hergebrachten Lebensformen dieses Hauses hatten es Lina und Nikoline nicht wagen lassen, sich einem gewohnten Festritual hinzugeben.

So schien mir alles halb und unzulänglich und improvisiert. Unter dem Baum mit den Lichtern der frohen Verkündung lagen in Fülle kostbare Geschenke, doch hinter ihnen lagerten die Gespenster.

Nichts konnte sie vertreiben.

An Linas Stutzflügel spielte Nikoline das Lied von der stillen, von der heiligen Nacht, doch mitten darin brach sie ab und weinte; sie fand nicht die Kraft, die Tränen zu verbergen.

Lina bemerkte nichts davon — starrte mit gläsernem Lächeln und anscheinend völlig verloren in die unangreifbare Willkürlichkeit ihrer kindhaft mystischen Emotionen, in den Kerzenglast.

Und ich . . . wagte nicht, zu meiner Frau zu treten.

Ich wußte ja zu genau, worum sie trauerte. Um das Zerschellen aller schönen Träume, um die Fruchtlosigkeit allen guten Willens, um den Zusammenbruch aller verzweifelt beschworenen Kräfte des Gemütes.

Ja, so weit war es mit uns gekommen.

Auch die Nächte, in deren Abgeschlossenheit von allen Bedrängnissen des hellen Tages wir uns mit immer hektischer und immer rückhaltloser werdenden Zärtlichkeiten die Brücke einer trügerischen Gemeinschaft bauen wollten, diese Nächte mit dem wehen Gestammel Nikolines: „Ich will doch, daß du glücklich wirst, Reiterlein", selbst die waren uns entglitten.

Es mag heilsamen und guten Zwang geben. Vorwiegend sich selbst gegenüber. Doch in den menschlichen Gefühlen kann er selbst bei den heiligsten Absichten nur Verheerungen anrichten.

Ich konnte es schließlich nicht mehr ertragen, wie die Frau, die ich liebte, sich der Tortur einer immerwährenden und entwürdigenden Lüge unterzog.

So wurde denn eine nicht mehr erträgliche Unwahrhaftigkeit durch eine andere, vorerst läßliche, ersetzt. Ich bezog eines der Fremdenzimmer. Ich wollte, ich mußte ja die Nächte hindurch arbeiten, nicht wahr? Ein taktvoller Gatte nimmt in solchen Fällen die gebotene Rücksicht.

Auf burleske Weise war gerade diese Vorstellung ‚Fremdenzimmer' für mich erfüllt von einer bösen Genugtuung.

Dafür flossen alle äußeren Dinge in Glätte dahin, und ich wundere mich heute, daß ich nicht ein einziges Mal in vernünftiger Klarheit entdeckte, wie sie nichts anderes darstellten als einen immer schneller fließenden Strom, der unaufhaltsam und folgerichtig zu einer Katastrophe führen mußte.

Es ging schließlich so rasend schnell, daß ich alles nur noch in einer Art Betäubung erlebte.

Zunächst hatten Nikoline und ich ein neues und neutrales Gebiet einer ... nun, sagen wir Interessengemeinschaft gewonnen.

Es war das Reiten.

Mein falscher und zeternder Energieaufwand hatte es fertiggebracht, daß für unsere guten Tiere ein Stall hingesetzt wurde, wie er sich gehörte. Übrigens in weitem Umkreis das einzige Gebäude, das nicht ein kreischender Angriff auf ein normales, ästhetisches Empfinden war. Darüber hinaus hatte es der buhlerische Herr Kandinski geschafft, einen zur Brennerei gehörenden Speicher zu räumen, und wir hatten eine ganz passable, wenn auch improvisierte Reitbahn daraus gemacht.

Schöne Stunden, schlimme Stunden!

Nikoline hatte bei dem Herrn Papa wahrscheinlich gelernt, einen Traktor zu bedienen, doch Pferde hatte sie sicherlich bis zum Erscheinen meiner Stute nur von weitem gesehen.

Es war schön, es war wunderschön, ihre erste, echte Begegnung mit dem herrlichen Geschöpf des Herrgotts zu beobachten. Sie brachte nicht nur das noble, ja, das fromme und demütige Herz mit, nicht nur jene selbstverständlich und ganz und gar natürliche Ehrerbietung vor dem lebendigen Begriff des Adels, sondern auch das schöne Asset der geradezu vorbestimmten Körperlichkeit. Das ging von der Empfindsamkeit in der Handwurzel über ein tannengerades Rückgrat bis zu den langen, schmalen Schenkeln.

Ich mußte mich zur Ordnung rufen, um nicht schon in diesem Punkte von leisem Neid gepackt zu werden. Mir haben die Götter in ihrem fragwürdigen Humor leider zu einem übergroßen Reiterherzen die Statur eines Mittelgewichts-Boxers mitgegeben. Alles ein bißchen zu kurz, alles ein bißchen zu gedrungen.

Nun, diese Tatsache half mir wenigstens vorübergehend und in den ersten Tagen, eine Art Entschuldigung zu finden.

Denn — wie konnte es anders sein — ich versagte auch im Sattel.

Nikoline machte so schnell Fortschritte, daß es — sachlich gesehen, und wenn man meine Frau nicht kannte — fast unbegreiflich schien, und sogar der Wallach blühte förmlich unter ihr auf. Nikoline hatte ihn sehr schnell umgetauft. Sie fand, daß Nicky zu kapriziös klang, und so nannte sie ihn denn Nikolaus oder meistens Nikoläuschen. Es paßte in der Tat ausgezeichnet zu seiner unverdrossenen und fröhlichen Willigkeit zu dienen.

Ich selbst war nicht ohne schlimme Ahnungen an den ersten Augenblick des Aufsitzens und des Heranfühlens gegangen. Mit Verbissenheit hatte ich mich gezwungen, es mit möglichster innerer Nüchternheit und mit allen äußeren Gebärden des Alltäglichen zu vollziehen. Nur keine Sentimentalität!

Was ich auch immer darstellte oder nicht darstellte, eine

unumstößliche Tatsache bestand: Ich war der Sohn des Kaspar Godeysen. Und der Gedanke, daß dieser Reitersmann aus der obersten Schublade von St. Georgs mannigfaltigem Schrank seinen Sohn nicht im eigensten Sinne erzogen haben sollte...

Schon nach den ersten Schritten wußte ich, daß es stimmen mußte. Das technisch-handwerkliche des Reitens bis hinauf zu jener Grenze, wo aus dem Handwerk Kunst wird, das alles saß mir ohne Zweifel in Fleisch und Blut. So zeigte sich auch, daß ich es keineswegs nötig hatte, irgendeine Seite aus irgendeiner höheren Reitlehre zu rekapitulieren. Obschon gegen alle Gesetze der Hippologie, konnte ich nicht widerstehen, Lektionen zu versuchen, die — es war wohl verzeihlich, daß ich keine genaue Kenntnis der Prüfungsordnung mehr besaß — in die Klasse der Dressur gehörten.

Es ging. Mich überfiel sogar zunächst ein kleiner Glücksrausch, als meine kontrollierende Wachheit mir bescheinigte, daß dieses ganze vielfältige und höchst komplizierte Spiel, die tausendfach abgestuften Nuancen der Hilfen und ihre noch kompliziertere Koordinierung mit der Präzision eines Uhrwerkes ablief.

Doch diese kleine, selige Trunkenheit wich schon nach wenigen Minuten einer beklemmenden Scham und dem Gefühl einer unbegreiflichen Ohnmacht.

Meine Stute war folgsam, doch nicht mehr. Genauso folgsam wie ein elektromechanisches Spielzeug. Irgendein Knopf wurde gedrückt, ein Hebel gelegt, und eine Apparatur begann sich in Bewegung zu setzen.

Nicht anders war es mit mir, und von mir ging es natürlich auch aus.

Zwei wohlkonstruierte Roboter in mechanisch festgelegtem Vorgang. Es fehlte die Freude, es fehlten Nerv, Seele und Leben.

Ich saß erschöpft ab und versuchte, mein Pferd abzuliebeln

und sein Auge zu finden. An jedem Pferdestandbild aus Erz oder Marmor hätte ich einen gleichen Erfolg erzielt.

So war es und so blieb es.

Nur Nikoläuschen trug mich, brav und uninteressiert, doch immerhin mit einer gewissen Lebendigkeit geradeaus. Er blieb denn auch mein Kumpan, wenn ich den Gutsherrn spielte.

Diese Inspektionsritte taten mir bei all der Kläglichkeit der daraus resultierenden Selbstbestätigung wohl. Ich brachte es fertig, überhaupt nicht mehr wahrzunehmen, daß meine einigermaßen reputierliche Erscheinung auf Nikoläuschens Rücken nicht mehr als eine wohlerzogene Konzession des Braven war, und die langsam sichtbare Unordnung, die ich in den gesamten Anbauplan des Gutes gebracht hatte, erschien mir gleichfalls befriedigend. Da war deutlich zu sehen, daß ich etwas zustande gebracht hatte, und das Motto, unter dem es geschehen war, es schien mir völlig gerechtfertigt: Was einige Jahrzehnte hindurch für richtig gehalten worden war, was Geltung und Bestand gehabt hatte, das mußte gerade deshalb grundfalsch sein.

Mit dieser Haltung befand ich mich immerhin in schöner Übereinstimmung mit dem Zeitgeist.

Doch selbst diese Attrappenform von Wirkungs- und Persönlichkeitsbewußtsein geriet langsam, aber immer unübersehbarer, aus den Fugen. Die Bücher des Rentamtes — für mich ohnehin ein Labyrinth, in dem ich hoffnungslos nach wenigen Minuten regelmäßig verloren war und nur noch ohnmächtig vor mich hinstieren konnte —, diese Bücher mit ihren Ziffern redeten eine unüberhörbare Sprache.

Der alte Rendant hatte sich schon seit langem krank gemeldet und war neuerdings um seine Pensionierung eingekommen, wobei in mir natürlich keineswegs der Verdacht aufgetaucht war, hier wolle sich jemand um die mögliche Mitverantwortung an vermutlich unheilvollen Entwicklungen drücken.

Warum auch? Der junge Mann, den Herr Matthias so

segensvoll, zweckdienlich und nutzbringend vor Kommiß und Front gerettet hatte, schien seine Sache erstklassig zu verstehen und — vor allen Dingen — machte mir nicht die mindesten Schwierigkeiten.

Doch gerade die steinerne Indifferenz seiner Haltung, das konsequente Vermeiden jeder eigenen Meinungsäußerung, hätte mich rechtzeitig wachsam und hellhörig machen müssen. So schrak ich denn sehr zusammen, als er mir kurz nach Beginn des neuen Jahres mit seiner gräßlich monotonen Art zu reden die Mitteilung machte, daß die Kreissparkasse die Deckung des beträchtlichen Defizits auf dem Gutskonto angemahnt habe.

Ich wollte es zunächst gar nicht glauben. Ein Defizit?

Er hob gleichmütig die Schultern:

„Kein Grund zur Beunruhigung. Matthiasruh ist fundiert genug, um noch ein paar Jahre, wenn nicht ein Jahrzehnt, an ... Modernisierungsbestrebungen auszuhalten. Da sind beispielsweise an der Grenze zur Domäne Neuwasser vierundachtzig Hektar schlagbaren Holzes, dann ..."

Er mußte meine jähe Bewegung mißverstanden haben:

„Nun ja. Es wäre natürlich besser, jetzt nicht einzuschlagen, denn die Preise ziehen rasend an. Schade, sehr schade ..."

Ich ging wort- und grußlos aus dem Raum. Es war gar nicht so wichtig und gar nicht so sehr entscheidend, ob dieser blinzelnde junge Mann mir auf seine vertrackt hintergründige Weise eine Ohrfeige, eine Warnung oder einen guten Rat hatte geben wollen. Am meisten bedrückte und beschämte mich die Entdeckung, daß ich bislang noch nicht ein einziges Mal daran gedacht hatte, mich um die zu Matthiasruh gehörenden Waldungen zu kümmern.

Ich hatte sie ganz einfach vergessen.

Die Attrappe war in Auflösung. Es half nicht viel, daß mir der Förster Lindemann, den ich mir ein paar Tage später zitierte, bestätigte:

„Ein sehr kluger Entschluß, Herr Godeysen. Einschlagen können wir immer noch. Holz, das auf dem Boden steht, bleibt ein Wert. Auch auf lange Zeit hinaus, während Papiere auch in den besten Zeiten ein bißchen vom Hasard haben."

Ein prächtiger Mensch, dieser Lindemann. Es ging Ruhe und Festigkeit von ihm aus, und seine unverschnörkelte, schlichte Geradheit vermittelte Zuversicht, vor allen Dingen, als er hinzusetzte:

„Allzuviel Liquidität ist heutzutage nicht gut, und das schöne, lachende Bargeld ist eine Art Bumerang. Nur Investitionen sind richtig ..." und mit einem kleinen, versteckten Lächeln: „Das hat selbst der kluge Herr von Pratt, so weitblickend er war, nicht voraussehen können, daß man Reserven nur über das Finanzamt und die Hintertreppen der Steuergesetzgebung schaffen könne."

Ich fühlte mich ungeheuer erleichtert, unterstützt und bestätigt und doch wiederum argwöhnisch. Aber dann sagte ich mir, daß dieser Lindemann unter keinen Umständen etwas anderes aussprechen würde als seine Überzeugung. Selbst wenn er die Absicht gehabt haben sollte, mir zum Munde und zum Troste zu reden.

Doch das Gefühl, bestenfalls wie damals bei dem Vorfall mit Kandinski und dem Viehhändler, auch in diesem Falle nur das Bild der blinden Henne abgegeben zu haben, das blieb.

Es nagte und nagte, und der Zusammenbruch aller Willkürlichkeiten und aller schönen Täuschungen war nahe.

Dabei hätte ich mit etwas mehr Mut zur Klarsicht durchaus erkennen können, wie sich die inneren Gründe zu einer unheimlichen Zündmasse zusammenballten und wie die simple, allerdings schlagartige Folge scheinbar zusammenhangloser, äußerer Ereignisse eben nur Anlaß für die Katastrophe waren. Nichts als die Initialzündung ...

Ich hätte mir beispielsweise mehr Gedanken machen müssen

über das Wesen von Lina, das sich in den letzten Wochen spürbar verändert hatte.

Nichts mehr von dem verzückten Schweben in mystischen Schummerwolken. Sie war unentwegt von einer heiteren Aufgeräumtheit, beschwingt im alltäglichen Auftreten und voll allerhand kleiner Pläne und Absichten, die sie auch immer mit geradezu tänzelnder Aufwandlosigkeit durchzuführen wußte. Das reichte vom Umstellen der Möbel über fleißiges Üben am Flügel bis zur Anlage von Gewächshäusern und energischer Betriebsamkeit auf dem Geflügelhof, regelmäßige Einkaufsvorstöße in die Kreisstadt (Bücher, Schallplatten) und schließlich sogar dem Erscheinen eines Studienrates auf Matthiasruh, mit dem Lina ganz ernsthaft Latein und sogar Griechisch paukte.

Nikoline war genauso entgeistert wie ich:

„Du lieber Gott, Mama, warum treibst du denn das nur?"

Lina sah ihre Tochter voll ungespielten, naiven Erstaunens an:

„Weil es mir Spaß macht natürlich."

Dann setzte sie mit der gleichen natürlichen Selbstverständlichkeit hinzu:

„Ich habe mir schon auf der Klosterschule immer gewünscht, die ‚Äneis' im Urtext zu lesen. Vergil soll so entzückend unanständig sein."

Nikoline und mir blieb der Mund offen.

Nicht zu überhören war, daß Lina immer seltener von dem Herrn Matthias sprach, und wenn es geschah, ganz ohne Elegie und höchstens mit einer kleinen Nachdenklichkeit.

Sie wirkte beschwingt wie ein Backfisch, der in den Frühling, das Leben, einen heimlichen Schwarm oder wahrscheinlich in alle drei verliebt war.

Es berührte mich auch nicht mehr unangenehm, daß sie nach wie vor oder gar noch häufiger jede Gelegenheit zu kleinen und äußerlich unverbindlichen Zärtlichkeiten mir gegenüber wahrnahm.

Warum denn auch? Sie war attraktiv und gepflegt. Alles ganz natürlich, sagte ich mir, und ich hätte wohl auch recht gehabt, wenn ...

Ja, wenn Lina zehn oder zwanzig Jahre älter gewesen wäre.

Mich befremdete oder alarmierte noch nicht einmal der zögernd prononcierte Tonfall Nikolines, als ich einmal über die erstaunliche Wandlung ihrer Mutter mit ihr sprach.

Es war bei einer jener Gelegenheiten, da wir zwischen zwei Schallplatten nebeneinander saßen und ich die Bedrückung der Leere nicht wieder durch ein Privatissimum über den Geist des Reitens ausfüllen wollte.

„Das ist gar kein Wunder", erklärte sie mit einem farblosen Lächeln. „So sind wir Weibswesen nun einmal. Ein Mann im Haus macht den ganzen Unterschied ..."

Ich nickte nur; mir fiel nichts auf.

Nichts ließ mich erkennen, wie sich die endgültige Einkreisung durch die düsteren Gespenster meines Daseins jetzt mit geradezu motorischer Schnelligkeit und Präzision vollzog, wie sie aus allen Richtungen her die Zündmasse sammelten, die mich hinausschleudern sollte in das innere und äußere Nichts, aus dem ich gekommen war.

Eines Morgens fiel mir ein, daß ich mit dem Förster Lindemann verabredet war, die schlagreifen Jagen zu besichtigen.

Als ich Nikoläuschen aufsattelte, nahm die Stute in der Nachbarbox nicht die geringste Notiz von mir. Sie lag und sprang nicht einmal auf.

Mochte sie denn ...

Ich war im Sattel und auf und davon, ehe noch der Gutsbetrieb einsetzte.

Die Försterei lag zweckentsprechend — wie konnte es anders

sein — zentral im Revier, und wenn es auch an die acht Kilometer zu bewältigen gab, ich hatte noch ausreichend und sogar in Überfülle Zeit. Die Verabredung lautete, daß ich Lindemann um acht Uhr dreißig von der Försterei abholen würde.

So bummelten wir beide denn dahin. Das Nikoläuschen noch immer etwas schlaftrunken und in jeder Richtung unbeeinflußt von mir, und ich in jenem absonderlichen Zustand, den ich nur mit nüchterner Trunkenheit bezeichnen kann. Ich war wach und doch benommen, gefühlsleer und doch erregt. Ich sah und nahm doch nichts wahr, und die Gedanken liefen wie die Kreuzseen durcheinander.

Doch dann trat unmerklich ein Wandel ein, und das war, als das Nikoläuschen mit mir durch die Gestellwege im Stangenholz stolperte. In den Kiefernkronen rauschte der Morgenwind, und mit knarrendem Geäst räkelte sich der junge Tag.

Man mußte tief atmen und aufwachen, ob man wollte oder nicht. Nach den Kiefernschlägen kamen Dickungen, eine Strecke auf einem Pirschpfad quer durch einen schier endlosen und märchenstillen Tannenforst und dann, fast übergangslos, Mischwald mit dichtem Unterholz, in dem da und dort noch Nebel hing, der sanft vom Gezweige rieselte.

Wie die letzten Tränen eines getrösteten Kindes.

Auch mir war beinahe so zumute, und ich dachte mir, wie töricht es doch sei, zu vergessen, daß es ewige und unzerstörbare und immer beglückende und tröstende Werte in diesem Leben gab, die Tiere, die Bäume, ob sie nun stolz ragend oder verkrüppelt waren, das Meer ...

Hatte ich es eigentlich je gesehen, direkt erlebt und nicht nur durch Bilder oder Kulturfilme?

Ich lächelte. Vielleicht kam es gar nicht darauf an. Wenn man nur davon wußte ...

Mit zaghaftem Schimmern und wie auf Zehenspitzen war die Sonne hervorgekommen, und die ganze Welt sah aus wie eine bürgerliche gute Stube kurz nach dem österlichen Groß-reinemachen. Wie herrlich mußte das Leben sein, wenn man einen festen Platz in ihm hatte, und sei er noch so gering. Boden unter den Füßen, Zugehörigkeit und Wurzeln von Bestand!

Bei dieser Umschau erst merkte ich, daß ich mich völlig verritten hatte. Was blieb mir anderes übrig, als in den Jagdsitz zu gehen und Nikoläuschen Tempo und Richtung bestimmen zu lassen. Sein Stalldrang, so rechnete ich, würde mich schon zu irgendeinem Punkt bringen, von dem aus ich mich orientieren konnte.

Herrgott, wie der Bursche galoppierte. Daß ich ihm das nicht angesehen hatte!

Wie hinreißend schön könnte das Leben sein.

Was brauchte man schon? Ein braves Pferd unter dem Sattel und einen Frauenmund, der aus Liebe und nicht aus Erbarmen küßte.

Unvermittelt stieß ich an die Blöße, auf der die Försterei lag. Lindemann wartete, auf sein Rad gestützt, am Ende des Weges. Als ich im Schritt, Nikoläuschen mit wollüstig gestrecktem Hals, herankam, glaubte ich deutlich zu sehen, daß ihm unklar war, wie er mich begrüßen sollte. Obgleich mir die Wangen brannten, schien also der Jagdgalopp wenig an meiner desolaten Erscheinung geändert zu haben.

Doch als ich vor ihm durchparierte, lachte er auf eine sehr frische und ungekünstelte Art:

„Schönen guten Morgen, Herr Godeysen. Oder soll ich besser ‚horrido‘ sagen. War wohl ein bißchen schwer, aus den Federn zu kommen?“

Ich schluckte einen kurzen Ärger hinunter und lenkte mich schnell ab.

„Sie haben es ja zauberhaft hier, Herr Lindemann. Ein Försterhaus wie aus einem deutschen Märchenbuch. Ein einziges

Idyll, das wäre ein Objekt für Moritz von Schwind gewesen. Bemoostes Schindeldach, Fachwerk und Fensterladen und im Sommer wilder Wein darüber ..."

„Sogar Heckenrosen, Herr Godeysen."

„Es wird immer besser. Das genaue Gegenteil von Matthiasruh. Wie eine Protestansage des Gemütes gegen ..."

Er unterbrach mich:

„Das hat mit Matthiasruh und Herrn von Pratt nichts zu tun. Ich hause ein Lebensalter hier. Da wächst eben so manches heran."

So benommen und so versponnen in die eigene Problematik ich auch war, ich wurde für den Bruchteil einer Sekunde hellhörig.

Was hatte der Mann? Und warum diese betonte Erwähnung des Herrn Matthias von Pratt?

Ich glaubte etwas Untergründiges aus seiner Tonart und auch aus seiner Formulierung herauszuhören und bezog es selbstverständlich auf mich. Wußte und ahnte er etwas von meiner geheimen Feindseligkeit gegen den toten Mann? Hatte er, und sei es nur durch den geschärften Instinkt des Waidmannes, Kenntnis von der irrlichternden, exaltierten Atmosphäre im Herrenhaus?

Unsinn natürlich! Krankhafte Gespensterseherei.

Reiß dich zusammen, Jürgen Godeysen, sagte ich mir — zum wievielten Male eigentlich in den vergangenen Monaten? Bewahre dir wenigstens die Würde der klaren, männlichen Vernunft.

Und doch, wie ich diesen Mann so stehen sah mit seinem festen, musternden Blick, da überfiel mich eine durch nichts Äußeres begründete Überzeugung, daß er in diesem undurchschaubaren Spektakulum auf Matthiasruh eine andere Rolle spielte als nur jene des Gutsförsters.

Nichts jedoch ließ die Ahnung aufdämmern, daß ich ausgerechnet aus der Hand dieses Försters Lindemann das Urteil empfangen sollte.

„Wie lange sind Sie eigentlich schon hier im ... im Dienst, Herr Lindemann?"

„Eigentlich von Beginn an. Als Herr von Pratt aufzubauen begann. Beinahe frisch von der Forstakademie."

Auch dies ließ mich aufhorchen. Wie kam ein Mann der akademischen Laufbahn in die vergleichsweise bescheidene Stellung eines Gutsförsters?

Er schien meine Gedanken erraten zu haben:

„Ich bin kein Untergebener. Oder nur bedingt. In einer staatlichen Laufbahn hätte ich eine ganze Hierarchie von Vorgesetzten auf den Schultern gehabt. Hier nur einen. Dic Karriere ist für einen Mann viel weniger wichtig, als ihm in seiner Jugend eingeredet wird. Die Luft, in der er lebt, die ist wichtig. Gewissermaßen das Element, in das er gehört ..."

Das klang nicht ganz wahrhaftig. So, als wolle er von einem verborgenen Tatbestand ablenken oder ihn verhüllen.

Oder galt das etwa mir?

Gleich darauf war ich sicher, daß Lindemann es sich vorgenommen hatte, mir auf indirekte Weise eine Botschaft zukommen zu lassen. Einen Zuspruch wahrscheinlich, einen kameradschaftlichen Rat. Ich fragte ziemlich uninteressiert und eigentlich nur, um mir selbst klar über mein Empfinden zu werden, das ein Rätsel hinter diesem Mann vermutete, warum er denn seine Hunde nicht bei sich habe, und er erklärte nur kurz, daß er nicht ganz sicher sei, wie sie sich mit der ungewohnten Erscheinung eines Pferdes abfinden würden.

Jetzt erst fiel mir etwas anderes auf. Lindemann trug keine Waffe, sondern hatte nur ein Fernglas umgehängt. Natürlich war sofort mein Argwohn wach, daß auch er es nur aus Rücksicht auf den notorischen Hysteriker, auf das lächerliche Zerrbild eines Gutsherrn und Mannes getan hatte. Lindemann führte zwar in seiner Försterei, wo ihn ein altes und pensioniertes Waldarbeiter-Ehepaar versorgte, ein abseitiges Eremiten-Dasein und ließ sich nur gelegentlich auf dem Gutshof sehen, doch was die Spatzen des Dorfes schon von den Dächern zwitscherten, das konnte auch ihm nicht verborgen geblieben sein.

Seine gleichmütige Erklärung befriedigte mich nicht sehr:

„Wozu. Jagdlich ist es jetzt die tote Zeit, und die landläufige Vorstellung, daß man Raubzeug vertilgen muß, wo man es antrifft, teile ich nicht. Es ist ohnehin nicht sehr stark im Revier. Und Wilderern begegnet man nicht am hellen Vormittag, jedenfalls heutzutage nicht mehr."

„Na, dann los."

Lindemann fuhr bereits einige Minuten neben mir her, bis ich es endlich bemerkte: Er trat nur mit dem rechten Bein das Pedal. Sein linkes Bein stand steif und unbewegt. Ich war so erschrocken, daß ich unwillkürlich hart in die Zügel griff.

Er lachte trocken und geradezu vergnügt, als er meine Fassungslosigkeit bemerkte. Dabei klopfte er auf sein linkes Bein. Es wirkte wie ein harter, alarmierender Schlegelklang auf einer Trommel:

„Holz, Kunststoff und Leder. Das Original, oder wenigstens der Rest davon, liegt hinter einer Feldscheune bei Avranches."

„Ich hatte keine Ahnung . . ."

Jetzt war sein Lachen geradezu fröhlich:

„Ist auch mein großer Ehrgeiz. Übrigens längst nicht mehr mit besonderer Mühewaltung verbunden. Am Anfang habe ich es natürlich nicht glauben wollen, daß ich mich je an den abgehackten und einigermaßen verkürzten Walter Lindemann gewöhnen könnte."

„Hat es lange gedauert?"

Lindemann hob nachlässig die Schultern:

„Das ist sehr relativ und eigentlich auch unbeträchtlich. Ich kann mich nicht mehr richtig erinnern, aber ich glaube, es kam gewissermaßen über Nacht. Bei irgendeinem französischen Moralisten aus dem 18. Jahrhundert... wer es ist, habe ich natürlich auch vergessen, und das ist ja auch piepe... Also, als ich schon am Verzweifeln war, da las ich einmal, daß unabweisbar das Leben jedes Menschen von Verstümmelungen dieser oder jener Art erfüllt ist. Verwundungen, die nicht zu heilen sind, und bei denen auch der Versuch schon hoffnungslos, doch eines ganz sicher ist, nämlich die Tatsache, daß man lernt, mit ihnen zu leben und gerade die Blessur als Teil von sich selbst, ja, sogar eines neuen Ichs zu erkennen. Ich habe auf Anhieb daran geglaubt und... der Mann hat recht behalten."

Er sprach von sich selbst, doch es konnte keinen Zweifel geben, daß seine Worte mir galten.

Was wollte dieser absonderliche und undurchschaubare Mann mir mitteilen? Wollte er mir helfen, aus der großen Kameradschaftlichkeit all derer heraus, die noch Jahre und vielleicht Jahrzehnte nach dem Eintritt des sogenannten Friedens die Zeichen des Krieges an und in sich trugen?

Oder ließ hier nur jemand, der zu den Starken und Lebenskräftigen gehörte, einen Schwächling seine Verachtung spüren und sein eigenes Versagen erkennen?

Ein anderer Gedanke schob sich jetzt in den Vordergrund. Lindemann hatte soeben etwas zitiert. Aus einem französischen Moralisten des 18. Jahrhunderts, wie er sagte, doch ich wußte, daß diese Stelle in einem gänzlich anders gearteten Werk zu finden war. Erst vor wenigen Tagen hatte ich es mit einer gewissen Freude an der verschollenen Kunst der literarischen Plauderei gelesen. In irgendeinem Bande der „Reise in die mittäglichen Provinzen von Frankreich" des Freiherrn von Thümmel stand der erwähnte Satz, und zwar handelte es sich um eine Äußerung des Abbé Galiani gegenüber der Madame d'Epinay.

Wann und wieso hatte dieser Förster Lindemann dieses Buch aus der Bibliothek des Herrenhauses in der Hand gehalten?

Hatte es etwa freundschaftliche Beziehungen gegeben, die durch mein Auftreten zerrissen wurden?

War er vielleicht nicht immer der Eremit gewesen, als der er jetzt für mich in Erscheinung trat?

War ich auch in seinem Leben zerstörend aufgetreten?

War er mein Feind?

Es beschäftigte mich, denn ich mußte natürlich zuerst an Nikoline denken, doch dann drängte sich mir eine neue Vorstellung auf. Sie schien mir phantastisch, doch sie war erleichternd.

Was hatte diesen Mann, der eine geprägte und faszinierende Persönlichkeit war, ein Lebensalter hindurch einen minderen Posten ausfüllen lassen? Eine große Karriere wäre ihm sicher gewesen, ihm, dem klar erkennbaren Akademiker.

Was hatte ihn von Anbeginn gefesselt? Meine Frau konnte es nicht gewesen sein. Wenn sie zur Zeit seines Erscheinens überhaupt schon geboren war.

Etwa ... etwa Lina?

Schweigend zogen wir einen Pirschweg entlang. Lindemann mußte sich hinter mich setzen, und das war mir lieb, denn seine gelegentlichen und scharf prüfenden Blicke waren mir unbehaglich.

Doch was war eigentlich so abwegig an der Vorstellung einer Romanze zwischen der Gutsherrin und ihrem Förster? Da gab es ja so mancherlei literarische Vorbilder aus der modernen Zeit bis zurück in die Antike.

Es sprach auch eigentlich alles dafür: die lebenshungrige, unausgefüllte und unbefriedigte junge Frau neben dem Nüchternheitsmenschen, dessen Attraktivität allenfalls in Ziffern auszudrücken war, und im Hintergrund die geistige und körperliche Maskulinität des Waidmannes. Eine romantische Kulisse und ...

Doch dann stand mir das Bild Linas vor Augen, und ich wußte, daß diese Vorstellungen abstrus waren. Doch das schloß ja nicht aus, daß er ...

Auch dieser Gedanke schien mir zunächst lachhaft. Ekkehard nicht im Mönchsgewand, sondern in grüner Tracht. Auf Glanz und Glorie der Welt verzichtend, um der insgeheim Geliebten nahe zu sein. Ein Leben lang, und nur Hochwald, Dickicht und Tannen kannten seine Klage und wußten um sein gebrochenes Herz.

Und dennoch hab' ich harter Mann die Liebe auch gefühlt!

Idiotisch. Dergleichen gab es nicht und hat es nie gegeben und wagte heutzutage nicht einmal ein Verfasser von Dreigroschen-Romanen zu ersinnen.

Oder?

Da war wieder die unglückselige, zerspaltene Sucht, Manie oder was immer es war, in den Zustand und in die Gefühle des Menschen, überhaupt jedweder Kreatur hineinzubohren, mit der ich es gerade zu tun hatte. Ich sah mich als Lindemann und wußte auf einmal, daß meine scheinbar wahnwitzige Einbildung gar nicht so unwirklich war. Es war ganz und gar nicht unmöglich, mich in einer solchen Rolle zu sehen, und warum sollte es dann nicht auch für Lindemann gelten?

Waren sie sich nahe gewesen, und bin ich, aus dem Nichts erscheinend, als neue Hinderung dazwischengetreten?

Dann mußte er mich hassen! Und wie lange schützte Linas kindhaftes Gemüt sie vor dem gleichen Empfinden?

Wir waren an den Rand einer ausgedehnten und mit Jungwuchs bestandenen Blöße geraten. Lindemann suchte mit dem Glas die im leichten Dunst grünsilbern schimmernde Weite ab.

Sie stieg zu einem Birkenhügel empor, hinter dem lichtes Stangenholz stand. Ich spürte eine Bewegung vor den weißgrau leuchtenden Stämmen, die wie lauter versunkene und verschlungene Liebespaare wirkten. Ein Sprung Rehe verhoffte und äugte unerschreckt und in der Haltung aufmerksamer Arglosigkeit zu uns herüber.

Der Frieden dieses Bildes war beglückend; trotzdem sagte ich böse:

„Futter für Ihre Büchse, Herr Lindemann."

Er ließ das Glas sinken und lächelte:

„So kann man es natürlich sehen. Aber denken Sie sich mal die unsympathische Büchse fort, Herr Godeysen. Sie müßten dann ein wenig anders formulieren. Etwa: Futter für Füchse, für Wiesel und Dachs. Futter für die Krähenschwärme, die das altersschwache, kranke und wehrlose Stück bei lebendigem Leibe zerhacken."

Er wurde ernst:

„Im übrigen verstehe ich Sie natürlich. Sehr gut sogar, und Sie müssen nicht glauben, daß es Ihnen allein so geht. Das ernsthafte Wissen um den Tod ist die große Psychose der abendländischen Welt, weil wir nämlich früher, und das mindestens bis zum Jahre 1914, durch die Bank so getan haben, als wären wir unsterblich und es gäbe kein Ende. Dann haben wir aber alle viele Jahre lang auf Tuchfühlung mit dem Auslöschen gelebt, und jetzt sind wir auf einmal empfindlich geworden. ‚So weit vom Sterben, ach, wie stirbt es sich so leicht', sagt Möricke, aber das Sterben war uns eben auf einmal zu nahe gerückt, und sehr weit entfernt hat es sich inzwischen nicht. Das allgemeine Geschrei und die wilden Gebärden der Lebensgier und alle Genußkostümierungen können darüber nicht hinwegtäuschen. Die Soldaten des zweiten Weltkrieges träumen nachts nicht mehr von schönen Mädchen, sondern von russischen Panzern, und die Frauen . . .

Na ja. So ist es nun einmal und jeder muß auf seine Weise damit fertig werden, denn gegen Naturgesetze hilft auch die hochentwickelte Technik nicht, und wirklich lebensfähig und lebensfroh können nur noch die ganz Jungen sein oder jene Glücklichen unter uns, die fromm und einfältig in der Kirche zu beten verstehen und ganz ernsthaft an das Paradies da oben glauben. Wir haben den Tod zu lange neben uns gesehen, als daß wir ihn vergessen könnten, und jetzt kommt auch noch hinzu, daß wir ihn unentwegt vor uns haben. Keine Zeitung auf dem lieben Erdenrund ohne die obligate tägliche Katastrophen-Meldung."

Jetzt lachte er wieder, doch es klang nur hart und nicht zynisch:

„In solcher Lage wächst natürlich der Schlafmittelverbrauch, und Sterben und Töten, in welcher Form auch immer, nimmt mit. Vor allen Dingen natürlich die ohnehin mit kränklichen Nerven ausgestatteten lieben Mitmenschen und die Schwächlinge. Den Kalbsbraten auf dem Tisch wollen sie natürlich haben, aber unter gar keinen Umständen daran erinnert werden, wie er zustande kommt."

„Das ist nicht gerade neu, Herr Lindemann", sagte ich knabenhaft.

„Nein, natürlich nicht. Es ist nur besonders opportun und bedrängend. Auf alle Fälle eine Psychose, die überwunden werden muß, und das hat jeder auf seine Weise zu tun. Vor allen Dingen, wenn seine Frist abgelaufen ist."

„Und hier", ich beschrieb mit dem Arm einen weiten Halbkreis, „bestimmen Sie das, Herr Lindemann?"

Er blieb unberührt:

„Genau das, Herr Godeysen. Einer der wenigen Sektoren der vom Menschen erfundenen Zivilisation, in denen es sinnvoll zugeht. Und wenn Sie wollen, sogar nach göttlichem Ratschluß. Das brutale Chaos der Natur wird überwunden, und

Anfang und Ende stehen unter dem Zeichen der Gnade. Sie sind natürlich religiös, Herr Godeysen ..."

„Das weiß ich nicht."

„Selbstverständlich sind Sie religiös. Wer immer den Krieg erlebt hat, der muß es sein. Wenn er zu Ende denkt natürlich, und zu diesem Typ gehören Sie ja fraglos. Jedem Lebewesen ist eine Frist gesetzt, und wehe ihm, wenn es mit diesen oder jenen Künsten diese Frist zu verlängern sucht. Dann kommen die Krähen, und es gibt grausamere als die in der freien Natur."

Jetzt glaubte ich es ganz sicher zu wissen. Das war auf mich gemünzt. Das war als Stoß gedacht. In Richtung auf den Abgrund, aus dem ich glaubte, entkommen zu sein.

Ich fragte natürlich nicht: Und bei mir, mein lieber Förster Lindemann, glauben Sie natürlich, daß die Frist längst abgelaufen ist. Daß ich als lebender Leichnam oder als eine Art Vampyr unter Gottes herrlichem Himmel einhertaumele, ohne noch ein Recht zum Atmen zu besitzen.

Statt dessen fragte ich heiser:

„Wer bestimmt also beim Menschen die Frist? Irgendein Krebs- oder Herzspezialist oder ..."

„Er selbst sollte es tun", erklärte Lindemann ruhig. „Doch so weit sind wir ja noch nicht. In der Antike gab es Ansätze, doch in einer entwickelten menschlichen Gesellschaft wird es einmal für ganz selbstverständlich gelten, daß jedes Individuum das Recht und die Möglichkeit hat, auf würdige Weise ein Leben von sich zu werfen, das eben nur noch von den Krähen bestimmt wird. Elend, Qual, Verzweiflung und hoffnungslose Marter werden keinen Platz mehr im Dasein des Menschen haben. Es wird die Ordnung herrschen, die eben gerade der Mensch auf Geheiß des Allmächtigen eingeführt hat. Eine göttliche Ordnung, eine würdige Existenz und ein würdiger Abgang."

Sein Gesichtsausdruck war kein Lächeln mehr:

„Uns beiden wünschte ich jedenfalls ein Ende durch eine so gnadenvolle Kugel, wie ich sie meinem Wild antrage, wenn seine Zeit erfüllt ist. Nicht früher und nicht später."

Ich glaubte, den Satz nur zu denken, doch da Lindemann antwortete, mußte ich ihn laut ausgesprochen haben:

„Und woher weiß der Mensch, wann seine Frist abgelaufen ist?"

„Das spürt er. Wenn ihn nichts mehr lächeln macht, und wenn es ihm auch nicht mehr möglich ist, bei anderen ein gutes Lächeln zu erzeugen. Wenn er nur noch sich selbst und andere quält. Wenn seine Vernunft ihm keine Hoffnung mehr gibt, die Hoffnungslosigkeit zu ändern."

Kein Zweifel, das alles ging auf mich.

Doch was bewegte den Mann? Haß, Verachtung oder etwa jene schwere und großartige Kameradschaftlichkeit, die dem endgültig Verurteilten eine Pistole zuschob?

Es war seltsam, doch seine Worte trafen mich nicht in den Regionen des Gefühls. Ich hatte mich ein wenig vornüber gebeugt und ordnete dem Nikoläuschen behutsam seine zerzauste Mähne. Das Glück des vergangenen, schnellen Rittes lebte in irgendeiner Weise immer noch in mir.

„Seltsame Gedanken, Herr Lindemann", sagte ich leise.

„Sicherlich, Herr Godeysen. Doch Gedanken sind frei, nicht wahr, aber ob sie deshalb auch richtig sind... Wer will das sagen?"

Ich wollte ihn stellen:

„Wie passen Ihre Theorien zum Krieg, Herr Lindemann?"

„Selbstverständlich überhaupt nicht. Haben Sie es noch nicht gemerkt, Herr Godeysen, daß unser Aufbegehren gegen den Krieg keine Rebellion gegen den Tod an sich ist, sondern gegen seine sinnlose Vorzeitigkeit? Gerade dadurch, daß er das göttliche Gesetz der Frist mißachtet, ist er als Antithese der einleuchtendste Beweis für die Existenz Gottes. Sonst würden wir eben nicht so aufbegehren. Krieg ist und bleibt nun einmal die ungeheuerlichste Form der Gotteslästerung."

„Schön und gut, Herr Lindemann. In Ihr Konzept paßt aber auch nicht der schöne und so beglückende Gedanke des Lebensabends hinein."

Er sah mich erstaunt an und, wie mir schien, etwas mitleidig:

„Es kommt mir so vor, als haben Sie nicht ganz zu Ende gedacht, Herr Godeysen. Ich habe nichts davon gesagt, und es besteht auch gar kein Grund, vorauszusetzen, daß der sogenannte Lebensabend nicht noch von Sinn und Daseinskraft erfüllt sein könnte. Im Gegenteil: Menschen, die allen Eitelkeiten und jedem müßigen Streben entrückt sind, können eine außerordentliche Ausstrahlung, also Kraft, Sinn und Wichtigkeit besitzen. Ich kann mir durchaus vorstellen, daß in bezug auf die Vermittlung und Vertretung echter Lebenswerte ein pensionierter Postschaffner ebenso wichtig ist wie ein Konzernherr."

„Oder ein pensionierter Gutsförster?"

Lindemann lachte ungekränkt, doch er ging auf meine bewußt provozierende Frage nicht ein.

Ich war jetzt ganz sicher, daß alles, was er hervorgebracht hatte, sich eindeutig auf mich bezog. Ja, daß er diesen Inspektionsgang eigentlich nur angeregt hatte, um mir... Ja, um mir eine geheime Botschaft zukommen zu lassen und mich ganz bewußt in eine bestimmte Richtung zu lenken.

Es war mir jedoch immer noch unklar, ob er mir moralisch das Rückgrat brechen oder mir aus der Kraft und Güte des Lebensstarken helfen wollte.

Das hielt ich auf einmal für gleichgültig. Auf irgendeine gute Weise schien der ungestüme Ritt mit dem entfesselten Nikoläuschen wie ein beschwingender oder meinetwegen auch nur angenehm betäubender Rausch in mir fortzuwirken.

Ich fühlte eine echte und starke Welle der Zuneigung, ja

auch der uneingeschränkten Bewunderung für diesen Mann, und beides tat wohl. Ich begriff auf einmal, wie außerordentlich wichtig es für ein männliches Dasein ist, einen anderen Mann eifersuchtslos achten und sogar bewundern zu dürfen.

Und doch reizte es mich, auch in dem festgeschmiedeten Panzer dieses Lindemann irgendwo eine schwache Stelle, eine Blöße oder einen Sprung herauszufinden.

„Sagen Sie einmal, Herr Lindemann", sagte ich und verachtete mich ein wenig ob meines lauernden Tonfalles, „wie stehen Sie in Ihrem eigenen Leben zu der Vorstellung der gegebenen Frist. Woran merken Sie es, und was werden Sie dann tun?"

„Sie wollen hören, ob ich dann mit einem letzten Halali zu meiner Pirschbüchse greife?"

„So ungefähr."

Er schüttelte den Kopf:

„Wenn ich mir eines Tages eingestehen müßte, daß ich nicht mehr das sein kann, was ich sein soll, wenn ich keinem einzigen Lebewesen mehr zur Freude oder wenigstens zum Nutzen bin, dann würde ich selbstverständlich einen reinlichen und sauberen Abgang wählen. Aber ich weiß, daß es bei mir nicht dazu kommen wird . . ."

„Phantastisch! Ganz großartig, Herr Lindemann!"

Er sah mich nachdenklich, beinahe grübelnd, an:

„Ich bin ganz Ihrer Meinung, Herr Godeysen. Es ist nämlich im Grunde das Äußerste, was ein Mensch erreichen kann. Das Wissen, auf dem richtigen Wege zu sein und die Krähenschwärme verscheucht zu haben. Für immer."

„Und behaglich auf den sonnigen und komfortablen Lebensabend zu warten."

„Warum eigentlich nicht, Herr Godeysen. Vielleicht ist diese Phase eines Menschenlebens sogar die wesentlichste. Lebensabend, das muß ja nicht bedeuten, daß man mit mehr oder minder regulierter Verdauung, schläfrig und abgestumpft auf der Gartenbank oder auf dem Balkon sitzt und zwischen Geranienstöcken oder den selbstgezogenen Petunien der nächsten Mahlzeit entgegenblinzelt."

„Wie denn sonst?"

„Oh, da gibt es mancherlei, Herr Godeysen." Er lächelte dabei aus den Augenwinkeln heraus. „Lebensabend, das kann beispielsweise jenen Luxus bedeuten, zu dem wir sonst nie kommen. Nachdenken ohne Bezug auf sich selbst. Ein geistiges Erobern des Lebens ... wobei es gleichgültig ist, wie sich Vergangenheit, Gegenwart und Zukunft mischen ... Ja, dieses eigentliche Gewinnen, dieses Beschäftigen mit dem Leben, abgelöst von Gieren und Trachten und Bedrängnis, das kann schon das Eigentliche sein. Eine Daseinsform von wirklicher Würde und Vornehmheit ..."

Ich wiederholte unbewußt das Wort ‚Vornehmheit'.

Er nickte mir kameradschaftlich zu:

„Jawohl, das ist es, Herr Godeysen. Die verlorene, oder besser gesagt, davongejagte Vornehmheit. Daß sie keine lebendige Kraft mehr unter uns ist, das ist das große Leiden unserer Zeit und — jetzt werden Sie wahrscheinlich lachen, es ist meine heilige Überzeugung — daß es nicht die Jungen sein werden, die sie wieder zurückholen, sondern die ganz Alten. Bei denen wird die Existenz Heimstätte und — was natürlich das einzig Wichtige ist — Ausstrahlungspunkt finden ...

Ein toller Gedanke, wie? Die Greise als einziger Garant der Zukunft einer wirklich gefestigten menschlichen Gesellschaft."

Er lächelte jetzt geradezu amüsiert:

„Greise, das klingt natürlich schlimm, und es stimmt auch gar nicht. Das Kennzeichen derjenigen, die ich meine, ist ja gerade, daß sie nicht vergreist sind. Auch wenn sie im biblischen Lebensalter stehen. Es sind jene, die sich den eigenen und richtigen Weg und damit den Lebensabend im Lindemannschen und ... na ja, geben Sie es ruhig zu, auch im Godeysenschen Sinne erkämpft haben."

Als habe er zu viel von sich verraten, schob er unvermittelt mit dem gesunden Bein sein Rad an.

Der Weg zwischen Blöße und Wald begann in die Höhe zu führen, und Lindemann stieg ab. Ohne groß nachzudenken, folgte ich seinem Beispiel, saß mechanisch ab und schob die Bügel hoch.

Lindemann war mir erstaunlich schnell vorangeeilt, doch jetzt wartete er auf dem Kamm der Anhöhe, und ich sah ihm an, daß er meine kleine Geste — eine unbewußte noch dazu — des Absitzens nicht von mir erwartet hatte. Es machte mich sicherer, nachdem ich mir gerade in den letzten Minuten diesem Mann gegenüber linkisch und unreif vorgekommen war.

„Woran merkt ein Mann eigentlich, Herr Lindemann, daß er auf seinem eigenen, auf seinem richtigen Wege ist?"

„Es gibt keine ungelösten Fragen mehr für ihn. Jedenfalls nicht in bezug auf das eigene Dasein."

„Und Sie sind sich immer sicher gewesen?"

Er hob das Glas an die Augen, doch es war klar, daß es nur eine unbewußte Gebärde der Ablenkung war.

„Weiß Gott nein", sagte er ruhig.

„Seit ... wann?"

Warum bedränge ich diesen Mann so, dachte ich dabei dumpf? Warum erscheint mir das so ungeheuer wichtig, wie und wann er Herr über sein Schicksal geworden ist? Ein Mensch ohne Furcht. Einer, der sich selbst bestätigen konnte.

Wollte ich hören: Seit ich ein Stück meines Ichs zu opfern hatte! Seit ich in die Zwangsaristrokatie der Krüppel verbannt wurde!

Ich glaube, ich wartete mit angehaltenem Atem auf seine Antwort.

Lindemann ließ das Glas fallen ... Jawohl, fallen und nicht

sinken. Er sah mich mit einem seltsamen, um nicht zu sagen in Gelassenheit aufgelöstem Gesichtsausdruck an:

„Um aufrichtig zu sein, Herr Godeysen, und damit Sie mich nicht etwa für einen Übermenschen halten, es ist noch gar nicht lange her, daß ich es weiß und sicher bin. Ich kann es sogar präzis sagen: seit Sie in Matthiasruh aufgetaucht sind."

Er hob die Hand, obwohl ich gar nicht die Absicht hatte, etwas zu erwidern. Seine Antwort hatte mir viel zu sehr die Sprache verschlagen.

„Es ist lange nicht so geheimnisvoll, wie Sie jetzt vermuten mögen, Herr Godeysen. Ich werde es Ihnen erklären. Bald schon, nur heute nicht. Ich denke, unser Bedarf an gegenseitigen Offenbarungen und Lebensweisheiten ist gedeckt; ich denke auch, daß wir uns verstanden haben."

Nichts hatte ich verstanden, doch ich schwieg.

Wir stapften wortlos und in einem neuen, äußerlich gesehen ganz unbegreiflichen, guten Einvernehmen nebeneinander her. Der Sandweg am Rande des Kiefernwaldes wurde immer tiefer und uns immer wärmer. Es kam uns jedoch so vor, als sei es die gute, die frühlingsträchtige Sonne. Sie schickte dann und wann zwischen Wolkenschatten breite und wie mit den Händen zu fassende Bahnen aus Glanz und Unbekümmertheit zur Erde.

Auch Nikoläuschen wurde auf einmal ungebärdig, soweit es seine Natur überhaupt zuließ. In regelmäßigen Abständen, zuerst zaghaft und schließlich entschlossener, stupste er mich mit seiner weichen Schnauze an die Schulter. Unverkennbar wollte er das herrliche Jagen und Hetzen von vorhin wiederholen; er hatte seine Seele, er hatte den eigentlichen Sinn und das Glück des Pferdedaseins entdeckt.

Der Kern dieses Waldganges war bloßgelegt, doch ich konnte und wollte Nikoläuschen nicht helfen. Diese stille Wanderung mit dem absonderlichen Förster Lindemann tat mir wohl, wenn auch die atembedrückende Last meines sinnlosen und verderblichen Daseins und meine vollkommene Hilflosigkeit gegen mein Schicksal mir deutlicher vor Augen standen als je zuvor.

Wenn Lindemann mir ins Gesicht gesagt hätte, daß ich nicht nur im Lebenskreis von Lina und Nikoline, sondern auch in dem seinen als eine böse und zerstörende Erscheinung aufgetreten sei, dann wäre mir das begreiflich gewesen. Es hätte zu einem erkennbaren Schema gepaßt.

Jetzt aber war wiederum geschehen, was mir meine Ohnmacht so deutlich vor Augen brachte. Kaum glaubte ich, in dem verwirrenden Kaleidoskop meiner Existenz ein Muster, eine logische Gruppierung der bestürzenden Vielfältigkeiten zu entdecken, da griff eine geheimnisvolle Hand zu und schüttelte alles wieder durcheinander. Kein Sinn war zu erkennen, kein Ziel, kein Ausblick. Nirgends konnte ich handelnd ansetzen, und sei es ...

Ja, und sei es mit der Selbstzerstörung.

Mein Verstand sagte mir das alles mit untrüglicher Schärfe, und ich hatte keinen Grund, an ihm zu zweifeln. Ich war ein Mann ohne Gesicht und Wesen, einer, der von sich nichts wußte als seinen Namen. Ich wußte nicht, ob ich ein Schubiak war oder ein halbwegs anständiger Kerl. Nur, daß ich über ein ganz bestimmtes Quantum von Intelligenz verfügte, das stand fest.

Trotzdem fühlte ich mich in dieser Stunde lebendiger und ... menschlicher als seit langem. Es brannte so deutlich auf der Haut, dieses Wissen, wie herrlich das Leben für jemand war, der seinen erworbenen Platz in ihm hatte und wußte, warum er vorhanden war.

Um abzulenken oder wahrscheinlich noch aus einer ständigen Manie heraus, begann ich von Herrn Matthias zu sprechen. Es war mir zu einer sehr zweifelhaften Angewohnheit geworden, meinem völlig versinkenden Selbstbewußtsein einen kleinen Auftrieb auf Kosten eines Toten zu geben. Zugegeben, eine sehr schmähliche Weise, den Mund über das Wasser zu bringen, doch welcher Ertrinkende denkt daran, ob der Rettungsring — oder vielleicht sogar nur der Strohhalm — nach dem er krampfhaft greift, schmutzig oder sauber ist.

Jetzt wurde mir auch dieses trügerische Hilfsmittel aus der Hand geschlagen.

„Ich bin etwas verwundert, Herr Lindemann", sagte ich, „und das fällt mir eigentlich erst heute auf, daß nirgends im Revier Kanzeln oder Hochsitze vorhanden sind. Bei dem Profitdrang und dem Nutzwahn des Herrn von Pratt hätte ich geschlossene Kanzeln an allen Ecken und Enden erwartet. Es ist doch die einfachste, bequemste und zweckmäßigste Form, mittels einer Fernrohrbüchse Wildbret zu machen und ein paar Posten mehr auf die Aktiv-Seite der Bilanz zu zaubern."

Lindemann antwortete nicht sogleich. Sein gleichmütiger Tonfall, mit dem er mir schließlich erwiderte, schien nicht ganz echt zu sein:

„Sie irren sich, Herr Godeysen ... Ihr Vorgänger war ein sehr waidgerechter Mann. Beinahe schon extrem."

Und nach einer kleinen Pause setzte er hinzu:

„Es machte überhaupt seinen Charakter aus. Gerechtigkeit, sehr strenge und manchmal auch unerbittliche Gerechtigkeit. So etwas ist ungeheuer viel, Herr Godeysen. Darauf kann sich ein Mann schon berufen, wenn er einmal da oben Rechenschaft über sein Leben abgeben muß."

„Sie waren mit ihm befreundet, wie? Sehr eng wahrscheinlich?"

Lindemann sah starr geradeaus, wieder war die alte, verschlossene Härte auf seinem Gesicht zu erkennen. Schon glaubte ich, daß er aus unerfindlichen Gründen überhaupt nicht antworten wollte, da sagte er:

„Herr von Pratt hatte überhaupt keinen Freund. Außer

seiner Frau vielleicht. . . . ich jedenfalls wäre der letzte gewesen, der sich sein ‚Freund' genannt hätte."

Ich mußte auflachen:

„Das sieht ihm ähnlich. Freundschaften könnten ja Geld kosten."

Lindemann blieb stehen. Auf seiner Stirn standen dicke Schweißtropfen. Erst jetzt dachte ich daran, welche verbissene Energie, welche körperliche Überwindungskraft der Mann die ganze Zeit hindurch aufgebracht haben mußte.

Und vermutlich bei seinen Reviergängen wortlos und ohne Klage einsetzte.

Er schüttelte den Kopf:

„Das war es nicht. Doch Freundschaften kosten Gefühle, und die wollte Matthias von Pratt weder aufbringen noch entgegennehmen. Er sprach sich keine wirklichen Erleichterungen zu. Keine inneren und keine äußeren. Er lebte streng nach einem gewissermaßen selbst entworfenen Dienstplan, oder besser gesagt, Plan des Dienens. Und für ein einziges Ziel."

„Matthiasruh natürlich."

„Ja. Doch in anderem Sinne, als Sie es sich vorstellen, Herr Godeysen."

Ich schwieg, denn ich wußte, daß er nur nach der knappen Formulierung für eine Erklärung suchte. Sie kam überraschend schnell:

„Sie urteilen vermutlich in der Überzeugung, Herr Godeysen, daß Matthiasruh zum Heiratsgut der Frau von Pratt gehört. Das stimmt nicht. Das Gut war ein restlos heruntergewirtschafteter Besitz, wurde von Herrn von Pratt erworben, hochgebracht und zu dem heutigen Besitz arondiert. Herr von Pratt hat dazu — da er selbst keinen Pfennig besaß — einen Kredit aus der Mitgift seiner Frau aufgenommen, hat ihn korrekt verzinst und nach und nach getilgt. Das war sein Ziel, dafür lebte er."

„Eine feine Art von Dienen," höhnte ich.

„Es war ein Dienen, wie es wahrscheinlich außer mir niemand begriffen und ... ja, verdammt noch mal, auch gewürdigt hat. Der unglückselige Mensch hat sein Leben daran vertan. Erst kurz vor dem Kriege wurde er fertig. Da gönnte er sich eine Anerkennung. Eine ordentliche Waffenausstattung statt seines uralten und völlig ausgeschossenen Drillings und ein paar Bücher. Wahrscheinlich auch ein paar Dutzend Flaschen Wein im Keller. Eine Zigarre rauchen sah ich ihn genau vier Wochen, bevor er Ende August 1939 einrücken mußte. Kurz nach mir ...“

„Klingt nur absurd.“

Doch ich war gar nicht mehr davon überzeugt.

Lindemann nickte bedächtig:

„Vielleicht ist es das sogar. Doch auf seine Weise großartig. Ich hatte guten Grund, mich mit dem Wesen und den Motiven des Herrn von Pratt auseinanderzusetzen, und deshalb dürfen Sie es mir glauben. Dieser Matthias von Pratt war vielleicht absurd, aber echt. Das habe ich aus vielen tausend kleinen, einzelnen Beobachtungen erkennen können oder, ehrlich gesagt, erkennen müssen. Er war weder ein Knickstiefel noch ein Zweckmäßigkeitsmeier. Im Gegenteil, er war sehr empfindsam, ein Schöngeist und ein Romantiker. Nur: er verbot es sich, weil es sein Ziel gefährdet hätte. Und sein Ziel war, unabhängig und ein Herr zu sein. Matthias von Pratt litt ein Leben lang daran. Um seiner Frau ebenbürtig zu werden, wollte er der Schöpfer von Matthiasruh werden. Er wurde es, ... aber nur, um in den Krieg zu gehen, aus dem er nicht zurückkehren sollte. Wenn man von ein paar Urlaubstagen absehen will ...“

Ich zweifelte jetzt keinen Augenblick mehr an der Wahrheit dessen, was mir Lindemann offenbarte. Es war eine betäubende Gewißheit.

„Verrückt“, murmelte ich.

„Ja, völlig verrückt, Herr Godeysen.“

„Und Lina ... ich meine seine Frau ... hat er sie wirklich geliebt?"

„Wahrscheinlich selbstverzehrend. Und mit einer Selbstverleugnung, zu der — leider — nur sehr wenige Männer fähig sind."

„Seine Frau hat davon nicht viel gehabt ..."

„Damit haben Sie recht, Herr Godeysen. Und darin liegt eine echte Tragödie. Soweit es zu übersehen ist, zunächst nur für Matthias von Pratt ..."

Es schien mir, als glaubte er, zu viel gesagt zu haben, denn er setzte in überhasteter Erklärung hinzu, obwohl es derer gar nicht mehr bedurfte:

„Genauso, wie er sich nicht das Recht zusprach, Forderungen auf Freundschaft zu erheben, erlaubte er sich nicht, die Liebe zu seiner Frau deutlich zu machen. Ihr deutlich zu machen. Er hielt es wahrscheinlich für ungebührlich. Vielleicht ... oder ich denke, daß es ganz sicher so war, wartete er auch. Bis es eben zu spät war für ihn."

Ich hätte dies alles in Zweifel ziehen können, hätte gegen die ebenso nüchterne wie andererseits tragisch-romantische Hypothese Lindemanns einleuchtende Gegenargumente aufbringen können, doch ich war ganz einfach überzeugt und sogar so erschüttert, daß ich nach Worten ringen mußte.

„Du großer Gott", sagte ich schleppend, „das kann man sich ja kaum vorstellen. Da läßt ein Mann aus den denkbar anständigsten Beweggründen die Frau an seiner Seite Jahre hindurch verdorren und verdursten, stößt sie in eine völlige Leere, zerstört. . ."

Er unterbrach mich hart:

„Stopp. Auch das stimmt alles nicht. Ich habe es allerdings lange genug selbst geglaubt, aber ... Frau von Pratt war jedenfalls weit davon entfernt, eine unglückliche Frau zu sein. Sicherlich eine unerfüllte, doch ich habe auch das erst sehr spät erkennen gelernt. Auf alle Fälle wußte sie es selbst nicht. Woher auch? Ihre Erziehung war ja nicht auf Lebenskenntnis ausgerichtet, sondern allein auf eine starre Formel der Lebenshaltung. Wissen Sie, so nach dem Motto: Ehe ist gleich Liebe, da Gott es mit dem Sakrament so gefügt hat."

Das gleiche glaubte ich herausgefunden zu haben, doch ich widersprach allein aus dem Grunde, bestätigt zu werden:

„Du großer Himmel. Eine erwachsene Frau muß sich doch über ihre Gefühle im klaren sein. Oder über den Mangel oder meinetwegen den fehlenden Ausdruck oder das Bedürfnis dazu, oder was weiß ich ..."

„Ein weitverbreiteter Irrtum, mein Lieber, und ich möchte nicht entscheiden, ob dies in jedem Falle schlimm ist. Die vollendet gutgläubige, meinetwegen kindliche Bereitschaft einer Frau, sich auf ihren Ehepartner einzustellen, meinetwegen auch nur der verbissene gute Wille, können mehr wert sein als die ganze große Liebe. Es ist jedenfalls eine Klammer von garantierter Beständigkeit. Gerade der Umstand, daß diese beiden Menschen aus freiem und unabänderlichem Entschluß ihre Ehe in den Mittelpunkt ihrer Existenz gerückt hatten und ihre gegenseitige Bindung gänzlich frei war von den Höhen, aber auch von den Tiefen schwankender Gefühle, ihrem Hin und Her und vor allen Dingen der bedrohlichen Möglichkeit des Truges, das machte sie so verdammt endgültig und unangreifbar. Davor muß man sich einfach beugen."

Er hatte mit einer Heftigkeit gesprochen und einem Beteiligtsein, wie ich beides ihm nicht zugetraut hätte. Den Grund glaubte ich ganz genau zu kennen, und ich wußte auch, daß ich jetzt von jedem Versuch absehen mußte, tiefer zu schürfen.

Doch Lindemann schien keineswegs zu begreifen, daß er mehr an geheimen und unnennbaren Dingen aufgedeckt hatte, als er wollte ... und durfte.

Der seelische Dammbruch des ehernen Lindemann erweiterte sich noch um ein gutes Stück. Meine Genugtuung darüber war nicht klein, wenn ich sie auch in diesem Augenblick nicht wahrhaben wollte.

Leiser, doch mit einer von Ingrimm heiseren Stimme, sprach er weiter:

„Außerdem ist der Herr von Matthiasruh ein sehr schlauer Mann gewesen, der kein Risiko einging. Er schirmte seine Frau gegen alles und jeden ab, gegen jede Quelle möglicher Anfechtung. Gewissermaßen hat sie ihr ganzes Leben hinter Klostermauern verbracht, hinter sichtbaren und unsichtbaren."

Das gibt es also, dachte ich verwundert. Hochachtung und Haß lassen sich vereinen. Jedenfalls bei Kerlen wie Lindemann.

Dann grübelte ich, ob der Herr von Pratt wohl geahnt haben mochte, was einen Förster ein Lebensalter hindurch an Matthiasruh band.

Wohl kaum. Herr Matthias von Pratt hatte es ja doch vermieden, ein Risiko einzugehen.

Wir blieben einsilbig auf unserem weiteren Wege, und wenn wir sprachen, dann ging es nur um sachliche Dinge. Es war deutlich, daß es uns beiden nur als Gebärde galt.

Den Heimweg legte ich im Schritt zurück. Nikoläuschen hatte mich mehrfach auffordern wollen, das Leben zu genießen, doch ich fühlte mich schwach und müde. So fügte er sich denn schließlich ergeben.

Es war eine große Stille in mir, doch auch schlimmer als je die schamvolle Leere. Jetzt hatte ich auch noch meine tröstende Verachtung des Herrn Matthias verloren.

Nikoline erwartete mich in der offenen Haustür; sie hatte jenen ängstlich-zweifelnden Ausdruck in den Augen, den sie in letzter Zeit immer zeigte, wenn sie sich um eine kleine Zärtlichkeit oder Güte mir gegenüber bemühte.

Sie legte mir die Arme um den Hals und preßte ihre Stirn

gegen die meine, und es war beinahe wie in jenen glückseligen Tagen, die nur ein Traum gewesen waren.

„Reiterlein," sagte sie stockend, „wir haben Besuch. Es ist ... es ist ein Arzt. Bitte, bitte, nicht böse sein, aber ich dachte mir ... Vielleicht quälst du dich ganz unnötig, und es kann doch sein, daß er dir hilft und ..."

Ja, es war der Psychiater Professor Sesselkamp. Ich habe den Mann schon einmal erwähnt.

Warum schließlich auch nicht, dachte ich. Es konnte nichts mehr zu verlieren geben. Nichts mehr an Würde, nichts mehr an Kraft und Festigung.

Welch ein grausamer Irrtum, doch noch ahnte ich es nicht. Ich war nur gänzlich ohne Willen und Auflehnung. Wenn Nikoline gesagt hätte: Reiterlein, die grausame Quälerei für uns alle muß aufhören. Ich habe da einen netten, zuvorkommenden Scharfrichter bestellt ...

Es wäre mir auch gleichgültig gewesen, und sicherlich hätte ich mich auch unterworfen.

Das Auftreten des Herrn Professor Sesselkamp lief im übrigen auf etwas Ähnliches hinaus.

Er saß mit den Damen bei Tisch, und das war ganz in der Ordnung, denn ich hatte ein für allemal darum gebeten, mittags auf mich keine Rücksicht zu nehmen.

Lina versuchte, mir entgegenzulächeln, doch sie sah dabei unendlich schuldbewußt aus, und wenn es so etwas geben sollte wie ein Lachen der Trauer, ganz nach innen, dann brachte ich es in diesem Augenblick auf. Wie grenzenlos unfähig waren die beiden doch zum Komplottieren.

Der Herr Professor hatte nur kurz das Gesäß gelüftet, und seine ungehemmte Freude an den Tafelgenüssen war erstaunlich und entwaffnend.

Seine Erscheinung nahm mich überhaupt sehr für ihn ein. Aus nicht zu erklärenden Gründen war ich bis dahin der Meinung gewesen, daß jene Leute, die so munter im Tiefenlabyrinth der menschlichen Seele umherspazieren wie andere im Theaterfoyer, entweder den Stempel der Dämonie oder jenen einer gewissen Geweihtheit auf der Stirn tragen müßten. Professor Sesselkamp jedoch wirkte wie der joviale Direktor einer Mädchenschule in einem Film.

Ein Eindruck, der sich jedoch blitzschnell wandelte, nachdem meine beiden Damen uns mit der Diskretion von Schloßgespenstern beim ersten Glockenschlag verlassen hatten.

Sie waren auf einmal verweht, und aus dem reizenden Schirmherrn deutschen Mädchentums wurde ein Vivisektor hohen Grades.

Ich war das Meerschweinchen mit freigelegtem Hirn und Herzen, das mit Silberdraht durchbohrt, sondiert und gereizt wurde, um die erstaunlichsten Reflexe hervorzurufen.

Sie schienen den Herrn Professor außerordentlich zu befriedigen; seine anfangs undurchschaubar düstere Miene erhellte sich zusehends. Manchmal murmelte er: „Ausgezeichnet, ausgezeichnet ..."

Dann und wann bäumte ich mich auf wie eines der unschuldig blutenden, durchwühlten Tiere, die an ihren Fesseln zerren. Meine Augen flehten: Muß ich das wirklich beantworten?

Der befriedigte Gesichtsausdruck meines seelischen Samariters wich dann gekränktem Unwillen. Erstaunlich genug, daß er ohne Worte in jedem Fall begriff, was ich ausdrücken wollte.

„Hören Sie zu, mein Lieber, Sie wollen ja schließlich, daß ich Ihnen helfe, wie? Also, bitte keine unangebrachte Empfindsamkeit. Das führt zu ganz und gar nichts, dann hätten wir gar nicht erst anzufangen brauchen. Schließlich bringt die Diagnostik in der Vulgär-Medizin auch mancherlei Peinlichkeiten mit sich. Eine Magenaushebung ist auch keine besonders angenehme Sache."

So ging es dann weiter. Fragen über Fragen, die letzte Entblößung verlangten. Viele, die bei erstem Anschein harmlos wirkten und Fürchterliches aufdecken wollten.

„Haben Sie Ihre Mutter sehr geliebt? Haben Sie, als Sie in die Pubertät kamen, nachts von ihr geträumt?“

„Ich habe meine Mutter nie gekannt. Sie starb, als ich noch ein kleines Kind war.“

„Interessant, interessant...“

Ich war ein Meerschweinchen, ein junger Hund, eine Katze. Es gab nur den einen Unterschied: Diese sinnvoll oder sinnlos gequälten Geschöpfe sterben zumeist auf dem Sektionstisch.

Ich war noch nicht soweit. Jedenfalls nicht körperlich. Doch der Prozeß des seelischen Todes geriet jetzt wohl rapide in die entscheidende Phase.

Es wurde mir klar, als Professor Sesselkamp nach drei Stunden sich hörbar aufatmend zurücklehnte. Ich war sehr erstaunt, daß die vergangene Quälerei auch ihn erschöpft zu haben schien.

„Ich bin sehr zufrieden, mein Lieber“, sagte er schleppend, während er sich mit einem Taschentuch, dem Wolken von Englischem Lavendel entstiegen, erst die Brille putzte und dann die Stirn rieb. „Natürlich ist dies nur ein erster Befund. Wir werden uns noch einige Male zusammensetzen müssen. Eines glaube ich aber schon jetzt mit Sicherheit sagen zu können, Ihre Amnesie ist nicht traumatischer Natur.“

Er sah mich dabei so befriedigt lächelnd an und machte eine absichtsvolle Pause, als erwarte er, ich habe auf Anhieb alles verstanden und würde jetzt sogleich wie ein beglücktes Kind in die Hände klatschen.

Ich blieb stumm, und er nahm seinen Faden wieder auf:

„Das wäre nämlich schlimm gewesen, mein Lieber. Ernsthafte Beschädigungen von bestimmten Partikeln des Gehirns, Atrophien und dergleichen... Nun, ich will Sie nicht langweilen. Ich will Ihnen nur klarmachen, daß Sie aufatmen können. Die landläufige Theorie, daß gesunde Gehirnteile die Funktion zerstörter nach einiger Zeit aufnehmen, die stimmt eben leider nicht immer. Ganz und gar nicht. Na ja, das ist nicht unser Kummer . . .“

Ich schwieg.

Er schien es als eine Art Zweifel aufzufassen oder vielleicht als eine stumme, einschränkende Frage, denn er setzte hastig hinzu:

„Nur um ganz und gar nichts zu versäumen, gewissermaßen als Beweis einer bereits gelösten mathematischen Gleichung, werden wir uns trotzdem noch einmal einer gründlichen neurologischen Untersuchung mit allen Schikanen unterziehen. Tiefen- und Kontrastaufnahmen, Enzephalogramm . . . Na ja, der ganze Zauber.“

Ich blieb weiterhin stumm. Was soll eine sezierte Kreatur auch sagen? Was hat sie noch zu sagen?

Er räusperte sich:

„Wie gesagt, mein Lieber, das soll noch kein abschließender und endgültiger Befund sein. Nehmen wir es zunächst als eine Hypothese mit . . . na, sagen wir neunzigprozentiger Sicherheit. Um es kurz zu machen: klares Bild einer hysterischen Amnesie. Verdrängungen, verstehen Sie, mein Lieber. Individuell unerträglich gewordene seelische Belastungen, unbewältigtes Erlebnisgut, um es populär zu sagen. Ein für uns Psychiater heutzutage nicht allzu seltenes Krankheitsbild. Da ist der Krieg . . .“

Ich machte unwillkürlich eine Bewegung, in der er wohl eine Gebärde rascher und bequemer Zustimmung vermuten mochte, denn er schüttelte langsam den Kopf:

„Nein, so einfach liegen die Dinge bei Ihnen leider nicht. Sie haben klare Einzelerinnerungen und könnten augenblicklich, wenn Sie nur wollten, auch eine chronologische und systematische, rückwirkende Vorstellungsreihe herstellen. Zurückdrängung ist nicht Verdrängung.“

Ich ließ ihn sprechen. Ich war gänzlich ohne Erregung und noch nicht einmal voll Spannung. Wem klar wird, daß er am endgültigen Verbluten ist, den verwundert höchstens noch, wie lange es dauert.

Professor Sesselkamp lächelte mich an. Es war ein gutartiges, breites Lächeln, und ich weiß, daß es ermutigend gedacht war. Es lag ganz und gar an mir, daß es mir infam, ja geradezu dämonisch vorkam:

„Der größte Teil der heute lebenden Menschheit, vor allen Dingen die Europäer, sind nach den verflossenen Jahrzehnten überhaupt nur lebensfähig, wenn sie von dem normalen und natürlichen Hilfsmittel der Zurückdrängung weitestgehend Gebrauch machen. Und die Grenzen zur Zurückdrängung sind sehr verwischt... Na ja, ich sagte es Ihnen schon, mein Lieber, wir haben in Ihrem Fall keinen Anlaß zu besonderer Besorgnis. Ziemlich häufiges Krankheitsbild, wenn natürlich nicht immer so im Extrem wie bei Ihnen. Du lieber Himmel, wieviel Menschen mußten während des tausendjährigen Reiches Dinge tun, die ihnen völlig wesensfremd waren, die sie nur in einer Art Trance vollziehen konnten. Aber jetzt müssen sie weiterleben und sich in einer neugeordneten Umwelt bewähren und, rumms, da haben Sie die latente Neurose oder gar Psychose und schließlich den Verdrängungskomplex bis zur radikalen Amnesie. Dann die millionenfache Zahl der innerlich unbegründeten erotischen Beziehungen aus dem Panikstand der Weltuntergangsstimmung der vierziger Jahre heraus. Offizielle Terminologie: Kriegsehen."

Er nickte mir geradezu wohlwollend zu:

„Das sind die heutigen und geradezu klassischen Gründe der hysterischen Amnesien. Eine in Frage gestellte politische Vergangenheit oder eine enttäuschende und demütigende Ehe."

„Oder beides", sagte ich tonlos.

„Oder beides."

Das war deutlich genug. Es hieß unzweifelhaft: In Ihrem Fall scheint beides zu stimmen, mein Lieber, aber das ist ganz und gar kein klinisches Problem. Ganz und gar nicht...

Professor Sesselkamp war auf einmal sehr eilfertig:

„Na, nun schalten Sie mal für heute ab, mein Lieber. Sie können durchaus mit Vertrauen in die Zukunft sehen. Wir werden den Knoten finden und lösen. Zunächst werden wir einmal gleich einen Radikalversuch unternehmen, und zwar mit der Hypnose. Es gibt da ausgezeichnete Resultate. Sagen wir mal in ungefähr vierzehn Tagen..."

Er blätterte in einem Notizbuch und nannte einige Termine und Örtlichkeiten des Zusammentreffens. Nur mit halbem Ohr hörte ich, daß ich mich einmal in Marburg und ein anderesmal in München einzustellen hatte.

Dann schüttelte er mir aus einem blauen Glasgefäß, das er nicht ohne Mühewaltung aus der Hosentasche zerrte, drei gelblichweiße Tabletten auf die Hand. Es sei wünschenswert und auch aus psychologischen Gründen geboten, daß ich mich jeglichen weiteren Grübelns enthalte, versicherte er mir dabei, und mittels der Tabletten einen tiefen und betäubten Schlaf bis zum nächsten Morgen genieße.

„Doch bitte nur zwei Tabletten, mein Lieber. Die dritte ist nur Notbehelf für den Fall, daß Sie aus irgendwelchen Gründen aus dem Schlaf gerissen werden sollten. Ein sehr starkes Opiat. Ist auch nur gelegentlich zu verwenden."

Aufgeräumt und geradezu vergnügt, schüttelte er die blaue Phiole vor meiner Nase:

„Teuflisches Zeug, aber großartig. Hier in dem Dings ist genug drin, um mindestens einem Dutzend Menschen ein angenehmes Hinüberwechseln in die ewigen Jagdgründe zu ermöglichen."

Von allen dummen und abgeleierten Redensarten waren mir diese stupiden „ewigen Jagdgründe" am meisten zuwider.

Alles, was ich empfand, war jedoch nur ein glühendes Beneiden um die Phiole.

Eine wahnwitzige Sekunde hindurch hatte ich sogar den Gedanken, sie ihm aus der Hand zu reißen und an den Mund zu setzen. Impulsive Entschlüsse müssen nicht immer die falschen sein.

Dann stand ich am Fenster, nachdem Professor Sesselkamp erklärt hatte — wörtlich —, daß er den Damen noch seine Reverenz erweisen wolle, und ich erlebte die eindrucksvolle Abfahrt dieser deutschen Koryphäe.

Ein livrierter Chauffeur riß den Schlag auf. Er mußte in der Dorfschenke gewartet haben, und die Vivisektionen des Herrn Professors schienen angesichts seines prompten Auftretens auch eine genau festgelegte Dauer zu besitzen.

Ich schlich mich in das Arbeitszimmer ... Jawohl, es war ein Schleichen, denn ich fürchtete mich vor jeder Begegnung mit meiner Frau — vergrub mich in dem Sessel des Herrn Matthias und versuchte wieder einmal, Ordnung in dem Chaos meiner Existenz zu schaffen.

Zum wievielten Male eigentlich?

Nun, diesmal war es leicht. Alles andere, was an ewiger Problematik mich zu ersticken drohte, war in den Hintergrund getreten. Es ging auch gar nicht mehr um Ordnung oder Erkenntnis, denn ich wußte mit unumstößlicher Sicherheit, daß dieser Professor Sesselkamp recht hatte.

Es gab in meiner Vergangenheit Dinge, die ich fürchtete! Und vor denen ich geflohen war. Schreckliche Bilder stürzten auf mich ein.

Ich sah mich vor meinen Richtern stehen mit den bekannten armseligen Beteuerungen: Ich habe aber doch nur meine Pflicht getan. Ich bin Befehlen gefolgt. Ich war gläubig ...

Ich bin auch als Frontoffizier zusammengeschossen worden. Ein Mann der Wehrmacht, dem selbst die böswilligsten unter den einstigen Feinden nichts nachzusagen wußten!

Erinnerungen oder Träume? Gelesenes oder Erfahrenes; Ahnung oder Wahnvorstellung?

Dazwischen dann Frauengesichter und zärtliche Szenen.

Fragmente aus irgendwann gelesenen Romanen? Wunschträume, heraufgespült aus den unendlich fernen Tagen, da der Knabe Jürgen Godeysen den verlockenden, den herrlichen Verheißungen seines Lebens entgegenspähte?

Immer schneller, immer betäubender drehte sich das Kaleidoskop, und immer unbarmherziger blieb die Gewißheit: Sesselkamp hat recht, Sesselkamp hat recht ...

Es war so grenzenlos müßig, noch herausfinden zu wollen, was in dieser Wirrnis Wirklichkeit und was die Vorstellung des Wahnes war. Was hatten schon Einzelheiten zu besagen!

Dann stand ein Bild vor meinen Augen, das zu deutlich war, um bestritten zu werden.

Ein Frauengesicht, bekannt, vertraut und mir zugehörig. Der Klang ihrer Stimme ... ja, sogar der Hauch des Parfums und ihrer warmen, atmenden Haut.

Als Sesselkamp davon gesprochen hatte, daß oft ein tief verletzendes und bitterlich enttäuschendes Liebeserlebnis, eine Kriegsehe womöglich, der eigentliche und geheime Grund war, warum viele unbewußt und mit den klinischen Indizien der Amnesie ihr Ich verleugneten, hatte diese Vision für die Dauer eines Herzschlages vor mir gestanden.

Jeden Tag also konnte es geschehen, daß hier eine Frau auftauchte, die Rechte auf mich besaß und sie forderte.

Vielleicht brachte sie auch gleich Kinder mit. Kinder, die mich aus meinen eigenen Augen flehend und vorwurfsvoll anstarrten.

Irrsinn, stöhnte etwas in mir auf, und eine andere Stimme

sprach dagegen; so klar, ruhig und bestimmt, wie jene eines Richters.

Warum sollte es denn nicht so sein? Alles sprach doch dafür!

Ich sah mich den Hof verlassen. Ein Fremder unter Fremdlingen. Jürgen Godeysen mit der Frau, die nach Fug und Recht an seine Seite gehörte. Und zwischen ihnen, scheu und gedrückt die armen, kleinen Menschlein, denen er genauso unheimlich war wie sie ihm.

Irrsinn, Irrsinn, Irrsinn!

Doch ich konnte die schreckliche Reihe der Bilder nicht zum Zerreißen bringen.

Und Nikoline stand am Fenster und schaute uns nach. Sie hatte keine Tränen, warum auch, da sie mich ja doch nicht liebte.

Doch Scham und Entwürdigung brannten grell auf ihren Wangen.

Ich sah die hämischen Fratzen der kleinen Leute im Dorf und hörte das Gerücht, wie es von Lippe zu Lippe sprang. Ich sah das heuchlerische Mitleid und die funkelnde Bösartigkeit auf den Gesichtern unseres sogenannten Freundeskreises.

Nur das nicht, du lieber Gott, nur das nicht. Was immer ich bis jetzt zerstört hatte in der Seele meiner Frau, ihre Würde war noch unangetastet. Sollte sie eine unheilbare Wunde empfangen?

Wie anders wäre alles, wenn sie mich liebte!

Licht fiel in meine Augen, und erst jetzt, da ich Nikoline im Rahmen der Tür stehen sah, merkte ich, daß ich im Dunkeln saß.

Wer weiß, wie lange.

Hatte ich geschlafen? Waren die Bilder, die mich hetzten, nur die Qual eines sinnlosen Angsttraumes gewesen?

„Hast du gerufen, Reiterlein?"

Wie leise und wie besorgt das klang. Nikoline mußte die ganze Zeit hindurch im Nebenzimmer gewartet haben.

Nun ja, sie war eben die Güte in Person.

Ich wußte jetzt auch mit überwacher Deutlichkeit, daß es keineswegs Phantasmagorien waren, die mich im Dunkeln heimgesucht hatten. Es waren Dinge am Rande der Wahrheit. Wirklichkeiten, auch wenn sie sich noch hinter unzähligen Schleiern verbargen.

Ich wußte auch, was Nikoline herbeigeholt hatte. Gerufen hatte ich nicht, doch vielleicht nach ihr geschrien. Mit einem lauten und jammervollen Aufstöhnen.

Und natürlich war sie gekommen. Nikoline, die leibhaftige Güte. Nikoline, der Inbegriff des weiblichen Erbarmens!

Lieben sollte sie mich!

Nichts anderes konnte uns allen helfen.

„Soll ich Licht machen?"

Sie wartete meine Antwort nicht ab und schaltete das Licht ein. Ich preßte krampfhaft die Lider zusammen und wußte, daß es nicht nur ein Reflex war.

Es gab kein Entrinnen; ihre Nähe und alles, was sich damit ausdrückte, war nicht zu bannen. Nicht durch ein simples Verschließen der Netzhaut.

Ich hörte sie sprechen:

„Armes Reiterlein. Es war sicherlich sehr schwer für dich. Professor Sesselkamp hat mir Andeutungen gemacht. Aber es wird ja alles gut werden."

Gewaltsam riß ich die Augen auf, starrte sie an und las mein Urteil:

Oh, diese gottverdammte Güte! Dieses Mitleid, dieses unerträgliche Erbarmen . . .

Ich weiß nicht mehr, was dann geschah. Ob ich mit einem Wutschrei auf sie zusprang oder mit einem erstickten Bettelruf um Liebe, um ein wenig Liebe.

Als ich zu mir kam, hatte ich meine Fäuste um ihre Oberarme gekrallt. Ich lockerte entsetzt den Griff, doch ich mußte gleich wieder zupacken, denn sie schwankte. Sie war kreidebleich und ihre weit aufgerissenen Augen sahen durch mich hindurch.

Vielleicht hatte ich sie sogar geschlagen.

Nein, nicht sie, sondern dieses unerträgliche, dieses demütigende und zerstörende Lächeln des Erbarmens.

Dann, aus einer unbegreiflichen Ferne zurückkehrend, trafen sich unsere Blicke, und wir begriffen, daß wir nichts mehr gemeinsam hatten als das tiefe Entsetzen darüber, was soeben zwischen uns geschehen war.

Was half es, wenn ich wußte, daß mein Wille daran nicht beteiligt gewesen.

Da standen wir in der tiefen Trauer der Erschöpfung, und es gab keine Worte, die noch etwas ungeschehen hätten machen können.

Es gab keinen Glauben mehr zwischen uns, und wiederum trug ich die Schuld, weil ich mit Zwang und Willkür das Unausgesprochene hatte Wort und Tat werden lassen.

Warum denn hatte ich ihr ins Gesicht geschrien, daß ihre Liebe nichts als die Gebärde billigen Bemitleidens war?

Warum, Herrgott, warum?

Doch nur, weil ich bis zuletzt voll irrsinniger Hoffnung war. Weil ich ihren Protest hören wollte. Eine Beteuerung, die alles davonschwemmte, was mich bedrückte und alles zu lächerlichen Einbildungen machte. Weil ich sie, meine Frau, in meinen Armen spüren wollte. Stammelnd und aufgelöst wie einst in Stunden der Berückung.

Und warum hatte ich geschwiegen, als sie nicht in taumelnder Zärtlichkeit, sondern in bösem Zorn entflammte? Als sie meinem Vorwurf den ihren entgegensetzte: Wenn meine Liebe nur Mitleid ist, dann ist die deine nur Dankbarkeit!

Warum hatte ich geschwiegen und mich selbst belogen?

Ich ließ die Arme sinken; Nikoline ging an mir vorbei wie an einem Möbelstück, das hindernd im Weg stand, und jetzt wußte ich auch die Antwort auf die Frage, die ich mir selbst gestellt hatte.

Alle meine Zweifel, alle Skrupel und das ewige Infragestellen meiner selbst war eine heuchlerische Spielerei mit dem einzigen, halbbewußten Zweck gewesen, das Gegenteil zu erfahren.

Jetzt aber wußte ich es mit der erbarmungslosen Gewißheit, die nach erstem Schock und dumpfem Unglauben einen Blessierten packt, der auf seine blutenden Beinstümpfe weist und begreifen muß, gnadenlos und unentrinnbar begreifen muß, wie es um ihn steht — die Beine sind fort!

Und ich war nun eben für meine Frau Nikoline nichts anderes als ein lästig gewordenes Requisit. Ich durfte nichts mehr entgegennehmen. Kein Lächeln mehr und keinen Handschlag. Nicht einmal mehr die Gebärde einer äußerlichen Gefährtschaft.

Ich taumelte zum Schalter.

Das Nichts wollte ich. Zurück wollte ich in das große Dunkel, aus dem ich gekommen war.

Ich hatte es verflucht, Jahre hindurch verflucht als die unheimlichste Hölle, zu der ein Mensch bei lebendigem Leibe verdammt sein konnte, doch jetzt begriff ich es als die letzte Gnade, die man mir noch zuteil werden ließ.

Dunkel und Stille und Auflösung, das war der Friede, der mir zustand.

Schluß und Ende! Um nichts mehr gieren und um nichts mehr betteln.

Die Lemuren von heute, aus dem Jenseits unter die Lebenden zurückgekehrt und genau wie in der Vorstellungswelt der

Antike nichts als Grauen, Unheil, Verwirrung und Zerrüttung verbreitend, müssen sich selbst zu bannen verstehen.

Es ist ihre letzte und einzige Würde.

Vielleicht hatte ich auch die schon verspielt und mit ihr die Gnade Gottes.

Ich wollte zur Tür hinaus. Flüchten, nichts als flüchten und ein Mittel der Zerstörung finden: einen Strick oder ein Messer...

Da riß es mich zurück, und unbegreiflich doch unleugbar schlug der Irrsinnspendel meiner Existenz von der äußersten Verzweiflung wieder zurück zu glühend-gläubiger Hoffnung.

Nikoline hatte im Nebenzimmer den Plattenspieler in Bewegung gesetzt, und auf dem Teller lag seit einigen Tagen jenes runde, gestanzte Stück Schellack, in dem so märchenhaft und zauberisch alle Sehnsüchte und Träume meines Lebens eingeschlossen waren.

Wie oft hatte ich in diesen letzten Tagen die Hand ausgestreckt, um Wort und Musik zu hören und aus der glückhaften Magie ein wenig Beglückung und Trost zu schlürfen.

Ich hatte es nie gewagt; immer hatte ich Angst davor gehabt, auch dieser Zauber könne seine Kraft verloren haben und verronnen sein. Es war nicht so.

Ich fühlte mich zittern und glaubte, am Zusammensinken zu sein. Am Türpfosten suchte ich Halt und hörte — und ich glaube, es geschah mit weitaufgerissenen Augen und offenem Mund — wie Heinrich Schlusnus das Lied sang:

Mein Lied, unser Lied.

Es war mir unmöglich, klar zu denken. Es kam mir überhaupt nicht in den Kopf, daß es sich um nichts als um einen grausamen Zufall gehandelt haben konnte, daß Nikoline gerade jetzt diese Worte und diese Musik zum Leben brachte.

Eine mechanische Ablenkung, ein automatisches Ausweichen aus der gräßlichen und beschämenden Bedrückung der banalen Eheszene. Wenn ein Foxtrott auf dem Plattenteller gelegen hätte, so hätte sie ihn wohl auch ertönen lassen.

Tor, der ich war! Unentwegter Feigling und Deserteur vor der Wirklichkeit.

Wie konnte ein Ausgestoßener so voll Hoffnung sein, daß es ihm das Herz zerpreßte:

Nicht im Schlaf habe ich das geträumt
hell am Tage sah ich's schön vor mir
eine Wiese voller Margeriten
tief ein weißes Haus in grünen Büschen
Götterbilder leuchten aus dem Laube.

Gleich mußte sich die Tür zum Musikzimmer öffnen. Nikoline würde suchend in das Dunkel spähen. Sie würde halblaut nach mir rufen und dann, zaghaft zuerst, auf mich zuschreiten und dann stehenbleiben und noch einmal „Reiterlein" rufen, und dann würde uns ein Sturmwind zueinander wehen und wir uns in die Arme stürzen ...

Oder vielleicht würde sie es auf ihre burschikose Art tun wie damals in den letzten leuchtenden Tagen im Sanatorium, wenn in mancher Minute aus dem vollen Maß des Glückes Überschwang zu werden drohte.

Gleich, gleich mußte es geschehen. Die offene Tür und ihr Lachen und: „Komm her, du alter Klabautermann, du ewiger Schlumpschütze. Das ist doch alles Quatsch."

Und ich geh' mit einer, die mich lieb hat
ruhigen Gemütes in die Kühle dieses weißen
Hauses,
in den Frieden, der voll Schönheit wartet,
daß wir kommen.

Stille. Dann hörte ich ihre Schritte und lächelte.

Wie absonderlich, daß mir ausgerechnet in diesem Augenblick auffiel, wie sich ihr Gang verändert hatte. Aus der weichen, schwebenden, immer ein wenig probenden Bewegung der Jägerin, der Pirschgenossin ihres Vaters, war der feste, bewußte und sogar ein wenig energisch hallende Gang der Reiterin geworden.

Doch die Schritte im Nebenzimmer führten von mir fort. Ich hörte das leise Rasseln der Schiebetür zum Speisezimmer und dann nichts mehr.

Den Sessel erreichte ich noch, den Sessel des Herrn Matthias. Ich war nicht mehr vorhanden.

Als ich wieder zu mir kam, roch ich ein Parfum, das etwas von der schwermütigen Süße welker Rosen hatte. Ich spürte auch die Wärme einer unmittelbaren weiblichen Nähe.

Dann Linas Schluchzen:

„Ich habe alles gehört. Alles, alles ... "

Sie stand über mich gebeugt und tastete nach meinem Gesicht. Dann spürte ich ihre Lippen auf meiner Stirn und den Augen.

Was dann geschah, ist auch wieder meine Schuld. Es war ein einziger Hunger nach jener Geborgenheit, die ein Mann nur in der sanften Zärtlichkeit einer Frau finden kann.

Nichts anderes als ein von tausend Ängsten gequältes und gehetztes Kind, das Zuflucht im Schoß der Mutter finden will.

Ich hatte es ja nie erfahren, aber wohl immer vermißt, und deshalb brach jetzt erst die unbegriffene Sehnsucht eines ganzen Lebens aus mir hervor.

Vielleicht ...

Ich barg meinen Kopf an Linas Brust, und dann zog ich sie zu mir herunter und alles, was mich erfüllte, war nichts als der Drang, mich hineinzuwühlen in diesen lebenden und schützenden Frauenkörper.

Es gab keine Gedanken, es gab nur den unbegreiflich herrlichen Trost der bluheißen Nähe.

Unsere Lippen waren aufeinandergepreßt, wir waren ein einziges Atmen und dann ... dann kam das furchtbare Erkennen.

Ihre Lippen öffneten sich mit Hingabe und Vergehen, und das war jetzt kein Kuß des Trostes mehr, der sanften Güte und des Beschwichtigens, das war bewußtlose Trunkenheit, das waren Leidenschaft und Begehren.

Lina begriff es fast im gleichen Augenblick wie ich.

Mit einem erstickten Aufschrei aus Entsetzen und Scham riß sie sich los und floh.

Da sie alle Türen hinter sich aufließ, hörte ich ihr wildes Schluchzen, als sie die Treppe hinaufhetzte.

Ich blieb erstarrt in der Gruft meiner Gedanken.

Zweierlei blieb in mir zurück und verfolgt mich nun auf Schritt und Tritt:

Die unbeteiligten, fremden Schritte Nikolines, die in einer mir nicht mehr zugänglichen Ferne verhallen. Dann das furchtbare Schluchzen Linas.

Verwundert, daß es gar nicht schwerfiel, stand ich auf und schaltete alle erreichbaren Lichter ein. Doch das Dunkel blieb, die Schritte und das Weinen.

Ich ging in das Musikzimmer und nahm die Platte vom Teller, um sie auf dem Boden zerspringen zu lassen, um sie zu zerstampfen. Das Knirschen wollte ich hören und nicht diese anderen Geräusche.

Doch dann legte ich sie aus den schon erhobenen Händen behutsam zurück. Wer weiß, warum.

Sehr lange blieb ich so stehen, unbewegt und leblos bis auf das Atmen. Jeder Wille war gelähmt, und ich befand mich im Zustand der äußersten Ratlosigkeit, ich wußte einfach nicht mehr, was ich als nächstes tun sollte.

Warum ist man nicht Herr über das eigene Herz? Warum kann man es nicht kommandieren wie den Bizeps oder die Zunge? Warum kann man ihm nicht befehlen, still zu stehen?

Ich stierte auf die Schallplatte und spürte, wie sich mein

Gesicht in einem bösen Lächeln verkrampfte. Diese verdammte Platte hätte zertreten werden müssen und dann ...

Ja, da war doch noch etwas zu zerstören. Im Stall stand mein Pferd Nicoline. Man müßte es erschießen.

Nichts konnte sinnvoller und folgerichtiger sein, doch schon im ersten Ansatz zerrann mir der Gedanke.

Doch die Vorstellung ‚erschießen' blieb und wurde zum scharf umrissenen Bild ...

Im Vestibül hingen die Waffen des Herrn Matthias. Es müßte mit dem Teufel zugehen, wenn in den Kästen und Schubladen des Gewehrschrankes nicht auch noch irgendwelche Munition zu finden sein sollte.

Eine der Waffen des Herrn Matthias in ihrer mystischen Bereitschaft am Garderobenhaken war ein kurzläufiger Stutzen, Modell Manlich-Schönauer. Eine handliche Pirschbüchse mit sehr kurzem Lauf, in den zwanziger und frühen dreißiger Jahren wegen ihrer Rasanz auch auf Hoch- und Großwild sehr beliebt.

So präzis arbeitete mein Kopf, daß ich mich in der gleichen Sekunde fragte, woher ich denn auf einmal dies alles wußte. Wann konnte ich je mit Jagd und Jagdwaffen zu tun gehabt haben?

So blitzhaft die Frage aufgetaucht war, verzuckte sie auch wieder. Was kam es noch darauf an? Wichtig war eine andere Kenntnis. Im Kolben des Stutzens befand sich ein mit einer Federklappe verschlossenes Magazin für fünf Reservegeschosse.

Und so genau ich wußte, daß mein Herz noch schlug, war ich mir sicher, daß zumindest eines sich noch darin befinden mußte. Mehr brauchte ich ja auch nicht.

Es stimmte, und ich empfand es als Selbstverständlichkeit.

Nun war alles dahin, Trotz und Sehnsucht, Auflehnung und Illusion, Trauer und die feige und zitternde Verblendung der Bereitschaft zum Hoffen.

Hinter dem Pferdestall, so dachte ich, sollte es geschehen.

Nein, es war ohne die Sentimentalität des „ein letztes Mal". Nichts in mir verlangte nach einem Abschiednehmen von den schnuppernden, zärtlichen und sanften Pferdemäulern. Nicht einmal mehr den letzten würzigen Hauch, den lebenswohligen Dunst des Stalles wollte ich spüren.

Doch dann fiel mir ein, daß es nicht gut wäre, wenn irgendeiner der stumpfen Hofarbeiter mich in der Nähe des Hauses liegen sähe. Er würde sofort zu den Frauen laufen.

Lindemann sollte mich finden; gleichgültig wann. Er würde den kläglichen Rest mit Umsicht und Diskretion zu erledigen wissen.

Mir fiel die große Blöße ein, wo die Krähen strichen. Das war der rechte Ort.

Es war die Stunde zwischen Traum und Tag; alles schwebte in unwirklichem Grau. Nichts war mehr der Nacht und noch nichts dem Tage zugehörig. Die Zeit, da die wilden Reiter, die fluchbeladen weiterlebenden Toten, voll Angst vor dem ersten Hahnenschrei nach ihrer unterirdischen Heimat hetzen.

Auch ich hetzte; auch ich war voll Angst. Alles lag hinter mir, die Sonne wollte ich nicht noch einmal sehen.

Doch dann blieb mir auch diese letzte Unbarmherzigkeit nicht erspart. Mehr zu ahnen als zu sehen, mischte sich immer stärker ein Farbton wie Patina auf Kupferdächern in die Fahlheit ringsum, und als ich unter den hohen Bäumen am Rande der Blöße stand, schimmerte es rosig auf den lockeren Wolkenbänken drüben über den Birken. Das Leuchten wurde zu purpurfarbenem, inbrünstigem Glühen.

Nicht hinsehen! Nichts mehr sehen, nichts mehr fühlen und nichts mehr denken.

Und doch mußte ich selbst in dieser Sekunde noch denken.

Mit geschlossenen Augen, mit Händen, die fest und sicher zugriffen, holte ich eine Patrone aus dem Magazin — es war zur Gänze gefüllt — riß die Kammer auf und lud.

Nichts denken, nur nicht mehr denken.

Mit der linken führte ich die Mündung an das Herz, der rechte Daumen suchte den Abzug und ruhig und sanft den Druckpunkt.

Kein Aufschrei war in mir und kein Gebet. Nichts als die verschlingende Sucht nach dem Ende.

Jetzt!

Das war also der Tod. Eine unnennbare Gewalt, die von außen nach einem greift. Ein Wirbel, ein herumwerfendes Reißen. Ein Schmettern, ein Schlag, der scharfe, metallene Säbelhieb des Schusses.

Ein böser Schmerz stieß mich in das Bewußtsein, in eine Wahrnehmung ohne Erkenntnis zurück.

Die kam erst Bruchteile von Sekunden später, als ich die Augen aufriß und die Welt noch da war, wenn auch wie ein fremdartiges Bild auf eine ungeheure und weite Glaswand gemalt.

Wieder meldete sich der Schmerz, und ich starrte stumpf auf meinen rechten Handteller, über den eine rote Furche lief. Das Blut quoll immer stärker und tropfte zur Erde, und bei diesem Blick nach unten entdeckte ich den Stutzen des Herrn Matthias. Er lag, zwei bis drei Schritte von mir fortgeschleudert, am Boden. Sein Kolben war von einer Kugel durchschlagen und aufgesplittert.

Noch begriff ich nichts.

Von der Blöße her hörte ich, wie durch Watte gefiltert, mißtönendes Gekreisch. Ein Krähenschwarm flatterte aufgeschreckt durcheinander.

Da sind sie, die Krähen, dachte ich benommen. Die Krähen, die immer warten. Die Vertilger alles Lebendigen, das seine Frist überschreitet.

Dann hörte ich noch einen anderen Laut, ein gleichmäßiges Streifen und Rascheln und ... dann zerbarst die große Scheibe aus buntem Glas, und alles war Wirklichkeit und Tag. Durch die Kusseln kam ohne Eile mit seinem weichen, ziehend gleichmäßigen Gang der Förster Lindemann auf mich zu. Seine Fernrohrbüchse trug er über der Schulter. Unbegreifliches Spiel der Gedanken: Er erinnerte mich an Hermann Löns.

„Schönen guten Morgen, Herr Godeysen“, sagte er, als er schließlich nach einer schier endlosen Zeit vor mir stand. Sein Gesicht war völlig unbewegt.

Dann schob er sich den Hut aus der Stirn, legte vorsichtig seine Waffe in das Moos und ließ sich gewandt nieder, wobei er das künstliche Bein mit einer schlenkernd-kreisenden Bewegung nach vorn schleuderte. Während er mit dem Rücken Anlehnung an einem breiten Kiefernstamm suchte, holte er eine Zigarrentasche hervor.

„Die beste Zigarre am ganzen Tag“, erklärte er mit einer Aufgeräumtheit, als sei soeben nichts anderes geschehen, als daß er einen braven Bock waidgerecht auf die Decke gelegt hätte, „so um diese Stunde, wenn die Welt noch sauber ist von allem Geschmeiß.“

Dann streckte er mir die Tasche entgegen und, so völlig unglaublich es mir heute erscheint, ich griff zu, hockte mich an einen Stamm neben ihn, und wir rauchten wortlos.

Die Krähen waren abgestrichen, und unter einem Himmel, der sich wie ein ungeheurer Baldachin aus schimmernder Seide über uns wölbte, spülten Fluten goldenen Lichtes über die weite Lichtung.

Mehr durch die Haut als durch eine geistige Wahrnehmung entdeckte ich, daß ich noch am Leben war. Wahrscheinlich zum ersten Mal in meinem Dasein seit den Tagen im Steckkissen spürte ich das unmittelbare Glück am bloßen Vorhandensein.

Angenehme Wärme kroch die Gliedmaßen herauf, und die Gedanken tappten schläfrig und behaglich im engsten Kreis. Die Zunge machte sich, ohne besondere Sprunghaftigkeit, so selbständig wie bei einem Mann nach der dritten Flasche Burgunder:

„Wirklich feine Zigarre."

Ich war wiedergeboren, doch in eine neue und abgelöste Existenz hinein. Der Schuß des Försters Lindemann auf den Kolben des Manlicher-Stutzens hatte irgend etwas in und am Jürgen Godeysen vernichtend und wohltuend zugleich getroffen.

Wahrscheinlich das Herz, und das war gut so.

Ein Meisterschuß.

Als habe er das Stichwort erfaßt, sagte Lindemann in den jetzt silbern und rosenfarben aufblühenden Tag hinein:

„Ein Glück, daß Sie richtig gestanden haben. Ich hätte Ihnen sonst in das Bein schießen müssen. Peinliche und schmutzige Geschichte. Gar nicht auszudenken."

„Gar nicht auszudenken", bestätigte ich höflich, um nach einer kleinen Weile sehr sachlich und anerkennend hinzuzusetzen:

„Übrigens ein ausgezeichneter Schuß."

Wir vermieden es immer noch, uns anzusehen, doch ich merkte, wie er mit gemachter Gleichmut die Schultern hob:

„Liegt im Beruf, Herr Godeysen. Nebenbei gesagt, kein besonderes Kunststück. Keine dreihundert Gänge und dazu noch das Zielfernrohr. Immerhin, was die Wirkung betrifft... Wahrscheinlich der beste Schuß meines Lebens."

Er prüfte die blutende Stelle an meiner rechten Hand. Dort war nur ein leichter Riß, und ein Pflaster, Lindemanns Brieftasche entnommen, schloß die Blessur für immer.

„Soll ich Ihnen kniefällig danken?"

Lindemann lachte leise auf:

„Vielleicht werden Sie es einmal tun. Ich bin sogar ziemlich überzeugt davon."

Er ließ sich auf den linken Ellenbogen sinken und wandte

sich mir zu. Nach einigen ruhigen Zügen an seiner Zigarre erklärte er:

„Bilden Sie sich im übrigen nicht ein, daß es Ihretwegen geschah.“

Jetzt war ich es, der beredt die Schultern hob. Zu den Unbegreiflichkeiten und zu dem absoluten Widersinn innerhalb der menschlichen Gesellschaft gehört es ja, daß selbst ein Kerl, der sonst bedenkenlos über Leichen geht, es nicht fertigbringt, kaltblütig der Selbstvernichtung eines Nebenmenschen beizuwohnen. Jeden, wer immer es sei, zwingt es zu einem impulsiven Eingreifen. Keiner wendet sich achselzuckend ab.

Lindemann verstand meine Gebärde sofort und korrigierte:

„Es hat natürlich jeder das Recht, davonzugehen, wann es ihm beliebt. Manchmal sogar die Pflicht. Wir haben ja gerade erst gestern unsere Gedanken darüber ausgetauscht, nicht wahr, Herr Godeysen? Aber ... “

„Aber?“

„Er hat die verdammte Pflicht und Schuldigkeit, zu überlegen, ob er nicht noch jemand anderen mitnimmt. So oder so.“

Ich ließ mich in die gleiche Haltung gleiten wie er und starrte ihn verständnislos an. Wieder lachte er auf, böse diesmal:

„Wie die beiden Prattschen Damen ... Verzeihung, Frau von Pratt und Frau Godeysen, also wie die beiden Frauen nun einmal geartet sind, hätten sie ein Leben lang unter einer eingebildeten Schuld leiden müssen. Nie hätten sie sich freigesprochen. Nie wieder eine einzige frohe und unbelastete Stunde gehabt.“

Es gab nichts darauf zu erwidern. Er hatte mit jedem Wort recht und unrecht zugleich. Für Lindemann war ich nun endgültig ein unmännlicher Schwächling, und es war ebenso unmöglich, wie es letztlich wohl auch gleichgültig war, ihm die volle Wahrheit zu sagen.

Ich überlegte nicht einmal, ob er überhaupt berechtigt war,

sie zu erfahren. Nur eines war sicher: das ganze Maß meiner unheilvollen Verquickungen und Verstrickungen konnte kein Mensch verstehen, der nur von außen Einblick hatte. Mit welchen Worten konnte man es begreiflich machen, welche furchtbaren inneren Zerstörungen ich angerichtet hatte.

Lindemann vergrub sorgfältig seinen bis zum äußersten Rest niedergebrannten Stummel. Meine Zigarre war kaum bis zur Hälfte verbraucht. Er wählte sofort eine neue aus, und dies war das einzige äußere Zeichen seiner starken Erregtheit.

So abgelöst ich von jedem normalen Empfinden war, es reizte mich:

„Was gibt Ihnen eigentlich das Recht, in das Leben anderer Menschen einzugreifen?"

Er lächelte wieder, doch es war keine Überheblichkeit dabei.

„Diese Frage mußte natürlich kommen, und ich will sie auch beantworten. Also ohne Spiegelfechterei und von Mann zu Mann, von meinem Standpunkt aus greife ich nicht in das Leben anderer ein, sondern verteidige nur eigene Rechte. Verdammt wohlerworbene Rechte, Herr Godeysen."

Er hielt einen Augenblick inne:

„Ich habe fast ein Lebensalter hindurch um eine Frau geworben ... oder besser gesagt, auf sie gewartet. Denn einen anderen Einsatz als meine Geduld hatte ich nicht ..."

Er mußte wohl geglaubt haben, ein Aufbegehren bei mir zu spüren, denn er zeigte wieder sein verstecktes Lächeln:

„Nein, es handelt sich nicht um Ihre Frau."

„Lina? — Als ob ich das nicht schon geahnt hätte!"

„Ja. Es handelt sich um Frau von Pratt."

Er sagte es so einfach, daß es mich entwaffnete.

Ich mußte sehr lange vor mich hingestarrt haben, denn Lindemann sagte auf einmal scharf:

„Sie scheinen immer noch nicht zu begreifen, Herr Godeysen."

„Nein. Wie sollte ich auch."

Er nickte, als habe er keine andere Antwort erwartet:

„Ja, wie sollten Sie auch, Herr Godeysen. Sie sind als blutjunger Mensch, als Jüngling so um die Zwanzig herum, in den Krieg gegangen. Und da sind Sie stehengeblieben. Damit ist übrigens vieles, wenn auch nicht alles erklärt, was Sie niederdrückt und Ihnen die Luft nimmt."

„Sind Sie so gut informiert?"

Seine Stimme gewann auf einmal Wärme:

„Es ist keine Frage des Informiertseins, Herr Godeysen. Hunderttausenden, ja Millionen ging es genauso wie Ihnen, und sie mußten einen gewaltigen Sprung über den Abgrund der verlorenen Jahre tun. Sie haben außerdem noch die Tragödie des Verspäteten zu überwinden. Ich weiß das sehr wohl . . ."

„Ich dachte, es geht gar nicht um mich."

„Es geht auch wirklich nicht um Sie, Herr Godeysen. Jedenfalls nicht direkt."

Er richtete sich wieder zur sitzenden Haltung auf und sagte dann mit unvermittelter, nüchterner Härte:

„Es gehört sich übrigens, daß ich Ihnen eine Erklärung abgebe. Ich schulde Ihnen Dank. Sehr großen Dank."

„Das begreife ein anderer . . ."

„Sie werden es sofort verstehen. Warum ich bereits als junger Mensch und im Anfang meines Lebens gewissermaßen auf Matthiasruh gestrandet bin, warum ich zuerst kopflos und dann bewußt Karriere, Rang und soziale Stellung drangegeben habe, das dürfte Ihnen jetzt wohl klar sein."

„So ziemlich. Und nicht erst seit der letzten Minute."

„Na schön. Es ist auch gleichgültig. Genauso, wie es mir gleichgültig ist, was Sie darüber denken oder sonst irgendein Mensch. Obschon ich glaube, daß außer Ihnen kaum jemand auf den Gedanken gekommen ist."

„Und Lina?"

„Ich weiß es nicht. Frauen spüren ja oft mit dem Herzen, was sie unter keinen Umständen in ihr Bewußtsein dringen lassen wollen. Frauen können sehr willkürlich mit Gefühlen umgehen. Mit den eigenen und mit denen anderer ... Aber lassen wir das Philosophieren. Es kommt jetzt nur auf ein paar nackte Tatsachen an, und damit ich mich nicht selbst romantisch verkläre, will ich es klipp und klar sagen. Zuerst dachte ich nur an ein Abenteuer.

Nun ja, zur Entwicklung des sogenannten Gewissens wird man ja meistens erst später gedrängt, und wie lange es dauert, bis aus knabenhaften Süchten eine Sehnsucht und aus der Verliebtheit die große Liebe wird ... Bei mir ging es jedenfalls verdammt schnell, und aus der kindischen Träumerei wurde ein verbissener Vorsatz, oder sagen wir besser, ein verbissener und unerschütterlicher Glaube. Etwas anderes blieb mir bei der ganzen Hoffnungslosigkeit auch gar nicht übrig. Was es mich gekostet hat und wie oft ich mein Schicksal verflucht habe, das steht jetzt nicht mehr zur Diskussion."

„Mensch, warum sind Sie denn nicht einfach auf und davon?"

Er sah mich mit einem verwischten, aber deutlichen Spott auf dem Gesicht an. Doch gleich darauf verschloß es sich wieder.

„Es ist noch gar nicht so lange her, da hätte ich geantwortet: weil ich zu schwach war. Weil ich einfach den Gedanken nicht ertragen konnte, sie niemals wiederzusehen. Heute weiß ich, daß ich zu gläubig war. Wohlgemerkt, ich wartete nicht auf ein Wunder, sondern auf irgendeine Fügung aus innerer Notwendigkeit. Natürlich gibt es dafür keine Erklärungen. Diese Ehe, so heilig und unantastbar sie für Frau von Pratt war, sie mußte ganz einfach einmal ihr Ende finden. Es fehlte der Kern, es fehlte die schicksalhafte, die göttliche Bestimmung. Alles fehlte, verstehen Sie, alles ...

Dann wurde es Krieg, und der Himmel entschied. Matthias von Pratt blieb im Felde und ich ... ich kehrte zurück."

Ich konnte ihm auf einmal nicht mehr folgen. Auf der untersten Ebene der Apathie, auf der ich mich befand, hatte das alles keinen Sinn. Leere Worte, leerer Schall!

Wozu erzählte mir der Herr Förster Lindemann seine Herzensgeschichte. Was ging sie mich an. Daß mir nicht einmal das Sterben erlaubt war, das hatte ich ja begriffen.

Ich schleuderte den Rest der Zigarre weit von mir und konnte gar nicht anders, ich mußte ihn dabei herausfordernd ansehen. Ich wollte seinen mißbilligenden Blick und die unausgesprochene Feststellung: Das sieht dir ähnlich, mein lieber Freund.

Doch zum ersten Mal hatte der Förster Lindemann die Maske selbstsicherer Männlichkeit und Überlegenheit fallenlassen. Ich sah in ein Menschenantlitz von Gequältheit und Zerrissenheit.

Er sprach wie gehetzt weiter, und jedes Wort von ihm schien meine Gedanken zu bestätigen.

„Ja, ich kam zurück und wartete und war voll größerer Hoffnung als jemals zuvor. Weiß der Himmel, woher ich die Kraft nahm. Aber stärker und unangreifbarer als der lebende Matthias von Pratt war der tote. Keine menschliche Kraft kann einen Kult durchbrechen. Mein Leben wurde trister als jemals zuvor, vergeudet und vertan, erschöpft in einem unerfüllbaren Traum ..."

Er klopfte leicht auf die Büchse neben sich:

„Dies Ding da habe ich unzählige Male in der Hand gehabt. Genauso wie Sie vorhin den Stutzen."

Ich konnte nur dünn lächeln:

„Und wer hat bei Ihnen geschossen?"

„Sie, Herr Godeysen."

Ich weiß nicht, ob Lindemann es mir ansah oder ob jenes peinliche, männliche Offenbarungsbedürfnis es war, das ihn weitersprechen ließ:

„Natürlich meine ich das sinnbildlich. Auf alle Fälle kam

die Rettung von Ihnen, Godeysen, und sicherlich haben Sie es nicht einmal gemerkt. Wenn irgendeiner diesen mystischen Kult um den toten Herrn Matthias durchbrechen konnte, dann waren eben Sie es. Von allen Menschen nur Sie, so wie die Dinge nun einmal lagen."

Du armer Hund, dachte ich, wenn du wüßtest...

Doch laut sagte ich:

„Wie kommen Sie zu dieser Überzeugung?"

Jetzt lächelte er, und man konnte es beinahe das Schmunzeln der Bauernschläue nennen.

„Es ist komisch, mein lieber Godeysen, daß niemand so recht begreifen will, wie wenig er allein ist. Es sind immer Augen da, die beobachten, und Ohren, die hören, und es ist von jeher so gewesen, daß für die nähere und weitere Umwelt das Herrenhaus oder das Vorderhaus, oder wie immer Sie es nennen wollen, die interessanteste Bühne ist. Ich bin ziemlich genau informiert, wie radikal Sie — wahrscheinlich unabsichtlich — im Herrenhaus mit dem unglückseligen Mythos um den Herrn von Pratt aufgeräumt haben."

„Aha, und damit dieser Mythos nicht durch einen neuen Totenkult, diesmal unter dem Plakat Godeysen, abgelöst wird, haben Sie sich vorhin als Scharfschütze betätigt?"

„Genau das", gab er gelassen zu.

„Großartig. Und jetzt haben Sie den Weg freigekämpft... Nee, freigeschossen für die große Erfüllung Ihrer Träume?"

Lindemann griff wieder zur Zigarrentasche, und mit der Sorgfalt von zwei konferierenden Geschäftsleuten, die kurz vor dem Abschluß stehen, bedienten wir uns beide.

Dann sagte er einfach:

„Nein, so ist es nicht, Herr Godeysen. Soweit es mich betrifft, wage ich das Wort ‚Erfüllung' noch nicht einmal zu denken. Aber um die Hoffnung geht es. Ganz einfach nur darum. Sie werden es auch noch einmal lernen, vielleicht morgen, vielleicht schon heute, daß es nicht die Erfüllungen sind, die uns am Leben halten, sondern die Hoffnungen. Im übrigen aber geht es gar nicht so sehr um mich als um den Seelenfrieden der Frau, die ich liebe. Daneben natürlich auch noch um Ihre eigene Frau. Es greift eben eines in das andere."

„Ja, natürlich. Es greift eines in das andere."

„Dann verstehen wir uns also, Herr Godeysen."

Nichts verstehst du, du armer Narr, dachte ich, und für die Dauer von ein paar Herzschlägen war ich versucht, ihm ins Gesicht zu sagen, wie Lina in der Nacht in meinen Armen gelegen hatte.

Wo wären dann die großen Hoffnungen des Försters Lindemann geblieben?

Ob er dann noch so überzeugt gewesen wäre, vorhin den besten Schuß seines Lebens getan zu haben?

Doch ein neuer Gedanke rettete mich vor dieser letzten Gemeinheit:

„Es ist vielleicht nicht so wichtig, aber es interessiert mich doch. Was hat Sie ausgerechnet heute morgen hierher geführt, und wie kommt es, daß Sie in der absoluten Schonzeit — ich bin doch richtig informiert? — mit einer Fernrohrbüchse im Revier herumlaufen?"

Ich mußte einige Zeit auf die Antwort warten. Lindemann stemmte sich hoch, wobei er, wahrscheinlich nicht sehr waidmännisch, seine Waffe als Stütze gebrauchte.

Er sah auf mich herunter und zeigte jenes Lächeln, das ich so mühelos hätte zerstören können:

„Der Frühling, Herr Godeysen, die Jugend und, sagen wir einmal, die Allmacht der Liebe."

Dann lachte er halblaut:

„Man kann natürlich auch sagen Zufall oder schicksalhafte Fügung, wie man will. Die Tatsachen aber sind ganz und gar nicht geheimnisvoll. Ich habe Ihnen ja gerade erklärt, daß wir viel häufiger beobachtet werden, als wir es ahnen ... Also schön und gut, in Ihrem Fall ist es der Melker Thomas gewesen, der die Nacht hindurch auf Wegen der Liebe wandelte und der, mehr oder weniger schläfrig und noch traumversunken in vergangene Zärtlichkeiten, mit seinem Fahrrad aus dem Dorf kam. Er wollte abschneiden, hat den Pirschweg durch das Jagen 12 genommen und auf dem Buchengestell eine dunkle Gestalt gesehen. Einen Mann, der es sehr eilig hatte und ein Gewehr trug ... "

„Und das war ich?"

„Natürlich, das waren Sie. Aber Thomas dachte an einen Wilderer, ist zum Gut gestrampelt, so schnell er konnte, und hat mich telefonisch alarmiert. Der Rest erklärt sich von allein, wie?"

„Ja", sagte ich, „der Rest erklärt sich von allein."

„Na, dann Gott befohlen, Herr Godeysen. Den Schaft von Ihrem Manlicher werden wir später einmal in Ordnung bringen."

Vom Standpunkt des Försters Lindemann aus war der Umstand, daß er mir den Stutzen ließ, eine Art Ritterschlag, ein stilles Aufnahme-Zeremoniell in die Brüderschaft der wirklichen Männer.

Ich sah ihm lange nach und hätte auch gern gerufen ‚Waidmannsdank', doch ich bezwang mich.

Nur keine Gebärden mehr, nur keine dramatischen Gesten.

Ich hockte noch lange am Waldrand, und es war eine gnadenvolle Stunde.

Auf einmal wußte ich, welche Straße ich zu gehen hatte.

Ich stand auf und dehnte die Glieder. Flüchtig streifte mein Blick den zersplitterten Kolben des Stutzens — das lag schon weit hinter mir. Nach dem Pflaster auf der Hand lohnte es nicht mehr zu schauen. Es war schon vergessen. Nur der neue Weg hatte noch Platz in meinem Gehirn, nichts daneben!

An nichts sonst wollte ich denken. Allein mußte mein Weg gegangen werden, ohne Lina, ohne Nikoline, diese prächtigen Erziehungsergebnisse des verblichenen Matthias von Pratt. Keiner der beiden Frauen durfte ich begegnen. Allzu leicht könnte sich sonst mein kaum geformter Plan in einen elenden Scherbenhaufen verwandeln.

Da war sie also wieder, die verdammte Feigheit! Nur keine Auseinandersetzungen, nur keine Wahrheiten in die mitleidvollen Gesichter schleudern, — fliehen, aber nicht etwa vor einem Feinde, sondern vor dem Erbarmen, den unerträglichen Wohltaten.

Ein Ritter von der traurigen Gestalt!

Was dachte ich nach dem Gespräch mit Lindemann? Jürgen Godeysen, in die Brüderschaft der wirklichen Männer aufgenommen? Höhnisch lachte ich auf ... in die Gemeinschaft der feigen Hunde hatte ich mich selbst hineingestoßen!

Während ich über Baumwurzeln und Steine stolperte, redete ich mir ein, meine Flucht mache mich zum Philanthropen. Denn damit sei der Weg für Lindemann, der aus Hoffnungslosigkeit zu einem Gläubigen wurde, frei, und die beiden Frauen würden der Fessel Jürgen Godeysen ledig und von meinem erbärmlichen Anblick erlöst.

Nach ein paar Monaten war ich sowieso vergessen, die Scheidung ausgesprochen, bald würde mein Name nur noch wie ein böser, längst verblichener Traum über die Hinterlassenschaft des Matthias von Pratt hinwegstreichen.

Das Herrenhaus lag noch im Schlummer. Die grünen Läden der im ersten Stock gelegenen Schlafräume waren geschlossen und wehrten das Eindringen selbst dem kleinsten Sonnenstrahl. Hier war der allerlösende Schlaf noch unumschränkter Herrscher.

Behutsam erstieg ich die Treppe, das geringste Geräusch meiner Tritte vermeidend; denn ich mußte einige lebensnotwendige Dinge in Gestalt von Brieftasche und Scheckbuch an mich nehmen. Und da lagen auch die Tagebücher meines Vaters, die mich ins Leben zurückgerufen hatten, als ich schon wähnte im Jenseits zu sein. Sie sollten auch mein zukünftiges Schicksal teilen, aber wohin mit ihnen ... Da lagen jene schweinsledernen Packtaschen, die ein übereifriger Geschäftsmann der besorgten Lina aufgeschwatzt hatte. Ohne Leid schied ich aus meinem Zimmer, das ein Fremdenzimmer war. Und behutsam, wie ich gekommen war, verließ ich das Herrenhaus, von Wohltaten, Mitleid und Erbarmen hinausgetrieben.

Noch einmal blickte ich zu den geschlossenen Fenstern — Gott sei Dank, die beiden Frauen schliefen noch. Aus dem Speisezimmer blickte ein frisches, rotwangiges Mädchengesicht.

„Sind der gnädige Herr schon auf? Soll ich Frühstück machen?"

„Nein" — herrschte ich das erschrockene Kind an — „und wecke mir ja die Damen nicht."

Um bei der Kleinen nicht den Eindruck eines Fliehenden zu erwecken, schlenderte ich gemächlich dem Stalle zu. Sonderbarerweise kam mir, der schon mehrmals daran zweifelte, ein wahrer Sohn Kaspar Godeysens zu sein, ein Spruch Rudolf G. Bindings in den Sinn:

‚Dein Verhältnis zum Pferde ist keine Ehe, wobei beide Teile zusammengesprochen werden können, gleichviel, ob sie zusammengehören oder nicht, wo einer neben dem andern herläuft, ohne vom andern mehr zu wissen als Alltäglichkeiten.'

Ein Frösteln überfiel mich vor der Stalltüre. Drinnen aber verbreiteten die beiden Pferde warmes, atmendes Leben, eine Atmosphäre des Geborgenseins, und ich spürte eine Anteilnahme, die offenbar mit meinem Plan in rätselhafter Weise zusammenhing. Die Stute drängte meinen ausgestreckten Händen entgegen, und ich empfand zum ersten Male, wie sich das warme, weiche Maul wohlig in meine Handflächen schmiegte, eine

Liebkosung, die mich Einsamen tief beglückte. In diesem Augenblick hätte ich mich gern Nicoline anvertraut, aber sie sollte als letzte Verbindung zwischen mir und den beiden Frauen unter dem Prattschen Dach verbleiben. Ich hätte auch immer wieder jenen Namen aussprechen müssen, den ich völlig vergessen wollte. Und so fügte sich die treue Stute meinem Entschluß, als ich mich dem Wallach zuwandte, ihn eiligst sattelte, weil ich befürchtete, daß jeden Augenblick eine der beiden Frauen den Stall betreten könnte.

Dann riß ich ein Blatt Papier und einen Umschlag aus der Tasche und schrieb mit nervösen Buchstaben ein paar Abschiedsworte an meine Frau. Und jeder Satz bereitete mir Erleichterung — ich muß es ehrlich zugeben — und einen leisen Schmerz zugleich.

Der Wallach spielte erwartungsvoll mit dem Gebiß, das Leder knarrte ... ja, ja, lieber Freund, wir wagen einen neuen Anfang, ein neues, freies Leben ...

Noch einmal liebkoste ich der Stute die Stirne, nahm dann den Wallach am Zügel und verließ den Stall. Vorsichtig mich umblickend, sah ich zu meiner Befriedigung, daß die Fensterläden im ersten Stock noch immer verschlossen waren. Den Brief steckte ich in den am Tor befindlichen Kasten, schwang mich auf Nikolaus und trabte an ...

Vor mir lag der Weg ins Freie, doch konnte ich mich des Gefühls nicht erwehren, daß mir vier ängstliche, besorgte Frauenaugen nachstarrten.

Mir ist es heute unmöglich, mich zu erinnern, wie ich von Matthiasruh auf die Straße meiner Zukunft gekommen bin. Ich ließ Nikoläuschen völlig freie Hand, aber im Unterbewußtsein muß ich ihm doch die richtige Route vorgeschrieben haben. Mein erstes Ziel lag in der Nähe von Bad Kissingen. Wenn ich auch bemüht war, die große Straße möglichst zu vermeiden und nur kleine Dörfer zu berühren, sind mir doch größere

Orte wie Bebra, Hersfeld und Hünfeld im Gedächtnis geblieben.

Nachts schliefen wir auf irgendeinem kleinen Bauernhof, meist gemeinsam im Stall, nahmen aber auch mit einem Heuschober vorlieb. So wuchsen Reiter und Pferd in einer Kameradschaft zusammen, die tröstend und erhebend über der Bitternis der ersten Tage meiner Flucht stand. Hatte ich mich innerlich schon so weit von Nikoline entfernt, daß mich die Gegenwart ihres Pferdes nicht mehr irritierte? Sollte ich schon die ersten Schwierigkeiten überwunden haben? Wenn uns jemand auf unserem Wege beobachtet hätte, dann wäre sein Eindruck allerdings ein anderer gewesen; denn ich ließ dem Tiere fast völlige Freiheit über seine Gangart, und so bestimmte Nikolaus das Tempo. Ich starrte meist ins Leere. Meine Gedanken aber, wenn sie sich überhaupt in halbwegs normalen Bahnen bewegten, kreisten in wilder Jagd kreuz und quer durch mein bisher so verpfuschtes und verworrenes Leben.

Vertraute Gesichter in Großaufnahme tauchten in regelmäßigen Abständen, manchmal sogar wie Überblendungen, in mir auf: mein Vater, Lina, Lindemann, meine Frau ... und dazwischen der zottigborstige Kopf von Professor Dr. Gunthermann.

„Ich komme ja, Professor", murmelte ich dann zu diesem mich ganz erfüllenden Bilde und gab dem Wallach einen so plötzlichen Schenkeldruck, daß er überrascht, doch gehorsam, vom Wege ab quer durch den Mischwald galoppierte, wobei tiefhängende Zweige mir die Mütze vom Kopf streiften.

Wie lange wir unterwegs waren, weiß ich nicht, da ich den größten Teil der Zeit verträumte. — Ein steuerloses Boot, das im Weltmeer treibt und dessen einziger Passagier sich von der winzigen Hoffnung nährt, doch noch durch ein Wunder ans Land geschwemmt zu werden.

Fast einen ganzen Tag lag ich auf einer Weide — das weiß ich noch — starrte in den blauen Himmel und baute unerreichbare Luftschlösser. Und der Teufel soll mich holen, wenn nicht meine Frau dabei eine Hauptrolle spielte. Da tauchte der liebe, alte Fohlenhof meines Vaters auf, und wir gingen mit Nicoline und Nikolaus über selbstgebaute Hindernisse. Wir ritten dicht nebeneinander und nahmen sie alle gemeinsam, mit einer Leichtigkeit, als ob wir flögen.

Nikoline sah mich lachend an.

„Siehst du, Reiterlein, es geht alles. Du mußt nur wollen."

Ich suchte ihre Augen und schreckte zurück. Selbst im Traum entdeckte ich darin ein grenzenloses Mitleid.

In diesem Augenblick gab ich Nikolaus — ich erinnere mich genau, es war Nikolaus — mit aller Kraft die Schenkel, flog steil nach oben, als ob es direkt in den Himmel ging, und fiel dann wieder in eine endlose, schwarze Tiefe zurück . . .

Ein kräftiger Stups riß mich aus meinem Traum. Meinem Pferd mochte die Zeit zu lang geworden sein, und so gab es mir unmißverständlich zu verstehen, daß es wohl vonnöten wäre, den Weg fortzusetzen.

Freude und Enttäuschung zugleich, daß das eben nur ein Traum gewesen war, bewog mich, in die Hosentasche zu greifen und meinem Freunde das letzte Stückchen Zucker zu reichen, das ich bei mir hatte.

Als ich mich langsam aufrichtete und mich anschickte, aufzusitzen, wurde mir bewußt, daß ich noch nie mit dem Wallach über ein Hindernis gegangen war — außer eben im Traume. Die Weide, auf der ich den ganzen Tag verträumt hatte, war etwa zweihundert Meter lang, und mitten hindurch schlängelte sich, träge fließend, ein Bach. Ich gab Nikolaus frei und galoppierte diesem schmalen Hindernis zu . . . das Pferd warf übermütig den Kopf hoch, zog an und . . . flog wie eine Feder über das nicht allzu breite Wasser. Für den Bruchteil einer Sekunde hatte ich das Gefühl, selbst zu fliegen, und Traum und Wirklichkeit mischten sich mit der Sekundenschnelle des Traumbildes.

Aber noch schneller als das Erwachen aus dem Traum, geschah jetzt die Rückkehr in die Wirklichkeit ...

Nikolaus ging beim Landen in die Knie, mit einem harten Stoß endete das Gefühl des Schwebens ... Im hohen Bogen landete ich im Gras.

Auch Nikolaus war zu Fall gekommen, stand aber schnell wieder auf den Beinen, d. h. auf drei Beinen, denn die rechte Vorderhand hielt er ein wenig erhoben und sein ängstlicher Blick bestätigte mir, daß er sich verletzt hatte.

Die Ursache stellte sich schnell heraus. Beim Landen nach dem Sprung hatte er in ein Loch am Bachufer getreten und sich das Sprunggelenk verstaucht. An ein Weiterreiten war nicht zu denken, wir mußten schnellstens eine Unterkunft finden. Während ich noch — ein wenig ratlos — das verletzte Bein abtastete und überlegte, wohin ich das lahme Pferd führen sollte, stand plötzlich, wie aus dem Boden gewachsen, eine merkwürdige Gestalt neben mir.

Eine kuriose Erscheinung ... ohne Zweifel ein Mann! Aber was für ein Mann? Er wirkte wie ein Wesen aus einer anderen Welt — auf jeden Fall aber wie ein Mensch, der an die hundert Jahre alt sein mußte.

Die typische Figur eines Rennreiters, aber so konnte doch ein Reiter nicht herunterkommen! Jacke und Hose hätten jeder Vogelscheuche Ehre gemacht, die zerschlissenen Schuhe nicht weniger. Um den Hals war ein rotes Seidentuch gelegt, das ganz und gar nicht zu dem übrigen Habit paßte. Weiße Stoppeln steckten in dem schmalen, verrunzelten Gesicht, aus dem mich — und das paßte auch nicht zu dem Äußeren — zwei leuchtende, klare Augen mit einer wunderlichen Mischung aus Güte und Weisheit ansahen. Dann blickte ich auf die Hände, mit denen er jetzt, nachdem er neben meinem Pferde niedergekniet war, das Gelenk befühlte. Das waren die Hände eines Chirurgen, vielleicht eines Bildhauers oder eines Pianisten. Trotz des Schmutzes, der sie bedeckte, konnte man nicht übersehen, daß sie in Wirklichkeit gepflegt waren. Rätsel über Rätsel!

Er wandte mir den Kopf zu.

„Eine kleine, unbedeutende Zerrung", sagte er mit fester Stimme, die absolut nicht zu seinen hundert Jahren passen wollte.

„Das war aber auch eine seltsame Idee, auf dieser moorigen Weide ein Hindernis im Galopp zu nehmen. Sie reiten wohl noch nicht lange, wie?"

Der Vorwurf saß. Dabei hatte der Uralte recht. War durch meine Kapriole mit Nikolaus nicht bewiesen, wie untauglich ich für die ganze Reiterei war, wenn nicht gar überflüssig und abseits von jeder wahren Nützlichkeit? Von einem Landstreicher oder Pferdeknecht mußte ich mich zurechtweisen lassen und konnte mich nicht einmal verteidigen!

„Wohin wollen Sie denn?" kam die Frage.

„Ins Haus der Hoffnungslosen", erwiderte ich bitter.

Die wunderschönen hellen Augen sahen mich prüfend an, dann sagte er mit einer Selbstverständlichkeit, als ob ich ihn nach einem bekannten Ort gefragt hätte:

„Dahin können Sie leicht zu Fuß kommen, es sind nur noch ein paar Kilometer von hier. Das Pferd lassen Sie ruhig zwei bis drei Tage hier. Es braucht zunächst einmal Schonung und eine richtige Behandlung."

Jetzt war das Erstaunen bei mir. Der Kerl verstand was von Pferden und machte Vorschläge, die darauf hindeuteten, daß er zumindest hier einen leitenden und verantwortungsvollen Posten bekleidete. Und sollte das Haus, das ich suchte, wirklich im Volksmund „Haus der Hoffnungslosen" heißen?

Ohne meine Zustimmung abzuwarten, war der Uralte bereits mit meinem ein wenig humpelnden Nikolaus in Richtung auf die Landstraße unterwegs. Es blieb mir nichts anderes übrig, als ihm zu folgen.

‚Wie ein ungeratenes Kind, dem man das Spielzeug weggenommen hat, weil es selbst für ein kindliches Spiel noch nicht reif ist', dachte ich und meinte nun auch zu wissen, wohin ich eigentlich gehörte. Nicht zu Gunthermann, nicht ins Haus der Hoffnungslosen, sondern in ein Kinderheim. Mein Gehirn, meine Gedanken und Handlungen waren unreif und kindlich.

Gleich hinter dem Birkenwäldchen erreichten wir die Stallungen eines, wie ich auf den ersten Blick feststellte, umfangreichen Anwesens. Der Uralte öffnete eine Tür und führte meinen Wallach hinein. Eine vertraute, warme Luft empfing mich, das Scharren und Schnuppern, das Mahlen gesunder Pferdezähne. An die zwanzig prächtige Tiere beherbergte der gepflegte Stall. Mir ging das Herz auf. Hier war alles, wie es sein sollte. Der Besitzer dieses Hofes mußte ein echter Pferdefreund sein.

Nikolaus erhielt eine leere Box; die Vogelscheuche warf ihm ein paar Arme voll Heu in die Raufe und deutete auf eine Ecke der geräumigen, mit frischem Stroh ausgelegten Box:

„Am besten, Sie bleiben über Nacht hier. Sie können aber auch eine Kammer haben, wenn Ihnen das lieber ist."

Wieder ließ mich das Bestimmte in der Stimme, das keinen Widerspruch zu dulden schien, aufhorchen. So konnte doch kein Landstreicher, kein Stallknecht sprechen, war das nicht eine Stimme, gewohnt zu befehlen?

„Ich bleibe hier", sagte ich, „und vielen Dank."

„Dank?" fragte er staunend zurück, „wofür?"

Ich nickte ihm statt einer Antwort nur zu. Der rätselhafte Alte warf noch ein paar Bündel Spreu in die Box und entfernte sich mit schlürfenden Schritten. An der Tür wendete er sich noch einmal um:

„Um Ihr Pferd machen Sie sich keine Sorge. Morgen früh wird ein Tierarzt nach dem Rechten sehen, jetzt braucht der Braune erst einmal Ruhe. Ich werde Ihnen gleich was zu essen bringen lassen . . . Gute Nacht!"

„Werde ihnen gleich was zu essen bringen lassen, gute Nacht."

Merkwürdig, merkwürdig! Trotz der Jahrzehnte, die er auf dem Buckel trug, ein imponierender Kerl. Wer weiß, was für ein abwechslungsreiches, buntes Leben mochte wohl hinter ihm liegen? Geboren mußte er etwa in der Mitte des vorigen Jahrhunderts sein, hatte also drei Kriege erlebt und vermutlich bei den Ulanen oder Husaren gedient, hatte geliebt, geheiratet, ein gutes Dutzend gesunder, kräftiger Kinder in die Welt gesetzt und seit einem normalen Menschenleben auf diesem großen Gutshof gearbeitet. Er kennt keine Probleme, weder des Magens noch der Seele. Beneidenswerter Alter, dabei körperlich und geistig noch frisch wie ein Fünfzigjähriger.

Eine Magd brachte mir ein halbes Brot, ein Stück Wurst und einen Topf Milch. Ich verzehrte alles mit gesundem Appetit, streckte mich neben meinem Pferde aus und verfiel sofort in einen traumlosen Schlaf.

Der erste Sonnenstrahl, der durch das schmale Fenster fiel, weckte mich. Sofort sprang ich auf und klopfte meinem Nikolaus liebevoll auf die Kruppe, der sich die Nacht über ruhig verhalten hatte. Er schonte auch nicht mehr, sondern stand fest auf dem verletzten Bein. Vielleicht war es wirklich nur eine leichte, aber doch im Augenblick schmerzhafte Verstauchung, mit der ein Tierarzt keine Schwierigkeiten haben würde.

Dann wusch ich mich draußen an der Pumpe und verzehrte den Rest des Brotes.

Ein junger Stallbursche erschien zum Füttern und brachte auch Nikolaus eine Schwinge Hafer.

Die innere Unruhe trieb mich jedoch auf den Weg zu Professor Gunthermann, und eine halbe Stunde später stand ich vor dem „Haus der Hoffnungslosen“.

Der Kreis schließt sich. Ich habe, so gut ich konnte und soweit die Erinnerung mich nicht verließ, mit diesen Zeilen den Wunsch des Arztes zu erfüllen versucht. Er wird sie lesen, und dann wird es entweder aufwärts gehen, oder ich bleibe ein Leben hinter diesen Mauern der Ungewißheit begraben.

Mir selbst hat der Weg im Kreise wohlgetan, und dafür verzeihe ich dem Doktor manchen Schmerz, den mir seine Methode zugefügt hat. Indem er mich auf die Kreisbahn schickte und mich zum Schreiben zwang, hat er mir die Last meiner selbst zu einem großen Teil abgenommen. Und obwohl sein Auftrag, das Grübeln durch Hinschreiben unter Kontrolle zu bringen, nichts anderes war als ein Teil psychiatrischer Therapie, so fühlte ich beim Schreiben selbst doch bisweilen den Beginn eines Stolzes darüber, daß von mir eine Leistung verlangt wurde. Zum ersten Male, so weit meine Erinnerung reicht, war ich nicht mehr nur das erbärmliche Häuflein Mensch, das überall Mitleid erregte, wo es zu sehen war.

Ich kann es nicht mehr ertragen, dieses Wort, das sich in gleichmäßigen Abständen wie ein Messer in meinen allerletzten Rest von Selbstachtung hineinbohrt . . .

Mitleid . . . Mitleid . . . Mitleid . . . !

IV

JOBST VON DER ULMENAU

oder

EINE PRÄCHTIGE VOGELSCHEUCHE

Nun schreibe ich also weiter. Ich habe es dem bärtigen Ungeheuer, das mich mit dem Befehl zum Schreiben so schwer unter Druck gesetzt hat, versprechen müssen.

„Professor, ist das wirklich nötig, ich will doch kein stubenhockender Schreiberlehrling werden", hatte ich ihm erwidert.

Gunthermann stopfte sich — und ich staunte, daß er auch einer solchen Überraschung fähig war — die Pfeife zum ersten Mal vor meinen Augen mit einem wohlduftenden Navy Cut, den er sicher von einem dankbaren Patienten erhalten hatte. Vielleicht hätte er ihn erst ein paar Jahre in der Schublade seines Schreibtisches gehütet, wenn ihm seine geliebten Zigarrenstummel nicht ausgegangen wären.

„Du junger Idiot", fauchte er mich an, aber seine Stimme war weder laut noch wirklich vorwurfsvoll, „du wirst so lange schreiben, bis du selber einen Kerl aus dir gemacht hast, und zwar den Kerl, der du ja in Wahrheit bist. Du hast es nur vergessen. Diese verflixten Russen haben dir ein wenig arg zugesetzt, aber du befindest dich ja schon auf dem Wege der Besserung. Nur du mußt selber dein Stück dazu beitragen, glaube ja nicht, daß du alle Arbeit einfach deinem ollen Medizinmann überlassen kannst."

Er sog an seiner Pfeife und verzog das Gesicht zu einer Grimasse:

„Wie kann nur ein halbwegs normaler Mann so ein Zeugs rauchen. Es geht nichts über ein paar saftige Stummel", brummte er und blies den Rauch mit leiser Verachtung in die Luft.

„Allein von der Schreiberei soll ich gesund werden?“ wehrte ich mich immer noch gegen die Gunthermannschen Pläne, ich bin doch weiß Gott kein Freund von Federhalter und Papier.

„Du sollst nicht nur schreiben, sondern es auch immer wieder lesen. Und alle zwei Monate schickst du mir dein Gekritzel hierher, aber schreib anständig, schließlich muß ich es ja lesen können.“

Das ganze Theater sah dem Einhorn wieder mal ähnlich. Es war ihm nichts Besseres eingefallen, als mich nach Ost-Afrika zu schicken. Fahrschein, Schiffskarte, Visa und Devisen knallte er mir eines Abends ohne Einleitung auf den Tisch, impfte mich ohne vorherige Erklärung, und jetzt verlangte er auch noch, daß ich im Urwald am Lagerfeuer meine Erlebnisse aufzeichnete. Ein bißchen viel auf einmal. Doch ich besaß nicht mehr die Kraft, mich gegen seine Anordnungen aufzulehnen. Es war ja auch so gleichgültig, an welchem Fleckchen Erde ich versuchen sollte, mein zerrüttetes Gehirn in Ordnung zu bringen. Nur ein Gedanke beseelte mich. Weg, weit weg von Matthiasruh ... von Nikoline und Lina ... in ein Land, in dem man kein Mitleid mit mir kannte. Wo ich mir jeden Tag mein Leben neu und aus eigenem Entschluß erobern mußte.

Wenn Gunthermann statt Afrika Neu-Delhi oder meinetwegen Grönland gesagt hätte, wäre es mir auch gleich gewesen. Nur weg ...

Na schön, Professor, mach’ mit mir, was du willst, dachte ich.

Nach einem kurzen Abschied begab ich mich auf den Weg dorthin, wo Nikolaus stand, weil ich mir vorgenommen hatte, den Wallach entweder für die Dauer meiner Reise in Pension zu geben oder den Gutsherrn zu bitten, das Tier bei Gelegenheit nach Matthiasruh bringen zu lassen.

Als ich Gunthermann von diesem Plan erzählte, lachte er behäbig auf:

„Du wirst dich dieses Mal aber nicht mit dem alten Pferdeknecht begnügen können, sondern mußt den Gutsherrn persönlich aufsuchen. Grüß ihn schön von mir."

Jetzt weiß ich, er sah schon in Gedanken mein erstauntes Gesicht. Erstaunen war, gelinde gesagt, zu wenig, was ich empfand, als ich das Herrenhaus betrat.

Ein uralter Diener öffnete mir die Türe zum Arbeitszimmer des Gutsherrn. Auf das „Herein" betrat ich das Zimmer und blieb im selben Augenblick wie angewurzelt stehen.

Hier scheint eher ein Altersheim denn ein Gutshof zu sein, dachte ich bei mir, erst der an die hundert Jahre alte Pferdeknecht, eben der alte Diener, der sicher auch ein Achtziger war, und nun nickt mir ein uralter Herr vom Schreibtisch her zu.

„Nehmen Sie bitte Platz", kam die Aufforderung.

Ich stutzte . . . die Stimme kannte ich doch?

Der Greis kam hinter seinem Tisch hervor und hielt mir lächelnd die Hand entgegen.

„Willkommen, Jürgen Godeysen!"

War das möglich? Der aufrechte alte Herr im gutsitzenden Reitdreß war kein anderer als mein hundertjähriger Reitknecht. Seine Augen hatte ich nicht vergessen. Sie strahlten mich an und weideten sich an meiner grenzenlosen Verwunderung.

„Jobst von der Ulmenau heiße ich, aber das ist ein wenig lang und würde vielleicht einen Abstand zwischen uns legen. Nennen sie mich einfach Ulmenau."

Der Hausherr hielt mir zunächst seine goldene Zigarettendose hin und überbrückte damit die eben entstandene Verlegenheitspause.

„Stecken Sie sich erst mal eine unter die Nase", lachte er, „und dann sagen sie mir, für was sie mich bei unserem ersten Zusammentreffen gehalten haben."

„Soll ich ehrlich sein?"

„Nur."

„Ich hielt Sie für einen Pferdeknecht, der hier sein Gnadenbrot verzehrt. Ausgesehen haben Sie, wenn ich wirklich ehrlich sein soll, wie eine Vogelscheuche. Nur Ihre Hände paßten nicht dazu und Ihre Stimme."

Lachend legte der alte Herr den Arm um meine Schulter und führte mich ins Speisezimmer:

„Großartig! Sie haben einen scharfen Blick, was mir übrigens mein alter Freund Gunthermann telefonisch bestätigt hat. Glauben sie mir, es macht mir wenig Freude, hier draußen nobel herumzulaufen, so ein verflixter Kragen scheuert mir immer den Hals auf."

Er fuhr sich mit einem Finger zwischen Kragen und Kehle. „Als Vogelscheuche fühle ich mich bedeutend wohler", zwinkerte er mir zu, „heute habe ich mich nur Ihretwegen schön gemacht."

Ein toller Bursche, der uralte Ulmenau. Wie ich im Verlaufe unseres Gesprächs erfuhr, einst General der Kavallerie, doch immer noch ein Mann von erstaunlicher Lebenskraft und Aufgeschlossenheit, mit vollem Verständnis für die heutigen Sorgen und Nöte der Jugend.

„Mann, Godeysen, was hatten wir früher für Vorbilder, denen wir nacheifern konnten. Mehr als Sie und mein Sohn, der vor Verdun fiel. Für mich gab es noch den ollen Bismarck, Kaiser und Kronprinzen, später Papa Hindenburg, und zum Schluß den braven Sattlermeister Ebert, der das Kind aus dem Brunnen holen sollte. Was dann kam, war größtenteils weniger erfreulich. Und was haben wir heute für Ideale? Reden wir nicht darüber ... wir wollen nicht weich werden. Wir müssen uns in dieser geistig versteppten Epoche unser eigenes kleines Reich schaffen."

Er wies mit der Hand in das Nebenzimmer, in dem ich einen Plattenspieler entdeckte und meiner Verwunderung darüber Ausdruck gab.

„Mein lieber Freund“, er klopfte mit einem Finger auf den Deckel des Plattenspielers, „die Konzerte, die ich mir zusammenstelle, sind Gnadengeschenke, für die man nicht genug danken kann. Gott muß in seiner fürsorglichen Liebe die amusischen Zeiten, denen wir ja erbarmungslos ausgeliefert sind, vorausgeahnt haben, und so bedachte er die Welt mit genialen Schöpfern himmlischer Melodien und späterhin mit Technikern, die uns in alle Ewigkeit an diesem Glück teilnehmen lassen. Wenn ich dann mit Musik vollgesogen bin, greife ich oft in meine im Laufe von Jahrzehnten recht vielseitig gewordene Bibliothek und beschenke mich selbst durch die Prosa des alten Geheimrats aus Weimar oder mit der Anmut einer Shakespeareschen Komödie, ergötze mich an der Weisheit in den Briefen Jean Pauls, lese mit meiner mehr lauten als wohltönenden Stimme für mich allein Rilke-Verse oder erfreue mich auch an einem der meinem Herzen besonders naheliegenden Bücher Eckart von Nasos.“

Ulmenau war sichtlich in heiligen Eifer geraten, als er mir einen Blick in seine Welt gestattete. Und ich Tor hatte in ihm einen Landstreicher, einen Stallknecht gesehen. Auf dem Fohlenhof meines Vaters gab es, soweit ich mich dunkel erinnern konnte, keinen Plattenspieler, und das Rundfunkgerät wurde nur ganz selten eingeschaltet, immer aber bei Mozart-Konzerten, von denen mein Vater dann allerdings nie genug hören konnte. Mir hatte es ehrlich gesagt damals nicht allzuviel bedeutet. Erst der Krieg mit seinem Erleben weckte in mir das Verständnis für die klassische Musik, und wenn auch manches Buch mir eine bis dahin fast fremde Welt erschloß, ich kannte noch zu wenig von jenen Bereichen, in denen Ulmenau offenkundig zu Hause war.

Wir schwiegen eine Weile. Zuerst kam mir dabei eine leise Verwunderung über mich selbst, weil mir eben doch einiges aus meiner Jugend eingefallen war. Und dann war ich fasziniert von der fröhlichen Weisheit meines Gastgebers.

Er merkte wohl, was in mir vorging. Seine leuchtend schönen Greisenaugen lachten mich nachsichtig an:

„Sie dachten wohl, daß ich ein alter verkalkter Tattergreis sei, Godeysen? Ich lebe mit der Zeit, wenn ich auch kaum noch aus meinem Idyll hier herauskomme. Und mit der Jugend lebe ich auch. Aber was uns in den letzten Jahren als Literatur geboten wird, danke schön. Zwar ist auch manches Gute dazwischen. Hut ab vor Tennessee Williams, Anouilh oder Elliot — aber nur Amerikaner, Engländer und Franzosen? Wohin haben sich die deutschen Autoren verkrochen? Wovon leben sie? Der Deutsche ist ein sonderbarer Heiliger, entweder er übertreibt nach der nationalen Seite hin — oder nach der kosmopolitischen. Man muß ihm nur das gewünschte Stichwort geben und prompt reagiert er, als bestände sein Leben und Wirken nur aus Dressurakten.

Übrigens: Ihr Wallach ist wieder in Ordnung. Ich habe mir erlaubt, ihn ein wenig zu bewegen, ich reite ihn gerne. Sie können ihn unbesorgt während der Dauer ihrer Reise hierlassen."

Reiten tat der Uralte auch noch? Mein Gott, wieviel jünger war ich als er? Was mochte wohl mit mir sein, wenn ich jemals das biblische Alter erreichen sollte?

Nach einem bescheidenen, aber kräftigen Imbiß zogen wir uns in eine Ecke des Herrenzimmers zurück. Ulmenau ließ eine Flasche alten Napoleon kommen, schenkte schmunzelnd, offenbar im Vorgefühl des kommenden Genusses, ein und trank mir zu.

„Zwei Kognaks am Morgen, drei am Abend, das ist die einzige Medizin, die mir mein Arzt verordnet hat."

„Professor Gunthermann?" fragte ich lächelnd.

„Selbstverständlich", erwiderte er, „und da wir gerade bei meinem alten Freund, dem besten aller Diplomaten, sind: Ich habe Ihre Reise nach Nairobi vorbereitet. Das hat mir viel Freude gemacht. In zehn Tagen werden Sie von Bremerhaven aus in See stechen."

„Sie haben das vorbereitet?" stammelte ich, „wie kommen Sie denn dazu?"

Ulmenau füllte zum zweiten Male, ohne das Schmunzeln zu versäumen, die Gläser und sah mich mit seinen gütigen Augen an:

„Erstens hat mich Gunthermann darum ersucht. Da ich selber vor dem ersten Weltkrieg drüben war und seither gewisse Verbindungen zu jenem Erdteil habe, schicke ich Sie zu dem Sohn meines alten englischen Freundes und Jagdkumpanen, zu George Farth. Und zweitens habe ich einen prächtigen Mann und Reiter gekannt, der leider nicht mehr unter uns weilt, sonst säßen Sie heute nicht vor mir: Ihren Vater Kaspar Godeysen."

„Sie kannten meinen Vater?" stammelte ich. Dies alles war mehr, als ich in einem Augenblick fassen konnte.

Der Alte ließ sich ein paar Tropfen des köstlichen Napoleon über die Zunge laufen und schmeckte sie genüßlich ab, dann stellte er das Glas hin und faltete fast feierlich die Hände.

„Es gibt wenige Männer, Jürgen Godeysen, an die ich mich nach so langer Zeit gern erinnere. Ihr Vater gehört zu ihnen. Ich war dabei, als er im Jahre 1912 auf der schönen Grunewald-Rennbahn die ‚Armee' gewann, auf Herzeloide. Die Stute kam aus dem Stall meines Freundes Rittinghaus und galt in der gesamten Presse als ausgesprochener Außenseiter; denn im zwölfköpfigen Feld befanden sich sehr starke Pferde und Reiter. Doch Oberleutnant Kaspar Godeysen ritt den Ritt seines Lebens auf einem völlig unbekannten Pferde und durfte nach seinem glänzenden Siege den Glückwunsch des Kaisers entgegennehmen. Ich fuhr zu diesem Rennen natürlich nicht in einem der damals zwar noch seltenen, aber mir dienstlich schon zustehenden

Automobile, sondern eine Break Vierelang. ‚Wilhelm' kam übrigens grundsätzlich in einem Sechserzug des Marstalls zum Rennen. Als ich nach Schluß auf dem Wagenplatz an der Trakehner Allee Rittinghaus mit seinem siegreichen Reitersmann in die Arme lief, ließ ich mich überreden, mit in das Haus meines Freundes zu kommen.

Nachts saß ich dann mit Ihrem Vater eine gute Stunde allein in einer Ecke des Salons und lernte nach dem großartigen Reiter einen ebenso großartigen Menschen kennen. Seien Sie dankbar dafür, Jürgen Godeysen, daß Sie einen solchen Vater hatten. Ein solcher Vater verpflichtet aber auch, das werden Sie wohl nicht vergessen?"

Vor wenigen Wochen wäre das noch ein Stichwort gewesen, mein immer wieder versagendes Gedächtnis vor anderen oder für mich selbst zu bejammern. „Das werden Sie wohl nicht vergessen", hatte der Alte gesagt, und diesmal erfüllte mich das Wort und das Vertrauen, das dahinter steckte, mit Stolz, und ich spürte — tatsächlich — ein klein wenig Selbstbewußtsein.

Mein väterlicher Freund hatte sich inzwischen erhoben und kramte in einer Schublade der vollendet schönen Biedermeier-Kommode, entnahm ihr einen großen Briefumschlag und kam an unseren Tisch zurück.

„Später las ich in irgendeiner Fachzeitschrift, daß Ihr Vater auf seinem Hof edle Pferde züchtete. Da ich die Spur von Rittinghaus verloren hatte, hoffte ich bei Kaspar Godeysen seinen Aufenthalt zu erfahren. Die Antwort war niederschmetternd, mein alter Freund längst verstorben, seine Tochter, die Frau Godeysen, also Ihre Frau Mama, als Sie noch ein kleiner Junge waren, nach Gottes unerforschlichem Ratschluß abberufen ... Eine kleine Freude war doch in dem Brief enthalten . . . ein Bild im Postkartenformat, Kaspar Godeysen auf einem edlen Vollblut, und neben ihm, auf einem Schimmel, ein kleines Kerlchen, das seinen Namen trug."

Während des Berichtes nahm Ulmenau aus dem Kuvert ein vergilbtes Bild heraus und reichte es mir.

„Sie können es behalten, Jürgen."

Ich betrachtete die Photographie und sah neben meinem Vater mit stolzer Miene mich. Wie ein Großer saß ich auf dem Schimmel. Liebkosend strich ich mit der Hand über das Bild.

„Für einen zehnjährigen Burschen ein beachtlich guter Sitz, mein Lieber. Sie haben von Ihrem wunderbaren Vater sicher alles mitbekommen, was sich ein Reitersmann wünschen kann ... die schlichte und große Echtheit, die selbstverständliche Wahrheit, die jeder echte Reiter ausstrahlen muß, denn das Pferd duldet keine Lüge. Sie sind zu beneiden, Jürgen Godeysen."

Als ich später in meinem Bett lag, konnte ich lange keinen Schlaf finden. Ich überdachte die Gespräche und Eindrücke dieses Abends. Vor allem der Satz des alten Jobst von der Ulmenau ging mir nicht aus dem Sinn:

„Sie sind zu beneiden, Jürgen Godeysen."

War das nun Ironie oder ehrlich gemeint? Der Uralte mußte sich doch ausführlich mit Gunthermann über mich unterhalten haben und daher meinen anormalen Zustand kennen. Oder beneidete er nur meine Vergangenheit und wollte mit diesem Ausspruch meine Gegenwart und Zukunft barmherzig verhüllen? Eigentlich hielt ich den alten prächtigen Mann für viel zu offen und geradeaus. Nein, er beneidete mich wohl wirklich.

Ich knipste die Nachttischlampe an und betrachtete zum soundsovielten Male das Bild meines Vaters und den Knirps neben ihm, der ich sein sollte, und der so selbstbewußt und selbstverständlich im Sattel saß.

Mein nächster Griff galt dem Tagebuch meines Vaters. Ich brauchte nicht lange zu suchen ...

„Du bist mein Sohn, Jürgen", las ich, „und Du weißt, was wirkliches Reiten bedeutet ..."

Und ein paar Zeilen später ...

„Reiten ist Leben, ist klares und lauteres und inbrünstiges Spüren der großen Gnade, da sein zu dürfen ..."

Wieviel lebendiger wirkten heute diese Worte, die ich schon so oft gelesen hatte, auf mich, da ich das Bild meines Vaters in den Händen hielt und jemanden sprach, der ihn kannte.

Behutsam legte ich das Tagebuch weg, löschte das Licht und schlief zum ersten Male, soweit ich zurückdenken konnte, glücklich wie ein Kind ein.

NIKOLINE AN JÜRGEN

Mein liebstes Reiterlein!

Schon wieder flüchte ich mich zu Dir, aber wie anders als mit dürren Zeilen soll ich das, was mein Herz fast zersprengt, zum Ausdruck bringen!

Diesmal bewegt mich nicht die Angst um Dich, mein Liebster, nicht das Gefühl, vor einem geradezu unüberwindlichen Hindernis zu stehen, sondern ein ganz klein wenig Freude und Hoffnung.

In meinem ersten Brief an Dich schrieb ich, daß Gunthermann mir sagte, ich solle meinen Glauben an die immer wache Güte des Herrgotts zuversichtlich im Gebet zum Ausdruck bringen. Dieser Gedanke läßt mich nicht mehr los. Der Mensch muß erst durch Leid und Kummer gehen, bevor er den Weg findet, der ihm allein Trost und Kraft geben kann.

Von meinem Ausflug zu Gunthermann wieder in Matthiasruh gelandet, empfing mich meine Mutter und zog mich sofort in ihr Zimmer.

„Jürgen befindet sich auf einer mehrmonatigen Studienreise", sagte sie eindringlich und leise, „damit du Bescheid weißt. Wir dürfen uns nicht versprechen, sonst gibt es einen fürchterlichen Klatsch. Ein ausgerückter Schwiegersohn, das wäre ein Schatten auf dem sauberen Schild des Hauses Pratt. Denke an deinen Vater, Nikoline."

Reiterlein, ich liebe meinen Vater gewiß über den Tod hinaus, aber hier verlor ich erstmals meine Selbstbeherrschung.

„Verzeih, Mutter“, sagte ich ruhig, aber entschlossen, „zuerst denke ich jetzt an meinen Mann, und wie mir Professor Gunthermann zu verstehen gab, sind wir mitschuldig an Jürgens seelischer Verfassung. Du und ich haben ihn ‚huckepack‘ getragen, wie der Doktor meinte, anstatt ihn ruhig ein paarmal auf die Nase fallen zu lassen. Schließlich sollte er nicht ein Spiegelbild meines Vaters werden, sondern ein eigener, selbständiger Charakter bleiben, der Sohn Kaspar Godeysens.“

Zu meiner Verwunderung kam mir Mama nicht mit Gegenargumenten, im Gegenteil, sie nickte zustimmend, nahm meine Hand und drückte sie zärtlich. Was mag sie in diesem Moment bewegt haben!

Seit dieser Stunde erwähnen wir weder Deinen noch den Namen meines Vaters. Wir essen und sprechen miteinander — nicht nebeneinander, wir besichtigen die Felder und die Produktionshallen. Wenn ich auf Nicoline ausreite, winkt sie mir nach. Wir versuchen, einander jeden Wunsch von den Augen abzulesen — und doch steht irgend etwas zwischen uns, wovon wir ahnen, daß es uns entweder ganz entfremden oder wie früher im restlosen Verstehen vereinen wird.

Vorige Woche bekam ich einen telefonischen Anruf von Professor Gunthermann mit der Aufforderung, mich am nächsten Morgen auf den Weg nach dem Waldgut Priepert nahe Kissingen zu machen. Mein Nikoläuschen wäre dort in Pension und verlange nach mir. Er, Gunthermann, würde am Nachmittag auch anwesend sein.

Von Dir, Liebster, sagte er kein Wort. Das kenne ich schon an ihm, er kommt gern im letzten Augenblick mit Überraschungen, um an deren Wirkung den augenblicklichen Pegelstand meines Gleichgewichtes abzulesen. Da ich tagelang nichts von ihm gehört hatte, nährte ich in meinem Herzen die Hoffnung, daß ich Dich auf diesem Waldgut antreffen würde. Während ich am Steuer saß, malte ich mir meine Wünsche immer deutlicher aus. Ich hörte Dich sagen, ‚ich komme mit dir zurück, es ist alles wieder gut' — und ich versprach mir — und Dir laut und inbrünstig all das, was ich anders machen wollte, um Deiner Seele zu helfen. Sämtliche Fehler, die mir der Professor vorgeworfen, fielen mir nochmals ein, und ich schwor, keinen jemals zu wiederholen.

Halt! Was sagte der Arzt noch im Verlauf unseres letzten Gespräches:

„Wunschdenken, schöne Lady, ist kein Denken. Es ist sinnlos, sich die eigenen Traumbilder an die Wand zu malen. Das Leben verlangt Geduld. Sie müssen tapfer sein, wie es eben von jeder richtigen Frau verlangt wird."

Da ich die gute Straße mit durchschnittlich hundert fahren konnte, kam ich früher an, als ich mir ausgerechnet hatte. Der Professor war noch nicht da, statt dessen empfing mich ein sehr alter und sehr liebenswerter Herr, der Besitzer des 2000 Morgen großen Gutes. Vom ersten Händedruck an nahm er mich wie eine Tochter auf. Ein wenig später tauchte das „Einhorn" auf, aufgeräumt und heiter.

Trotz meiner Enttäuschung, daß mein Wunschtraum wirklich nur ein Traum gewesen, wurde ich durch die angeregte Unterhaltung der beiden Freunde mitgerissen und lachte einige Male hell auf. Sie unterhielten sich über alles, nur nicht über Dich, mein Reiterlein. Bis Herr von der Ulmenau schließlich — bei einem alten Reitersmann nur zu verständlich — beim Pferd landete:

„Von Ihnen, Gunthermann, kann ich ja nicht viel Verständnis verlangen. Sie sind mit allen Fasern ihres Gewissens und Wissens dem hilfsbedürftigen Menschen verschrieben. Sie stehen ihren Mann wie kaum ein zweiter ... auf einem anderen Parcours und nehmen dort die schwersten Hindernisse. Aber wie ist es mit Ihnen, junge Dame? Sie kommen mit so einem stinkenden Blechkasten angefahren? Fühlen Sie sich denn wohl dabei?"

„Ich reite gern", gab ich anstelle einer Antwort zurück, „mein Pferd ist ja freundlicherweise von Ihnen in Pflege genommen. Ich werde es im Laufe der Woche abholen lassen."

„Von mir aus bleibt der brave Zosse noch eine Weile hier. Auch ein Pferd braucht mal eine kleine Luftveränderung. Daß Sie Reiterin sind, daran habe ich keine Minute gezweifelt. Glauben Sie mir, Frau Godeysen, es steht gar nicht so schlecht um uns Menschen, wenn es nur genug Reiter gibt, die sich jederzeit selbst treu bleiben, und die sich dann so oder so auf ihre Umwelt auswirken."

Er lehnte sich in seinen Sessel zurück und blies den Rauch einer Zigarette vor sich hin, während der Professor sich eingehend mit seiner Flasche Bier beschäftigte.

„Das Reiten macht uns frei, meine Freunde", fuhr der Alte sinnierend fort, „das haben wir seit Jahr und Tag gelernt. Es entsühnt uns, und sei es nur für kurze Frist. Macht uns frei von Eitelkeit und billiger Sucht nach Geltung, frei von kläglicher Gier und vor allen Dingen von dummer Überheblichkeit, von Selbstherrlichkeit und Eigenliebe."

„Sie müssen reiten, Lady", brubbelte Gunthermann vor sich hin.

„Und Ihr Gatte muß ebenfalls reiten, reiten, reiten!" kam es aus der Tiefe des Sessels heraus, „im Sattel wird er sein Selbstvertrauen, das er nun wohl bald wiederfindet, bewahren, nicht im hinterlassenen Lehnstuhl des gestrengen Herrn von Pratt." Gunthermann beugte sich zu mir herüber: „Verzeihen Sie, Nikoline, das soll keine Herabsetzung Ihres verstorbenen Herrn Vaters sein."

„Ihr Mann ist der Sohn Kaspar Godeysens", fügte der Gutsherr hinzu, „und das setzt allerhand voraus. Zuallererst muß er wieder ein freier Mensch werden."

Der alte Herr von der Ulmenau sah mir mit seinen glänzenden jungen Augen bis tief ins Herz hinein:

„Der eine glaubt, die Freiheit liegt in der wirtschaftlichen Sicherheit, der andere in der Macht, aber im Grunde sind sie doch alle von irgend etwas abhängig."

Der Arzt hatte sich bei den Worten seines Freundes aufgereckt und schaltete sich ein:

„Ich kann nur ein freier Mensch sein, wenn ich von äußeren Dingen völlig unabhängig bin. Das bedeutet nicht, ein Märtyrer oder ein Asket zu sein, sondern zu erkennen, daß der Sinn und Zweck des Lebens ist, dessen wert zu sein, daß Gott uns nach seinem Bilde geschaffen hat."

Wir schwiegen eine Weile, während ein alter Diener einen leichten Tiroler servierte. Nachdem der Hausherr uns wortlos zugeprostet und wir einen ersten Schluck genommen hatten, schüttelte der Arzt plötzlich unwillig den Kopf.

„Jobst, Sie können noch so schöne Worte der Weisheit von sich geben. Dennoch ... während wir kluge Dinge schnacken, schwimmt unser Jürgen auf hoher See, einem Land zu, in dem es kaum was Richtiges zu reiten gibt, es sei denn, er schwingt sich auf ein Zebra oder einen Elefanten, wie soll er da Ihre Rezepte einnehmen?"

Der alte Herr winkte ab.

„Mein lieber Besserwisser", lachte er, „unser Sorgenkind wird erst mal mit dem prächtigen George Farth in den Urwald trampen und sich am Anblick von Löwen, Nashörnern und Leoparden ergötzen."

„Was", schrie ich fast heraus, „mein Mann ist auf dem Wege zum Urwald? Was soll er denn da?"

„Wieder der alte zünftige Bursche werden, der er war, bevor ihn ein verdammtes Stück Eisen an der falschesten Stelle traf", gab Gunthermann ebenfalls lautstark zurück, „er wird Ihnen ein schönes Löwenfell mitbringen, das Sie sich später im Kinderzimmer an die Wand hängen können, schöne Lady."

„Mein Mann schießt nicht auf Tiere“, empörte ich mich, „haben Sie denn das als Psychologe nicht gewußt, daß er jedes Gewehr verabscheut?“

„Doch“, warf der Arzt schmunzelnd ein.

„Das wissen wir. Deshalb haben wir ihm ja auch eine bildschöne Schmalfilm-Kamera eingepackt“, lächelte der Alte vergnüglich, „wenn er schon unbedingt Tiere schießen muß, weil Farth es von ihm verlangt, dann nur durch die Linse.“

Jetzt wußte ich es also, Liebster, was diese beiden Freunde ausgebrütet hatten. Plötzlich strömte ein unbeschränktes Vertrauen zu den zwei großartigen Menschen durch mein Herz. Was sie auch inszeniert hatten, wohin sie Dich auch geschickt haben mochten, alles war liebevoll und gewissenhaft durchdacht. Wäre jeder von ihnen Dein Vater, es hätte nicht sorgfältiger geschehen sein können.

Als ob Ulmenau meine Gedanken erraten habe, hob er sein Glas, sah zu seinem Freunde hin und sagte:

„Mir hat der Herrgott den einzigen Sohn genommen, Sie lieber Professor, hat er zum Einzelgänger bestimmt, drum wollen wir unsere väterlichen Gefühle Jürgen Godeysen und seiner jungen Frau schenken.“

Mir stiegen die Tränen in die Augen. Wir sind in guten Händen, Reiterlein ...

„Schreiben Sie einen schönen, ausführlichen Bericht vom heutigen Palaver an Ihren Jürgen“, befahl mir der Arzt beim Abschied, „und legen Sie ihn ruhig in die Schublade. Doch glauben Sie ja nicht, daß Sie mir vorläufig seine Anschrift abluchsen können.“

General a. D. Jobst von der Ulmenau führte mich nun zu Nikolaus, der prächtig aussah und mich mit einem lauten Wiehern begrüßte. Dann brachte mich mein neuer Freund sogar bis zum Wagen und bezeichnete diesen trotz seiner Abneigung gegen jedes motorisierte Fahrzeug als „schnittig“.

„Kommen Sie mich bald wieder besuchen, am besten, Sie holen Ihren Wallach selber ab“, sagte er und drückte meine Hand noch fester als beim Empfang, „und reiten Sie ... reiten Sie! Es gibt kein besseres Heilmittel, das den inneren Frieden wiederbringt, den Einklang mit uns selbst und unseren Aufgaben. Es ist eine gute Sache, als Reiter zu leben.“

So ist es, mein Liebster. Kannst Du jetzt verstehen, daß ein klein wenig Freude und Hoffnung in mein Herz gezogen sind, wie ich zu Beginn dieses Briefes erwähnte?

Trotzdem Du viele Meilen von mir entfernt auf dem Meere schwimmst, warst Du mir nie so nahe wie jetzt.

Was auch immer kommen mag, ich werde zu allen Zeiten unsagbar stolz auf Dich sein. Ich werde Dich immer lieben, wofür Du Dich auch in Zukunft entscheiden magst.

Die Deine ...

V

BRITISCH-OSTAFRIKA

oder

GEORGE FARTH, GIANI, SAFARI UND EIN NEUES LEBEN

Endlich ist Stille in mir. Obwohl seit Tagen oder Wochen — ich vermag nicht nachzurechnen, und es ist ja auch gleichgültig — der Regen in gleichmäßiger Stärke auf das zweifache Dach meiner hübschen, zweiräumigen Hütte niederrauscht.

Sie ist solide gebaut. Aus festen Stämmen. Die Fugen sind mit einer Mischung von Lehm und Dung ausgefüllt, die Fassade verputzt mit einem Vermengsel aus Elefanten- und Nashornmist sowie Lehm. Die Innenräume sind mit starkem Kartonpapier tapeziert.

Der Regen setzte genau in der Minute ein, als ich das letzte Gepäckstück mit Hilfe Jambas unter Dach gebracht hatte. Der Neger nahm den ihm gereichten Geldschein nur widerstrebend an. Als ich ihm die Hand zum Abschied geben wollte, lächelte er.

„Bwana, guter Mann", sagte er und machte sich auf den Weg zur Tür. Das Wasser schüttete herab wie aus Eimern. Mir schien das selbst für einen Eingeborenen zu viel.

„Du bleibst hier, bis der Regen aufhört", befahl ich.

Jamba lachte wieder ...

„Das wird Bwana zu lange dauern, Regenzeit hat eben begonnen, geht über viele Tage."

Doch mein Entschluß war fest, den alten Mann in diesem Wetter nicht auf den weiten Weg nach Nairobi gehen zu lassen. Ich wies ihm in der schmalen Kammer einen Platz an, und hier saß er tagelang mit zufriedenem Ausdruck und wartete geduldig auf das Ende der Regenzeit. Ich konnte ungestört in dem größeren Raum meinen Gedanken nachgehen.

Mittags machte er sich am Kochherd nützlich. Er war ein vorzüglicher Koch, er mußte wohl bei jeder der zahlreichen Safaris, an denen er teilgenommen, etwas dazugelernt haben. Trotz der bescheidenen Auswahl der Büchsen kochte er international. Wir aßen gemeinsam, und abends rief ich den Alten zu mir und versuchte, meinen vorerst noch kümmerlichen Suaheli-Sprachschatz zu erweitern. Bei dieser Gelegenheit erhoffte ich, etwas von den Gedanken und Meinungen der Neger aus erster Quelle kennenzulernen.

Zunächst richtete ich mich ein. Mein Raum enthielt die notwendigsten Gegenstände, ohne die selbst ein Jäger nicht auskommen kann. Ein Feldbett, wärmende Wolldecken für die Nächte, einen Tisch mit zwei Stühlen, sogar einen kleinen Schrank und einen Spiegel an der Wand. Auf dem Tisch stand ein großer, handgeschnitzter Leuchter für fünf Kerzen, außerdem hatte mir der vorsorgliche Farth eine Karbidlampe mitgegeben, denn er ahnte wohl, daß ich viel und oft bis in die Nacht hinein lesen oder schreiben würde.

Farth hatte mir diese Unterkunft besorgt, ich konnte hierbleiben, solange mir der Sinn danach stand. Die Bücherkiste mit größtenteils landwirtschaftlicher Literatur war mir von Bremen her nachgekommen. Und mit den Büchern fühlte ich mich der Heimat näher. Ich las, während es regnete; ich las an den Abenden, vertiefte manch ein Wissen, das ich auf dem Hofe des Matthias von Pratt nur oberflächlich gestreift hatte — manchmal schaute ich auf, ob nicht, wie dort, ein Paar Augen mit langem Blick auf mir ruhten... doch ich war allein. Nur der Regen rauschte.

Ich warf mich auf das Bett und streckte mich aus, lauschte dem Regen, dessen gleichförmiger Klang meinen Sinnen wohltat, und schloß die Augen. Endlich hatte ich den Platz, an dem ich meine Ruhe finden sollte.

Wohl zum hundertsten Male zog ich den Brief aus der Tasche, den mir Farth durch den Neger geschickt hatte. Er war von Professor Gunthermann. Deutsche Worte, die nur mir galten — so weit im andern Erdteil.

Mein Gott, ich hatte den Freund schwer vernachlässigt. Sieben Monate war ich schon von Priepert fort, und nicht eine Zeile geschrieben! Weder an ihn noch an Ulmenau.

Ich nahm den Brief aus dem Umschlag — die paar handgeschriebenen Zeilen konnte ich fast auswendig und las sie doch immer wieder:

Junger Freund,

was ist los? Ist das eine Art und Weise, seinen ollen Medizinmann so zu behandeln? Ich bin doch kein junges Mädchen, das man absichtlich zappeln läßt. Also nehmen Sie sich mal eine Handvoll Zeit und schicken Sie mir schleunigst einen ausführlichen Bericht.

Was Sie übrigens interessieren dürfte: Um Ihre von Doktor Sesselmann noch genährten Befürchtungen von wegen einer weiteren Frau auf Ihrem Lebenswege zu entkräften, habe ich bei der zuständigen Suchstelle nachgeforscht. Kein Mensch vermißt einen Jürgen Godeysen.

Weiterhin ließ ich in Ihrem Namen nach Angehörigen suchen. Da meldete sich eine Auskunftei mit dem Hinweis auf eine Frau Nikoline Godeysen, auf dem Gute Pratt lebend. Das war natürlich eine tolle Neuigkeit!

Nein, mein Junge, dieses Hirngespinst, falls noch vorhanden — was ich nicht hoffe —, treiben Sie sich nur so schnell wie möglich aus, aber bitte gleich mit Stumpf und Stiel.

Nun warte ich.

Ihr G.

Der Brief des braven, zottigen Professors besaß für mich die Wirkung wohltuenden Balsams. Als ich ihn das erste Mal las, durchfuhr es mich wie ein Blitz, und die ganze Schwüle in und außer mir verwandelte sich in Klarheit. Das war echt Gunthermann.

Der gute Kerl war immer um mich besorgt und spürte über tausende Meilen hinweg meine Gedanken. Woher nahm er nur die Zeit, inmitten eines Hauses voll kranker und verzweifelter Menschen noch an mich zu denken? — Männer wie er schreiben die goldenen Kapitel des Arztberufes.

Obwohl ich kein Trinker bin und gut und gern monatelang ohne Alkohol auskommen kann, holte ich mir zur Feier des Tages eine Flasche Whisky aus der Kiste und schenkte mir ein Wasserglas voll ein. Ich kam mir vor wie einer, der nach langer Zeit wieder in seine Wohnung zurückkehrt. Jeder Winkel, jedes Möbelstück, ja fast jeder Blumenstrauß ist ein wenig fremd und doch ganz vertraut. Der Regen prasselte mit unverminderter Stärke hernieder, die Dämmerung brach früher ein als sonst, ich zündete die Kerzen an, nahm meinen Schreibblock und begann den ersten Bericht aus Afrika . . .

Der Abschied von Deutschland und Europa, die lange Überseereise, das alles war wie ein Wachtraum über mich hinweggegangen. Denke ich jetzt daran, so ist mir, als sei ich damals über und über mit Wunden bedeckt gewesen.

Als der Steward mich darauf aufmerksam machte, daß wir nach wenigen Stunden in Mombassa, der größten Hafenstadt Ost-Afrikas, vor Anker gehen würden, war ich eher zufrieden als erstaunt.

An Land stürzten sich ein gutes Dutzend schwarzer Träger auf mein Gepäck. Im Schnellzug fuhr ich nach Nairobi und nahm ein Zimmer im Norfolk-Hotel. Noch immer ein wenig benommen und noch längst nicht fertig mit den Eindrücken von Abschied und Ankunft, betrat ich den Balkon und warf einen kurzen Blick auf die vormittägliche Straße. Ein schier endloser Strom von Menschen zog am Hause vorbei: wenige Weiße, um so mehr Schwarze aller Schattierungen und auffallend viele Hunde von undefinierbarer Rasse, Taxen, dazwischen amerikanische Straßenkreuzer, doch der gute alte Ford war in der Mehrzahl.

Von unten aus der Bar her drang lautes, offenbar vom Alkohol beschwingtes Lachen an mein Ohr. Aus weiter Ferne erklang das mahnende Läuten einer Kirchenglocke. Hastig schloß ich die Balkontür hinter mir und warf mich auf mein Bett. Ich war enttäuscht. Das Bild der modernen hektischen Stadt war nicht das, was ich mir unter Afrika vorgestellt hatte ...

Bei meinem ersten Rundgang erwies sich Nairobi, das 1700 Meter hoch liegt und entgegen meiner Erwartung ein angenehm gemäßigtes Klima hat, als eine moderne, doch zu schnell aufgeschossene Stadt mit riesigen Bürogebäuden, Warenhäusern, erstklassigen, zweit- und drittrangigen Hotels sowie einem dementsprechenden Nachtleben. In meiner Naivität hatte ich mir vorgestellt, hier nur Abenteurer in Khakihosen und Tropenhelmen herumlaufen zu sehen. Statt dessen trugen die Weißen modernste Londoner Kleidung. Nur die dichten Knäuel pechschwarzer Menschen in ihren buntbedruckten Kleidern und Hemden erinnerten mich daran, daß ich mich in Afrika befand.

Im Geschäftsviertel herrschte ein nervenzerstörender Verkehr. Weiße und schwarze Chauffeure wanden ihre Wagen mit artistischer Geschicklichkeit durch das Gewirr von Fußgängern, Maultierkarren und Autobussen, an denen die Eingeborenen in Trauben hingen. Noch bewundernswerter erschien mir, wie die englischen Verkehrspolizisten und ihre schwarzen Helfer diesen Strom in Fluß hielten.

Mit einiger Mühe und holperigem Schulenglisch fragte ich mich zum Quartier des Berufsjägers George Farth durch, an den mich Jobst von der Ulmenau mit einem persönlichen Schreiben verwiesen hatte. Einige hochbeladene, alte Ford-Expeditionswagen versperrten mir den Zutritt zu dem kleinen Haus. Ein Haufen wild schnatternder Neger drang auf mich ein, überschüttete mich in einer mir völlig unbekannten Sprache mit tausend Fragen. Heute weiß ich, daß es Suaheli war, und die für mich wichtigsten Worte habe ich auch schon gelernt. Weißer Herr heißt Bwana, Chakula = Essen, Gharri = Wagen oder Auto, ku-lala = schlafen und jambo = guten Tag. Mit diesen und wenigen weiteren Ausdrücken kommt man schon durchs Land.

George Farth traf ich im denkbar ungeeignetsten Augenblick an, denn er stand, wie ich mir schon beim Anblick der bepackten Wagen dachte, im Begriff, am nächsten Morgen zu einer Safari zu starten. Er las den Brief meines alten Freundes und nickte mir kurz zu:

„Sie können gleich mitkommen, wenn Sie wollen", sagte er in seiner knappen Art. Als ich freudig zustimmte, übergab er mich einer fetten Negerin, die mich für die Jagdexpedition mit dem Notwendigen versah.

Farth stellte mir einen kleinen Raum zur Verfügung, dort konnte ich mich ausruhen und auch mein überflüssiges Gepäck zurücklassen. An diesem Tage kam ich nicht mehr dazu, auch nur ein persönliches Wort mit dem geschäftigen Engländer zu wechseln. Mit all meinen kleinen Nöten ging ich daher zu meiner Betreuerin, deren englische Sprachkenntnisse zwar ebenso gering waren wie meine. Trotzdem verstanden wir uns großartig.

Über eines konnte sie sich allerdings nicht beruhigen: daß ich die beiden mir zugedachten Jagdgewehre nicht annehmen wollte.

„Safari", sagte sie immer wieder, „lion ... tiger ... leopard." Sie machte die Bewegung, als ob sie mit einem Gewehr zielte, kniff dabei ein Auge zu und gab dann mit den Lippen einen mächtigen Knall von sich.

„Good, good, but I never shoot!“ wehrte ich ihre Bemühungen ab, worauf mich die korpulente Dame kopfschüttelnd stehen ließ. Am nächsten Morgen aber, als ich mich an das Steuer des mir zugewiesenen Wagens setzte, lag prompt eine Büchse neben meinem Sitz. Und es war gut so, denn ich brauchte sie wirklich im Augenblick höchster Gefahr.

Apropos ... ans Steuer setzte ... Farth nahm es als selbstverständlich an, daß ich einen Wagen fahren konnte und war froh, über einen zuverlässigen Weißen mehr verfügen zu können.

„Gesellschaftlicher Mittelpunkt“ der Expedition war ein amerikanisches Ehepaar von etwa vierzig Jahren, das wahrscheinlich über ein unerschöpfliches Bankkonto verfügte, denn es bezahlte, ohne mit der Wimper zu zucken, alles, was von ihm verlangt wurde. Aber es ließ sich auch ohne Murren hinter die Lenkräder von zwei alten Fords setzen. Den ersten Wagen der Karawane steuerte Farth, ihren Beschluß bildete ein Mann, der erst in der allerletzten Sekunde auf einem vorsintflutlichen Gefährt angebraust kam, ausstieg und sich ohne Umschweife ans Steuer des fünften Wagens setzte.

Bei der ersten Ruhepause kam er zu mir herüber und tippte mit dem Finger an den Rand seiner alten Offiziersmütze.

„Gian Paolo Duca degli Forresti“, sagte er und sah mich erwartungsvoll an, was ich wohl auf diese unverständliche Anhäufung von Fremdwörtern erwidern würde.

Südamerikaner, Spanier oder Italiener? fragte ich mich. Da ich seine Litanei für einen Namen hielt, stellte ich mich gleichfalls vor.

„Jürgen Godeysen.“

„Thank you“, kam die Antwort, dann winkte er mir ein paarmal mit seiner Rechten zu, als ob er sich vorläufig noch nicht entscheiden könne, mir die Hand zu reichen.

Der Bursche sah äußerst elegant aus. Stiefel, Reithose und Hemd wie aus dem ersten Haus in Paris oder London. Er war gut rasiert, braungebrannt und in jeder Weise gepflegt. Seine kohlschwarzen Augen besaßen einen feuchten Glanz und machten stets einen etwas lächelnd-prüfenden Eindruck, als ob er gerade dachte:

‚Ist ja alles halb so schlimm‘ oder ‚das Leben ist doch schön!‘

Der Mann amüsierte mich. Ich stellte mir vor, wie ramponiert seine Eleganz wohl nach zwei Tagen Safari aussehen würde.

Hier irrte ich mich. Der frühere italienische Reiteroffizier sah nach vier Wochen noch genauso aus, als wäre er eben erst aus dem Salon eines Coiffeurs gekommen. Allerdings nur frühmorgens beim Frühstück. Tagsüber kam er ebenso wie wir ganz schön ins Schwitzen, und dann sah er auch genauso aus wie wir: verklebte Haare, staubiges Gesicht, ölverschmierte Hände.

Außer uns fünf Vertretern der weißen Rasse begleiteten uns mit pausenlosem Geschnatter eine Schar von schwarzen Trägern, die in unmöglichen Stellungen auf noch unmöglicheren Stellen unserer Wagen hockten. In den Kurven und Löchern der Elefantenpfade, durch die wir uns mehrmals durchkämpfen mußten, schwankten die Gepäckberge beängstigend hin und her, doch kein Fahrzeug fiel um und kein Neger flog von seinem luftigen Sitz herunter.

Nach zwei Tagen stießen wir auf den von Farth vorausgesandten Troß, der mit Ochsengespannen auf uns wartete. Die Lasten wurden auf die zahlreichen Träger verteilt (keiner von ihnen übernahm auch nur ein Gramm mehr als die üblichen sechzig Pfund), die Gespanne mit den Notreserven blieben zurück, und nun ging es hinein in den immer dichter werdenden Wald.

Und die Fremde hatte mich völlig umfangen. Ich war, ehe ich dessen voll gewahr wurde, selbst ein Teil dieser Fremde geworden. Ich hatte eine Aufgabe unter Menschen, deren Sprache ich nicht oder kaum verstand. Hier hieß es allein: das Notwendige tun und die Feste feiern, wie sie fallen.

Bald erreichten wir ein kleines, schmuckes Landhaus, das inmitten eines blühenden Gartens am Rande des Urwalds lag. Es gehörte einem mit Farth befreundeten englischen Ehepaar. Hier schlugen wir unser Standquartier für die weiteren Jagdausflüge auf, von denen die Amerikaner ein paar seltene Jagdtrophäen erwarteten.

Die Abende in diesem Haus waren kurios genug. Die Gastgeber hatten mit sich und ihrer Arbeit zu tun, die beiden Amerikaner waren von den Anstrengungen des Tages regelmäßig so abgespannt, daß sie nach dem Abendessen so rasch wie möglich ihr Zimmer aufsuchten. Farth rauchte Pfeife. Dazu schwieg er nicht nur, sondern machte ein so unergründliches Gesicht, daß selbst die vorsichtigste Vermutung über seine Gefühle oder Gedanken verwegen gewesen wäre. Der Italiener ließ seine blanken Augen zwischen Farth und mir hin- und herwandern — und schwieg ebenfalls. Nur die Art, wie er seine Mütze ins Genick geschoben hatte, verriet, daß er sich wohl fühlte. Und ich — ich hatte ohnehin nicht viel Lust, zu sprechen, eher andere sprechen zu hören. Doch da ich weder im Englischen noch im Italienischen sicher war, lebte ich die erste Zeit wie in einem luftleeren Raum. Erst langsam fanden wir drei uns in einer eigentümlichen, kaum wiederzugebenden Kompromißsprache zusammen und wurden Freunde. Aber bis dahin mußte ich vieles mit mir selbst ausmachen. Und daß sich mir dabei keine Helfer aufdrängten, danke ich Gunthermann noch heute.

Unerschöpflicher Tierreichtum beglückte mich. Meine Kamera, mit der ich mich sehr schnell zurechtfand, machte reichhaltige Beute. Ich schoß mit ihr ganze Gruppen von hellbraunen Buschböcken, zierliche Kerlchen mit lyraförmig geschwungenen

Hörnern. Ich kam bis auf wenige Meter an eine schlafende Herde schwarzer, riesiger Büffel heran, weckte sie durch einen schrillen Schrei und bannte die Flüchtenden herrlich auf den Film.

Übrigens hatte ich mir doch angewöhnt, die Büchse immer bei der Hand zu haben. Nicht um zu jagen, sondern um äußersten Gefahren, die bei einer Safari durchaus auftreten können, nicht hilflos gegenüberzustehen.

Immer auf der Suche nach Filmmotiven, erblickte ich eines Morgens einen Leoparden, der sich völlig unbemerkt an eine Gruppe ruhender, schwatzender Neger herangeschlichen hatte. Der Moment barg ebensoviel Schönheit wie Unheil in sich. In Gedankenschnelle riß ich den Kolben des Gewehres, das ich zum Spott der anderen bis dahin wie einen Schmuck über der Schulter getragen hatte, ans Kinn. Die Kugel traf das geschmeidige Tier genau zwischen die Lichter.

Während Farth mir dankbar zunickte, entfesselten die Träger einen wahren Freudentanz.

„Thank you, Godeysen", klang es an mein Ohr, und das war mehr, als hätte ein anderer eine ganze Lobeshymne auf mich losgelassen.

Der Italiener klopfte mir auf die Schulter.

„Allemani, du mein amigo, okay?"

„Okay", erwiderte ich.

Von dieser Stunde an war ich sichtlich in der Achtung der Jagdgenossen gestiegen. Ich konnte also schießen und sogar treffen, wenn ich mußte. Nur wenn ich mußte! Das sollte mir unverbrüchliches Gesetz bleiben.

Ich kann nicht verhehlen, daß dieser Zwischenfall mein Selbstbewußtsein hob. Auch meine Einstellung zu Farth änderte sich. Wir rückten uns, ohne darüber zu sprechen, innerlich viel näher. Vieles an ihm fiel mir jetzt auf. Er behandelte seine Schwarzen streng und hielt unter ihnen straffe Disziplin; trotzdem wirkte er wie ein Vater. Er versorgte sie mit Arzneien, verband ihre

Wunden, hörte sich auch geduldig ihre Sorgen an, die sich meist um Essen und Frauen drehten. Ich hatte den Eindruck, daß die Kerle ihn liebten wie Kinder. Sie hätten wohl manch ein Opfer für ihn gebracht.

Wenn wir uns des Abends in unserem nach allen Seiten gesicherten Lager zur Ruhe legten, ließ mich die macabre Melodie des Urwalds lange nicht einschlafen. Das hungrige Brüllen der Löwen, die Klagerufe der unheimlichen Hyänen, die Trompetenstöße der Elefanten und der schrille Todesschrei einer geschlagenen Antilope mischten sich zu einer atonalen Symphonie. Nur Farth und Forresti schnarchten um die Wette; für sie bedeutete dies alles nicht mehr als ein vertrautes Schlummerlied.

In der Nähe eines ausgetrockneten Flußbettes stießen wir erstmals auf Elefantenspuren, von denen der Engländer behauptete, daß sie nicht älter als vierundzwanzig Stunden wären. Er konnte aus Spuren ganze Geschichten über Einzeltiere oder Herden herauslesen. Die Elefanten sahen wir diesmal nicht, sie hatten sich nach Angaben der Einwohner eines Dorfes bereits in die Berge zurückgezogen, um vor der nächsten Regenperiode nicht mehr aufzutauchen.

Nach und nach fanden wir drei Europäer uns immer stärker in einer rauhen aber wohltuenden Kameradschaft zusammen. Wir nannten uns beim Vornamen, und zwar Georges, Giani (so ließ sich Forresti rufen), und mich nannte der eine friend und der andere amigo, denn den Namen Jürgen konnten beide nicht aussprechen.

Man muß nicht etwa glauben, daß unsere Konversation in einem Londoner Club Ehre eingelegt hätte. Wir suchten erst jedes Wort mühsam in unserer Gedächtniskammer zusammen, bevor wir damit rausrückten. Sozusagen eine Unterhaltung im Zeitlupentempo, die sich ungefähr folgendermaßen anhörte:

Meist eröffnete der Engländer das Palaver am abendlichen Lagerfeuer, auf das wir nicht verzichteten — denn die nächtlichen Temperaturen sanken verdammt tief, und die Raubtiere lieben die Flammen nicht ...

„Friend, tomorrow ich hoffen dich zu zeigen eine Rhinozeros."

„Okay, George", erwiderte ich zünftig.

„Eine mit viere Beinen", erklärte der Italiano.

Nach einer anstrengenden Denkpause von gut zwei Minuten schloß George die große Debatte mit der Bemerkung ab:

„Yes ... keine Rhinozeros wie du, Giani."

Nach und nach jedoch wurde unsere Verständigung bedeutend eleganter. Es gab zu viel Gemeinsames zu sorgen und zu bedenken, als daß wir lange in splendid isolation nebeneinander hätten leben können. Wir mußten dauernd, das heißt in abwechselnden Wachen, vor jederzeit möglichen Angriffen gereizter Tiere auf der Hut sein. Außerdem war ja noch die „Kundschaft" da. Denn für sie ist eine Safari eine kostspielige Angelegenheit, und die meisten unternehmen sie nur aus Sensationslust, um ihren Geschäftspartnern von den „Schrecknissen der Wildnis" erzählen zu können. Es kommt, wie George uns erzählte, gar nicht selten vor, daß solch ein in Luxus und Sicherheit groß gewordenes Ehepaar den Urwaldkoller bekommt und mitten in Afrika den schönsten Ehekrieg veranstaltet. Nach außen hin markieren sie die Starken und Furchtlosen, wenn sie aber bei Einbruch der Dunkelheit allein in ihrem Zelt liegen, dann versagen die Großstadtnerven. Die armen Reichen werfen sich gegenseitig vor, daß es ein ausgesprochener Wahnsinn gewesen sei, ein so gefahrvolles Unternehmen mitzumachen und sogar noch zu finanzieren. Die Schimpfereien werden immer lautstärker, doch der betreffende Safari-Leiter muß tun, als höre er nichts. Es wäre ein großer Fehler, sich da einzumischen und zu versuchen, den Streit zu schlichten.

Denn dann wäre das gereizte Paar mit einem Schlag wieder fest zusammengeschmiedet und würde nunmehr gemeinsam den unschuldigen Schlichter angreifen.

„Es haben schon auf leader schossen ... so damned craszy Mensch", sagte Farth, „glaube mir german, keine Freude ... aber Beruf."

„Da sein auch schöne Mensch bei Safari", meinte Giani.

Der Engländer verzog den Mund zu einem Grinsen.

„Oh, du denken nur an women, old boy."

Die Bemerkung durfte wohl ihre Berechtigung haben. Giani war zweifelsohne ein guter Kamerad und ein ausgezeichneter Jäger. Obwohl er sich immer noch pflegte, als ob er auf der Via Veneto in Rom promenieren wollte, so scheute er sich doch nicht, wenn es not tat, vor der schmutzigsten Arbeit. Immer humorvoll und sehr besonnen. Doch sobald über Frauen gesprochen wurde, nahm er unwillkürlich eine ganz andere Haltung ein — als stolzierte er über das Parkett eines Ballsaales und fühlte die bewundernden Blicke der elegantesten und schönsten Frauen auf sich ruhen. Unserer Amerikanerin gegenüber, die gewiß in ihren kleinen, stämmigen Jack bis über beide Ohren verliebt war und die unter Garantie seit ihrer Verlobung bis zum heutigen Tage völlig vergessen hatte, daß es außer ihrem Haferflockenfabrikanten aus Jacksonville noch andere Männer gab, zeigte sich Giani bei jeder nur möglichen Gelegenheit als ein vorbildlicher Kavalier. Farth warf mir dann einen verständnisvollen Blick zu. Ob er wohl jemals in seinem Leben verliebt war? Diese Vorstellung erschien mir immer völlig abwegig.

O herrliche Freiheit! O ihr unbeschwerten Tage voll von Abenteuern und gewaltigen Eindrücken in der erhabenen Schönheit der Natur. O ihr wohltuenden Anstrengungen! Wer vom ersten Sonnenstrahl an den ganzen heißen Tag lang gegen Dikkicht, Dornen, Insekten gekämpft und außerdem seine Arbeit geleistet hat, der freut sich ganz anders auf das abendliche Lagerfeuer als je in der Stadt auf den Sessel oder auf die Party. Jeden Abend winkt ihm ein bescheidenes Paradies. Das verschwitzte Hemd wird vom Leibe gerissen. Man wäscht sich und setzt sich erfrischt und erlöst von allen Sorgen in den bequemen Campstuhl. Ein köstlicher Drink, eine Flasche Bier aus der Getränkekiste, dann der unvermeidliche Gin, Brot, Butter und ein paar Scheiben kaltes Fleisch. Man genießt den Feierabend in vollen Zügen, bis das Urwaldkonzert einsetzt.

Als wir uns erst an diese Beigabe gewöhnt hatten, blieben wir alle, auch die beiden Amerikaner, sitzen und nahmen noch eine unbestimmte Anzahl kräftiger Drinks ein. Irgendwann legten wir uns schlafen und waren mehr als verwundert, wenn wir früh vom diensthabenden Boy geweckt wurden.

Als ob die Heinzelmännchen da gewesen wären, stand das Frühstück bereits auf dem Tisch, die Stiefel waren geputzt, wir tranken heißen Tee, während die Sonne aufging und die betauten Zweige und Gräser mit Tausenden von Brillanten übergoß.

Welch ein beneidenswertes, männliches Leben!

Das versprochene Rhinozeros stöberten wir in einem Busch auf, als das Biest gerade ein kleines Mittagsschläfchen hielt. Es sprang auf, wir nahmen Deckung und meine Kamera begann zu surren. Dummerweise ging der amerikanische Haferflockenmann in dem unstillbaren Wunsch, eine Großaufnahme vom Nashorn zu machen, so ungeschickt vor, daß das wildgewordene Tier geradewegs auf ihn losstürmte und — diesmal Farth durch einen Schuß die gefährlich gewordene Szene beenden mußte. Nun freuten mich auch meine bisher interessanten Filmmeter nicht mehr. Was gibt uns Menschen nur das Recht, in Gottes freier Natur mit Krieg und Tod einzubrechen und Herren über Leben und Tod in einem Reich zu sein, das allein unsere Ehrfurcht verdiente!

Fast sechs Monate liefen dahin wie Tage. Es war schier unmöglich, die vielen tausend Eindrücke zu verdauen. Vergessen war die Vergangenheit, denn die Gegenwart verlangte den ganzen Mann. Mein Filmmaterial war verbraucht, die Rollen hatte ich in Blechbüchsen versteckt und verlötet, um sie später aus Nairobi in die Heimat zu schicken.

In die Heimat? Wo war denn meine Heimat? Wo mein Zuhause?

Etwa im Hause Pratt? Am ehesten wohl bei Gunthermann oder auf dem Hof des kluggütigen Herrn von der Ulmenau, der mir sicher bereitwillig und liebevoll eine Heimstatt geben würde.

Oder gar ganz woanders?

Bei jener Frau, die ich nirgends in den Resten meiner Erinnerung unterbringen konnte, deren nebelhaftes Bild aber noch immer durch mein Hirn geisterte? Sie war irgendwo — mehr wußte ich nicht.

Meine persönliche Aufgabe bei der Safari war beendet, und im gleichen Augenblick griffen wieder die dunklen Gedanken nach mir. Die Wunder Afrikas verwandelten sich in graue Realistik, und ich spürte, daß meine arme Seele noch immer nicht ganz aus ihren Zweifeln und Krankheiten befreit war.

Abends, beim Glase Gin, fragte ich den Engländer, wie lange die Safari noch dauern würde. Ich sehnte mich nach Ruhe und Einsamkeit. Drei Wochen müßte ich noch überstehen. Nun gut ... das nahm ich äußerlich unbewegt zur Kenntnis. Selten kam ein überflüssiges Wort über meine Lippen, und ich dankte es wiederum den Jagdkameraden, daß sie keine Fragen an mich stellten.

Soweit die Safari, an die ich dennoch dankbar zurückdenke. Hier, in meiner Hütte, sehne ich mich oft nach der Freiheit, nach jenem Ungebundensein, das den Menschen zu einem Stück Natur werden läßt.

Lieber Professor, Sie ahnen ja nicht, was für eine Last Sie mir mit Ihrem Brief von der Seele genommen haben. Nikoline ist wohl doch die einzige, die mir angetraut ist. Wenn sie mich nicht nur bemitleiden würde, sondern mich so liebte wie ich sie! Vieles wäre gut.

Soeben hat mich Jamba verlassen. Trotz der vielen Jahre, die er auf dem Buckel trug, glitt er mit federnden Schritten wie ein Junger über den Pfad, hob noch einmal die Hand zum Gruße und verschwand hinter dem Felsen.

Die Erde dampfte, die Sonne trank mit gierigen Zügen die Feuchtigkeit, Dunstschwaden segelten über den Bäumen und senkten sich leicht wie Flaumfedern auf die Niederung. Vom Teiche her, der sich durch den Regen in einen See verwandelt hatte, drangen die Jubelschreie seiner zahlreichen gefiederten Bewohner. Aus der Tiefe des Waldes begrüßten urige Trompetenstöße das lange vermißte blaue Firmament.

Nun war ich allein. Endlich allein mit der Natur und seinen Geschöpfen. Die ersehnte Stunde war da, ich konnte Inventur machen.

Zunächst baute ich mir eine Gedankenbrücke zu den letzten Tagen:

Da ich weder einen Kalender noch einen Radioapparat besaß, wußte ich auch nicht, wie lange die Regenzeit gedauert hatte. Nur Wochen oder Monate? Eines Nachts war ich jedenfalls aufgewacht und hatte sofort gefühlt, daß sich irgend etwas in meiner Umgebung verändert haben mußte. Trotz angestrengter Überlegungen blieb die Klarheit über die Veränderung aus.

Bis mir plötzlich die geradezu unheimliche Stille auffiel ... da war es, der Regen fehlte; dieses eintönige und doch so beruhigende Hämmern der Millionen Tropfen auf mein Dach. Ich sprang vom Lager auf, öffnete die Tür und atmete die kristallreine Luft.

„Bwana ... Regen, kwisha ... aus, vorbei“, kam die Stimme des Negers aus dem Nebenraum. Auch ihn ließ die Stille nicht mehr schlafen.

Wir kochten uns einen großen Topf schwarzen Tee und nahmen unser erstes Frühstück einige Stunden früher als gewöhnlich ein.

„Jamba kwenda . . . gehen . . . nach Hause . . . und Bwana auch . . . nach Hause . . . besser sein das . . .“

Wenn es auch fast unmöglich war, mit Jamba in ein flüssiges Gespräch zu kommen, so saßen wir doch zusammen, bis die Sonne ungefähr den Stand der zehnten Stunde erreichte.

Ein gutes, stilles Vertrauen hatte uns ganz allmählich gegenseitig nähergebracht. Nicht nur, weil mir sein Kauderwelsch aus Suaheli, Englisch und Deutsch von Tag zu Tag mehr die Gedanken eines verständigen und bei aller Liebe zu seinem Volk überraschend objektiv urteilenden Mannes enthüllte, sondern weil Jamba auch zu schweigen verstand und aus einem tief eingewurzelten Taktgefühl zu einem Teil der balsamischen Ruhe wurde, die mir so wohl tat!

In der Erinnerung fügen sich unsere vielen, beschwerlichen Gespräche zu einem zusammen:

„Die Weißen haben unsere Stammesgesetze abgeschafft“, sagte Jamba. „Sie haben uns dafür einen Gott gegeben, der uns nur eine Frau zu heiraten erlaubt. Bwana, das ist zu wenig. Der Stolz meines Volkes sind viele Kinder, — wie soll eine einzige Frau genügend Kinder bringen? Die Freude am Leben haben uns die Weißen genommen, sie haben uns mit ihren Gesetzen gefesselt. Das freie Leben meines Volkes war zu Ende. Nicht mehr kämpfen, nicht mehr lieben durften wir, nicht einmal unsere Sprache sprechen.“

„Haben die Engländer nicht auch viel Gutes ins Land getragen?“

„O ja“, erwiderte Jamba mit leisem Seufzen, „der weiße Mann brachte Maschinen, Eisenbahnen, Autos und Radio nach Afrika. Aber er nahm uns die Zufriedenheit. Wir bekommen Whisky und Gin, Arznei und Ärzte, künstliche Dünger und Häuser aus Glas und Eisen, aber sind wir deswegen glücklicher?“

Und Jamba fuhr fort: „Was wäre, wenn ein schwarzer Mann nach Ihrem schönen Europa käme und sagen würde: ‚Du mußt von morgen an in einer Hütte wohnen und mit einem Lendenschurz herumlaufen und mußt mehrere Götter und Frauen haben.' Sie würden sagen: ‚Danke schön, wir sind bisher ganz gut ohne euch ausgekommen, und so soll es bleiben.'"

Der Neger nickte mir zu. „Sie sind weiß, ich bin schwarz. Da gibt es kein Entrinnen, weder für Sie noch für uns. Daher sollten die weißen und die schwarzen Männer Frieden halten."

Das waren weise Worte, die ich von einem alten, armen Neger kaum erwartet hatte, aber Jamba war, wie sich später herausstellte, ein von den Weißen wie von seinem Stamme gleich hoch geschätzter Mann. Die Sätze kamen natürlich nicht so, wie ich sie eben aufgeschrieben habe, aber aus dem bunten Gemisch seiner Sprachbrocken war ihr Sinn klar erkennbar. Beim Abschied verneigte er sich kaum merklich und sagte mit fast väterlichem Klang:

„Bwana ... Kenia bald verlassen ... bald viel Blut fließen ... bald ..."

Die letzten mahnenden Worte des alten Jamba gingen mir lange Zeit nicht aus dem Kopf.

So, mein lieber Professor Gunthermann, lassen Sie mich den Federhalter für einige Tage fortlegen. Die rechte Hand tut mir schon weh vom vielen Schreiben. Bei nächster Gelegenheit werde ich den Brief abschicken. Ich bin felsenfest überzeugt, daß Sie meine Schrift oft nicht entziffern können und in wilde Flüche ausbrechen werden. Leider höre ich das nicht, und es hat mir doch immer so wohl getan, wenn Sie losdonnerten.

Die Wochen vergehen so schnell ...

Und der Brief liegt immer noch in der Schublade des wackeligen Schrankes. Das hat aber seinen guten Grund. Hier im Busch konnte ich bisher keinen Briefkasten auftreiben. Und meine Freunde, die Paviane, sind noch nicht ganz so weit in die Zivilisation eingedrungen, daß ich sie mit einem Brief nach Nairobi schicken könnte.

Also schreibe ich weiter ...

In der Zeit nach dem Regen kam ich mir wie ein Robinson vor. Weit und breit kein Mensch. Meine einzigen Gefährten waren Tiere vieler Arten, die erstaunlich schnell begriffen hatten, daß ich ein Tierfreund bin. Sie rückten mir vertrauensvoll immer näher. Ich besaß natürlich zwei gute Flinten, denn abgesehen davon, daß ich mir, wenn die Konserven mir über wurden, einmal in der weiteren Umgebung ein Warzenschwein organisierte, konnte man als Weißer unmöglich ohne Waffe in dieser Einsamkeit leben.

Es war bald nichts Ungewöhnliches, wenn ich mit einem Buch oder einer kleinen Arbeit vor meiner Hütte saß, daß ein Löwe mit gewaltiger Mähne aus dem Walde heraustrat, mich eine Weile beäugte und wieder verschwand. Auch ein alter Elefant kontrollierte gelegentlich meinen Lebenswandel. Meine Phantasie nannte ihn schnell „Gunthermann" — nicht, weil ich voreilig Ähnlichkeiten festgestellt hätte, sondern weil mich das Geheimnis- und anscheinend Weisheitsvolle an diesem mächtigen Kerl so freute. Nicht selten hörte ich das Bellen junger Gazellen, ohne sie indes erspähen zu können. Ähnlich bellten die Hyänen, die nachts um die Hütte streunten. Sie räumten dort alles weg, was ich fortgeworfen hatte. Eine fraß allerdings, wohl durch den Geruch des Leders angelockt, meine zum Glück leere Kameratasche auf.

Ein Beet an meinem Hause trug schnell Tomaten, Bohnen und einige Gewürzkräuter. Es wurde mir nach und nach zu einem Stückchen Deutschland in Kenia.

Im Hause selbst richtete ich mich ein, als sollte ich es nie mehr verlassen. Vergangenheit und Zukunft lagen für mich in nebelhafter Ferne. Das Bewußtsein, Kreatur — ein Stück Schöpfung zu sein, nahm ganz von mir Besitz. Das von der

Zivilisation so oft belächelte Glück des Primitiven — ich genoß es in vollen Zügen.

In dieser Einsamkeit, über mein Beet oder über meine Bücher gebeugt, habe ich eine ganz neue, positive Einstellung zur Landwirtschaft gewonnen. Drüben, unter dem drohenden, überdimensionalen Schatten des Matthias von Pratt, war nur mein armer Kopf am Lernen beteiligt. Ich hatte damals nicht die Brücke zur Praxis gefunden — deswegen die schweren Fehler meines krankhaften Bemühens. Daß ich dem Verwalter Kandinsky so schnell auf die Schliche seiner Finanzgebarung kam, war wohl eher ein Rest gesunden Instinktes als Ergebnis meines landwirtschaftlichen Studiums. Wenn Lernen nicht Erleben ist, kann daraus nichts Rechtes, vielleicht sogar etwas Gefährliches werden.

Sie können, lieber Professor Gunthermann, mich einen alten zermotteten Schakal nennen, wenn sich mein Konzentrationsvermögen und die Kraft meiner Erinnerung in diesem schwarzen Erdteil nicht auffallend verstärkt haben. Oft gingen die Gedanken, besonders wenn die Dunkelheit eingebrochen war, und ich, auf meinem Bette liegend, dem Tierkonzert lauschte, nach meiner deutschen Heimat zurück. Lag nicht ein merkwürdiges Dasein hinter mir? Mit zweiundzwanzig Jahren Soldat, ja Landsknecht geworden. Verwundet, jahrelang im Lazarett und Sanatorium, halb im Dämmerzustand mit einer bildhübschen Frau verheiratet, die mich aus Erbarmen genommen und sich mir aus Mitleid hingegeben.

Merkwürdig, das Wort Mitleid störte mich auf einmal nicht mehr ...

Fast ein Jahr verweilte ich hier in einem fremden Lande, ganz auf mich gestellt, lebte, wie ich wollte, von tausend Wundern umgeben. Zum ersten Male, so weit ich denken kann, gezwungen, wie ein Mann selbständig, ohne Befehl, zu handeln. Mit der Existenz eines Gewehrs hatte ich mich vollkommen abgefunden und hätte es auch, ohne zu zögern, zur Verteidigung meines kleinen Reviers eingesetzt.

Jetzt vermochte ich sogar ohne eigene Bemitleidung an Nikoline zu denken.

Ich war ein kräftiger, junger Kerl, Anfang dreißig, und sehnte mich nach einer Frau. Ich sehnte mich nach der Frau, die ich liebte. Nach Nikoline.

Wenn sie jetzt aus dem Walde heraus auf mich zukäme, wäre es mir ehrlich gesagt verdammt gleichgültig, ob sie sich aus Liebe oder Mitleid umarmen ließe. Es genügte mir, daß ich sie liebte und sie sich mir nicht verschloß.

‚Nun sag mal, Jürgen Godeysen, was ist denn mit dir los?‘ lachte ich laut auf. ‚Bist du schon so hemmungslos wie amigo Giani?‘

Dem guten Jungen würden seine kohlschwarzen, glänzenden Augen vor Erstaunen aus dem Gesicht fallen, wenn ich ihm verraten würde, daß auch die begehrenswerteste Frau eine Seele besitzt.

Zwischen den verschiedenen Safaris, die er eigentlich nur aus Abenteuerlust mitmachte (sein Vermögen in Rom machte ihn unabhängig), quasi als unbezahlte Hilfe des Engländers, stürzte Giani sich bestimmt in Nairobi von einem galanten Abenteuer ins andere. Und ich glaube nicht, daß ich dem amigo Unrecht tue, wenn ich mir vorstelle, daß er kein Kostverächter ist und dennoch an jede seiner feurigen Liebesbeteuerungen glaubt.

Bei Farth war es nicht so einfach, sich vorzustellen, was er zwischen den Safaris trieb. Zunächst mußte er sich ja um neue Kundschaft kümmern. Er bekam diese entweder durch einen indischen Vermittler oder pickte sich ein paar Goldfische aus einem in Mombasa anlegenden Überseedampfer heraus. Und in der übrigen Freizeit?

Vielleicht wartet in Southampton ein mageres, bleiches

Mädchen auf ihren Helden, bis er genügend englische Pfunde zusammengekratzt hatte, um auf der Insel ein winziges, eigenes Häuschen zu erwerben.

Nikoline ... wieder stolperte ich über den geliebten Namen. Was war das eigentlich für eine Ehe zwischen uns beiden? Welche in wohltuenden Waffenstillstand tauchenden Nächte? Später nicht einmal das, in den letzten Monaten war ich doch freiwillig in das sogenannte Fremdenzimmer gezogen. Stieß ich mich damit nicht selber aus der zumindest körperlichen Verbundenheit?

Warum waren wir außerhalb solcher Stunden wie Fremde aneinander vorbeigegangen? Nicht einmal das Pferd meines Vaters konnte uns innerlich näherbringen. War es ein Irrtum von uns beiden gewesen, als wir die Ehe eingingen? Zweifelte sie etwa auch an mir? Die Nächte freiwilliger Verbannung aus unserem Schlafzimmer habe ich noch in quälender Erinnerung. Was sie empfand, als ich sie allein ließ, danach fragte ich damals nicht. Ich hielt allein mich für den hundertprozentig Liebenden.

Doch nun wurde ich an mir selber irre ...

Ein fernes Geräusch riß mich glücklicherweise aus meinen verstörten Gedanken, sonst hätte ich mir wahrhaftig wieder selber leid getan. Von Nairobi her, das immerhin an die zweihundert Kilometer entfernt lag, kam ein Wagen geknattert. Der Lärm verstärkte sich, bis endlich hinter dem Felsen ein alter, wackliger Ford heranschwankte. Eine Karre, die dem ältesten Chaplin-Film Ehre eingebracht hätte. Zwei Gestalten winkten mir zu, und gleich darauf begrüßte ich mit ehrlicher Freude meine beiden Jagdgenossen George und Giani.

„Für die Rückfahrt werde ich dir ein paar Bindfäden spendieren, damit dein Packard nicht auseinanderfällt", rief ich dem stolzen Mann am Steuer zu.

Giani tätschelte zärtlich den Kühler seines Ungetüms und meinte:

„Besser eine alte femina als niente."

Farth schleppte zunächst einmal eine ganze Kiste Whisky in die Hütte.

„Friend, wir wollen uns ein paar Tage bei dir ausruhen."

„Zum Ausruhen so viele Flaschen?" lachte ich.

„Ausruhen ohne Whisky?" kam es erstaunt zurück.

„Amigo, das wäre fast so triste wie bacio ... wie Kuß ohne amore", mischte sich mein guter bel ami ein.

Farth baute uns vor der Hütte aus ein paar leeren Kisten einen Tisch, stellte die zerschlissenen Sitze des Wagens daneben, ich holte meinen Stuhl heraus, und schon eröffneten wir eine zünftige Männerrunde, die sich, mit kurzen Unterbrechungen, in denen uns die Augen zufielen und wir taumelnd ins Innere krochen, über drei Tage und Nächte hinzog.

Der gute George taute auf wie eine Tüte Himbeereis in der Maiensonne.

„Was hast du hier erlebt mit die wilde Tiere? Do you shoot mit das Federhalter oder du hast endlich gefunden zurück zu Gewehr?"

„Kannst dich gleich selber überzeugen", lachte ich, „in der kleinen Kammer hängt ein frischgepökeltes Warzenschwein."

Unsere Gläser knallten gegeneinander. Farth hatte alle Hände voll zu tun, sie nachzufüllen.

„Das sein keine prova ... Beweis ... vielleicht die Schwein sich haben totgelacht über dir."

Wir verflachsten einander aus voller Brust, tranken, labten uns am saftigen Schinken des Warzenschweines, die Dämmerung sank herab, und die alte Hyäne machte ihren Anstandsbesuch.

Wir sprachen auch über Jamba. Farth zog an seiner kurzen Pfeife ...

„Old boy Jamba ist schlau. Obwohl ihm vieles nicht gefällt, hält er vorläufig wenigstens zu uns. So täten es heute noch die meisten Neger, meinte George Farth. Wer weiß, wie lange. Der einfache Schwarze sei zufrieden mit gerechter Behandlung und klaren Aufträgen. Er warte geradezu auf Befehle und führe sie mit Freude, ja mit Stolz aus.

„Sehen wir uns vor", sagte er wörtlich, „daß die Befehle nicht von falschen Leuten gegeben werden. Wenn diese men kommen je an die Macht . . . God save the king".

„Trotzdem, man sieht schwarze Menschen mit Buch. Sie wollen viel lernen und wissen, mehr als wir wissen, auf ganze Kontinent, amigo".

„Mit Menschen, die Bücher lesen, muß man doch vernünftig reden können", war meine Ansicht.

„Si . . . si!" schrie Giani, dem der Whisky bereits zu Kopf gestiegen, „das ich sehen dir an, amigo. Du Bücher lesen und vergessen, daß Frauen auf der Welt, süße Frauen!"

Jetzt war das Stichwort gefallen. Drei Männer enthüllten ihre geheimsten Gedanken, sogar der alte Farth.

„Meine girl müßte sein hier today," schrie er und griff zur Flasche, „sie trinken gern eine gute drink!"

„Du hast eine girl?" staunte Giani ungläubig.

George beichtete uns, daß tatsächlich, so wie ich es mir gedacht hatte, ein braves Mädchen in England auf ihn wartete.

„Oh, ich . . . only geben eine kiss, sonst nothing . . . erst nach Heirat, boys."

„O George, du bist ein english man! Hast du schon jemals gehört von eine englische man, die was verstehen von amore?"

Mein stiller George wurde fast wild. Er sprang auf, wobei er sein volles Whiskyglas umwarf, und deklamierte mit Inbrunst mitten in die Nacht des Urwalds hinein die unsterblichen Shakespeare-Worte des Romeo:

O speak again, bright angel! For thou art
As glorious to this night, bring o'ver my head,
As is a winged messenger of heaven,
Unto the white — upturned wand'ring eyes
Of mortals, that fall back to gaze on him,

When he bestrides the lazy-pacing clouds,
And sails upon the bosom of the air.

Man sollte es nicht für möglich halten, wie die Liebe einen Mann verändert. George, sonst ein Muster englischer Gelassenheit, der nie auch nur einen Hauch seines inneren Wesens für die Umwelt durchschimmern ließ, rezitierte, zwar dilettantisch, doch mit tiefer Empfindung, klassische Verse. Und das in diesem Rahmen. Man konnte weder darüber lachen noch sich groß wundern, denn es sprach ein Mann wie seit Jahrtausenden Männer sprechen, die vom Gotte Eros angerührt werden.

Nach dem letzten Wort setzte er sich wie ein braver Schüler, der beim Unterricht ein Gedicht aufgesagt hatte, in seinen Stuhl zurück und blickte uns erwartungsvoll an.

„Magnifico", schrie Giani mit ehrlicher Begeisterung, „amigo das war eine sorpresa ... außerordentlich ... straordinario! Du bist eine cavaliere!"

Mit einem Satz stand er auf dem provisorischen Tisch, so daß die Kisten bedenklich hin und her schwankten.

„Nun ich ... ein canzoniere von Francesco Petrarca ... unsterbliche Mann meiner Heimat ... eine Dichter mit immortalità ... ich sprechen in Deutsch ... ich gelernt für deutscher principessa ...

Mehr war, der Diana liebte, nicht entzückt,
da er sie einst, ohn' jegliches Gewand
inmitten kühlen Flutenbads erblickt,
als ich, da ich die braune Hirtin fand,
wie sie den leichten duft'gen Schleier spülte,
der sonst im Winde blondes Haar umwand.
Er machte, daß trotz heißem Sonnenbrand,
ein Liebesschauder mir die Glieder kühlte ...

Wie eine Silhouette hob sich der Freund aus dem ewigen Rom gegen den Sternenhimmel ab, er glich einem Römerknaben auf einem nächtlichen Fest in der Blütezeit der Renaissance, ein junger Dichter, dem man gleich eine Krone aus vergoldetem Lorbeer flechten würde.

Elastisch schwang er sich von dem Podest herunter und breitete die Arme weit aus, als wollte er alle Liebe der Welt an sein leidenschaftliches Herz drücken.

„Amore, amore“, jubelte er und legte den Arm um meine Schulter. „Jetzt du, amigo, eine poema aus schöne germania!“

Ich sang, was hätte ich anderes singen können:

„Und morgen wird die Sonne wieder scheinen
und auf dem Wege, den wir gehen werden,
wird uns, die beiden Glücklichen, sie wieder einen.
Inmitten dieser sonnenwarmen Erde
und zu dem Strand, dem weiten wogenblauen,
werden wir stumm und langsam niedersteigen.
Still werden wir uns in die Augen schauen,
und auf uns nieder sinkt des Glückes stummes Schweigen ...“

Ob ich gut oder schlecht gesungen habe, weiß ich nicht. Jedenfalls hinterließ es bei den Freunden eine nachdenkliche Stimmung. Wir rauchten eine Weile schweigend vor uns hin, der Überschwang der Gefühle war bei George und Giani einer leichten Besinnlichkeit gewichen. Der Brite füllte noch einmal sein Glas, nahm einen tiefen Zug, schüttelte sich wie ein nasser Pudel mit einem „Brrr“, murmelte so was wie „Kaffee wäre längst fällig“ und begab sich ins Innere der Hütte. Giani reichte mir eine neue Zigarette und begann ohne Überleitung von seinem Leben zu berichten. Knapp und ohne Sentiments, wie es bei einem Kerl wie meinem amigo nicht anders zu erwarten war.

Aus einer wohlhabenden, alten römischen Familie stammend, war er, ebenso wie ich, in dem Augenblick Soldat geworden, in dem sein Leben erst richtig beginnen sollte.

Sein Vater besitzt große Warenhäuser in Rom, Mailand und Turin, und viel — Giani sagte „viel zuviel“ — Geld.

Giani hat in Abessinien gekämpft, geriet nach einer Knieverwundung in eine — „prima“ — Kriegsgefangenschaft (der liebe Bursche versteht ja aus allem das Beste zu machen!), arbeitete vier Jahre in den Geschäften seines Vaters. Nun sehe er sich die Welt an, meinte Giani.

„Und da treibst du dich schon über ein Jahr in Afrika herum?“ fragte ich, „warum bleibst du hier denn so lange hängen?“

Giani schüttelte seine Locken, die durch die feuchte Nachtluft durcheinandergeraten waren, und blickte mich mit seinen treuherzigen, schwarzen Augen an, als ob er sicher war, bei mir vollkommenes Verständnis zu finden.

„Amore ... alles auf dieser Welt, amigo, nur amore! Siehst du, die Sterne, die herrlichen Blumen und die Menschen, nichts würde sein ohne amore ... Gott selber sein amore!“

Nach diesem rührenden Ausspruch erzählte er mir etwas von einer unglücklichen Liebe, der einzigen, die in seinem jungen und gewiß ereignisreichen Liebesleben ohne Happy-End ausgegangen war. Das, was vielen Tausenden Männern geschehen, war auch ihm nicht erspart geblieben. Er ging mit einem Verlobungsring in den Krieg, sie war eines der schönsten und reichsten Mädchen Roms, — wenn ich seinen Worten glauben darf, und warum sollte ich nicht? — er schrieb ihr aus dem größten Dreck und sah in den vier Jahren der Trennung keine andere an, was bei seinem übersprudelnden Herzen was heißen will. Als er dann 1947 endlich aus der Gefangenschaft zurückkam, war sie bereits die Frau eines anderen, der es zwar mit dem Adonis Giani in keiner Weise aufnehmen konnte, aber dafür noch mehr Geld besaß.

„Seitdem ich liebe alle Frauen, aber ich sage jeder, die mir gefallt: ‚Comtessa, ich finde dich celeste, ich lieben dich, aber ich nicht weiß, wie lange. Wenn du mich auch lieben, sei vorsichtig . . . si guardi! Aber keine war bisher vorsichtig!“

Er lachte sein übermütiges, jungenhaftes Lachen, dem wohl keine Frau so leicht widerstehen konnte.

Während unserer Unterhaltung tauchten die Wipfel der uralten Bäume sich in ein ganz leichtes Rosa.

Der Engländer kam an unseren Tisch zurück, mit einem großen Topf kochend heißen Kaffees, setzte sich und verhielt sich ganz still.

Mir gingen Gianis letzte Worte nicht aus dem Kopf ...

„Bist du denn glücklich mit deiner jetzigen Lebensauffassung?“

Der Italiener warf vier Stücke Zucker in seine Tasse und rührte sie bedächtig um. Er dachte lange über die Antwort nach ...

„Glücklich nicht ... aber zufrieden“, sagte er, „vielleicht habe ich damals von meiner Braut zu viel verlangt, darum bin ich jetzt vorsichtig. Und du? Du haben nie ein amore?“

„Doch“, erwiderte ich und schlürfte das aromatische Gesöff, das mir wohltat.

Wir hatten in unserer seligen Whiskystimmung vergessen, das übliche Feuerchen anzuzünden und nur innerlich eingeheizt. Jetzt drang die morgendliche Kühle durch die Kleider. Ich schenkte mir eine zweite Tasse voll, nahm noch einen Schluck und begann meine Beichte.

Von jener Nacht, da ein Mädchen am Krankenlager des schattenhaften Verwundeten saß.

... Da ihm aus dem Testament des Vaters Leben zuströmte, weil darin von einer Vergangenheit die Rede war, die des Vaters Zeit gewesen war — und durch Blut und Erbteil zur Kraftquelle des Sohnes wurde ...

... Da das lesende Mädchen mir ganz fremd und doch ganz nahe war: Ein ferner Traum zweier Menschen, die fast daran zerbrochen waren, daß sie Freundschaft über die Liebe stellten — das Mädchen wurde meine Frau ...

Von dem Tage, an dem ich das Krankenhaus am Arme

meiner Frau verließ und eine Welt betrat, in der die Schatten der Vergangenheit stärker waren als die Kräfte der Lebenden.

Von einer Liebe, die eines Tages da war, so selbstverständlich und glühend wie ein Sommerwind, und über die ein früher Herbst einbrach. Mein Zweifel, ob ihre Liebe nicht nur Mitleid, ihre Zweifel, ob meine Liebe nicht nur Dankbarkeit war, verzehrte unsere Vertrautheit, machte uns fremd voreinander, als wäre der Fluch der Erbsünde von neuem über uns hereingebrochen ...

Von dem Förster, der aus der Tiefe seines Leides das meine erkannte; von einem Schuß, der mir das Leben wiedergab ...

Von einem der immer weniger werdenden Ärzte, die sich die Mühe machen, dem ganzen Menschen zu helfen und nicht nur seinem Bauch, Bein oder Kopf ...

Von der Flucht in mich selbst ... von den ersten Anzeichen der Gesundung, die ich an mir zu bemerken begann ...

Und meine Zuhörer verstanden mich wie Kameraden in jenen Gesprächen, die man auf Märschen, in Bunkern und an Gräbern geführt haben muß, um den Wert der Freundschaft von Mann zu Mann zu kennen.

Nachdem ich mein Lebensbuch aufgeblättert hatte, gab es zunächst einmal eine Kunstpause. George angelte sich eine neue Flasche aus dem Überrock, denn es war nach seiner Ansicht langsam wieder so weit, daß man sich an einen wahren Männertrunk erinnern sollte. Doch Giani und ich lehnten ab; wir waren satt und müde.

Farth ging zur Tagesordnung über:

„Friend, nur einer kann dir helfen: du selber! In Manchester habe ich einen Colonel gekannt, der stürzte beim Parcours über den Oxer, erlitt eine Gehirnerschütterung und hat vergessen so wie du viel von Vergangenheit. Heute ist er wieder der Alte, wie ein football-Spieler seine Beine, eine Pianist seine Finger, so trainierte er sein Hirn. Jeden Tag, nach genauem Plan, mußt du versuchen, deine ganze Vergangenheit zurückzufinden. Deine Erinnerung ist nur eingerostet, glaube mir, friend."

Die ein wenig primitive Ansicht Farths belächelte ich keineswegs. War durch mein planmäßiges Suchen in den Gehirnkammern nicht schon manch eine längst verlorengeglaubte Erinnerung wieder aufgetaucht?

„Das schlimmste ist resignieren — das ist das Ende, friend."

„Du hast schon recht", pflichtete ich ihm bei, „mach dir keine Sorgen, ich resigniere nicht — nicht mehr. Das war einmal."

„Nur an dein Frau du mußt nicht denken so viel, amigo", warf Giani mir an den Kopf.

„Unmöglich", wehrte ich den wohlgemeinten Rat ab, und ich fühlte, wie eine lähmende Müdigkeit mich überfiel. Da auch meine beiden Gefährten aussahen wie zwei ausgewrungene Handtücher, beendeten wir unsere ausgiebige party, wickelten uns in unsere Decken und vergaßen uns und alles . . .

Als Giani und ich uns den Schlaf aus den Augen rieben, kam der Brite schon von einem kleinen Jagdausflug zurück. Er warf mir eine Antilope vor die Füße . . .

„Hallo boy, mach ein kleines Diner für drei Personen. Der Mensch lebt nicht allein vom Whisky, sondern auch von viele steak."

Mit Verve ging ich an meine Hausherrnpflichten. Wir aßen ganz wacker. Meine Kochkunst wurde gelobt, und dann kam die alte Tour: hoch die Tassen!

Nachdem wir uns gekräftigt hatten, „flossen auch die Reden wieder munter fort". Dabei kam es raus, daß Giani eine Schwester besaß, die als Frau eines Deutschen auf einem Gut in Schleswig-Holstein lebte.

Sie hatte ihren Mann als Offizier eines deutschen Verwaltungsstabes in Italien während des Krieges kennengelernt. Es war Liebe auf den ersten Blick zwischen der stolzen, verschlossenen Römerin und dem strahlenden, blonden Riesen aus Norddeutschland — und so nahm sie im Jahre 1948 den Heiratsantrag des Grundstücksmaklers Franz Lothringer an ...

„Deshalb ich muß deutsch sprechen mit dir, viel sprechen", meinte Giani, „denn ich will mein Schwester besuchen. Am liebsten ich bleibe zwei Wochen bei dir, und sprechen nur deutsch, du mir ausbessern, amigo. Und dann du kommen mit nach Nairobi als mein invitato."

So machten wir's denn auch. Wir gaben einen anständigen Abschiedstrunk für George, der mit Gianis Knatterkiste nach Nairobi zurückfahren und uns beide in zwei Wochen abholen sollte.

Bei der letzten Flasche kamen wir auf Pferde zu sprechen. Und — darum wohl waren wir längst Kameraden — beide Freunde stammten aus guter Reitertradition.

„Ich möchte auch mal wieder ein Pferd zwischen den Schenkeln spüren", sagte ich leise.

Giani strahlte.

„Cavaliere bist du auch noch, fratello? Das ist gut, in Nairobi wir werden reiten."

Zweifelnd blickte ich ihn an.

„Na, solange ich in Afrika bin, habe ich noch kein vernünftiges Pferd gesehen."

„Our military government haben prachtvolle Pferde und Reitbahn. Ich werde sprechen, Giani und du werden sein invited guests."

Genau wie vorher über die Liebe, begeisterten wir drei Kerle uns jetzt für Pferde und Reiten.

„Menschenkind, Frauen und Pferde, das genügen, mehr braucht eine cavaliere nicht auf diese Welt", schluchzte unser Italiano.

Und Farth zeigte sich, als Besitzer eines Radios, erstaunlich beschlagen im Turnierwesen der europäischen Länder. Er nannte mir auch deutsche Reiter- und Pferdenamen, die ich noch nie gehört hatte. Ich hatte in all den Jahren kaum Anteil an den Geschehnissen in der Heimat genommen und kannte tatsächlich diese offenbar in aller Welt bekannten Reiter und Pferde nicht. George sprach darüber so lebhaft, daß er — wie immer, wenn er aufgeregt war — viele englische Brocken in seine Rede mischte. Sonst waren meine beiden Freunde geradezu rührend bemüht, in meiner Gegenwart deutsch zu sprechen.

Und plötzlich wurde mir klar, daß ich seit Monaten nur ein halbes Leben geführt hatte. Der Dunst der heißen Pferdeleiber, das Schnauben und Prusten sanfter, glühender Erregung, — ehrlich zugegeben — ich hatte es beinahe vergessen, daß ich der Sohn eines Reiters bin. Von Monat zu Monat werden aber meine Gedanken fester, das Bewußtsein steigt in mir auf, daß der Tag kommen wird, an dem ich wieder reiten werde. Daß dieses Reiten zu meinem täglichen Lebensinhalt gehören wird. —

„Friend“, stellte George mit offenkundiger Befriedigung fest, „wir verstehen uns. Ich verstehe auch vieles von deinem Volk. Eine Nation, die Pferde liebt und anständig reitet, ist im Kern auch anständig. Ihr hättet im letzten halben Jahrhundert weniger marschieren, dafür mehr reiten sollen.“

Er lachte ...

„Das ist bestimmt wahr. Kannst mir's ruhig glauben. Und wir hätten übrigens auch mehr reiten sollen. Auch das ist wahr.“

„Wir alle in diese dumme, verblödete Europa hätten mehr reiten sollen“, stimmte Giani bei.

Plötzlich fiel mir einer der letzten Aussprüche meiner lieben alten Vogelscheuche ein ...

„Ein neunzigjähriger Freund gab mir den Rat, ich solle reiten, reiten, reiten, um wieder mit meinem Kopf ins Gleichgewicht zu kommen.“

George meinte dazu, das müsse ein kluger Mann gewesen sein, aber man brauche nicht erst neunzig Jahre alt zu werden, um das zu erkennen. Wir Reiter besäßen den großen Vorzug, daß wir uns in den Sattel flüchten könnten, wenn wir mal „die Balance von die Seele" verlören.

„Do never forget it, friend!" schloß er seine Rede. Selbst unser Feuerteufel war still und nachdenklich geworden und stimmte ihm darin zu, daß dieses Heilmittel den Frieden — den inneren Frieden, den Einklang mit uns selbst, zurückbringen könne. „Das ich weiß, amigo ... geh zu eine Pferd!"

Da hockten wir nun — drei einsame Raben — nicht vor einem Stall, aus dem uns unruhiges Scharren daran erinnerte, daß wir die wechselseitigen Ratschläge der Freunde gleich in die Tat umsetzen könnten, sondern viele Kilometer davon entfernt. Wir wußten, ohne es zu sagen, daß uns von nun an eine Reiterfreundschaft für immer verbinden würde. Wir waren im Grunde unserer Herzen ganz anders, als wir uns nach dem zehnten Whisky gaben. Keiner von uns hatte es nötig, seine überschüssige Lebenskraft mit Alkohol, Frauengeschichten und Männerwitzen zu betäuben. Das war nur gelegentlich einmal, aus Übermut oder Verzweiflung. Weil wir nicht dazu geschaffen waren, ein stinklangweiliges, gleichmäßiges Dasein zu fristen, in Pantoffeln und Wärmflasche, als Beamte, Müllkutscher oder gar als Schattenfiguren auf dem Sessel eines zu früh verstorbenen Musterknaben.

Gianis alte Badewanne bockte wie ein störrisches Schaukelpferd und verließ ebenso widerwillig wie Farth das kleine Paradies am Rande des Busches. Der Urahn aller chromblitzenden Fords verschwand grollend hinter dem Felsen, stinkenden Benzindunst zurücklassend, der in den Zweigen hängen blieb.

Wir „Hinterbliebenen" streiften ein paar Stunden durch die Gegend, ohne was Gescheites vor die Flinte zu bekommen. Unser lautes Geschwätz — Giani wollte möglichst schnell ein perfektes Deutsch erlernen — warnte die gesamte Tierwelt. Nur ein paar gluckernde Regenpfeifer, die vom nahen Teich herüberstrichen, krächzende Geier, die auf ihre Beute warteten, und ein böser, zähnefletschender Pavian kamen uns über den Weg.

Am Abend machten wir uns vor der Hütte ein Feuer und tranken schweigend ein paar Flaschen Bier, die unser Kamerad vorsorglich zurückgelassen hatte. Wir glichen abgekämpften Karussellpferden, doch nahmen wir dankbar unsere gegenseitige Anwesenheit zur Kenntnis und fühlten uns wohl in unserer Müdigkeit. Am liebsten hätten wir uns jetzt wie Zementsäcke auf das Lager fallengelassen, doch kosteten wir zunächst noch die Vorfreude auf einen langen traumlosen Schlaf aus . . .

Unsere Gedanken waren noch hellwach. Wir dachten beide noch an die letzten Gespräche mit Farth: Neger, Frauen, Pferde.

„Wie heißt sie doch?" kam fast unwillkürlich eine Frage auf mich zu.

„Nikoline."

„Entbehrst du sie sehr?"

„Sehr."

„Dann werdet ihr auch eines Tages wieder zusammen sein. Gute Nacht."

Giani ließ mich allein . . .

Sprach er soeben von meinem Pferd oder von meiner Frau?

Seine Voraussage, ihr werdet eines Tages wieder zusammensein, ließ in mir eine so starke Hoffnung aufflammen, daß ich nicht wagte, eine weitere Frage zu stellen. Jede Antwort hätte mich nur noch enttäuscht.

NIKOLINE AN JÜRGEN

Geliebtes Herz!

Das ist erst der dritte Brief, den ich an Dich schreibe, obwohl wir schon ein ganzes Jahr getrennt sind. Weißt Du, die Gewißheit, daß meine Zeilen wie seine Vorgänger in die Schublade wandern, hat wenig Anreiz für mich, Dir mein Herz auszuschütten. Sollte Gott uns eines Tages wieder zusammenführen — worum ich täglich bete —, dann sind geschriebene Worte ein Nichts. Dann werden wir uns in den Armen liegen und alles aus übervollem Herzen heraussprudeln, was wir entbehrten und was wir in Zukunft tun wollen, um nie wieder auseinanderzugehen.

Ob Dir unser Richard-Strauß-Lied schon mal eingefallen ist? Ich summe es beim Erwachen, beim Spazierengehen, beim Reiten ganz leise vor mich hin ...

... und morgen wird die Sonne wieder scheinen ... wird uns, die beiden Glücklichen, sie wieder einen ...

Jeden Abend vor dem Einschlafen halte ich Zwiesprache mit Dir und erzähle Dir alles, was mich bewegt. Es ist ein wunderbares Gefühl, wenn ich zum Abschluß des Tages mein Herz von allen Schlacken und Sorgen befreien und mich dem geliebtesten Menschen mitteilen kann. Warum haben wir das versäumt, mein Reiterlein, als wir noch beisammen waren? Wäre uns nicht manches erspart geblieben? Hätten wir nicht im Sonnenschein leben können?

Stell Dir mal vor, Kandinski wurde entlassen. Wir haben ihm großzügigerweise noch drei Monate seines Salärs voll ausbezahlt, obwohl nach Meinung Lindemanns eine Strafanzeige fällig gewesen wäre. Doch Mama war dagegen. Sie wollte kein Aufsehen.

Auf Matthiasruh hat sich überhaupt einiges geändert. Lindemann übernahm auf Mutters Bitten seit einem halben Jahr die Oberaufsicht, bekam die notwendigen Vollmachten und hält den ganzen Betrieb sicher in seinen Händen. Auch unser alter Rendant, der seinerzeit um seine Pensionierung eingekommen war, obwohl er noch durchaus seinen Mann stand, ist wieder zur aktiven Arbeit zurückgekehrt.

Das ist noch lange nicht alles. Lindemann nimmt die Mahlzeiten mit uns ein, und bewohnt an einigen Tagen der Woche ein Zimmer, das Mama ihm im rechten Seitenflügel des Wirtschaftsgebäudes eingerichtet hat. Die beiden halten sich oft bis tief in die Nacht im Herrenzimmer auf und diskutieren über notwendige Maßnahmen, unseren Betrieb so lukrativ wie möglich zu gestalten.

Ab und zu, wenn ich schon längst im Bett liege und an Dich denke, mein Liebster, dringt von unten her Musik zu mir herauf — ausschließlich Wagner, immer wieder Wagner. Lindemann scheint ein ausgesprochener Wagnerianer zu sein. Mama wird davon so angeregt, daß sie selbst am Tage in bester Laune Wagner-Motive vor sich hinträllert.

Auch Bertha, unsere bayrische Köchin, und die beiden Hausmädchen trauen sich wieder, während ihrer Arbeit zu singen — nicht Wagner, sondern Schlager. Wenn Mama, was seit Vaters Tode nie mehr vorgekommen war, nach dem Essen am Knopf des Radioapparates drehte, um ein Symphoniekonzert zu finden und dabei versehentlich auf eine der modernen Heulbojen stieß, bemerkte Lindemann trocken:

„Sind Ihre Dienstmädchen schon beim Rundfunk gelandet?“

Wir lachten herzlich auf. Lindemann hatte recht; viele der großen, hochbezahlten Gesangsstars singen nicht besser als unsere Bertha. O Kultur!

Ja Reiterlein, so ist es, wo ich lebe. Und wie sieht es bei Dir aus?

Ich muß Dir sagen, es ist oft sehr, sehr schwer, Dich weit weg zu wissen, in einem Lande, von dem die beunruhigendsten Nachrichten zu den alltäglichen Schlagzeilen unserer Zeitungen gehören. Gunthermann schrieb mir vor kurzem, er sei sicher, Dir ginge es ausgezeichnet und Du seiest schon auf dem besten Wege zur Gesundung. Ich müsse noch ein ganz klein wenig Geduld haben.

Ein ganz klein wenig? Was mag sich der Brummbär darunter vorstellen? Einen Monat? Ein Jahr? Gar noch länger? O Jürgen, es fallen mir oft fürchterliche Dinge ein, wenn ich stundenlang wach liege. Dann bin ich plötzlich felsenfest davon durchdrungen, daß Du mich ja gar nicht lieben kannst. Ich überdenke unsere gemeinsamen Tage und Nächte und bin zu dem unvorstellbaren Gedanken gekommen, daß all Deine Zärtlichkeiten, all Deine lieben Worte nur aus einem Gefühl der Dankbarkeit heraus geboren wurden.

Du mein Reiterlein, ich trage unsere Liebe ganz tief in meiner Seele verborgen, ich spreche mich nur mit Professor Gunthermann aus, — und das selten genug —. Er ist ja schließlich der Arzt, dem wir unsere Zukunft vertrauensvoll in die Hände legten. Außer ihm habe ich nur noch einen Freund, den Du mir nicht mißgönnen wirst: den lieben, alten Herrn von der Ulmenau.

Im Herbst war ich acht Wochen bei ihm, selbstverständlich mit den Pferden. Er hatte mir einen hervorragenden Reitlehrer aus München kommen lassen, der jeden Tag mit mir, Nicoline und Nikolaus arbeitete.

Nach Aussagen beider Herren, die mir gewiß keinen Honig um den Mund schmieren wollten — das hätte ihrer Natur widersprochen — soll ich eine ganz passable Reiterin geworden sein. Sie hätten größere Dinge mit mir vor.

„Ihr Mann soll staunen, wenn er zurückkommt. Ein paar Schleifen müssen bis dahin unbedingt an den Boxen Ihrer Pferde hängen", meinte Ulmenau, und als er mein entsetztes Gesicht sah, fügte er hinzu, „das darf nur nicht mehr allzulange dauern; ich möchte Sie eines Tages im nahen Hünfeld erstmalig über den Parcours schicken, Nikoline."

Ulmenau war es auch, der meine Zweifel an Deiner Liebe zu vertreiben versuchte:

„Der und Sie nicht lieben? Mädel, wenn der Sie nicht liebt, melde ich mich mit meinen zweiundneunzig beim Großen Jagdspringen für Anfänger."

Eines Sonntags kam Gunthermann zu Besuch. Ich fragte ihn, wie lange Du Dich wohl seiner Ansicht nach in Afrika aufhalten würdest. Er fuhr mich wie ein bissiger Köter an:

„Schöne Lady, Sie vergessen unsere Abmachung! Ihr Jürgen kommt eines Tages von ganz allein angeschossen und fragt: ‚Liebste, wollen wir noch einmal von vorn anfangen?' Wehe Ihnen, wenn Sie ihn in Ihrer weiblichen Ungeduld zu früh aus seiner Gangart bringen! Dann suche ich ihm eine andere, die mehr Geduld aufbringt, und Sie sterben als alte Jungfer!"

Ach Reiterlein, der Professor ist ein „Urviech" (den Ausdruck habe ich von unserer Bertha). Kam er doch mit einem Buch an, einer Reitlehre, und las mir daraus einen Satz vor:

„Gefühl ist alles, und bis zur vollendeten Harmonie zwischen Reiter und Pferd ist immer ein weiter Weg."

„Ja und?" fragte ich erstaunt, „wollen Sie mir auch noch Unterricht für die Dressur erteilen?"

Der Arzt schlug verzweifelt die Hände zusammen ...

„Mädel, was haben Sie für eine lange Leitung! Bei Euch Pferdenarren kann man doch nur auf Verständnis rechnen, wenn man sich mit Euch in Gleichnissen unterhält." Er senkte die Stimme zu einem eindringlichen Flüstern: „Die Harmonie zwischen Ihrem Mann und Ihnen kann sich nur wie bei Pferd und Reiter einstellen, im richtigen Gefühl, verstanden?"

Er sah mich so flehend an, daß ich „Ja" sagte. Dunkel ahnte ich, worauf er hinaus wollte. Wir haben unsere Gefühle, Liebster, zu sehr voreinander zugedeckt. Warum fragte ich Dich nie, ob Du mich nur aus Dankbarkeit in Deine Arme nahmst? Du hättest dann entweder geschimpft, gelacht oder mich geküßt. Auf jeden Fall wäre aber der Zweifel bestätigt oder endgültig beseitigt worden.

Was Dich noch interessieren dürfte. Wir haben seit einiger Zeit einen neuen Pferdeknecht, der außer unseren beiden Lieblingen für die zwei Wagenpferde zu sorgen hat. Du hast richtig gelesen, Mama hat sich natürlich auf Anregung Lindemanns hin — sein wohltuender Einfluß auf sie wird immer deutlicher — dazu entschlossen. Jetzt fährt sie meist statt im Auto in einem sehr flotten Jagdwagen durch die Gegend. Sie kutschiert sogar selber. Es macht ihr viel Freude, sie wird immer jünger, sieht geradezu hübsch aus und behandelt mich wie ein rohes Ei.

Manchmal hat man ja ganz verrückte Gedanken. Doch ich kann mich des Eindruckes nicht erwehren, daß der ganze innere und äußere Umschwung einzig und allein in der Anwesenheit Lindemanns zu suchen ist. Ob sie irgend etwas für ihn empfindet, das über die gemeinsamen Interessen an Landwirtschaft und Wagner hinausgeht? Mich würde es freuen. Meine Mutter ist wirklich noch viel zu jung, um die Rolle einer Matrone zu spielen. Und Lindemann ist ein äußerst kultivierter, kluger und zuverlässiger Mann.

Einmal erwähnte sie Deinen Namen bei Tisch in Anwesenheit Lindemanns. Sie sprachen über irgendwelche Veränderungen im Betrieb, eine weitere Lagerhalle sollte gebaut werden.

„Wir werden lieber warten bis mein Schwiegersohn von seiner Reise zurück ist", sagte sie. Lindemann pflichtete ihr mit einem „Selbstverständlich" bei.

Aber sonst fällt Dein Name bei keiner Gelegenheit. Gäste sehen wir kaum noch. Und wir entbehren sie wahrhaftig nicht.

Über meinen Abschweifungen habe ich den Reitknecht ganz vergessen:

Ein guter Endfünfziger, sieht aus wie ein alter Mime mit langen, dünnen Haarsträhnen, die sämtliche Farben des Regenbogens enthalten. Wahrscheinlich wurde dieser Kopfschmuck durch viele Jahre hindurch auf blond gefärbt, dann wurde ihm diese Mogelei zu langweilig — nun rächt sich die geschundene Natur und schillert wie ein Blumenbeet. Seine wasserblauen Augen blicken rührend kindlich. Wenn er lacht, sucht man zwischen seinen wulstigen Lippen vergebens nach einem Vorderzahn. An den Seiten müssen aber doch noch ein paar Zahnstümpfe vorhanden sein, denn er soll nach Aussagen Berthas ganz schöne Fleischmengen zermahlen können. Wilhelm, so heißt das Prachtexemplar, wurde uns von einem früheren Knecht empfohlen. Bis 1944 besaß er einen eigenen kleinen Hof in der Nähe von Görlitz. Er macht einen äußerst gutmütigen Eindruck. Das Hervorstechendste an ihm ist die Liebe zum Tier im allgemeinen und zum Pferde im besonderen. Die Tiere hängen sehr an ihm, und ich glaube, wir haben mit dieser „schlesischen Lerge", wie er sich selber nennt, einen guten Griff getan.

Nun noch ein paar Worte über unsere Pferde. Ich spreche viel mit ihnen über Dich, mein Reiterlein. Oft ist es mir, als ob die beiden jedes Wort der Sehnsucht und Liebe, das ich in ihrem Beisein zu Dir in die Ferne schicke, verstünden.

Alles wartet, alles freut sich auf Dich. Der Tag, an dem Du kommen wirst — oh, wäre es nur schon morgen —, soll der große Frühlingstag sein

Deiner

V

ELISABETH COLLINS

oder

FRAUEN, PFERDE UND SCHWARZER AUFRUHR

Unendliches Glück auf dem Rücken der Pferde!

Welch Vertrauen der schwarze Irländer zu mir hatte! Er war mir sicher über den 400 Meter langen Parcours gefolgt, ohne ein Hindernis auszulassen. Endlich hatte er auch den Wassergraben nicht verweigert.

„Bravo! In diesem gegenseitig-empfindsamen Vertrauensverhältnis zu einem leistungsfähigen Pferd liegt zum überwiegenden Teil das Erfolgsgeheimnis der großen Springreiter", sagte Captain Skippon und legte einen Finger an die Schirmmütze. „Bis morgen, Mr. Godeysen."

Sergeant Harrison stand schon bereit, den Wallach in Empfang zu nehmen. Er strahlte übers ganze Gesicht...

„Besser, immer besser, Mr. Godeysen."

Wirklich, jeden Tag ritt ich besser, das spürte ich selber. Wie hatte ich es nur so lange ohne Pferd aushalten können? Seit zwei Wochen erschien ich hier am frühen Morgen als Gast der englischen Offiziere, bei denen mich Farth eingeführt hatte. Immer mehr wuchs ich mit dem mir zur Verfügung gestellten prächtigen fünfjährigen „Catcher" zusammen. Das Pferd ging fast ohne den geringsten Eigensinn auf meine Gedanken ein. Ich kalkulierte sorgsam jeden Sprung und lockerte die Kontrolle in keiner Sekunde. In den ersten Tagen machten wir noch einige Flüchtigkeitsfehler, aber nun waren wir eins geworden.

Bei dieser Gelegenheit darf ich es nicht versäumen, dem immer liebenswürdigen Captain Skippon einen bedeutenden Anteil an meiner stetig wachsenden Leistung zuzuschreiben. Er verbesserte dies und jenes, sparte aber auch nicht mit einem Lob, das mir aus dem Munde eines englischen Reiters besonderen Auftrieb gab.

Die ersten vier Tage ritten Farth und Giani mit, jetzt befanden sich die Freunde zu einer Dreimonats-Safari auf dem Wege nach Tanganjika. Eigentlich sollte ich mitfahren, aber die Pferde ließen mich nicht los.

In anderer Hinsicht ließ mir Giani keine Wahl. „Entweder kündige ich dir die Freundschaft", sagte er, „oder es bleibt bei der Einladung." Der amigo wollte mich unbedingt im Norfolk-Hotel einquartieren, doch da stieß er bei mir auf Widerstand. Nein, in dieses überkandidelte, lärmende Treiben paßte ich nicht hinein. Da zog ich lieber in mein kleines, dürftiges Kämmerchen im Hause Farth zu der dicken Mammi.

Eines hat Giani jedoch durchgesetzt: Wenigstens essen müßte ich in diesem Hotel, das eine nach seiner Ansicht glänzende Küche führen sollte.

So marschierte ich jeden Mittag und Abend ins Norfolk. Das heißt, „marschierte" stimmt nicht: Als Europäer kann man auf die Dauer in diesem Hexenkessel nicht marschieren. Obwohl es ein ebenso schweres Stück Arbeit bedeutete, mit dem Wagen ins Zentrum zu gelangen, mietete ich mir ein altes Vehikel, um beweglich zu sein. Zum Reitplatz der Garnison war es ja auch ein gutes Stück Weg.

Die Arbeit mit meinem „Catcher" bildete den Höhepunkt des Tages. Ich fing also mit dem Höhepunkt an.

Meist fuhr ich am späteren Nachmittag nochmals zum Reitplatz hinaus, hockte mich auf einen Baumstumpf und beobachtete die englischen Zivilisten, die sich hier tummelten. Sie ritten durch die Bank ein wenig nüchtern, trocken möchte ich sagen. Im typisch englischen Gentlemen-Stil. Fehlt ihnen das, was wir Gemüt nennen und was ein nicht fortzudenkender Bestandteil unseres Reitens ist?

Eine Dame fiel mir auf, mit blondem, kurzgeschnittenem Haar. In prächtigem Sitz ging sie mit ihrer weißen Stute, wie zu einem Wesen verschmolzen, über die Hindernisse.

Meist blieb ich auf meinem Beobachtungsposten, bis die blonde Reiterin elastisch auf ihren kleinen, roten Wagen losschritt und davonraste.

Meine übrige Zeit benutzte ich dazu, Stadt und Menschen zu studieren, wobei mich wegen der vielen absonderlichen Dinge das Eingeborenen-Viertel immer wieder anzog.

Der erste Eindruck dort war ein Gestank, der mich fast umwarf. Nach und nach gewöhnte ich mich daran. Die merkwürdigsten Dinge wurden zum Kauf angeboten: schlechtes, warmes Bier, das wie Brühe schmecken soll — ich habe es nicht probiert —, alle Arten von Konserven, die tagelang in der Mittagsglut gestanden hatten, Schüsseln mit Hammel- und Ziegenfleisch, Kuchenberge, all das mit Fliegenschwärmen bedeckt, Kleider, die schon an die zehnmal und mehr ihren Besitzer gewechselt haben mochten, und vieles andere.

Zwischen den Verkaufsständen räkelten sich schlafende oder betrunkene Eingeborene in Staub und Sonne. Nichts störte sie: weder Hundegebell noch Grammophongedudel oder der Zank der um den Preis alter Gegenstände feilschenden Schwarzen. Unzählige Sprachen und Negerdialekte schwirrten durch die flimmernde, stickige Luft: Englisch, Französisch, Arabisch, neben Suaheli, Kikuyu, Hindostani, Somali und wer weiß was noch alles.

Der Geruch der meist verdorbenen Speisen vermengte sich mit den Gerüchen und Ausdünstungen der Menschen — man erledigte seine natürlichen Geschäfte hemmungslos hinter einem Vorhang. Ein Gemisch aus diesen unbeschreiblichen Ausdünstungen und billigem Parfüm blieb noch lange in den Kleidern hängen.

Wenn ich mich dann anschließend im Norfolk am weißgedeckten Tisch zum Essen niederließ, war ich eigentlich schon satt, denn all die unappetitlichen Dinge, die meine Augen auf der Entdeckungsfahrt aufgespürt hatten, lagen mir noch schwer auf dem Magen. Das Essen im Hotel war übrigens nicht annähernd so gut, wie Giani es vorausgesagt hatte, aber es rutschte runter. Ich konnte bestellen, was ich wollte, alles war beglichen. Für die Getränke mußte ich einen Zettel unterschreiben. Hoffentlich hat man meinen guten amigo später bei der Abrechnung nicht allzusehr begaunert.

Der Speisesaal war kühl und groß, so daß man zum Glück an einem Tisch allein sitzen konnte. Man sah hier verdammt hübsche Frauen, während sich die „Zahlmeister", d. h., die dazugehörenden Männer, im Typ glichen wie ein Ei dem anderen. Im Haarschnitt, in der Kleidung, in den herrischen Gesten gegenüber dem eingeborenen Personal. Es war, als hätte man sie serienmäßig hergestellt.

Wenn ich den Anblick dieser Marionetten der sogenannten oberen weißen Schicht nicht mehr ertragen konnte, flüchtete ich mich ab und zu in eine zweit- oder drittklassige Bar und nahm einen Drink. Lange hielt man sich jedoch in einer solchen Stätte des Lasters und der dicken Luft nicht auf, denn hier konnte man jeden Augenblick, ohne etwas dafür getan zu haben, reif für ein Krankenhaus geschlagen werden.

Vom französischen Sekt bis zum Weinbrand mit garantiertem Methylalkohol, von der elegantesten Mätresse bis zum billigsten Straßenmädchen, vom Idealisten bis zum Anarchisten, alles ist in Nairobi vorhanden — man muß es nur verlangen. Man hat tausendfältig Gelegenheit, den letzten Rest von menschlichem Anstand zu verlieren und kann anschließend Seele und Körper in einer der vielen Kirchen und religiösen Sekten oder in einem der erstklassigen Badehäuser wieder reinigen.

Mein Bedarf an dieser Stadt war bald restlos gedeckt, ich

sehnte mich nach meiner ruhigen Hütte, der sauberen Luft, dem Anblick der Tiere und nach der Reinheit der Natur. Was hielt mich noch davon ab, mich in den Mietswagen zu setzen und heimwärts zu fahren?

Waren es nur die Pferde? Die Stunden in der echten und lebendigen Welt der Reiterei? Mit dem gelassenen Rhythmus seines Schrittes gibt mein Pferd mir allmorgendlich die erste Ruhe, und damit die Losung für den nachfolgenden Tag. Sein demutsvolles Vertrauen in heißer Kraftentfaltung erweckt in meinem Herzen das Gefühl einer weiten und großen Zuversicht, daß ich mich auf richtigem Wege befinde. Ich reite vorwärts!

Doch diese Stunden voll jubelnden Reiterglückes sind es nicht allein, die mich immer noch zurückhalten. Es ist etwas anderes.

Ich wußte, was es war, aber ich wollte es nicht wissen. Wieder einmal hatte ich der blonden Reiterin zugeschaut und mich an dieser seltenen Mischung von Energie und Grazie nicht satt sehen können.

Sie ritt diesmal eine hellbraune Stute, die ich noch ziemlich jung einschätzte. Ich gab ihr drei, höchstens vier Jahre. Ein ungewöhnlich hoch im Blut stehendes Tier, feingliederig und trokken, hatte es immer noch etwas von der Zärtlichkeit und Verspieltheit eines Fohlens. Die schöne Frau arbeitete das Pferd ausdauernd und unendlich geduldig — hier schien sich das erstrebenswerte Einssein von Mensch und Pferd anzubahnen. Es war das erstemal nach Nikoline, daß ich einer Frau beim Reiten zusah — das wurde mir jetzt deutlich. War es dies, was mich an der fremden, schönen Frau so faszinierte? . . .

Nach ihrer Arbeit begab sie sich sofort zu ihrem Wagen, als ob sie es sehr eilig hätte. Die Tür knallte zu. „Gleich wird sie an mir vorbeibrausen“, dachte ich — aber es tat sich nichts dergleichen. Im Gegenteil, sie stieg wieder aus, machte den Kühler auf, der blonde Kopf verschwand in der Versenkung, kam noch einmal hoch und hilflos hob sie die Schultern. Zwei englische Soldaten eilten ihr zur Hilfe und krochen nun ihrerseits tief in den Motor hinein. Man kam scheinbar zu keinem Ergebnis.

Obwohl ich vom Motor eines Wagens genau so wenig verstehe wie vom kommunistischen Manifest, pirschte ich mich langsam heran und vernahm, daß es notwendig sei, den Wagen zu einer Reparaturwerkstatt abzuschleppen. Blitzschnell erkannte ich meine Chance. Ich ging auf die Schöne zu und erbot mich, ihr dabei behilflich zu sein.

Eine durchschnittliche Frau hätte sich zumindest erst ein wenig geziert und gesagt: „Das ist ja sehr liebenswürdig, aber das kann ich doch nicht annehmen." Dies war offenbar ein weibliches Wesen, das nach besonderem Maß gemessen werden mußte. Sie sah mich für den Bruchteil einer Sekunde prüfend an und setzte sich dann mit einem „okay" wieder hinter das Steuer ihres Wagens. Ich holte meine Karre herbei, inzwischen trieben die Soldaten ein Seil auf, einige Minuten später fuhr ich bereits, den kleinen, roten Jaguar im Schlepp, der Innenstadt zu. Ich kannte die Straße, in welcher die Werkstatt lag.

Ein paar Schwarze schoben den Jaguar in die Reparaturhalle. Wir standen uns gegenüber ...

„Sie sind der Deutsche, der bei uns reitet?" sprach sie mich in meiner Sprache an.

„Der bin ich, mein Name ist Jürgen Godeysen."

„Und ich heiße Beth Collins. Bringen Sie mich noch bis zum Royal?"

Natürlich brachte ich sie. Zu einer Unterhaltung kamen wir nicht, da der Verkehr zu dieser Stunde alle Aufmerksamkeit eines Fahrers erforderte, der nicht auf dem Rücken eines Ochsen oder Packards zu landen beabsichtigte. Mit einem kurzen „Danke schön" ließ sie mich stehen und eilte die Stufen zum Royal hinauf. Ich war so verdutzt, daß ich statt ins Norfolk zu meiner Bude hinausfuhr und das Abendessen völlig vergaß.

Mit Beth Collins hatte ich einen Frauentyp kennengelernt, wie er mir bisher noch nicht begegnet war. Das wollte zwar nicht viel heißen. Ein paar harmlose Jugendflirts, ein paar der üblichen Soldatenbräutchen, dann Nikoline, meine Frau. Mehr Frauen waren mir ja wohl nicht begegnet, Gunthermann hatte mich mit seinem Brief beruhigt.

Ich verglich Beth Collins mit meiner Frau. Obwohl ich eben erst ein paar belanglose, konventionelle Worte mit ihr gewechselt hatte, erkannte ich klar den großen Unterschied zu Nikoline. Die Sprache meiner Frau klang warm, herzlich und menschlich — Beth Collins dagegen redete kühl, selbstbewußt und befehlend. Wie wir uns eben den Tonfall einer Engländerin, die unter Schwarzen lebt und sich behaupten muß, vorstellen. Ob sie einen Mann hatte? Ich meine einen Ehemann? Auf dem Reitplatz sah ich sie immer allein. Vielleicht war der Gatte einer dieser im Gelde fast erstickenden Großkaufleute, die nicht nur in Nairobi, sondern auch in Mombasa und überhaupt an allen Ecken des Erdteils die Finger drin hatten, wo es nach Geldverdienen roch.

Aus dem schmalen, hellen Gesicht der Engländerin mit dem blonden Haar blickten zwei blaue Augen, die von langen, schwarzen Wimpern umrandet waren, kühl und fragend. Zu der ausgesprochenen Sportfigur gehörten ebenso die langen Beine wie die ein wenig zu großen Füße. Sie trug außer einem breiten Goldring mit einem mindestens zweikarätigen Brillanten keinen Schmuck.

Beth war ganz anders als die Frauen, die man sonst in Nairobi zu sehen bekam. Ihr Reiz für mich lag nicht etwa in ihrer weiblichen Anziehungskraft, die sie zweifellos besaß, von der ich jedoch nicht die geringste Notiz nahm. Mich interessierte sie einfach. Ich freute mich, endlich einen Menschen gefunden zu haben, der ein einwandfreies Deutsch sprach. Außerdem war sie so schön, daß es eine Lust war, sie zu beobachten. Das tat ich mit einer wahren Gier, und immer wieder bemühte ich mich, Fehler oder Unkorrektheiten an ihr zu finden. Doch sie schien eher zu korrekt.

Und ich stellte fest, daß ich um so lieber an Nikoline dachte, an meine weiche, zärtliche, sorgende Frau in weiter Ferne Sie durfte unbesorgt sein. Ihr Bild würde niemand aus meinem Herzen reißen.

Ich kann es mir nicht abgewöhnen, an Vorherbestimmungen und Weichenstellungen in meinem Leben zu glauben. Es war doch wohl kaum ein Zufall (auch wenn niemand außer mir etwas dazu getan hat), daß Beth Collins und ich ins Gespräch gekommen waren. Unsere Wege mußten sich kreuzen. Ob ich ihr je etwas bedeuten werde, weiß ich nicht. Doch eines weiß ich: daß ihr Anblick, daß das Gespräch mit ihr meinen Gedanken Kraft gibt, meine Erinnerung stärkt, Kritik herausfordert, meinen Lebensmut befestigt.

Es gibt Beziehungen zwischen Mann und Frau, viel geheimnisvollere und beglückendere als „Liebe". Wenn die Menschen nur nicht so grob wären, die zarten Gewalten in diesem Spannungsfeld zwischen zwei Seelen durch viel Schwächeres, jedoch Aufdringlicheres zu zerstören!

Ich gehe nicht mehr wie damals träumend und unsicher durch den Tag — heute sehe ich nicht nur die Gegenwart in verzerrten Bildern, die Jagd der Toren nach unerreichbaren materiellen Zielen, sondern auch das Schöne und höhere Ziele als Geld und Besitz. Ich verstehe plötzlich die Aufopferung der Priester, Ärzte und Krankenschwestern, die Stimmen der Dichter aus den Büchern, die mir in Afrika zu stillen Freunden geworden sind.

Noch begreife ich zu wenig von dieser Nachkriegszeit; von den sieben Jahren nach dem Ende habe ich fast fünf dahinträumend vertan und verloren. Jetzt aber spüre ich mich allmählich hineingleiten in die menschliche Gesellschaft, und mir ist, als öffneten sich Herz und Augen für alles Echte und Schöne. Ich möchte Positives schaffen, helfen, dabei sein, wenn sich die Menschheit wiederfindet, wenn die Lawine des dummen Übermutes und der Verzweiflung daran gehindert wird, unsere alte Erde zu vernichten, von dem starken Glauben derer, die auserwählt sind, ein Halt zu gebieten.

Mußte auch diese Frau meinen Weg kreuzen und meine Gedanken und Sinne schärfen, damit ich bemerkte, wie nahe ich an einem Kulminationspunkt des Weltgeschehens stand? Hier, in diesem babylonischen Völkergemisch mußte ich erkennen, daß die Sorgen auf der ganzen weiten Welt die gleichen und auch die meinen sind.

Beth Collins und ich grüßten uns nun, wenn wir uns auf dem Reitplatz trafen. Eines Morgens entdeckte ich sie im Kreise der Offiziere. Als ich den Sergeant Harrison in den Stall begleitete, konnte ich mich nicht überwinden, ihn nach meiner neuen Bekanntschaft zu fragen.

„Mrs. Collins ist die Witwe von Colonel Oliver Collins. Er wurde auf einer Inspektionsreise in seinem Zelt ermordet. Eine Panga steckte bis zum Heft in seiner Brust. Es kann nur einer von der Mau-Mau gewesen sein."

„Mau-Mau?", sagte ich staunend, „ja, sind die denn schon aktiv in Erscheinung getreten? Ich denke, diese Leute bestehen bisher nur in der Theorie?"

„Leider schon sehr stark in der Praxis, Mr. Godeysen. Die große Gefahr kommt vom Stamm der Kikuyu. Es kann jeden Tag zur Explosion kommen. Wenn ich Ihnen einen freundschaftlichen Rat geben darf, Mr. Godeysen, bleiben Sie nicht mehr allzulange in Kenia. Obwohl Sie german sind, so sind Sie in erster Linie Weißer. Halten Sie Augen und Ohren auf, dann werden Sie die Gefahr an allen Ecken und Enden wachsen sehen."

Mir fielen die Worte des alten Jamba ein. Nun kam die zweite freundschaftliche Warnung, diesmal von einem Weißen. Es muß ja schon ganz schön gären, und ich laufe herum wie ein neugeborenes Kind und weiß von nichts. Kein Wunder, George und Giani sprachen wenig über Politik und Rassenfragen, sonst kam ich mit keinem Menschen zusammen.

Beth Collins war also Witwe. Sie kannte wie wenige die Gefahr, in der sich die weiße Rasse befand. Warum blieb sie nur hier, wenn sie ihren Mann unter solch grauenvollen Umständen verloren hatte, auf was wartete sie noch?

Ein paar Tage darauf saßen wir auf der Terrasse einer englischen Teestube und fanden uns zum ersten Male zu einem persönlichen Gespräch.

„Was suchen Sie eigentlich hier?" fragte sie mich mit entwaffnender Offenheit.

„Mich selbst", erwiderte ich, „und ich glaube, ich habe mich zum großen Teil schon wieder gefunden."

Es war typisch für Beth Collins, daß sie sich mit meiner Antwort zufrieden gab und nicht weiter in mich drang. Damit richtete sie aber gleichzeitig eine Schranke zwischen uns auf, denn nun mußte ich die Fragen, die mir auf den Lippen brannten, unterdrücken.

Erwartungsgemäß waren wir mit unserem Gedankenaustausch bald beim Reitplatz gelandet. Wir sprachen über die Früharbeit, die Chancen des Captain Skippon bei der demnächst fälligen Dressurprüfung — dann wollte sie einiges über den augenblicklichen Stand des deutschen Turniersportes wissen. Sie war sichtlich enttäuscht, als ich ihr darüber keine Auskunft geben konnte.

„Ihr Deutschen werdet in Kürze beim internationalen Wettbewerb wieder eine gute Rolle spielen. Wer ist denn bei Euch der kommende Mann?"

„Mrs. Collins, ich weiß es wirklich nicht", und ich berichtete ihr von meiner Verwundung, den bösen Jahren nach dem Kriege, streifte meine verunglückte Ehe. Das alles zusammen bilde den Grund meiner Reise nach Kenia.

„Ausgerechnet Kenia", stieß sie hervor, „konnten Sie keinen anderen Platz auf dieser weiten Erde finden als hier bei den dreckigen Schwarzen?"

Bei den letzten Worten zog sie mit dem Ausdruck höchster Verachtung den Mundwinkel so stark herunter, daß sie fast abstoßend aussah. Ich konnte verstehen, daß sie nach dem schrecklichen Ende ihres Mannes keine besondere Sympathie für die schwarze Rasse empfinden konnte. Dennoch widersprach ich ihr. Ich kenne als Deutscher die furchtbare Last der ‚Kollektivschuld', sie dürfe nicht weiter zu einer Barriere zwischen Völkern und Rassen werden.

„Es gibt unter den Schwarzen bestimmt anständige Leute", bemerkte ich und hoffte, damit das Thema abzuschließen. Doch Beth Collins sprach das letzte Wort:

„Davon verstehen Sie nichts", kam es rauh von ihren Lippen, „es ist auch auf jeden Fall besser, sie lassen die Finger davon."

Sie bemerkte meine Enttäuschung und fügte hinzu:

„Ich weiß, ihr Deutschen wollt seit Jahrhunderten die Welt und die Menschen verbessern, ‚am deutschen Wesen soll die Welt genesen', aber auf der anderen Seite bringt ihr sie um, gleich zu Millionen. Ihr seid ein merkwürdiges Volk."

Der Kontakt zerriß. Wir fanden keine Basis mehr für ein halbwegs fließendes Gespräch. Wir trennten uns bald darauf ziemlich kühl.

Am nächsten Morgen beim Reiten begrüßte sie mich, als ob nichts gewesen wäre. Es war ja auch nichts. Warum sollten wir nicht unsere persönlichen Ansichten austauschen? Es scheint wirklich sehr schwer zu sein, mit Engländern auf einen gemeinsamen Nenner zu kommen. Es bleibt immer das Gefühl zurück, man habe sich mit einem Fremden unterhalten, der einen nur halb versteht. Diesen Eindruck hatte ich sogar manchmal bei meinem guten George — irgend etwas lag unsichtbar zwischen uns. Ich hörte schon von Ulmenau, und jetzt erwähnte es der französische Journalist, mit dem ich ab und zu im Norfolk einen Drink nahm, daß nicht nur wir Deutschen, sondern auch andere europäische Völker viele Scheffel Salz mit den Engländern essen müssen, um ein Stück Freundschaft dieses verschlossenen und herrischen Volkes zu erwerben, dessen unbändiger Stolz schon manche unnötige Barriere in der Welt aufgerichtet hat.

Wie sagte doch Farth ... ‚wir haben hier nicht nur das Problem der Erziehung der Eingeborenen zu lösen, sondern auch dasjenige der Erziehung der Europäer'.

Damit meinte er ohne Zweifel alle Nationen, ausgenommen seine eigene.

Liebes Tagebuch! Dir kann ich alles anvertrauen. Und es wird mir, je länger je mehr, zum Bedürfnis aufzuschreiben, was ich erlebe und denke; wie ich unter diesen äußeren Erlebnissen Abstand von all dem finde, was ich im Hause Pratt durchgemacht habe — nein, nicht ich allein, sondern auch Nikoline.

Ich fühle und weiß, daß das Neue dieses afrikanischen Abenteuers mich zunächst nur vom Äußeren her beeindruckte, aber auch ablenkte von all dem, was ich als Ballast mit nach hier brachte. Aus der Entfernung — der zeitlichen wie der räumlichen — sieht alles ganz anders aus.

Wie konnte es auch anders sein, denn Nikoline und Lina waren es doch, die mich mit ihrer täglichen umsorgenden Liebe, mit schonendem Mitleid, immer wieder in die Rolle hineindrängten, die ich nicht spielen wollte. Die beiden Frauen und der Geist des toten Herrn von Pratt verwehrten es mir, mein Ich wiederzufinden, mich als verantwortungsbewußter Mann zu bestätigen und durchzusetzen. Hier in der persönlichen Freiheit des Jägers, des Kolonial-Europäers, in dieser Welt, in der mich keiner kennt und . . . keiner bemitleidet oder auch nur Rücksicht auf mich zu nehmen sich verpflichtet fühlt, in der ich nicht in der Vergangenheit, sondern nur in der Gegenwart und ihren täglichen Eindrücken lebe, beginne ich wieder ein Mensch zu werden. Die Gelegenheiten, mich als Mann zu beweisen und zu bewähren, lichten die Dunkelheiten der Vergangenheit.

Haben Dr. Gunthermann und der alte Ulmenau das geahnt — oder richtiger, gewußt? Es ist eine dumme Frage! Natürlich ist es so, sonst hätten sie mich ja nicht nach Afrika geschickt.

Rechenschaft soll ich mir ablegen, das ist die Therapie der beiden Alten. Aber wenn ich alles recht und noch einmal von Anfang an überdenke, dann habe ich das eigentlich schon getan.

Die verhängnisvollen Zeiten von Matthiasruh habe ich mit allen Fasern meines geplagten Herzens aufgezeichnet. Ich habe mich selbst dabei gewissermaßen seziert. Wie ein Tier, das zur Vivi-Sektion auf den Operationstisch geschnallt ist, kam ich mir dabei vor.

Wie fern scheinen mir heute die Zeiten, als mich der Seelenarzt Dr. Sesselkamp quälte und als ich mich mit mir selbst quälte, weil mir der Weg ins Leben verbaut, versperrt schien.

Versperrt? Ja, von wem und warum? Habe ich mich nicht tausendmal selbst gefragt: Warum übernimmst du nicht die Rolle, die dir ein gütiges Schicksal zugedacht hat. Warum füllst du nicht den Platz des toten Gutsherrn aus?

Wäre nicht das Mitleid der Frauen, wäre nicht die Qual der Ungewißheit gewesen, diese Leere der Vergangenheit! Gewesen? Was hat sich geändert? Ist das Schuldgefühl der Flucht größer geworden oder kleiner? Ist eine Erkenntnis eingetreten, besteht die Möglichkeit einer Rückkehr? Bin ich soweit, daß ich an Nikoline schreiben könnte? Sie hat mir nicht geschrieben, obgleich sie von Gunthermann leicht erfahren könnte, wo ich stecke, wohin ich geflohen bin und daß er selbst mich hierher geschickt hat.

Aber was sollte sie mir schreiben? Daß sie mich immer noch liebt, daß sie mir alles verzeiht, daß mich der Platz auf dem Pratt-Hof erwartet?

Natürlich hat Gunthermann ihr das verboten, und er wird ihr auch nicht gesagt haben, wohin er mich verschickt hat.

Und ich wüßte auch gar nicht, was ich ihr antworten sollte. Noch weniger wüßte ich, was noch zu schreiben wäre über meine Flucht und über meine Gedanken für die Zukunft.

Noch spüre ich nicht die Kraft, da wieder anzufangen, wo ich einen gewaltsamen Strich unter die Rechnung meines Lebens gemacht habe — oder nur machen wollte?

Wieder kommen die Zweifel auf!

Schreiben wir also weiter, mein Lieber. Lassen wir die Dinge weiter auf uns zukommen. Vertrauen wir dem äztlichen verordneten Tagebuch die Ereignisse an, die Abstand bringen sollen von ... ja, von was eigentlich?

Inzwischen war ich mehrmals mit Beth Collins zusammengetroffen. Wir tranken unseren Tee in irgendeiner der vielen, kleinen Teestuben oder fuhren in ihrem Jaguar hinaus, besuchten irgendeinen Club, tanzten sogar zusammen und unterhielten uns über tausend Dinge, die jeden halbwegs gebildeten Menschen interessieren, nur um Politik und Rassenfragen machten wir einen weiten Bogen.

Über das Privatleben dieser rätselhaften Frau konnte ich nichts herausbekommen, obwohl ich mich darum bemühte, denn es interessierte mich brennend. Was hielt sie noch in diesem Lande, dessen Ureinwohner sie so verachtete? Mit wem verkehrte sie? Lebte sie allein in ihrem hübschen, von Blumen umrahmten Häuschen? Sie forderte mich nicht ein einziges Mal auf, hineinzukommen. Ich bemerkte auch keinerlei Dienerschaft. Sie konnte doch unmöglich allein wohnen, in Afrika — eine weiße Frau!

Eines Vormittags verabschiedeten sich zwei Offiziere von uns, die in die heimatliche Garnison zurückgerufen waren. Die beiden Herren waren sichtlich froh, daß sie auf die Insel zurück konnten und wurden von vielen ihrer Kameraden offensichtlich darum beneidet. Auch Beth Collins gab das zu.

„Sie können doch jeden Tag in Ihre Heimat fahren? Wenn Sie wollen ...“ tastete ich mich vor.

„Eben nicht“, erwiderte sie, „ich habe hier erst noch etwas zu erledigen.“

Sie kniff die Lippen zusammen, und sie ballte die Fäuste.

Gestern ist etwas Unerwartetes geschehen.

Ich holte Beth — wir sprachen uns seit kurzem mit dem Vornamen an, das ist in England nichts Ungewöhnliches — von ihrem Häuschen ab. Diesmal benutzten wir meinen Wagen und fuhren in einen sehr eleganten Club. Für dieses „Ereignis“ mußte ich mir Georges Smoking ausleihen, den die Mammi ganz prima aufgebügelt hatte und der mir halbwegs paßte. Ein Engländer ohne Smoking und ohne Regenschirm ist selbst in Nairobi undenkbar. Beth trug ein hellblaues, tiefausgeschnittenes Abendkleid und sah wie eine Fürstin aus.

„Ich trage zum ersten Male seit dem Tode meines Mannes ein solches Kleid“, sagte sie, als ich sie verwundert ansah, „das Leben geht weiter, Jürgen.“

„Sie brauchen sich nicht zu entschuldigen, Beth, außerdem sehen Sie berückend aus.“

„Oh“, lachte sie, und es war das erste Lachen, das ich von ihr vernahm. „Sie können sogar Komplimente machen?“ Ich dachte, für Sie existieren nur Männer und Pferde, Tiere und — Neger.“

Während unseres Gespräches betrachtete ich den Raum, in dem wir uns befanden, und seine Gäste. Bereitwillig nahm ich alles in mir auf. Die Gäste, die sich vor lauter Vornehmheit kaum trauten, zu kauen und die während der Mahlzeit keinen

Laut von sich gaben — die fast noch vornehmeren Kellner, die über das Parkett stolzierten, als hätten sie einen Spazierstock verschluckt —, die stilechte, aus fünf Gentlemen bestehende Kapelle, bei derem Temperament es eine schier gewaltige Leistung war, einen Tango zu tanzen, ohne dabei einzuschlafen. Und zum Abschluß die ganz und gar vornehme Rechnung, bei der man aus lauter Vornehmheit eine Null zuviel drangehängt hatte.

„Wie gefällt es Ihnen hier?" fragte mich Beth und schmunzelte in der Vorausahnung meiner Antwort.

„Gar nicht", brummte ich, „trotz Ihrer Anwesenheit werde ich wohl bald einen Gähnkrampf bekommen."

Beth lachte, es klang wie das Gurren einer Taube.

„Fahren wir doch zu mir, damit Sie wieder aufwachen!"

So lernte ich unerwartet ihre Wohnung kennen. Beth führte mich in einen dunkelrot tapezierten Raum mit weißen Möbeln und einer kleinen weißen Bar. An ihr mixte sie uns ein paar teuflische Getränke, die mir fast die Kehle zerrissen, und sie war noch stolz darauf. Ein Inder brachte uns später den Kaffee. Sie lebte also doch nicht ganz allein in diesem Haus.

„Dieser Bursche ist zuverlässiger als du, Jürgen", reizte sie mich, „wenn ein Inder sich erst einmal mit der englischen Überlegenheit abgefunden hat und man ihn wie einen Engländer behandelt, ist er echterer Brite als einer, der mitten in London geboren wurde."

Zum erstenmal redete sie mich mit Du an. Na schön, dann machte ich also das Spiel mit.

„Wie meintest du? Der Inder ist zuverlässiger als ich?"

Sie goß mir den Kaffee ein und meinte dabei:

„Bestimmt, denn er ist immerhin ein Farbiger, du könntest mir unter Umständen einmal gefährlich werden ..."

Kurz vor Mitternacht begleitete sie mich zum Wagen. Ich drehte die Scheibe herunter, um ihr noch die Hand zu reichen.

Sie steckte den Kopf durch den Rahmen und flüsterte mir ins Ohr:

„Ich könnte mich an dich gewöhnen, Jürgen."

Zwei Tage blieb Beth unsichtbar. Nun, ich laufe ihr nicht nach. Dafür erlebte ich eine ganz andere Begegnung, die mir viel mehr Kopfzerbrechen machte.

Auf der Straße war mir mehrmals ein Mann aufgefallen. Er trug eine Brille, war gut angezogen und machte den Eindruck eines eingeborenen Rechtsanwaltes oder Gelehrten. Für einen Außenseiter, wie ich es nun einmal in Nairobi bin, gehört schon allerhand dazu, einen Schwarzen beim zweitenmal wiederzuerkennen. Dieser Mann fiel mir in erster Linie durch seine stolze und selbstbewußte Haltung auf.

Abends landete ich — ohne Beth kam ich mir neuerdings ziemlich verlassen vor — in einem nicht ganz einwandfreien Lokal, das sowohl von Weißen jeder Art als auch von Farbigen besucht wurde. ‚Nicht ganz einwandfrei' ist vielleicht zu milde ausgedrückt — es war eine Bruchbude, in der man sich mit einer Frau, die man liebte oder auf die man große Stücke hielt, keinesfalls sehen lassen konnte. Hier fühlten sich die Männer unbeobachtet.

Die englische Polizei duldete stillschweigend diese für einen Fremden höchst interessante Zusammenballung aller nur denkbaren menschlichen Werte. Eine reichhaltigere Fundgrube für nationale und soziale Erkenntnisse gab es in ganz Nairobi nicht. Es konnte sein, daß an einem Tisch der gefürchtete Staatsanwalt mit einem berüchtigten Schläger seltene (sicher gestohlene) Briefmarken austauschte, während der zur Zeit im Community-Theater gastierende Pariser Revue-Star dem geschniegelten Adonis, seines Zeichens erstklassiger Gentlemen-Einbrecher und Schmuckspezialist, ahnungslos ein Autogramm mit der Nummer ihres Hotelzimmers gab.

Ganz großzügig gerechnet tanzten, rauchten, soffen, stritten und kosten in dieser verräucherten Goldgrube an die hundert Jahre getreu absolviertes Zuchthaus. Der Wirt, der wie ein Orang-Utan, inmitten weißblonder und brauner Schönheiten als Abschreckmittel für die Nassauer hinter der Bar hockte, mit seinen schwarzbehaarten Händen Devisen aller Länder zusammenraffte und in einer schweren Eisenkassette verschwinden ließ, soll bereits jetzt, knapp drei Jahre nach Eröffnung dieses „Schmuckkästchens“, Besitzer eines ganzen Stadtteils sein.

Der Hauptanziehungspunkt dieses Konglomerats von Edelmut und Sünde war die unwiderlegbare Tatsache, daß auf diesen wenigen Quadratmetern Mosaikboden sämtliche je von Menschen errichteten Vorurteile über Rassen, Religionen und Gesellschaftsklassen aufgehoben waren.

Und doch gab es Nächte, in denen hier der Teufel regierte, wenn beispielsweise ein aus dem Kittchen Entlassener seine „Braut“ mit einem anderen erwischte, obwohl man von dem schönen Kind nichts Besseres erwarten konnte.

Zu den Höhepunkten der Stammgäste zählte der alljährlich mit entfesselter Lebensfreude begangene, bereits zum drittenmal sich wiederholende fünfzigste Geburtstag des früheren Straßenmädchens, jetzigen Leihhausbesitzerin und Millionärin Gaby Churchill. Diese vollgewichtige Dame betonte bei jeder passenden oder unpassenden Gelegenheit, daß sie keineswegs mit dem Premier verwandt oder verschwägert sei, sondern ihren unmäßigen Whisky- und Zigarrenverbrauch in die Wiege gelegt bekommen habe.

Vor dem Lokal hielt ein über zwei Meter großer Portier, der wie ein pensionierter Henker aussah, nach gut fundierten Fremden Ausschau und wehrte den bargeldlosen Schnorrern den Eintritt.

Hinter einer Säule entdeckte ich einen freien Tisch, zwängte mich hindurch und bestellte mir zunächst einen doppelten Gin.

Während ich versuchte, mich an den munteren Betrieb zu gewöhnen, spürte ich plötzlich, wie ein Augenpaar mich fixierte. Vor mir stand der Mann, der mir, wie ich schon erwähnte, mehrmals aufgefallen war. Er fragte höflich, ob es erlaubt sei, an meinem Tische Platz zu nehmen. Da mich der dunkelhäutige Brillenträger interessierte, schob ich ihm den freien Stuhl zu.

„Ich kenne Sie", begann er, „Sie sind Deutscher?"

„Sie sprechen ein gutes Deutsch", gab ich zurück, „wo haben Sie das gelernt?"

„In Berlin", kam die mich erstaunende Antwort, „ich habe noch im vorigen Jahr dort studiert, Jura."

„In Dahlem?"

„Auf der Humboldt-Universität."

Humboldt-Universität? ... Ich stutzte ... lag die nicht im Osten Berlins? Unter den Linden? Im kommunistisch beherrschten Sektor? Doch ich wagte nicht, diese Frage laut zu stellen. Mir wurde plötzlich wieder bewußt, wie gering mein Wissen über die deutsche Nachkriegssituation ist. Mein Gesprächspartner schlürfte seinen Fruchtsaft und wandte sich von mir ab, an einer weiteren Unterhaltung mit mir schien er nicht interessiert zu sein. Doch darin irrte ich mich. Wie ein Schuß kam aus dem Schweigen eine weitere Frage auf mich zu.

„Als Deutscher lieben Sie die Engländer nicht?"

Da ich nicht gleich antwortete, sprach er weiter auf mich ein.

„Sie müssen sich nicht unbedingt festlegen, ich kenne Ihre Ansicht auch so. Sie können die Briten nicht lieben. Ihre Regierung kann wohl mit Ihnen Verträge machen, die sogar von beiden Seiten gehalten werden. Nicht aus Liebe, versteht sich, sondern aus Nützlichkeit. Wir, ich spreche jetzt von meinem Volk, können niemals mit den Menschen in Frieden zusammenleben, die uns den besten Teil unseres Landes gestohlen haben."

Was sollte ich daraufhin sagen? Nur um nicht unhöflich zu erscheinen, fragte ich:

„Wieviel Weiße leben eigentlich in Kenia?“

„Ungefähr dreißigtausend unter sechs Millionen Schwarzen, die von dieser winzigen Minderheit regiert und ausgeschlachtet werden. Finden Sie das richtig?“

Nein, ich fand das absolut nicht richtig, doch meinte ich, daß es nun einmal eine Tatsache sei, die viele Jahrzehnte bestünde. Und daß ja die Unabhängigkeit der afrikanischen Völker spürbar in der Luft läge, daran zweifelten doch auch die Engländer nicht!

Das Weiße in den dunklen Augen leuchtete auf:

„Auch Kenia wird ein von uns selbst regierter Staat werden. Eines Tages verlieren die weißen Siedler ihr Heimatrecht, das sie sich selbstherrlich zugesprochen haben. Für den weißen Mann ist dieser Traum von der Kolonialherrschaft ausgeträumt.“

Auf dem Klavier neben der Bar spielte jemand einen englischen Song, ein dunkelhäutiges Mädchen sprang auf ein Podest und sang mit heiserer Stimme:

Nairobi — Nairobi —
ich werd' dich nie verlassen,
dich nimmermehr verlassen,
denn hier fand ich mein Glück ...

Mein Gegenüber machte eine abfällige Handbewegung zu der Dunkelhäutigen hin.

„Charakterlose Bestie“, murmelte er, „ohne eine Spur von Stolz. Wir merken uns solche Typen.“

Das Mädchen hatte seinen Song beendet, wurde von einem angetrunkenen Weißen auf einen Barhocker gesetzt und mit Sekt traktiert. Der Kerl schien der Schwarzen einen schlechten Witz zu erzählen, denn beide lachten penetrant und grölten ... „Nairobi ... Nairobi ...“ ..., dann goß er ihr ein Glas Sekt in den Ausschnitt.

Für mich war das ein Anlaß, die Tapete zu wechseln. Ich zahlte und wollte mich erheben, doch hielten mich die Augen des schwarzen Mannes zurück.

„Wollten Sie mir noch etwas sagen?"

„Ja, gerne", erwiderte er, „denn Sie sind Deutscher und mir sympathisch. Wissen Sie, ich habe mir jahrelang den Kopf zerbrochen, auf welchem friedlichen Wege wir zu unserem rechtmäßigen Besitz kommen könnten. Es gibt keinen! Nur den der Gewalt! Leider! Zu einer Demokratie braucht es Jahrzehnte. Und die Zeit haben wir nicht. Zu allem Übel züchten unsere vielen Stämme ihre eigenen, selbstsüchtigen Interessen. Sowie es aber um Gewalt geht, um Kampf und Macht, stehen wir alle zusammen."

Der Schwarze nahm seinen Stuhl und rückte näher zu mir heran.

„Ich weiß, Sie werden mich nicht verraten. Nairobi ist ein Pulverfaß, man soll nicht auch noch mit dem Feuer spielen."

„Täuschen Sie sich nicht?"

„Täuschen? Nein. Haben Sie schon von der Mau-Mau-Bewegung gehört?"

Er senkte seine Stimme zum Flüstern ... „Ich gehöre dazu."

In seinen Augen flackerten fanatische Lichter auf ...

„Wir haben einen Eid geschworen, der uns ohne Unterschied des Stammes zusammenbinden soll — und mit unserem Blut besiegelt! Wer ihn bricht, muß sterben. Wenn einer zum Schwur aufgefordert wird und sich weigert, ihn zu leisten, weil er mit einem Weißen gut steht, wird er von uns getötet! Und wie sieht es bei euch aus? Sie scheinen es nicht zu wissen, weil Sie außerhalb der Interessen dieser Räuber stehen. Der stolze Brite wird langsam weich in den Knien, eine Ranch wird heute schon für ein Butterbrot angeboten. Wenn einem Engländer sein Gewehr gestohlen wird oder er es verliert, werfen ihn seine eigenen Stammesbrüder ins Gefängnis. Bedenken Sie, mein Stamm der Kikyus zählt über eine Million Menschen, und jeder dieser Million kann ein Mau-Mau sein . Begreifen Sie, was das heißt? Ihr Weißen schwebt in dauernder Lebensgefahr."

Warum erzählte mir der Mann das alles? Wozu gab es die „Vereinten Nationen"? Wozu wurden Noten getauscht? Schließlich war es doch eine beschlossene Tatsache, daß alle Völker Afrikas eines Tages ihre Selbständigkeit erhalten sollten. Natürlich ist die Geduld eine der schwersten Prüfungen der Menschheit seit Bestehen der Welt. Und einem Schwarzen fiel es wohl noch schwerer, geduldig zu sein.

Ich wollte endlich gehen, aber er bat mich, noch einen letzten Satz aussprechen zu dürfen:

„Darf ich Sie eindringlich warnen? Ich sah Sie in letzter Zeit mehrmals in Begleitung einer englischen Frau. Sie spielen mit Ihrem Leben, wenn Sie das nicht lassen."

Ohne meine Reaktion abzuwarten, sprang er auf und war aus meinem Gesichtskreis verschwunden. Fast ebenso schnell stand, wie aus dem Boden geschossen, der mir bekannte französische Journalist neben mir. Wir gingen zusammen auf die Straße.

„Was wollte er von Ihnen? — Der Mann ist gefährlich."

„Gefährlich? — Kann sein, jedenfalls hat er mir einen ganzen Roman erzählt. Warnte mich, mit einer Engländerin zu verkehren. Außerdem ist er nicht der einzige, der mir mit guten Ratschlägen kommt. Wie sehen Sie als Mann der Zeitung die Lage?"

„Jedenfalls sehe ich sie klarer als die meisten Engländer."

Er fingerte aus seiner Brusttasche zwei pechschwarze französische Zigaretten heraus und bot mir eine an.

„Viel Zeit habe ich nicht. Heute muß noch ein Bericht raus, aber während einer Zigarettenlänge will ich Ihnen meine Meinung verraten. Die Stunde rückt näher, in der ein Revolver zum unentbehrlichen Inhalt der Handtasche selbst einer jeden Frau gehört. Ist es Ihnen nicht aufgefallen, daß des Nachts mehr

Panzer als gewöhnlich durch die Straßen rattern? Das Beunruhigende an der ganzen Chose ist, daß die Londoner Presse die ständig sich mehrenden Morde an Europäern als „interessante Kriminalfälle“ darstellt, statt ihre Regierung zu beschwören, den Brandherd mit allen Mitteln — wobei ich an möglichst faire Mittel denke — auszumerzen.“

Wie zur Bekräftigung seiner Thesen donnerten zwei riesige Panzer an uns vorbei, erschütterten die Erde, ließen die Fensterscheiben klirren und die Lampen flackern.

Der Franzose knallte seinen Zigarettenstummel gegen die Hauswand, daß die Funken stoben, machte eine Kopfbewegung zu den Ungeheuern hin.

„Was habe ich Ihnen gesagt! . . . merde! Abgesehen davon schließe ich mich dem Rat Ihrer wohlmeinenden Freunde an, verlassen Sie das Land, ehe die Flammen zum Himmel lodern. Wenn ich hierbleibe, ist das was anderes. Ich lebe davon, daß andere sich umbringen. Und wenn ich dabei draufgehe, so ist das nur ein Betriebsunfall.“

Am nächsten Morgen überdachte ich die Lage. Nach den beiden letzten Begegnungen fühlte ich mich in Nairobi nicht mehr recht wohl. Nicht, daß ich mich unsicher fühlte. Es war etwas anderes.

Zum ersten Male, soweit meine Erinnerung zurückreicht, fühlte ich mich nervös, überanstrengt vom Lärm, von den Widersprüchen der Stadt und ihrer Menschen. Ich hatte, vor allem nach den Gesprächen der letzten Nacht, das Gefühl, auf einem Pulverfaß zu leben. Hier gab es nur den Job oder das düstere Vegetieren der Gestrandeten. Beide Möglichkeiten interessierten mich nicht.

Was hatte ich hier wirklich verloren? Allenfalls reizten mich noch ein paar Wochen in Farth’ Hütte. Wenn überhaupt, so hatte ich eine Ahnung vom Schwarzen Erdteil in dieser Einsiedelei bekommen. Dort wollte ich von Afrika Abschied nehmen.

Der schwarzen Mammi drückte ich einen langen Wunschzettel in die Hand, damit sie mir die notwendigsten Dinge für meinen letzten Urwaldaufenthalt organisierte.

Den letzten Tag in Nairobi blieb ich fast ganz zu Hause, stöberte in Georges Büchern herum, aß ein paar Früchte, machte ab und zu ein Nickerchen und dachte zwischendurch über die Hintergründe der mir erteilten Warnungen nach.

Meinen einzigen Abschiedsbesuch stattete ich der Reitbahn ab, um den gastlichen Reitern auf Wiedersehen zu sagen und ein letztes Mal den mir liebgewordenen „Catcher" zu reiten. Über zwei Monate hatte ich fast täglich mit dem Tier gearbeitet. Schon nach den ersten Ritten war er mir genauso ans Herz gewachsen, wie auch er sich völlig auf mich eingestellt hatte. Heute ist es mir unverständlich, daß ich seinerzeit auf Matthiasruh den Kontakt mit Nicoline, der Hinterlassenschaft meines Vaters, erst am Morgen meiner Flucht gefunden hatte.

Aber nein, wieso unverständlich? Es ist eine alte Reiterweisheit, daß sich jede innere Unruhe, jeder Zweifel an sich selbst, jedes Minderwertigkeitsgefühl auf das Pferd überträgt. Was war ich denn noch vor ungefähr zwei Jahren? Ein von Professor Gunthermann mühsam zusammengeflicktes Häufchen Mensch, nur vom Mitleid und der Barmherzigkeit der Umwelt getragen, sonst ein Nichts, eine glatte Null!

Ich möchte dem guten Einhorn vor Freude und Dankbarkeit um den Hals fallen; ich könnte weiß Gott etwas anstellen, denn ich fühle mich wieder wie ein ganzer Mensch! Mir fehlen einzig und allein Arbeit, Verantwortung — und die Liebe meiner Frau.

Wer aber kann Mitleid in Liebe verwandeln!

Zu meiner Verwunderung stand die Box meines „Catcher" leer und sauber gefegt. Vor der kleinen Tribüne lief mir Sergeant Harrison in die Arme.

„Ich werde Ihnen heute die ‚Queen' satteln lassen, Mr.

Godeysen", sagte er, und dann vernahm ich den traurigen Anlaß dieses Angebotes, auf das ich, als ich den Grund erfuhr, verzichtete. Der „Catcher" hatte gestern bei der Morgenarbeit eine Fessel gebrochen und den Gnadenschuß erhalten. Captain Skippon, der sehr an dem Wallach hing, erwies ihm diesen letzten Liebesdienst.

Der Verlust des prächtigen Tieres erschütterte mich. Darum verabschiedete ich mich möglichst schnell von Captain Skippon und den anderen Herren. Langsam ging ich zu meinem Wagen zurück. Sergeant Harrison begleitete mich zum Wagen. Als ich ihm die Hand reichte, fragte ich noch:

„Wer ritt denn eigentlich das Pferd?"

„Mrs. Collins!" kam es zurück, „sie tat es, weil sie gestern vergeblich auf Sie gewartet hatte. Sie wollte das Tier nur ein wenig bewegen. Zum Glück lief der Sturz für die Reiterin glimpflich aus. Das Ganze war ausgesprochenes Pech . . ."

Sollte ich jetzt Beth aufsuchen? Wozu, es war ihr ja nichts geschehen. Ich werde ihr nachher ein paar Zeilen schicken. Morgen bei Sonnenaufgang starte ich.

Die dicke Mammi überreichte mir feierlich einen Brief aus Deutschland. Absender Professor Gunthermann.

Mein lieber Afrikaner!

Sie schreiben wie Karl May. Wie wäre es, wollen Sie nicht die ganze Welt bereisen? Ich kann Ihnen Verbindungen mit einigen großen Zeitungsmännern verschaffen. Von unserem alten Europa wollen Sie sicher sowieso nichts mehr wissen. Kann ich verstehen, die alte Dame reizt mich auch nicht sehr.

Was macht denn Ihre Scheidung? Haben Sie von Nairobi aus schon was eingeleitet? Sie haben es doch Ihrer Frau versprochen? Befürchtungen, daß diese köstliche Blume in der Einsamkeit vertrocknen könnte, brauchen Sie nicht zu haben. Nikoline wird immer hübscher, reitet wie eine Sylphide und hat auf der Reitbahn ständig einen ganzen Troß von Verehrern um sich, die nur auf den Tag warten, an dem Madame wieder ganz frei ist. Sie wird so leicht nicht eingehen.

Soweit ich es den Fortsetzungen Ihres Abenteurer-Romans entnehmen kann, hat sich Sesselkamp ganz fundamental über Sie geirrt. Geschieht ihm recht. Passiert selbst dem großartigsten Kollegen. Auch ich habe schon mal danebengehauen.

Junge, ich kann nicht weiterschreiben. Schwester Ida (eine Neue — ausgesprochen hübsche Blondine, die eigentlich zum Film müßte) will mir seit einer halben Stunde die Haare schneiden. Wenn ich jetzt nicht still sitze, habe ich es mit ihr verdorben.

Grüßen Sie mir die Giraffen

Ihr
G.

Ich habe noch ein bißchen Platz für Ulmenau gelassen, fahre heute abend zu ihm hin.

Lieber junger Freund!

Nikoline ist wirklich eine ganz erstklassige Reiterin geworden. Sie können stolz auf sie sein. Farth schrieb mir, daß auch Sie meinen Rat befolgen und in Nairobi täglich in den Sattel steigen. Ich freue mich. Grüßen Sie den alten Briten, ich danke ihm für seine Kameradschaft, die er uns beiden hält. Nicoline und Nikoläuschen sind bestens in Form.

Es drückt Sie ans Herz

Ihr
Papa Ulmenau

Soll man es für möglich halten, daß die wenigen Zeilen der zwei treuen Mentoren mir völlig die Ruhe genommen haben? Es zieht mich im Grunde meines Herzens mit aller Macht zurück, zu den beiden Freunden, zu den Pferden und zu — Nikoline. Aber will sie mich denn wiedersehen? Keine einzige Zeile verrät mir etwas davon. Hätte sie nicht wenigstens einen kurzen Gruß darunter setzen können?

Nein! Das kann ich gar nicht erwarten; sie ist zu stolz. Erst trage ich ihr die Scheidung an, und jetzt soll sie mir vielleicht nachlaufen? Damals, als ich auf Nikolaus von dannen ritt, hätte ich mir schon klar darüber sein müssen, daß meine Frau, die ich verließ, recht bald einen Troß von Verehrern um sich haben würde. Zum Alleinbleiben ist sie ja viel zu schön — und zu schade.

Ob Nikoline wirklich schon darauf wartet, daß ich von mir aus etwas unternehme, damit unsere Ehe geschieden wird?

Aber da soll sie sich geirrt haben! Wie der heimkehrende Odysseus werde ich ihre Freier aus dem Felde schlagen! Was bilden die sich ein, auf mein Ende zu warten. Noch lebe ich und nicht zu knapp! Jetzt erst liebe ich meine Frau wirklich und werde um ihre Liebe kämpfen!

So schnell wirft heute ein Jürgen Godeysen die Flinte nicht mehr ins Korn!

Glücklich wie der erste Mensch sitze ich wieder vor meiner Hütte, umgeben von der himmlischen Ruhe und von den vertrauten Tierstimmen. Die Schönheit der unberührten Natur umarmt mich, umkost mich wie weiche Seide.

Aus dem Busch taucht eine Kudu-Antilope auf, beäugt mich mit erstaunten Lichtern, schüttelt ihr schraubenartiges Gehörn und taucht ebenso lautlos wieder in den Busch zurück. Die Sonne spielt flimmernd in den Blättern eines Baumes. Am Horizont ballen sich dicke, graue Wolken. Die Luft ist kühl. Ab und zu werfe ich ein paar Kloben ins Feuer. Vom Walde her höre ich trockene Äste knacken, ein junger Affe turnt von einem Ast zum anderen, kichert spöttisch und blickt zu mir herüber. Sicher rechnet er mit einem anerkennenden Wort. Ich klatsche ihm Bravo. Mit einem lauten triumphierenden Keifen schwingt er sich in die Krone einer Palme, als wolle er geradewegs in den Tierhimmel hinein.

Ich bin zu Hause, trinke die langentbehrte Einsamkeit, das Vertrauen der Tierwelt, und breite die Arme aus, als wolle ich das Zauberland für immer festhalten.

Auf dem Wege hierher war ich noch beim alten Jamba vorbeigefahren. Für so einen Eingeborenen-Kral muß man Nerven haben! Wenn man jemanden nicht riechen kann, schickt man ihn am besten dorthin in die Sommerfrische!

Die Männer in so einem Kral haben's gut. Sie sitzen da wie bei uns die Pensionäre — selbst die jungen —, schmauchen ihr Pfeifchen und passen auf, daß ihre zahlreichen Frauen ordentlich arbeiten. Sie machen alles, die braven dunkelhäutigen Damen. Sie bekommen nicht nur Kinder in unvorstellbaren Mengen, sondern erledigen auch, und ohne Rücksicht auf ihre „Zustände", den Mais- und Hirseanbau, die Bananen- und Feigenernte. Sie dürfen alles dank des großzügigen Verzichtes ihrer Herren und Gebieter auf Arbeit alleine machen. Oft schleppen sie unvorstellbar schwere Lasten auf ihren Köpfen herum, und die Kerle schauen bewegungslos zu, ohne mit einer Wimper zu zucken.

In all diesem Trubel rannten mir schwarze Kinderlein mit dicken Bäuchen und traurigen Augen durch die Beine, dazwischen heulte und jaulte eine große Zahl halbverhungerter und verlauster Hunde.

Jamba war sehr stolz, daß ich mein Versprechen, ihn zu besuchen, gehalten hatte. Er führte mich durch den ganzen Kral und war dabei nicht weniger glücklich als ein Pariser, der einem Fremden die Champs Elysées und den Eiffelturm zeigt. Ich fürchtete nur immer, er würde mir aus lauter Freude für ein Viertelstündchen die fetteste seiner Frauen anbieten ... Doch dieser Gedanke ist völlig absurd. Die gescheiten Neger — und Jamba ist einer — sind genauso stolz wie wir Weißen.

Zum Dank forderte ich ihn bei meiner Abfahrt auf, mich demnächst zu besuchen, und drückte ihm dabei ein Päckchen Kautabak in die Hand.

Über Southampton liegt ein schwerer fleckiger Regenhimmel. Ab und zu durchbricht die Sonne das dahinjagende Gewölk für kurze Augenblicke und wirft einen kalten Strahl durch das Bullauge meiner kleinen Kajüte. Das Grog-Glas steht halbleer vor mir. Ich schütte das lauwarme Getränk durch die Kehle, greife zur Rumflasche, gieße den braunen Stoff bis zu einem guten Drittel nach und fülle das Glas mit Hilfe des summenden Wasserkessels bis zum Rand. Im Aschenbecher krümmen sich ein halbes Dutzend kurz angerauchter mißhandelter Zigarettenstummel.

Eine merkwürdige Nervosität ist in mir. Die Schreibmaschine auf dem Tischchen zieht mich plötzlich unwiderstehlich an. Es treibt mich, die erregenden Ereignisse der vergangenen Wochen zu Papier zu bringen.

Wie Giani doch immer das Richtige trifft. Nachdem er mich von Nairobi bis hierher begleitet hatte, stellte er mir vor seinem Weggehen die Maschine ohne Kommentar vor die Nase.

Jetzt irrt der gute Junge wahrscheinlich irgendwo in einem Vorort der englischen Hafenstadt umher und sucht das blasse, magere Mädchen, das da geduldig auf den Berufsjäger George Farth wartet. Giani wird der Treuen den dicken Brief ihres Verlobten persönlich überbringen.

Ich lege die Hände auf die Tasten und starre auf den Brillantring am kleinen Finger meiner linken Hand. Es ist kein Männerring, doch trage ich ihn aus Verbundenheit mit jener Frau, die ihn mir hinterließ, an Beth Collins.

Noch sehe ich alles so klar und plastisch vor mir, als ob es gestern gewesen wäre. Wieder einmal kündigten der blaßgraue, bleierne Himmel und die völlige Stille in der Natur das Herannahen der Regenperiode an. Ich hatte meine Hütte gründlich untersucht und abgedichtet, Gazellenfleisch eingepökelt und genügend Holz für die kleine Feuerstelle ins Innere getragen. Von mir aus konnte es losgehen. Ich freute mich geradezu auf diese Wochen völliger Abgeschiedenheit. Mit den ersten Sonnenstrahlen aber wollten George und Giani zu Besuch bei mir eintrudeln. Nach einigen zünftigen Tagen mit den Freunden gedachte ich dann, meine Zelte endgültig abzubrechen.

Während ich kurz vor Einbruch der Dämmerung den Himmel musterte, drang das entfernte Knattern eines Motors an mein Ohr. Sollten die beiden heute schon kommen? Möglicherweise hatten sie die Safari vorzeitig abgebrochen, um nicht in die Regenzeit hineinzugeraten.

Ich ging einige Schritte bis zum Felsen, hinter dem die Straße nach Nairobi vorbeiführte. Das Motorengeräusch kam immer näher. Ich hatte den Knick des Weges erreicht, die schmale Straße lag frei vor mir — ein kleiner, roter Wagen brauste auf mich zu, ein blonder lachender Frauenkopf blickte heraus — nanu? ... ja, es gab keinen Zweifel, es war Beth Collins, die mich überraschte.

Ich lief neben dem Wagen her; sie stoppte erst kurz vor meiner Hütte.

„Hallo Jürgen, take care!"

Mit mächtigem Schwung warf sie mir hintereinander einen ganzen Haufen Gepäckstücke und Pakete zu:

„Was zu essen."

„Das langt ja für ein Jahr! Wie lange gedenkst du denn hierzubleiben?" rief ich ihr atemlos zu und versuchte vergeblich, das nächste Paket aufzufangen.

„Bis der Regen vorbei ist."

Endlich war alles abgeladen. Sie kroch aus ihrem Jaguar und warf sich mir an den Hals.

„Freust du dich, german?"

„Na klar, freue ich mich. Aber komm' erst einmal herein und nimm einen Willkommenstrunk. Sag' mal, wie hast du hierher gefunden? Oder bist du nur zufällig auf einer Spazierfahrt hier vorbeigekommen?"

„Nein", sagte sie, und ein Schatten schien über ihr strahlendes

Gesicht zu ziehen, „diese Gegend kenne ich ganz genau. Vor einigen Jahren war ich mit meinem Mann ein paar Wochen in dieser Hütte."

Beth benahm sich von der ersten Minute an, als ob sie bei mir zu Hause wäre. Sie zog die Jagdstiefel aus und vertauschte sie mit einem Paar Pantöffelchen aus Antilopenleder.

Unterdessen machte ich Feuer, entkorkte eine Flasche, stellte eine Pfanne auf den Herd und legte ein saftiges Stück vom Antilopenfleisch in das brodelnde Fett.

Mein unerwarteter Gast ordnete das Haar vor dem Spiegel, zog die Lippen nach, nahm vom Wandbrett Gläser, Teller und Besteck und deckte den Tisch.

Unwillkürlich mußte ich auflachen.

„Weißt du, Beth, man könnte uns für ein altes Ehepaar halten!"

„Nicht das Schlechteste", sagte sie und ließ sich auf einem Hocker nieder. „Aber hör' mal, was fiel dir eigentlich ein, ohne persönlichen Abschied aus Nairobi zu verschwinden? Hast du denn gedacht, ich ließe mir das gefallen? Ich bin gekommen, um mich für diese Behandlung zu rächen!"

Ich steckte fünf neue Kerzen in den Leuchter und entzündete sie, dann machte ich mich daran, Brot zu schneiden.

„Wie hast du dir denn deinen Racheakt vorgestellt?" fragte ich ehrlich interessiert, „willst du mir vielleicht morgen früh einen Porridge ans Bett stellen? Oder einen eurer modernen englischen Dichter rezitieren?"

„Du wirst das schon früh genug merken."

Ihre Stimme nahm bei diesem Satz einen mir unbekannten Klang an. Sie erinnerte mich an das Raunzen einer gereizten Löwin.

Die Antilopen-Koteletts waren durchgebraten. Ich legte jedem eines auf den Teller, setzte mich ebenfalls an den Tisch und verbeugte mich vor meinem Gast:

„Darf ich bitten, gnädige Frau!“

Beth spielte mit: „Vielen Dank, mein Herr.“

Wir aßen mit einem Appetit, als ob wir seit Tagen nichts Richtiges in den Magen bekommen hätten, dann rauchten wir mit Genuß eine Zigarette. Währenddessen kramte Beth in einem ihrer vielen Gepäckstücke herum und brachte eine Flasche Sekt zum Vorschein, die sie gleich in einen Wassertrog stellte. Ich räumte den Tisch ab.

„Das wäre eigentlich deine Aufgabe, liebe Hausfrau“, flachste ich. Sie rümpfte ihre Nase und fauchte mich scherzhaft an:

„So siehst du aus, ich bin doch kein Negerweib! Soll ich dir etwa auch noch ein Dutzend Kinder in die Welt setzen?“

Beth hatte an alles gedacht. Sie zauberte sogar zwei Sektgläser aus einer Campingtasche hervor. Der Pfropfen knallte, die Gläser klangen zusammen, und ich muß schon sagen, so nett und natürlich hatte ich mir Beth Collins nie vorgestellt. Sie gab sich außerhalb der hektischen Atmosphäre Nairobis als amüsanter Kamerad. Sollte sie allerdings über die ganze Regenzeit bei mir bleiben, sähe ich schwarz. Sie war viel zu hübsch, als daß ich mir zutraute, ihr auf die Dauer nur mit theoretischem Interesse begegnen zu können . . . nun, meine Frau flirtete ja auch mit diesen Mitgiftjägern, die sie dauernd umgaben. Gunthermann hatte mir das wahrhaftig im richtigen Moment mitgeteilt.

Nach dem Sekt schmeckte der lauwarme Gin, das einzige, was ich ihr anbieten konnte, reichlich schal, aber wir tranken ihn und unterhielten uns großartig, ganz anders als zuvor in den steifen Clubs und Teestuben.

Völlig unerwartet kam sie auf meine Frau zu sprechen:

„Ich habe dich noch nie gefragt, Jürgen, bist du eigentlich verheiratet? Du trägst doch einen Ehering.“

„Ich habe eine Frau“, sagte ich und fühlte mich nicht sehr wohl bei diesem Geständnis, „aber ich habe auch keine Frau. Wir leben seit zwei Jahren getrennt.“

Beth schwieg eine Weile, dann meinte sie nachdenklich:

„Mir geht es ähnlich. Ich hatte einen mustergültigen Mann und habe ihn heute auch nicht mehr. Wenn man jemanden verliert, so ist es ziemlich egal, ob der Betreffende noch lebt oder nicht. Mein Mann war zwanzig Jahre älter als ich, ein gentleman vom Scheitel bis zur Sohle, ein bedeutender Sohn Englands. Sein Tod bedeutete für unser Land einen schweren Verlust."

Wir tranken weiter und legten längere Sprechpausen ein. Für jeden von uns gab es viele Erinnerungen.

Mitternacht war längst vorüber, als Beth ein paarmal hintereinander das Gähnen nicht unterdrücken konnte.

„Bringst du mich ins Bett", kicherte sie leise.

„Mach' ich", beeilte ich mich zu versichern, „dem seltenen Gast steht sogar mein eigenes Bett zur Verfügung."

„Und du?" kam es lauernd.

„Nebenan, im Schlafsack."

„Armer Kerl", seufzte sie, erhob sich ein wenig mühsam, denn wir hatten ja allerhand getrunken, und taumelte zur Bettstelle hin.

Ich stand nun ebenfalls auf, um mich in die Nebenkammer zurückzuziehen. Ihre Stimme aber hielt mich zurück.

„Willst du mir nicht wenigstens anständig gute Nacht sagen?"

„Gute Nacht", brummte ich.

„Ist das alles?" hauchte sie mit einem verführerischen Akzent.

Lächelnd setzte ich mich auf ihren Bettrand; sie legte die Arme um meinen Hals, zog meinen Kopf an sich und küßte mich zärtlich auf den Mund. Ihre Wangen röteten sich, sie neigte sich ein wenig herunter, so daß eine blonde Haarsträhne auf meine Wange fiel und ich den Duft ihres Körpers spürte. Behutsam nahm ich sie und erwiderte ihren Kuß mit echtem, sehnendem Verlangen.

„Man hat mich scheinbar noch nicht genug vor dir gewarnt", schmunzelte ich.

Im gleichen Augenblick veränderte sich ihre zärtliche Haltung, sie ging in Verteidigung.

„Wer hat dich vor mir gewarnt?" sagte sie laut.

„Viele haben mich gewarnt, Weiße und Schwarze. Und alle waren sich einig, du seiest gefährlich für mich."

Noch hatte ich die kritische Wendung nicht erkannt, sonst hätte ich anders gesprochen, denn die Wirkung dieses Satzes war fürchterlich und beendete brutal den Zauber einer sich anbahnenden Romanze.

Beth erstarrte. Ihre Augen blitzten drohend auf:

„Meinst du das etwa im Ernst", stieß sie krampfhaft hervor, wobei sie jedes einzelne Wort betonte.

„Natürlich im Ernst. Nimmst du das so tragisch? Du siehst ja plötzlich aus wie Medea."

Da sie den Mund fest verschlossen hielt und mich weiterhin böse anstarrte, schmeichelte ich:

„Das war doch nur ein Kompliment!"

Noch immer lag in ihrer Stimme die Spannung eines drohenden Gewitters:

„Du hat dich mit so einem dreckigen Schwarzen über mich unterhalten? Besitzt du denn nicht einen Funken Selbstachtung?"

Jetzt mußte ich aber doch hell auflachen:

„Warum soll ich mich nicht mit einem Eingeborenen unterhalten? Ist denn das in deinen Augen ein Verbrechen? Ich habe unter ihnen Männer kennengelernt, die klüger und würdiger waren als manche Weißen."

Ihre verkrampfte Haltung blieb unverändert; sie blickte mich verachtungsvoll an ...

„Sprich nur ruhig weiter."

Plötzlich fühlte ich mich verpflichtet, für die Millionen

schwarzer Afrikaner eine Lanze zu brechen. Ich sagte ihr, daß es nach meiner Meinung Menschen wären genau wie wir. Kinder eines Gottes, auch wenn sie noch vielfach andere Götter anbeten. Daß man ihnen helfen müsse, das Gute und Wertvolle der Zivilisation kennenzulernen, das Niedrige und Herabziehende fernzuhalten. Ich berichtete ihr meine Eindrücke aus dem Kral, in dem Jamba lebte, schilderte ihr die armseligen verkommenen Kinder, das Los der schwer arbeitenden Frauen und lobte den guten Charakter meines schwarzen Freundes.

„Jeder Mensch, ja jedes Lebewesen ist zunächst einmal gut. Wenn es zur negativen Seite ausschlägt, dann geschieht das durch verderbliche Einflüsse, die wir Europäer uns auf das Minuskonto buchen können. Man kann die Menschen, ob weiß, schwarz oder braun, nur durch die Liebe einander nahebringen. Glaube mir, Beth, anders ist es nicht möglich, zu einem dauernden weltweiten Frieden zu kommen. Es geht um das Beste in der Welt."

Sie blickte mich an, als ob sie an meinem Verstand zweifelte.

„Liebe?" sagte sie und kam einen Schritt in die Mitte des Raumes, „Liebe ... von mir verlangst du, daß ich die Mörder meines Mannes lieben soll?"

„Vergeben sollst du ihnen!" erwiderte ich vollkommen nüchtern und klar — „ich denke, daß du einmal in der Schule das Vaterunser auswendig gelernt hast, dann wirst du die Worte noch kennen ‚und vergib uns unsre Schuld, wie wir vergeben unsern Schuldigern' ..."

Mit einem Satz sprang sie von mir weg und stellte sich mit dem Rücken an die Türe.

„Vergeben? Diesen Schweinen? Die mir meinen Mann genommen haben", brüllte sie ... „vergeben?" Sie lachte höhnisch und unangenehm auf, „hassen — hassen — hassen — tue ich dieses ganze verdammte dunkelhäutige Pack! Damit du's ganz genau weißt, ich habe schon ein halbes Dutzend dieser Tiere umgebracht, höchst eigenhändig, mit diesem Revolver!"

Sie stürzte nach ihrer Tasche, entnahm ihr eine kleine, silberbeschlagene Waffe und hielt sie mir triumphierend entgegen:

„Mit diesem Ding hier habe ich den Tod von Oliver Collins bereits vier- oder sechsmal gerächt. Ob die letzten zwei Hunde ganz hin waren, kann ich nicht beschwören. Glaube mir, Jürgen, ich werde das Land nicht eher verlassen, bis ich ein ganzes Dutzend umgelegt habe."

Fassungslos vernahm ich diese entsetzlichen Worte aus dem Munde der Frau, die noch vor Minuten in seliger Liebe mich anlächelte. Welch grauenhafte Verirrung tobte in diesem Gehirn! Oder war es nur der Alkohol?

Beth keuchte schwer, das Weiße in ihren Augen war rot unterlaufen, ihre sonst so schönen Haare flogen in Strähnen um ihren Kopf. Sie hielt sich nur noch mit Mühe aufrecht.

„Du sollst deinen Nächsten lieben wie dich selbst", sagte ich leise. Mir fiel in diesem Augenblick nichts anderes ein.

Wieder erklang ihr mißtönendes Lachen ...

„Du hast deinen Beruf verfehlt, german, du solltest Priester werden."

„Christus ist für uns gestorben" — sagte ich — „du hast kein Recht auf das Leben deines Nächsten."

Meine Kehle war wie ausgetrocknet, dicke Schweißtropfen standen auf meiner Stirn.

Mit letzter Kraft umschlich sie mich wie ein Tiger ...

„Du hast es nötig, german, wo dein Volk Hunderttausende auf dem Gewissen hat! Ausgerechnet du!"

Wie auf einen unsichtbaren Befehl hin entspannte sich ihr Gesicht, die Hände entkrampften sich, wahrscheinlich auch die Beine, denn Beth sank plötzlich in sich zusammen und glitt auf den Fußboden.

Ich hob sie auf, legte sie auf das Bett, deckte sie zu, löschte die Kerzen und ging in meine Kammer.

Als ich sie auf meinen Armen trug, war sie für mich alles andere, nur keine Frau. Höchstenfalls ein armer, kranker Mensch — wie ich es einmal selber war —, dem man mit all seiner Kraft und Liebe helfen muß.

An ihren gleichmäßigen Atemzügen erkannte ich, daß sie in einen Erschöpfungsschlaf gesunken war. Ich selbst fand noch lange keine Ruhe. Immer wieder kehrten meine Gedanken zu der erschütternden Beichte Beths zurück. Ich konnte es einfach nicht glauben, daß sie die Wahrheit gesprochen hatte, es mußten Ausbrüche einer kranken Seele sein, die sich durch den Genuß von Gin und Sekt ins Hysterische steigerten. War es tatsächlich möglich, daß eine Frau sich mit eigener Hand an fremdem, unschuldigem Menschenleben vergriff?

Ich dachte an Nikoline ... sie, die jeden Marienkäfer und jedes winzige Spinnchen, das sie im Hause fand, behutsam ins Freie trug, um der hilflosen Kreatur beizustehen.

Mit einem leisen „Gutenacht" an Nikoline schlief ich endlich ein. Die Erinnerung an die erste Zeit unserer Liebe löste den schweren Druck, den die andere auf mein Herz gelegt hatte.

Ich erwachte dadurch, daß mich jemand an der Schulter rüttelte.

„Was ist, Jürgen, willst du denn nicht aufstehen? Mir knurrt langsam der Magen."

Beth trug ihre Pantöffelchen und meinen Regenumhang, weiter wahrscheinlich nichts; wenn sie sich bewegte, schauten ihre nackten Beine hervor.

„Ich gehe jetzt baden, der kleine Teich existiert wohl noch? Du kannst inzwischen für ein ordentliches Frühstück sorgen."

Sie sprach so natürlich und unbelastet, als ob der vorhergegangene Abend gar nicht gewesen wäre. Ich muß sie wohl ziemlich verwundert angeschaut haben, denn sie lächelte mich fragend an:

„Habe ich mich gestern sehr daneben benommen? Dann verzeih mir, ich kann mich an nichts mehr erinnern. Ich darf eben keinen Gin trinken, sonst ist es aus. Oliver verließ immer stillschweigend das Haus, wenn ich es einmal getan hatte. Ich falle aber sehr selten aus der Rolle. Na ja, jeder hat seine kleinen Schwächen. Du wahrscheinlich auch. Und die werde ich noch entdecken!"

Beth zog den Goldreif mit dem großen Brillanten ab, nahm meine linke Hand und streifte mir den Ring über den kleinen Finger:

„Bewahre ihn bitte, bis ich aus dem Wasser bin, ich könnte ihn leicht verlieren."

Da ich noch immer nicht den Mund aufmachte, stieß sie mich mit dem Ellenbogen in die Seite.

„Mach nicht ein so entsetzlich vorwurfsvolles Gesicht. Wenn ich einmal sterbe, gehört dieser Ring sowieso dir, damit du wenigstens eine gute Erinnerung an mich behältst."

Mit elastischen Schritten lief sie lachend ins Freie. Ich ging ihr bis zur Tür nach und blickte hinaus. Die schwarzen, wassersatten Wolken hingen fast bis in die Baumkronen herunter; noch immer waren die Schleusen des Himmels geschlossen, doch in jeder Minute konnte der Regen auf die Erde losprasseln.

Geschäftig stellte ich Kaffeewasser auf und bereitete die Pfanne für „ham and eggs" vor; dann zog ich mich aus, nahm den Bademantel um, weil ich vor Beths Rückkehr ebenfalls ein paar Schwimmstöße im Teich machen wollte.

Da zerriß ein grauenvoller Schrei die Stille, so markerschütternd, daß ich erstarrte ... ein Schauder lief mir den Rücken herunter ... es war nicht der gewohnte Hilferuf einer von einem Raubtier geschlagenen Antilope oder der Angstschrei eines todwunden Zebras ... es klang wie die Stimme eines Menschen ... einer Frau in höchster Not!

Ich raste zur Tür ... da — ein zweiter Schrei, noch tausendmal entsetzlicher als der erste ... und er kam aus der Richtung des Teiches ...

Ich stürzte dem Wasser zu, dachte weder an mein Gewehr noch daran, daß ich mein eigenes Leben gefährdete. Ich dachte nur an eins:

Beth ist in Gefahr!

Blitzschnell erinnerte ich mich noch an eine Warnung Farths. In diesem Teich zu baden sei immer ein Risiko, er sei für viele wilde Tiere eine beliebte Tränke. Warum nur hatte ich Beth nicht zurückgehalten?

Atemlos erreichte ich die Badestelle. Mit einem Blick übersah ich die ganze Tragödie. Wie von einem Hieb getroffen taumelte ich zurück, riß mich dann mit aller Kraft zusammen . . . vor mir lag der nackte, weiße Körper von Beth Collins ... kein Tier hatte sie angefallen ... eine Panda steckte tief in ihrer Brust ...

Ich kniete nieder und nahm ihren Kopf hoch. Ihre Augen — weit aufgerissen — starrten mich mit namenlosem Entsetzen an. Es gab keinen Zweifel, das Buschmesser des Mörders hatte ganze Arbeit geleistet. Der Schwarze — wer anders hätte es sein können — hatte seine Brüder gerächt.

Beths fürchterliche Worte heute nacht waren keine Lüge gewesen!

In diesem Augenblick öffneten sich die Himmelsschleusen, der Regen prasselte wie aus einer Brause auf die durstige Erde nieder. Ich strich über Beths Augen, denn dieses fürchterliche Grauen war unerträglich, dann hüllte ich sie in die Regenhaut und trug sie durch den Wasserstrom.

Hinter mir peitschte der Regen. Mir war, als weinte der Himmel ob der menschlichen Unzulänglichkeit. Schuf Gott deshalb die Welt, damit seine Geschöpfe sich gegenseitig umbrachten?

Ich legte die Tote auf das Bett, zog ihr vorsichtig das lange Messer aus der Brust, deckte sie zu, zündete die letzten fünf Kerzen an und hielt Wache.

Mitten am Tage herrschte draußen eine Finsternis, als bräche die Nacht herein.

Mit gefalteten Händen saß ich neben dem Bett. Mein Gehirn war wie ausgeblasen, ich dachte an nichts. Es war einfach undenkbar, auch nur den Ansatz eines Entschlusses zu formen. Was ich tat, geschah wie automatisch. Es ist mir unmöglich, heute zu sagen, ob ich eine oder zehn Stunden regungslos die Totenwache hielt, bis mich wieder ein Schrei von draußen her aufhorchen ließ...

Da wieder einer... jetzt der dritte...

Aber das war keine Todesangst, das war der Triumphschrei eines Siegers — des Mörders!

Die Schreie wiederholten sich in regelmäßigen Abständen und kamen immer näher... Jetzt erst drang es in mein Bewußtsein, daß ich mich selber in höchster Gefahr befand. Ich sprang auf, riß die Büchse von der Wand, löschte die Kerzen und hockte mich wieder neben das Bett, die Hände fest um den Kolben geschlossen.

Ein erneuter Schrei in unmittelbarer Nähe, viel grausiger und triumphierender als die vorherigen, ließ mich zusammenzucken. Vorsichtig richtete ich den Lauf des Gewehrs auf das Fenster, auf jeden Fall entschlossen, mein Leben so teuer wie möglich zu verkaufen...

Minuten vergingen in völliger Stille. Allein der regelmäßig niederprasselnde Regen bildete die Begleitmusik zu dieser makabren Szene.

Da — ein Schlag gegen die Tür... sie kommen... aber nein, meine Nerven spielten mir einen Streich. Es hatte sich wohl nur ein Ast von einem regenschweren Baum gelöst und mit der Spitze die Wand gestreift.

Noch einmal erklang ein Schrei, diesmal aus einer größeren Entfernung. Dann war das grausige Zwischenspiel beendet.

„Siehst du, Beth", sprach ich zu der Toten, „so ist das Ende, wenn man Haß in seinem Herzen trägt, Haß statt Liebe, Vergeltung statt Verzeihen. Wer nicht lernt, und immer wieder lernt — und sei es aus dem Blut des liebsten Menschen —, dessen Leben bleibt ein hohler Klang ..."

Meine Uhr war stehengeblieben; ich hatte jedes Gefühl für Zeit verloren. Ich rührte mich nicht von der Stelle. Zwischendurch schlief ich ein und wachte wie gerädert wieder auf. Und ich hatte nichts an als meinen Bademantel.

Vielleicht waren schon drei Tage vergangen, als ich mich endlich zu einer Tat aufraffte. Beth mußte ihren Ruheplatz erhalten.

Müde an Leib und Seele, suchte ich mein Handwerkszeug zusammen und zimmerte aus dem Schrank und einem Regal aus dem Nebenraum einen Sarg. Dann ging ich hinaus in den unaufhörlich strömenden Regen und hob unter einer alten Eiche ein Grab aus.

Den leeren Sarg stellte ich hinein, trug Beth ins Freie, bedeckte ihren Körper mit einer neuen weißen Wolldecke und frischem Grün, das ich zuvor am Herd getrocknet hatte, schloß den Deckel, sprach ein Gebet und schaufelte das Grab zu.

Ich schnitzte ein Holzkreuz mit ihrem Namen darauf. Mein letzter Liebesdienst nahm mich so gefangen, daß ich nicht spürte, wie mir das Wasser den Körper hinunterfloß, wie die Hände klamm und fast blau wurden und ich im Schüttelfrost durcheinanderflog.

In die Hütte zurückgekehrt, erinnerte ich mich daran, daß ich seit Tagen weder etwas gegessen noch getrunken hatte. Ich briet mir ein riesiges Stück Fleisch, trank literweise kochendheißen Tee und kroch endlich in das Bett, in dem Beth gelegen.

Ich versank in bleiernen Schlaf; als ich nach vielen Stunden erwachte, regnete es noch immer.

Da ich mich gekräftigt fühlte und nun wieder halbwegs vernünftig denken konnte, überprüfte ich meine Lage. Was hätte ich anders tun sollen! In Deutschland wäre ich gleich ans Telefon gelaufen, um die Polizei zu benachrichtigen. Aber ich lebte ja am Rande des Urwaldes, die nächste Militärstation lag 150 km entfernt. Der Weg war schon bei normalem Wetter stellenweise schwer passierbar. Wie erst jetzt, wo aus jedem Bach ein reißender Fluß geworden war! Nein, nein, anders konnte ich gar nicht handeln.

Zunächst wußte ich nichts mit mir anzufangen. Was macht ein Mann wohl in meiner Lage? Ich lachte bitter auf — in meiner Lage? Was hinter mir lag, grenzte so ans Unwahrscheinliche, daß es eher aus der Phantasie eines Filmautors als aus dem Boden der bitteren Wahrheit gewachsen schien.

Von der Mehrheit durchschnittlich denkender und empfindender Menschen aufgegeben, wurde ich von einem genialen Kerl wieder zusammengeflickt, schickten mich zwei alte Menschenfreunde in diesen schwarzen Erdteil, nachdem ich als Ehemann und Nachfolger eines Unersetzlichen schmählich versagt hatte. In diesem Durcheinander von Materialismus und kindlichem Glauben fand ich mich wieder, nicht zuletzt auf dem Rücken eines Pferdes und in der Kameradschaft zweier großartiger Raubritter — verliebte mich in letzter Sekunde beinahe in eine andere Frau, lernte den unauslöschlichen Haß kennen und verachten und mußte diese Verirrte tags darauf allein zu Grabe tragen!

Inmitten solcher fast unwirklichen Geschehnisse bin ich doch wieder der geworden, der ich zu Beginn des Krieges war. Nein, mehr noch! Damals war ich ein Jüngling, jetzt bin ich Mann und spüre die Kraft zu einem neuen positiven Leben. Heute sage ich, ohne vor Scham zu erröten: ‚Ich bin der Sohn Kaspar Godeysens.‘

‚Lieber Vater, du hast mir mit deinen Tagebuchblättern den

Mut zum Leben gegeben, hast mir die Frau zugeführt, die ich liebe. Es müßte doch mit dem Teufel zugehen, wenn ich zu ihrer rührenden und zärtlichen Barmherzigkeit nicht auch ihre Liebe erringen würde.‘

Doch zuerst will ich mich auf eigene Beine stellen, nicht mit fremder Hilfe, auch wenn diese noch so liebevoll gemeint ist. Als Gebender möchte ich vor sie hintreten, um sie zu fragen: ‚Hast du in der Zeit unserer Trennung noch einmal dein Herz geprüft? Empfindest du wirklich nur Mitleid für mich? Wenn du mit einem „Ja“ antwortest, will ich meinen Weg allein gehen, ohne dich weiterhin mit meiner Liebe zu beschweren. Aber ich brauche unbedingte Klarheit!‘

Eines der wenigen Bücher, die ich mitgebracht hatte, war das Tagebuch meines Vaters. Ich legte es auf meinen Schoß, blätterte in den Seiten und überließ es dem Zufall, die richtige zu finden. Fand sie auch ziemlich am Ende der Aufzeichnungen.

„. . . es ist besser und beglückender, mit den eigenen Händen sich ein Haus zu bauen — und sei es noch so bescheiden —, als in ein überkommenes Palais zu ziehen. Nur so erlebst du Erfüllungen . . .“

Verblüffend, als hätte der Vater meinen Lebensablauf vorausgedacht. Gut war, daß ich Gunthermann gebeten hatte, die ihm von mir zugeschickten Berichte meiner kritischen Lebensjahre aufzubewahren. Vielleicht werden sie einmal für meinen erhofften Sohn von ähnlicher Bedeutung sein, wie es das Tagebuch meines Vaters für mich ist. Wiederholt sich nicht manches im Leben?

Zunächst brachte ich erst einmal Ordnung in die Hütte, packte Beths Sachen zusammen, die im ganzen Raum verstreut umherlagen. Abends las ich bei der Karbidlampe im Nachlaß meines Vaters, stöberte auch in den landwirtschaftlichen Büchern und vergaß bald die Umwelt und den Regen. Eine wohltuende Ruhe zog wieder in mein Herz.

Die letzten Ereignisse waren weit hinter mich gesunken. Müdigkeit und Fatalismus umgaben mich.

Meine Gedanken eilten oft in die Zukunft. Wohin sollte ich meine Schritte lenken? Es zog mich in die Heimat. Aus den Berichten und den englischen Zeitungen, die mir in Nairobi in die Hände gefallen waren, ersah ich, daß es mit Deutschland bergauf ging. Wie durch ein Wunder erstand aus den Ruinen ein neues Deutschland, und die Welt sprach sogar — ein wenig neidisch — von einem Wirtschaftswunder.

Mir kam ein markanter Satz in Erinnerung. Von wem er stammte, weiß ich nicht, aber er blieb mir im Gedächtnis: Rings um uns liegen die Trümmer der Vergangenheit. Baut euch euer Haus damit, für euch selbst und eure Gemeinschaft, heiße sie nun Deutschland oder Europa.

Vielleicht stammten diese Worte aus dem Tagebuch meines Vaters. Sicherlich würde mir die Heimat heute die erwartete Chance geben, und diese sah ich nur in zwei Dingen: Landwirtschaft und Pferde.

Auch diese Regenzeit ging zu Ende. Ich konnte wieder ins Freie, brachte die beiden Wagen in Ordnung, pflanzte Blumen auf Beths letzter Ruhestätte, holte ein paar Eimer Kies vom nahen Fluß und planierte damit die Umgebung des kleinen Grabhügels. Endlich konnte ich auch meine Bett- und Leibwäsche waschen und in der Sonne trocknen. Um nach so langer Zeit einmal wieder in den Genuß von frischem Fleisch zu gelangen, ging ich auf die Entenjagd. Sehnsüchtig aber wartete ich auf den versprochenen Besuch meiner Freunde.

Mit großem Hallo kamen sie angetrudelt. Farth erblickte sofort das Grab mit dem Holzkreuz. Er sprang ab, eilte hin und entzifferte den Namen, den ich dort eingeritzt hatte. Giani, der mir mit seinem hinreißenden Temperament fast den Kopf abriß, wurde aufmerksam und ging ohne eine Frage ebenfalls nach der Eiche. Ich folgte ihnen.

„Beth Collins? Das ist doch die Witwe des ermordeten Colonels?“ sagte der Engländer erstaunt, „wie kommt die hierher? Kanntest du sie nicht aus Nairobi, vom Reitplatz?“

Ich nickte zustimmend, führte die Freunde in die Hütte und gab ihnen einen ausführlichen Bericht.

Farth stand auf und blickte zum offenen Fenster hinaus:

„Beth wird nicht das letzte Opfer von Mau-Mau sein. Kenia ist kein Platz mehr zum Vergnügen. Besser, ihr zwei verlaßt dieses Land!

Giani war noch mit meinem Bericht beschäftigt:

„Hast du eine Ahnung, amigo, wer könnte sein diese assassino? diese Mörder?“

„Nein“, erwiderte ich, „es war niemand zu sehen. Nachgedacht habe ich natürlich viel darüber. Ich bin überzeugt davon, daß dieser schwarze, studierte Mann dahintersteckt, der mich im Nachtlokal ansprach; er hat mich vor dem Zusammensein mit Beth Collins eindringlich gewarnt.“

Farth schüttelte den Kopf.

„Wenn es der ist, den ich auch zu kennen glaube, dann ist er ein großer Kämpfer für Kenia und Unabhängigkeit, aber kein Mörder. Er kämpft mit Geist, und deshalb ist er viel gefährlicher für uns. Gewalt kann man brechen, Geist niemals — aber wozu habe ich Old Scotch Whisky mitgebracht?“ Er langte in die hinter ihm stehende Kiste... und es sollte wieder so wie damals werden.

Wir tranken, rauchten und diskutierten, doch die unbeschwerte Stimmung vom Jahr zuvor stellte sich nicht wieder ein.

„Du, amigo, ich habe eine Idee! Ich werde fahren nach meine Schwester und meine cognato, nach germania, und du mußt kommen mit.“

Treuherzig hielt Giani mir die Hand entgegen, damit ich einschlagen sollte.

Nach Deutschland wollte ich ja sowieso.

„Ich komme mit", rief ich, „ich werde mir dort Arbeit suchen."

„Was willst du suchen? Du willst arbeiten? Was willst du arbeiten?"

Giani, der gute Junge, überschüttete mich mit seinen Fragen.

„Am liebsten in der Landwirtschaft, und natürlich reiten — vor allem reiten!" gab ich ihm zu verstehen.

Der Italiano haute mir seine Pranke auf die Schulter, daß ich fast vom Stuhle flog.

„Indescrivibile!" brüllte er, „du willst auf Landwirtschaft? Du findest bei meiner Schwester Landwirtschaft, soviel du willst! Du, komm mit zu Sofia, du ihr helfen, Franz, der sein meine cognato, nicht viel verstehen von agricoltura. Sie mir schrieb, sie brauchen einen Mann, der hilft. Das bist du!"

Er schrie, als ob ich völlig taub wäre, so begeisterte ihn die Vorstellung, daß ich ihm auf das Gut seiner Schwester begleiten würde.

„Ich werde es mir überlegen", beschwichtigte ich ihn.

„Per Bacco, überlegen! ... George, was sagst du, er überlegen?"

Farth nagte an einem Entenbein und wischte sich mit dem Handrücken das Fett vom Kinn.

„Überlegen ist immer gut", brummte er und angelte sich ein weiteres Stück aus der Schüssel. Auch ich griff noch einmal zu.

Giani faßte sich verzweifelt in seinen schwarzen Haarschopf und wühlte darin herum.

„Ach ... ihr nur essen ... immer essen ... und ich aufgeregt, nicht essen ... ich will zu Schwester nach germania."

„Kein Mensch will dich daran hindern", meinte ich, „aber bis dahin sollst du nicht verhungern", dabei schob ich ihm ein knuspriges Bruststück zu.

Später kamen wir noch einmal auf dieses Thema zu sprechen. Giani und ich einigten uns. Wir wollten nach Nairobi, unsere Angelegenheiten ordnen und dann in Mombasa nach einem Schiff Umschau halten.

„Kommst du nicht mit, George?“ fragte ich.

„Bis nach Nairobi auf jeden Fall, aber ich bleibe in Kenia, friend, ich bin Engländer. Für euch ist das anders, ich bleibe. Jeder Mann wird gebraucht. Aber wenn ihr fahrt über Southampton, ihr müßt besuchen my girl!“

„Ich werde ihr geben eine kiss von dir, George“, lachte der Italiener.

Farth verstand in diesen Dingen wenig Spaß. Er verzog keine Miene, als er sagte:

„Das du lassen!“

Nun wird mich Jamba nicht mehr antreffen, wenn er zu seinem versprochenen Besuch kommt. Ich heftete ihm eine Nachricht an die Tür und ließ ihm eine Kiste mit allerhand nützlichen Dingen zurück, die ihm sicher viel Freude bereiten werden. Er soll mich in guter Erinnerung behalten.

Die letzten Tage auf afrikanischem Boden vergingen wie im Fluge. Ich fuhr im roten Jaguar hinter den beiden Freunden her. In Nairobi erledigten Giani und ich die Paß- und Devisenangelegenheiten, mit George ging ich zur englischen Polizei, meldete die Ermordung der Witwe Collins — die Nachricht darüber füllte am nächsten Morgen die Schlagzeilen der englischen Blätter — übergab Beths Sachen und den Wagen, verabschiedete mich natürlich auch von der guten, dicken Mammi, die so gut für mich gesorgt hatte. Am Abend ertränkten wir drei unseren Abschiedsschmerz.

Selbstverständlich ließ es sich George nicht nehmen, uns bis ins Zugabteil zu bringen. Lange blieb er auf dem Bahnsteig stehen und hob immer wieder die Hand zum Gruß. Der Abschied fiel ihm, wie uns, verdammt schwer. Nichts schmiedet Männer mehr zusammen als gemeinsame Abenteuer und Gefahren.

Einige Tage später begann die Heimfahrt auf See.

Trotz glühender Tropensonne stand ich an der Reling, konnte mich nicht trennen, wollte das Land am Horizont versinken sehen. Die Wellen trugen mir eine Menge farbiger Erinnerungen in einem bunten Kaleidoskop zu.

Nashörner, Giraffen, Löwen, brennender Durst, endlose Regenzeit, flackerndes Lagerfeuer, gutmütige und drohende schwarze Gesichter, mein braves Pferd, der stinkfeine Club, für den ich mich eigens in Georges' Smoking gezwängt hatte — im Gegensatz das Gangsterlokal mit der Warnung des schwarzen Juristen —, die schmuckbehängten Engländerinnen in ihren Pariser Modellkleidern, und die schwer tragenden schwarzen Frauen in Jambas Kral — und dazwischen immer wieder das schlichte Holzkreuz mit dem Namen Beth Collins.

NIKOLINE AN JÜRGEN

Reiterlein, liebstes!

Diesen Brief schreibe ich mit einem tiefen Gefühl des Glücks und der Dankbarkeit. Wenn mir auch Gunthermann immer wieder verboten hat, meine Briefe an Dich abzuschikken, diesen werfe ich eigenhändig in den Kasten und schicke ihn per Adresse „Jäger George Farth in Nairobi, British Ost-Afrika". Näheres weiß ich nicht, doch hoffe ich, daß Farth in der Stadt bekannt ist und Dir diese Zeilen übergibt.

Den Namen des Engländers hat der Professor einmal im Gespräch, wohl aus Versehen, erwähnt.

Es war aber auch die höchste Zeit, denn ich war seit kurzem auf dem seelischen Nullpunkt. Ist es ein Wunder? Vor über zwei Jahren hast Du Dich von mir getrennt, ließest einen schrecklichen Brief zurück, in dem Du von Scheidung schriebst, und seitdem hörte ich nichts mehr von Dir. Zumindest nicht von Dir persönlich. Nur den Professor kann ich alle Vierteljahre ein paar Worte entreißen. Das sonst so gern schwadronierende Einhorn wird sofort wortkarg, wenn ich nur Deinen Namen nenne.

‚Geht ihm großartig, unterhält sich glänzend' — das ist schon sehr viel. Höchstens daß er mir noch unbeholfen väterlich übers Haar streicht. Weiß er irgend etwas von Dir, was er verbergen möchte? Ist am Ende eine andere Frau in Dein Leben getreten? Lauter unbeantwortete Fragen.

Gestern war es mal wieder soweit. Ich saß bei Papa Ulmenau in der Bibliothek und schmökerte. Eines der Lieblingsbücher des alten Herrn, Jean Pauls Briefe, hielt ich in der Hand, als Gunthermann unerwartet eintrat.

„Wie geht's denn, schöne Lady?"

„Ça va," seufzte ich.

Der Arzt setzte sich neben mich auf den Stuhl und sah mich prüfend an, als befände ich mich in seiner Sprechstunde.

„Warum seufzen Sie so, holdes Mädchen?"

„Na hören Sie", fuhr ich ihn vorwurfsvoll an, „wenn einer Grund zum Seufzen hat, dann wohl ich?"

Er warf einen Blick auf den Deckel des Buches:

„Jean Paul? Hat Ihnen sicher mein Freund Ulmenau aufgedrängt. Was für alte Knaben."

„Auch was für verlassene Frauen", sagte ich und schlug eine Seite auf, „bitte urteilen Sie selbst", und dann las ich ihm eine Stelle vor, die ich kurz vorher gefunden hatte ...

> ... ich weiß nicht, daß ein Mensch mich je so über alles Maß hinaus an sein Herz geklammert hat wie dieser Mann, der mir noch immer als ein nicht zu lösendes Rätsel dasteht ...

Gunthermann holte seine unvermeidliche Pfeife aus der Hosentasche: „Darf ich?", und ohne meine Einwilligung abzuwarten, begann er sie zu stopfen ...

„Meinen Sie etwa mit dem rätselhaften Mann Ihren Jürgen, das gute Stück?"

Krampfhaft bemühte er sich, mit dem letzten, halbabgebrochenen Streichholz den Tabak zu entzünden.

„Wen denn sonst?" empörte ich mich, „glauben Sie vielleicht, ich hätte noch einen anderen Mann im Kopf?"

Er paffte sein schlechtriechendes Zeug in die Luft und sah mich richtiggehend frech an:

„Warum denn nicht?" lachte er, „Sie sind doch noch ganz

passabel! Oder wollen Sie noch fünfzig Jahre auf Ihren Afrikaner warten? Werde Ihnen eine Schallplatte mit Solveigs Lied besorgen."

Es gibt Augenblicke, in denen Gunthermann kein Herz zu haben scheint. Wütend fuhr ich auf unseren alten Freund los.

„Habe ich ihn etwa fortgeschickt? Und mußte es ausgerechnet Afrika sein?"

„Buxtehude hätte ihm wenig genützt", erwiderte er trocken, „ich möchte Ihnen aber jetzt beweisen, daß ich auch meine Klassiker im Kopf habe. Der olle Goethe schrieb mal folgende kluge Worte:

> ... gegen unsern Herrgott sind wir doch arme Schelmen. Wir haben zu reden, und er hat zu tun. Und wenn wir lange wählen, dahin und dorthin — so nimmt er uns beim Arme und führt uns den dritten Weg, an den wir gar nicht gedacht haben ...

Was sagen Sie dazu?"

Ehrlich gesagt, ich wußte nicht, worauf er hinaus wollte.

„Ich verstehe nicht ganz", bemerkte ich kleinlaut.

„Dann muß ich deutlicher werden", brubbelte er, „lieben Sie eigentlich Ihren Mann — richtig?"

Diese Frage erschien mir so absurd, daß sie mir die Sprache verschlug.

Wieder paffte er ein paar dichte Wolken gegen die Decke:

„Ich spreche augenblicklich von Herrn Jürgen Godeysen, falls Sie im Zweifel sein sollten. Lieben Sie ihn so, wie eine echte Frau ihren Mann liebt? Nicht nur im Schlafzimmer, mein Mädchen — davon bin ich überzeugt. Sondern mit der Seele, mit allem Guten, das Ihnen Gott geschenkt hat?"

„Das ist doch ... selbstverständlich", hauchte ich.

Gunthermann schüttelte sein zottiges Haupt:

„So selbstverständlich ist das nicht. Ihr Mann zweifelt jedenfalls daran. Sie verbergen Ihre Liebe wohl zu tief in sich!"

Dabei holte er einen Deiner Briefe aus der Seitentasche seines Jacketts hervor, blätterte darin und hielt mir eine Zeile vor die Nase, so dicht, daß ich sie nicht lesen konnte. Außerdem stand mir das Wasser in den Augen ...

„Ich werde es Ihnen vorlesen", und dann las er Deine Worte: „... Nikoline ist wohl die einzige, die mir angetraut ist, wenn sie mich doch nicht nur bemitleiden würde" — hören Sie, Lady, er schreibt ‚bemitleiden würde' — „sondern mich so liebte wie ich sie, wäre vieles, ja alles gut."

Er steckte den Brief wieder in die Tasche, nahm meine Hand und hielt sie fest umschlossen.

„Schöne Lady", sagte er, und seine Stimme klang weich und tröstend, „ihr seid, trotz allem, zwei dumme, große Kinder. Wäre Jürgen nicht so zerschunden an Leib und Seele aus diesem Saukrieg heimgekehrt, das Reisebüro Ulmenau und Gunthermann wäre nie eröffnet worden.

Denn Sie, Nikoline, verbergen Ihre Liebe zu Jürgen wohl zu tief. Das, was Sie für Liebe halten oder in der Zeit Ihres Zusammenseins dafür hielten, das hat er nur für eine Erscheinungsform des Mitleids angesehen. Wenn ich auch vielleicht weiß — und es Ihnen und Jürgen schon oft genug gesagt habe —, daß es nicht so ist, dann kommt es doch darauf an, wie lange es dauert, bis sie beide es begriffen haben.

„Holen Sie ihn doch endlich aus der Wildnis zurück!" begehrte ich auf.

Gunthermann ging an den Likörschrank, brachte eine Flasche und zwei Gläser, goß uns ein und trank, indem er mich mit einer Kopfbewegung aufforderte, das gleiche zu tun.

„Jürgen kann es erst begreifen, wenn er sich von seinen Hirngespinsten freigemacht hat, wenn er in der Überzeugung lebt, daß er kein bemitleidenswertes Objekt, sondern ein männliches Subjekt ist. Das konnte er aber in seiner Verfassung und in unserem damals noch so armen und unruhvollen Vaterland nicht, denn er fand die Welt nicht wieder, die er als Blessierter, als ein Wrack, verlassen hatte. Deshalb haben wir ihn weggeschickt in ein fremdes Land, zu fremden Menschen.

Die Rechnung ist aufgegangen — der alte Ulmenau und ich haben recht behalten. Bringen auch Sie das letzte Stückchen Geduld auf, reiten Sie noch eine Weile Schritt am langen Zügel, und dann zeigen Sie ihm rückhaltlos, wie sehr Sie ihn lieben."

„Ja", schluchzte ich. Ein zentnerschwerer Stein war mir bei diesen Worten vom Herzen gefallen.

Ach, Reiterlein, Du liebst mich! Jetzt habe ich es schwarz auf weiß, laß uns die Irrtümer ausmerzen, diese dummen Worte ‚Mitleid! Dankbarkeit!' — Nein, Liebe, Liebe, Liebe!

Immer mehr sehe ich ein, was Mutter und ich verkehrt gemacht haben, aber glaube mir, es geschah nur aus Liebe. Wir dachten damals, Du würdest es leichter haben, wieder ins Leben zurückzukehren, wenn wir Dich auf Vaters Stuhl setzten.

Auch mit Papa Ulmenau habe ich mich lange über Dich und unsere Lage unterhalten. Von ihm habe ich erfahren, daß es nach diesem zweiten Weltkrieg ganz andere Heimkehrerschicksale gegeben hat als nach dem ersten. Er hat mir in seiner ruhigen und überzeugenden Weise erzählt, wie es in den Jahren war, die Du nicht kennst und die mir in der Geborgenheit von Matthiasruh wie andere Jahre auch vergingen.

So ist es doch damals gewesen:

1918 fand der Heimkehrer allenfalls ein innerstaatliches Chaos vor, vielleicht dieser oder jener einen fremden Mann bei seiner Frau, sein Geschäft mochte ruiniert sein und viele seiner Freunde gefallen. Aber sein Haus oder seine Wohnung stand noch, und wenn es wirtschaftlich auch kathastrophal wurde, hatte doch jeder sein eigenes Dach über dem Kopf. Trotzdem kamen sich Tausende wie hilflose Kinder vor, legten die Hände in den Schoß und taten sich selber leid.

1945 aber fanden sie ihre Heimat — soweit sie diese überhaupt noch betreten durften — wie nach einem Erdbeben vor. Die Männer standen vor den Ruinen, das Land hielt der Sieger besetzt, und man gab nicht einen Pfennig mehr für die Zukunft Deutschlands. Doch sie griffen zum Spaten. Inmitten der tödlichen Stille, die jeder übergroßen Sintflut folgt, begannen sie ihr Schicksal ohne jedes Lamentieren neu zu formen — einig wie die Ameisen. Wer einen Arm oder ein Bein verloren hatte, machte davon nicht viel Aufhebens. Er bekam eine Prothese und wurde wieder in den alten Berufsstand eingereiht oder umgeschult. Man klagte nicht, man resignierte nicht — man riß sich am Riemen und schuftete.

Ich habe mich fast geschämt, daß ich all das Grausame nicht in der Härte zu erleben brauchte, und ich bin froh, daß es Dir erspart blieb, wenn Du um diese Zeit auch hoffnungslos im Sanatorium Gunthermanns lagst.

Die letzten Worte von Papa Ulmenaus langer Rede klingen mir noch in den Ohren:

„Die Medizin, die Gunthermann unserem Jürgen verpaßt hat, ist ja die einzige, die ihn wieder auf die Beine bringen kann."

Ja, Reiterlein, nun haben wir es bald geschafft. Glaube mir, es war für mich auch nicht leicht, aber meine übergroße Liebe ließ mich diese Zeit überstehen.

Mama und ich haben lange überlegt, ob wir dem immer mehr um sich greifenden Gerede über Dein Verschwinden mit der vollen Wahrheit entgegentreten sollen. Aber dann sahen wir, nachdem wir auch Lindemann zu Rate gezogen, davon ab. Wir kennen die lieben Nachbarn. Selbst wenn Du nun bald als gesunder Mann zu uns zurückkehren wirst, werden sie weiterhin ihre hinterhältigen Bemerkungen machen. Lieber sollen sie glauben, ich sei daran schuld gewesen, daß Du auf so lange Zeit ins Ausland gingest. Mir ist alles gleich, wenn ich Dich nur recht bald wieder bei mir habe.

Eines muß ich Dir noch erzählen, Liebster. Ohne meine beiden Pferde hätte ich unsere Trennung nicht so tapfer überwunden. Sie füllen meinen Alltag aus, ich bin so sehr mit ihnen verwachsen, daß ich dadurch das Gefühl habe, nicht ganz allein zu sein. Es ist ja so interessant, die verschiedenartigen Temperamente dieser zwei zu ergründen. Nicoline reagiert fast nur auf Liebkosungen und springt von sich aus geschickter und freudiger als Nikolaus. Der Wallach arbeitet am besten unter einer starken Hand, dafür hat er ein besseres Gedächtnis. Nie vergißt er ein Hindernis, an dem er sich einmal gestoßen oder gar weh getan hat. Ich muß ihm dann, wenn er verhalten will, gut zureden und ihn nachher loben. Nicoline dagegen zeigt einen ganz persönlichen Ehrgeiz, bei ihr habe ich die Vorstellung, daß sie sich nach einem Springfehler sagt, „nun erst recht". Ich denke dabei immer an die guten Ratschläge meines Reitlehrers in München und wende viel Ruhe bei der Ausbildung der Pferde an.

Papa Ulmenau sitzt oft auf seinem Klappstühlchen daneben, wenn ich auf der kleinen Reitbahn, die er eigens für mich anlegen ließ, mit den Tieren arbeite. Er spart nicht mit Lob, aber auch nicht mit rückhaltloser Kritik.

„Es gibt ja so viele Fehler, mit denen man seinem Pferde die Lust zum Springen nehmen kann", philosophierte er neulich, „und viel weniger Mittel, ihm dann die verlorene Lust wieder beizubringen. Ein Pferd denkt und reagiert wie ein Mensch. Stell Dir vor, Du wärest das Pferd, und behandele es dann so, wie Du behandelt werden möchtest."

Was ist dieser General nur für ein Mensch! Er ist völlig allein, hat alle Verwandten überlebt. Ich sprach ihn einmal vorsichtig darauf an, da meinte er:

„Du und Jürgen, ihr steht mir am nächsten."

Nochmals zu den Pferden:

Ulmenau geht in der Springausbildung sehr behutsam mit

mir vor. Er warnt mich immer wieder, zu viel von den Pferden zu verlangen. Viel Kavalletti-Arbeit muß ich machen, ganz locker dabei sitzen, mit langem Zügel. Er sagt, beide Pferde hätten gute Anlagen zum Springen, aber ich könnte selbst noch zu wenig, um das Springvermögen zu fördern. Einstweilen müßte ich von den Pferden noch mehr lernen als sie von mir.

Übrigens — Nikoläuschen verweigert hin und wieder einmal. Die Stute ist viel ausgeglichener. Na ja, sie hat ja auch die Grundausbildung von Deinem Vater. Das sagt auch Ulmenau, und deshalb läßt er mich mit Nicoline schon mal ein paar Sprünge hintereinander machen, aber niemals einen ganzen Parcours.

„Das kommt erst später", sagt er, und sein faltiges Gesicht verzieht sich zu einem geheimnisvollen Lächeln.

So, Reiterlein, schließlich noch ein paar Worte über Matthiasruh. Es geht alles weiter. Lindemann modernisiert hie und da etwas, nicht mit Krampf, sondern bedächtig. Und Mama ist nach wie vor in bester Laune. Zur Zeit weilt sie, man hält es kaum für möglich — seit Vaters Tode erstmals wieder —, zur Kur in Baden-Baden, und Lindemann mußte sie begleiten. Ich sage: er ‚mußte', denn sie wollte nicht allein und ohne männlichen Schutz die weite Fahrt im Auto machen. Ob das der einzige Grund war?

Ich muß sagen, ich kann meine Mutter gut verstehen. Es ist nicht schön, als Frau allein durch die Gegend zu schukkeln, überhaupt das Alleinsein liegt uns Pratt-Frauen wenig.

Nebenbei gesagt ist Lindemann wirklich ein kluger, angenehmer und auch repräsentativer Mann.

„Jürgen wird wohl bald heimkehren", sagte Mama vor ihrer Reise so ganz nebenbei während des Essens. Ich habe sie in Verdacht, daß sie ab und zu mit Gunthermann telefoniert, um sich über Deinen Zustand zu vergewissern.

Sag Liebster, hast Du überhaupt die Absicht, jemals hierher zurückzukehren? Und die Leitung unseres Besitzes zu übernehmen?

Nun, die Hauptsache ist, Du liebst mich. Dieser Brief wird Dir nun hoffentlich alle Zweifel an meiner Liebe nehmen. Ich folge Dir, wohin Du willst, wenn ich nur in Deiner Nähe sein kann. Merke Dir das eine: Was mich mit Dir verbindet, ist nur Liebe. Die geduldige, duldende, alles erhoffende, sich ganz verschwendende Liebe! Was wäre aber Liebe ohne Mitleiden — ohne Hilfsbereitschaft, ohne Gebefreude und ohne Dankbarkeit! Wenn es meine Schuld war, daß Du nicht in mein Herz blicken konntest, dann verzeih bitte. Frauen müssen manchmal s c h r e i b e n, um sich ganz zu offenbaren.

Komm bald, Reiterlein, ich warte so sehr auf Dich!

Die Deine

Neun Wochen später ...

Dieser Brief kam als unbestellbar zurück. Jetzt weißt Du immer noch nicht, was Du schon so lange wissen solltest!

Wo magst Du sein?

VII

LOTHRINGERS

oder

DER WEG ZUM REITERGLÜCK

Von meinem Fenster aus blicke ich über weite, saftig grüne Wiesen, auf denen buntgescheckte Kühe wie Farbtupfen sich bewegen. Die Tiere mit ihren vollen Eutern muhen ein wenig ungeduldig auf; sie möchten von ihrem weißen, kraftbringenden Strom befreit werden. Da und dort rattern bereits die Räder der vielen Karren, die mit leeren Kannen an die Ernte gehen und nach einer guten Stunde schwer beladen zurückkehren. Auf dem Gutshof werden sie auf die Laster umgeladen, die die Milch in die nahe Meierei bringen.

Auf der Fensterbank sitzt eine kleine Katze, deren Alter man mir mit achtzehn Jahren angab. Ich traue dem Frieden nicht so ganz, vielleicht wollte Franz mich verkohlen, wie er es mit allen Bewohnern des Gutshauses so gerne tat. Das Tierchen ist springlebendig wie ein junges Kätzchen, aber wenn sich das rosige Mäulchen öffnet, wird nur ein einziger Zahn sichtbar. Also könnte Franz mit seiner Altersangabe doch recht haben. Die „Urgroßmama" hat sich scheinbar entschlossen, bei mir Wohnung zu nehmen, denn seit meiner Ankunft geht sie mir nicht von der Seite.

Ich höre das leise Summen einer Biene, die von Blüte zu Blüte eilt. Fast erkenne ich eine kleine Melodie heraus, eine Liebesphilosophie. Weit gegen den Osten hinaus glaube ich einen ganz schmalen, blauen Streifen am Horizont zu sehen. Aber da muß mir die Phantasie einen Streich spielen, das Meer liegt sechzehn Kilometer von Holstedt entfernt. Das

Gutshaus müßte schon ein paar Stockwerke höher sein, dann könnte man bei klarem Wetter die Ostsee wohl erkennen.

Doch es ist nur einstöckig, breit hingestellt, und sieht mit seinen Klinkern wie eine kleine mittelalterliche Burg aus — sogar die Türmchen und Zinnen fehlen nicht. Dafür hat Franz das Innere des Hauses hochmodern eingerichtet. Das ist nicht der Stil holsteinischer Gutshäuser, sondern der Nachkriegsgeschmack eines Großstädters. Das ist der gute Lothringer ja auch in Wirklichkeit. Seinen Hauptberuf als Grundstücksmakler übt er nach wie vor in Lübeck aus. Dort hat er ein Büro und daneben drei Wohnräume, mindestens ebenso elegant eingerichtet wie das Herrenhaus in Holstedt. Kein Mensch würde ihm dort den Gutsbesitzer ansehen.

Dennoch ist Franz Lothringer auf hundert Meter unübersehbar ein Sohn Schleswig-Holsteins. 1,90 Meter groß, mit hellblauen Seemannsaugen, weißblondem Haar, aufrecht und ehrlich bis in die Knochen. Ein Prachtbursche. Vom ersten Händedruck an war er mir vertraut. Ich besaß nicht die geringsten Hemmungen vor ihm, und ich bewegte mich in seiner kleinen Familie, als ob ich von jeher dazugehört hätte.

Stolz wie ein Pfau führte mich Giani seiner geliebten Schwester Sophia vor.

„Ihr beide werdet auch wie Bruder sein und Schwester", sagte er und bestand darauf, daß wir uns einen Kuß gaben, den ich ihr allerdings kaum spürbar auf die Wange hauchte. Mit einem nachsichtigen Lächeln gab Sofia ihn mir zurück.

Rein äußerlich war Gianis Schwester das genaue Gegenteil ihres — in sie restlos verliebten — Mannes. Zierlich, graziös, dunkelbraun getönt, dieselben pechschwarzen Augen wie der Bruder, ebensolches Haar, das sie glatt zurückgestrichen in einem Knoten trug, all das verlieh ihr das Aussehen einer kleinen Madonna. Diese Frau mußte auch eine liebende Gattin und eine gütige Mutter sein.

Ein sechsjähriges stilles Mädchen mit den dunklen Augen und der Zierlichkeit der Mutter und dem weißblonden Haar des Herrn Papa wurde mir, dem Onkel Jürgen, gleich als Tischdame vorgestellt, und dann saßen wir vier Erwachsenen mit dem Kind bei einem Essen, das jedem erstklassigen Hotel Ehre gemacht hätte.

Die Unterhaltung führte Freund Giani zunächst einmal ganz allein. Er sprudelte über vor Freude, seine Schwester nach so langer Zeit wiederzusehen. Mit seinem Schwager verstand er sich ebenfalls glänzend, und die kleine Anke vergaß fast das Essen über dem eleganten und lustigen Onkel aus Italien, der ein so merkwürdiges Deutsch sprach.

Von allen äußeren Annehmlichkeiten abgesehen, war es für mich so ungewohnt wohltuend, in eine Familienatmosphäre hineingeraten zu sein, bei der auf den ersten Blick alles stimmte. Es stimmt auch noch nach den zwei Wochen, die ich jetzt schon hier bin. Diese aus so entgegengesetzten Teilen unseres Europa stammenden Menschenkinder sind zu einer vollkommenen Harmonie verschmolzen.

„Ich habe schon zu Franz gesagt, amigo, du hier bleiben für alle Zeiten."

„Mein Schwager hat recht", stimmte Lothringer ihm bei, „wir werden Sie als Gast gern hierbehalten, solange es Ihnen in der Einöde gefällt. Ich bin viel unterwegs und nehme Sofia meistens mit. Sie werden sich dann mit Anke begnügen müssen. Giani sagte, daß Sie was von Landwirtschaft verstehen. Ich verstehe fast gar nichts davon, dafür habe ich die richtigen Leute engagiert. Das Anwesen habe ich nur gekauft, weil es mir günstig angeboten wurde. Es gefiel Sofia, und so nahmen wir es als Hauptquartier."

„Na?" knurrte Giani, „schlag ein!"

Unwillkürlich mußte ich lächeln: ‚für alle Zeiten' war wieder einmal typisch für meinen amigo.

„Ich bleibe gern ein paar Monate hier, wenn ich mich nützlich machen darf", erwiderte ich.

„Nur eins wird Sie vielleicht enttäuschen, Herr Godeysen", sagte die charmante Hausfrau, „unser Gut treibt nur wenig Ackerbau, in der Hauptsache beschäftigen wir uns mit Milchwirtschaft und Pferdezucht und dem dazugehörigen Futtermittelanbau."

Pferdezucht? So eine Überraschung! Davon hatte mir ja Giani nichts verraten. Nun, es waren keine Vollblüter, die Lothringer züchtete, sondern Kleinpferde.

„Sie werden sich wundern, Godeysen, wie ich ausgerechnet auf die kleinen Biester gekommen bin? Das war höchst einfach. Ich hab' den ganzen Betrieb mit Mann und Maus, vielmehr mit Pferden und Betreuern, übernommen. Am Anfang wußte ich nichts Rechtes damit anzufangen, heute aber macht es mir viel Spaß. Sehen Sie, überall dort, wo die Vorbedingungen für eine Vollmotorisierung eines Betriebes nicht gegeben sind, ist das Kleinpferd rentabler als das Großpferd. Sowohl in der Arbeitsleistung als auch im Futterverbrauch."

„Ich habe mit Kleinpferden bisher keine Erfahrung, aber ich werde mich damit beschäftigen."

Das muß sicher ein wenig enttäuscht geklungen haben, denn Lothringer lachte laut auf.

„Lieber Herr Godeysen, außer den Kleinpferden im Typ der Norweger und Isländer sowie den Shetlands können Sie — wenn Sie Lust dazu haben — vier Reitpferde in Ihre Obhut nehmen, an denen Sie Ihre helle Freude haben werden. Meine Frau und ich reiten, wenn wir hier sind, jeden Morgen und auch noch am Abend, falls es die Zeit zuläßt. Ich möchte mir nach und nach eine Anzahl talentierter Pferde kaufen und einen Turnierstall aufbauen. Ein zuverlässiger Händler unterstützt mich bereits und macht mich auf besonders interessante Auktionen aufmerksam. Wenn mir da ein

Pferd gefällt, bietet ein Strohmann für mich, denn man kennt meine Passion schon zur Genüge und würde mir das Fell über die Ohren ziehen. Sie werden das auch noch kennenlernen. Haben Sie Lust, mir bei der Grundausbildung der Pferde zu helfen?"

Später, als wir schon längst Duz-Freunde waren, erklärte Franz, warum er mir schon im ersten Augenblick unserer Begegnung sein ganzes Vertrauen entgegenbrachte. Es genüge, daß sein Schwager ihm einen Mann ins Haus bringe und seine Frau sich diesem Neuling gegenüber so vertrauensvoll zeige, wie sie es mir gegenüber getan habe. Eine bessere Garantie gäbe es nicht für ihn.

In den nachfolgenden Tagen sah ich mich, wie Franz es mir riet, erst einmal in aller Ruhe um. Damit die neuen Freunde nicht dächten, ich sei nur auf die Reitpferde neugierig — obgleich dieser Gedanke richtig gewesen wäre —, machte ich mich zunächst einmal mit den Kleinpferden und der beachtlichen Milchwirtschaft des Gutes vertraut.

Der Betrieb lief, soweit ich nach oberflächlicher Prüfung feststellen konnte, ruhig und zuverlässig. Der Grundstücksmakler hatte tatsächlich eine sehr glückliche Hand bei der Auswahl seiner Angestellten bewiesen. Das ganze Anwesen war gepflegt, die Leute waren liebenswürdig und korrekt. Man hätte auf den Gedanken kommen können, daß alles von selber ablief, aber ich spürte überall den ordnenden Willen der leitenden Männer.

Xaver Huber, der ‚Schweizer', stammte, wie schon der Name verriet, aus dem Allgäu. Er war ein stiller, immer tätiger Mann, dem man den Stolz auf seine Herde ansah. Wenn der Gestütsleiter Schulte-Trach inspizierend durch die sauberen Ställe oder über die Koppeln ging, machte er den Eindruck eines zufriedenen Mannes, der seine Aufgaben ernst nimmt.

Mit beiden Männern ließ es sich gut plaudern. Ich nutzte jede Gelegenheit, alles, was ich durch monatelanges theoretisches Studium erlernt hatte und die verbliebenen Reste meiner Tätigkeit auf Matthiasruh praktisch anzuwenden.

Zuletzt besuchte ich die Reitpferde. Auf den ersten Blick stellte ich fest, daß es vier erstklassige Tiere waren, eine schwarze, zwei Fuchsstuten und ein Schimmelwallach. Die beiden Füchse hatten trotz ihres Kalibers edle Köpfe, gute Hälse und trockene Beine, die schwarze Stute mit der winzigen Schneppe auf der schmalen Stirn und den weißen Fesseln an der Hinterhand schloß ich gleich in mein Herz. Der Wallach war in seiner ganzen Erscheinung ein typischer Holsteiner.

Die Pferde erspürten den Unbekannten und wandten sich mir neugierig zu. Mich interessierte vorerst nur die drahtige Trakehner Stute. Wir beäugten uns gegenseitig und schienen zufrieden.

So ließ ich sie satteln und ritt mit der schwarzen Carmencita über die Landstraße dem Reitplatz zu, den Lothringer hatte anlegen lassen, obwohl weder er noch seine Frau sich mit Springen oder Dressur abgaben. Ihnen genügten lange, entspannende Geländeritte. Dazu hatten sie sich die Fuchsstuten auserkoren. Schulte-Trach hatte die beiden anderen in der Arbeit. Nun, ich würde ihm dabei herzlich gern behilflich sein.

Mein erster Morgenritt nach der Rückkehr in die Heimat war ein herrliches Erlebnis. Lange entbehrte Bilder standen neu vor meinen unersättlichen Augen, Wiedersehensfreude pulsierte im beglückten Herzen.

Als wir den Reitplatz erreichten, auf dem ein paar Hindernisse aufgebaut waren, bot sich Carmencita zum Springen an. Das war ostpreußisches Blut, das von Jugend an gewohnt ist, über Hindernisse zu gehen — ein einziger

Rausch von Bewegung, von Drängen und Verhalten und von heißem, lustvollem Leben. Die Stute gab sich mir mit einer eigenen Freude.

Der vom Meer her wehende Wind begrüßte uns wie ein alter Freund. Raum und Zeit vergehen. Ich erlebte das Glück der Heimkehr: Deutschland ist schön, und das Leben ist gut!

Die allmorgendliche Arbeit mit Carmencita wurde von nun an die unentbehrliche Richtlinie für eine neuerwachte Lebensfreude, die mir aus der Rückkehr in die Heimat, aus der Bewältigung meiner Vergangenheit und aus dem Vertrauen auf die Zukunft zuströmte. Mit immer größerer Beglückung liebkosten Ohr und Auge die herbliebliche Holsteiner Landschaft.

Zwar stand in Zeitungen manches von der Kehrseite des Wirtschaftswunders, von der wachsenden Oberflächlichkeit in einem Volk, dessen Wunden und Schuld kaum vernarbt sind, von internationalen Spannungen und grotesken Auswüchsen eines „kalten Krieges", auch zwischen den beiden Teilen Deutschlands. Warum aber sollte ich mir jetzt schon den Kopf um Zustände zerbrechen, die selbst gelernte Politiker nur verschlimmerten, anstatt sie zu beheben — ja, viele schienen mir sogar von der Not des Vaterlandes zu leben — und gar nicht schlecht. Wer will es mir da verübeln, wenn ich erst einmal das Glück der Heimkehr auskostete, die Farben der Landschaft und des Meeres, die Stimmen der Tiere, das Lachen der Menschen.

So führte ich ungefähr einen Monat lang ein glückliches, volles Leben im Kreise der Familie. Dann ging das Ehepaar Lothringer auf Reisen, um anschließend einige Wochen in Lübeck zu verbringen. Auch Giani verließ mich zu einer Fahrt kreuz und quer durch das ihm noch unbekannte Deutschland. Nur die kleine Anke blieb zurück; sie besuchte die Schule im nahen Lütjenburg und wurde jeden Tag von ihrer Erzieherin in einer blauen Isetta hingefahren und wieder abgeholt.

Das Kind schloß sich immer herzlicher an „Onkel Jürgen"

an. Es ließ mich nicht nur meine Einsamkeit vergessen, sondern ließ mich zu meiner Überraschung entdecken, daß ich Talent zum Vater habe ...

Der Gestütsleiter Schulte-Trach erzählte mir, wenn ich ihn einmal in die zünftige Trinkstube des Hausherrn einlud, und wir dort natürlich von Pferden und vom Reiten fachsimpelten, von neuen Erfolgen der deutschen Reiterei, von Siegen Hans-Günther Winklers gegen starke ausländische Konkurrenz und von Fritz Thiedemann, der einen Sieg nach dem anderen für Deutschland heimbrachte. Hinterher träumte ich dann von der eigenen Teilnahme an Turnieren und sah mich mit Carmencita auf einem Turnierplatz ... natürlich erfolgreich. Meine Wünsche, einmal ernsthaft dabei sein zu können, wenn es um eine goldene Siegerschleife ging, wurden bei solchen Gesprächen immer wieder lebendig, um so mehr, als mir Schulte-Trach zuredete.

Nach dem Abendbrot machte ich gewöhnlich einen Rundgang durch die Ställe, dann spazierte ich mit den drei Hunden weit hinaus in die Felder und führte, wie es mir mein lieber Gunthermann seinerzeit so dringend geraten, ein ‚Gespräch mit mir selber'.

Wenn ich dann meine Inventur beendet hatte, wurde mir meist so froh und leicht ums Herz, daß ich, wenn niemand in der Nähe war, oft einen lauten, befreienden Jauchzer in den Himmel stieß.

Mein Gott, das Leben war wirklich schön!

Mußte ich nicht unendlich dankbar sein? Aus einem Wrack war in noch nicht drei Jahren ein Mensch gewachsen, den man sogar ernst nahm.

Ich arbeitete, und ich fühlte, daß meine Arbeit etwas wert war. Ohne daß Franz ein Wort gesagt hatte, weder zu mir noch zu seinen Angestellten, erblickten sie ohne Ausnahme in mir den Vertreter des Gutsbesitzers. Man machte mir Rapporte, fragte mich um Rat, legte mir die Bücher vor. Nun beherrschte ich die Materie, war keine Attrappe mehr wie in Matthiasruh, sondern ein Mann, dem man nichts vormachen konnte. Lina hätte ihre helle Freude an mir, und Nikoline ...?

Ach ja ... Nikoline. Ich hatte sie wahrhaftig nicht vergessen, keine Minute. Noch immer war sie für mich das Ideal der Frau — und mein Ziel.

Da erinnerte ich mich, daß weder Nikoline noch Gunthermann, noch Ulmenau die geringste Ahnung haben konnten, wo ich mich befand. Hals über Kopf hatte ich Kenia verlassen. Wollüstig hatte ich die Heimat in mich aufgenommen, als ein neuer Jürgen Godeysen, der kein Mitleid, kein Gnadenbrot brauchte, der nicht mehr zitterte und aus lauter Minderwertigkeitskomplexen um seinen Verstand fürchtete, sondern ein ruhig abwägender, klar denkender, über sich selbst bestimmender Mann, der sich nicht nur die Kraft zutraute, über mißliche Tatbestände zur Tagesordnung überzugehen, sondern sie durch bessere zu ersetzen.

Bevor sich meine drei Freunde auf die Reise begaben, hatten sie mich, jeder einzeln — noch einmal vorgenommen. Ob sie das untereinander besprochen oder aus eigenem Antrieb taten, weiß ich nicht.

Zuerst fühlte mir der Italiener auf den Zahn:

„Willst du dein Leben ohne Liebe beenden, amigo mio?" fragte er mich, als wir mit Trakehnerstute und Wallach unseren Abendritt durch die Felder machten.

Obwohl ich genau wußte, worauf er abzielte, stellte ich mich ahnungslos.

„Na hör mal, Giani, habe ich nicht Liebe genug? Deine Schwester und dein Schwager nahmen mich auf, als gehörte ich zur Familie, deine kleine Nichte stürzt auf mich los, wenn sie mich nur irgendwo sieht, und du bist ein Freund, wie man sich ihn kaum besser wünschen kann. Ich schwimme bei euch in Liebe!"

„Per Bacco", fluchte der Italiener und schoß wütende Blitze aus seinen Feueraugen auf mein unschuldiges Haupt ...

„Liebe nennst du das? Das sein Freundschaft!"

„Ist das nicht mindestens ebensoviel wert?" erwiderte ich scheinheilig.

„Selbstverständlich", schrie er und tätschelte dem Wallach den Hals, „aber du kannst weder mit meine Schwester noch mit Franz Kusse geben noch mit mir — und Kinder wir können dir trotz der guten Freundschaft nicht schenken. Willst du dich nicht kümmern endlich um deine Frau?"

Der brave Junge meinte es gut, und recht hatte er auch vom Standpunkt des Außenstehenden. Doch war mir keineswegs danach, mich über das Thema Nikoline selbst mit einem noch so guten Freund zu unterhalten. Drum schloß ich die Debatte mit einem:

„Ich werde es mir überlegen."

„Ah, du immer überlegen, du überlegen bis du sein alter Mann!"

Ein paar Tage darauf hatten Franz und ich der etwas schwierigen Geburt eines Füllens beigewohnt, und Schulte-Trach, der sich um alles, was seine geliebten Kleinpferde betraf, selber kümmerte, hatte die Mutterstute, die sich in endlosen Wehen herumquälte, von einem putzigen Töchterchen, das wie ein nasser, ein wenig zu groß geratener Zwerg aussah, befreit. Ein Bild der treuen Gemeinschaft zwischen Mensch und Tier, wie man es erfreulicherweise beim Züchter und auf einem Gestüt so oft erleben kann. Schon bald stakste das kleine Baby auf vier streichholzdünnen, zittrigen Beinchen schutzsuchend zu seiner Mutter und entdeckte mit natürlichem Instinkt den Born des Lebens. Immer wieder hat dieser Augenblick der ersten Lebensbezwingung eines Neugeborenen etwas Rührendes und zugleich Feierlich-Göttliches an sich, dem wir alle uns nicht verschließen konnten. Ein Strahl des Glückes von Mutter und Kind fiel auch auf unsere Gesichter und in unsere Herzen.

Wir feierten die Geburt mit ein paar guten Flaschen. Der Geburtshelfer kam dazu — Giani und Sofia waren nach Plön ins Kino gefahren —, und wir ließen die Gläser zusammenklingen auf das Wohl des vierbeinigen Säuglings.

Vor dem Schlafengehen stand ich einige Minuten mit Lothringer allein vor dem Hause, um noch ein paar Lungenzüge würziger Seeluft mit ins Bett zu nehmen.

Da legte plötzlich Franz den Arm um meine Schulter.

„Du hast auch ein ganzes Herz voller Liebe zu vergeben, Jürgen", sagte er, „Anke hängt fast mehr an dir als an ihrem leiblichen Vater. Deshalb bin ich nicht traurig, meine Stunde als bester Freund meiner Tochter kommt auch noch. Aber ich denke mir oft, daß du ein oder zwei Kinder haben müßtest. Du ahnst ja nicht, wie schön so was sein kann."

„Ich sollte das nicht ahnen? O mein lieber Freund, ich ahne es seit einiger Zeit sehr wohl. Wenn ich euer harmonisches Familienleben beobachte — mehr denn je. Wie oft überfällt mich die Ahnung und der Wunsch, wenn ich mit deiner Anke zusammen bin."

Als letzte kam Sofia, um mich an der wundesten Stelle meines sonst so gestärkten Herzens zu packen. Wir ritten zusammen durch das Gehölz, das in Richtung Lütjenburg einen wenn auch nicht sehr starken Damm gegen die Ostwinde darstellt.

Eine Häsin mit ein paar zierlichen Kindern, die wie Spielzeughäschen aus Ankes reichhaltigem Tierreich aussahen, überquerten mit ängstlichen Hopsern unseren Weg. Wir lachten beide herzlich auf.

„Wo mag der Vater stecken?" meinte ich, „der müßte doch seine Familie begleiten."

Sofia schwieg eine Weile. Sie ging nicht auf die Hasenfamilie ein, sondern war ein wenig nachdenklich geworden:

„Es ist immer schlimm für eine Frau, ob Tier oder Mensch, wenn sie von dem Manne, den sie liebt, verlassen wird. Was auch der Grund sein mag, beim Tier liegt es in der Natur — es steht allein inmitten einer feindlichen Welt. Würde mein Franz mich jemals verlassen, selbst wenn dabei eine winzige Hoffnung übrigbleibt, daß er eines Tages zurückkehrt ... ich ginge bestimmt daran zugrunde, bevor er an den Heimweg dächte."

Lange Zeit fiel kein Wort zwischen uns. Die einzigen Laute kamen von den Pferden, die ab und zu auffordernd prusteten, als wollten sie uns zum Trab animieren. Die Luft stieg warm und mit wohlriechendem Pferdeschweiß getränkt zu uns auf. Durch die bleiernen Abendwolken bohrten sich die ersten Sterne. Der Ruf eines Käuzchens vermischte sich mit dem Zirpen der Grillen und der Abendmusik der Frösche im grünbemoosten Weiher.

Schließlich raffte sich Sofia dazu auf, was sie sagen wollte:

„Du bist nach meiner Ansicht dazu geboren, eine Frau glücklich zu machen."

Da ich nichts darauf erwiderte, fuhr sie fort:

„Jürgen, du weißt, wie wir dich hier allesamt ins Herz geschlossen haben. Du bist uns wie ein Bruder. Darum dürfen wir uns auch einen Ratschlag erlauben. Ich habe schon oft mit Franz darüber gesprochen. Prüfe dich noch einmal — verhalte nicht zu lange, nimm die lezte Hürde."

Das kam überraschend für mich, und noch dazu aus dem Munde dieser guten und zartfühlenden Frau. Es klang beinahe wie ein Befehl und zugleich wie ein schwesterlicher, aus dem Born der Nächstenliebe kommender Ruf an das Gewissen.

Sahen meine Freunde weiter als ich? Trat ich auf der Stelle?

JÜRGEN AN NIKOLINE

Jetzt ist es an der Zeit, daß ich an Dich schreibe, geliebte Frau! Ob es nur mir so geht, daß das Nächstliegende und Notwendigste auch das Schwerste ist? Wieviel denke ich an Dich und spüre Deine Gedanken! Wahrscheinlich genügte es, daß wir nur einen Blick oder einen Händedruck tauschten, und alles Schwere wäre vergessen, und wir lebten mitten in der besseren Zukunft. Dennoch habe ich bis zu diesem Augenblick nicht den Mut zu einem Brief an Dich aufgebracht. Nun aber sollst Du wissen, wer und wo ich heute bin.

Als wir im festlich geschmückten Speisesaal des Sanatoriums getraut wurden und der Professor und Schwester Gisela unsere Trauzeugen waren, als der ein wenig unbeholfene, gutmütige Standesbeamte unsere Hände zusammenfügte, wir die Ringe tauschten und uns dabei in die Augen sahen, warst Du mir ein vollkommenes Bild der Liebe.

Ein zweites Mal fühlte ich dasselbe, als wir am Abend unseres Eintreffens auf Matthiasruh endlich allein blieben. Wir zogen uns zwei Stühle ans Fenster und blickten in die nächtliche Stille hinaus. Du legtest Deinen Kopf an meine Schulter, wir sprachen kein Wort. Und das tat gut!

In Matthiasruh aber stand ich unter einer furchtbaren Belastung, die mir fast den Verstand raubte. Der starken Persönlichkeit Deines Vaters, die immer noch mit unverminderter Eigenwilligkeit diesem Hause selbst in der Unterhaltung den von ihm gewohnten Stil aufzwang, mußte ich mich in meiner damaligen Hilflosigkeit beugen. Nur in unserem Schlafzimmer, unserem eigenen kleinen Revier, konnten wir ‚wir selbst' sein. Und wieder sah ich nur Liebe und Hingabe in Deinen Augen.

Ich trug Dich auf meinem Arm ins Reich der Glückseligkeit.

Alles andere war für mich quälend, denn ich sah nur noch Mitleid und Erbarmen.

Doch heute weiß ich, daß der Grund aller Mißverständnisse in mir gelegen hat. Es war meine Krankheit, die ich damals nur körperlich überwunden hatte. Ich habe Dich nicht so gesehen, wie Du wirklich bist. Es war doch wirklich so, nicht wahr? Nun, wir werden es bald, sehr bald wissen, Liebste.

Diesen Herbst und den Winteranfang will ich noch hier bei meinen Freunden verbringen, um mich völlig in den Wirtschaftsbetrieb einzuarbeiten; doch zur Weihnachtszeit bin ich bei Dir. Am liebsten würde ich Dich nur abholen, um mit Dir zu Papa Ulmenau zu fahren und dort das Weihnachtsfest zu feiern.

Wo könnten wir Weihnachten sinnvoller begehen als auf dem stillen Waldgut bei dem lieben, verständnisvollen alten Herrn.

Im November werde ich Dir noch einmal schreiben. Willst Du mich dann nicht mehr sehen, so ist immer noch Zeit genug, mir das mitzuteilen.

Du sollst Dich frei entscheiden. Ich will kein Mitleid, keine Barmherzigkeit, nur Wahrheit! Jürgen Godeysen kann sie heute vertragen. Nur sie, nichts anderes!

Gute Nacht, mein Herz. Wenn wir uns wiedersehen, werde ich Dir alle meine Tagebuchblätter zu lesen geben. Dann sollst Du nach dem Bericht meines Vaters, durch den Du mich zum Leben neu erwecktest, endlich auch die Gedanken Deines Mannes kennenlernen.

Ich will, daß es so wird. Zwischen uns soll nichts mehr verborgen sein!

Unfaßbar, wie mir die Zeit zwischen den Fingern zerrinnt. Zwei Monate hause ich nun schon allein auf Holstedt. Nicht einmal Anke ist mehr hier. Zu Beginn der Ferien brachte sie die Erzieherin zu den Eltern, die wegen größerer geschäftlicher Verpflichtungen noch für längere Zeit in Lübeck bleiben mußten.

Die Tage werden immer kürzer. Nebel steigen aus den Feldern, das Krächzen der Krähen hat das Jubilieren der Lerchen und das schrille Pfeifen der Schwalben abgelöst. Die Storchenfamilie hat ihr Nest auf der nahen Ziegelei längst verlassen und ist nach Süden gezogen. Die rostbraunen und roten Blätter flattern im Herbstwind, und in den Kaminen knistern die ersten Holzscheite, denn die Nächte sind bereits empfindlich kühl geworden. Der gemütliche Duft der stark ausgetrockneten Kloben vermischt sich mit dem herben Ruch von verbranntem Kartoffelkraut. Auf einer verlassenen Koppel lassen die Kinder des Schweizers einen prächtigen, bunten Drachen steigen.

Äußerlich gleicht ein Tag dem anderen, und doch ist es immer wieder etwas Neues, das sich mir bietet. Ganz besonders die Arbeit mit Carmencita, die ein angeborenes Springtalent besitzt, macht mir täglich mehr Freude. Wie konnte es Zeiten geben, in denen ich auf dieses Glück verzichtete!

Eines Mittags fuhr ein grüner Wagen vor. Ihm entstiegen zwei Herren, die nach Franz Lothringer verlangten. Es stellte sich heraus, daß sie dem Reiterverein Grüntal angehörten, bei dem auch Franz Mitglied war. Sie wollten meinen Freund zu einer Sitzung einladen.

Sie bedauerten, Franz nicht anzutreffen, doch begegneten sie mir wie einem alten Bekannten, und am Ende des kurzen Gespräches war ich von ihnen eingeladen, gelegentlich ins Vereinshaus zu kommen; mittwochs und sonntags sei immer etwas los. Ich sagte zu und habe es nicht bereut. Denn die Abende im Reitervereinshaus waren nicht nur fröhlich und entspannend. Ich erlebte in ihnen die Kameradschaft von Männern, die dem Pferdesport verschworen sind. Sie nahmen mich mit dem Instinkt von Reitern ohne Zögern in ihren Kreis auf. Und ich lernte in diesem wohlgesinnten Kreise, mich frei in Gesellschaft zu bewegen.

Die beiden Herren, die mich nach Grüntal eingeladen hatten, waren Joachim von Drache und Conrad Almers, die größten Gegensätze des Vereins. Drache, ein Industrieller aus Kiel, hatte sich vor einigen Jahren hier in der Nähe eine Art „Sanssouci“ erbaut und verbrachte darin jede freie Stunde. Als Kavallerist des 1. Weltkrieges zog es ihn zu den Grüntaler Reitern, bei denen er sich großer Achtung und Beliebtheit erfreute.

Der andere war Conrad Almers. Der Reichtum, der bei Joachim von Drache längst innere Qualität geworden war, schlotterte Almers wie ein unpassender Anzug um den Leib. Sein Vermögen hatte er sich als Elektrogroßhändler erworben. Die Fernseh-Konjunktur hatte ihn hochgespült. Es war nichts Unehrliches an Almers, aber ein Reiter wie Drache wird er nie werden. Er war das genaue Gegenteil. Höchstwahrscheinlich hätte er mich sehr erstaunt angestarrt, wenn ich ihm etwas von der Seele eines Pferdes oder von der Verbundenheit zwischen Reiter und Pferd hätte erzählen wollen. Was er für sein Geld erstehen konnte, war für ihn reines Kaufobjekt. Ob Pferd, Mercedes 300 oder seine Zwanzigzimmer-Villa auf der Insel Fehmarn. Er kam sich wie ein kleiner Onassis vor und lud seine Geschäftsfreunde oder solche, die er dafür hielt, zu diesen modern gewordenen Parties ein. So verwandelte er den früheren, ruhigen Zufluchtsort eines verarmten Freiherrn von Z. in einen privaten lärmenden Amüsierbetrieb mit Tanzkapellen aus Hamburg und Künstlern vom Rundfunk. Auch mich lud er häufig ein und versprach mir Genüsse aus Tausendundeiner Nacht. Doch hatte ich keine Lust, mir den Appetit zu verderben.

Von diesem „schwarzen Schaf“ abgesehen, waren die Mitglieder des Reiter-Vereins größtenteils sportliebende Landwirte der näheren und weiteren Umgebung. Da ja fast jeder heute einen Wagen oder zumindest ein Motorrad besitzt, spielte die Entfernung keine Rolle. So trafen sich die Reitersleute oft in dem kleinen, stilecht in die Landschaft gebauten Heim, das unmittelbar an die Stallungen grenzte, in denen zwei Dutzend Pferde vorbildlich untergebracht waren.

Seit einiger Zeit waren die Herren mit dem Plan einer Winter-Reitbahn beschäftigt, für die Drache eine riesige transportable Fabrikhalle nach Grüntal bringen lassen wollte.

Nun wußte ich auch, wohin ich mich mit dem VW des Holstedter Gutes begeben konnte, wenn mir einmal nach einem regelrechten Männergespräch über Pferde und Reiten zumute war.

Mich machte das alles so froh und gelöst, daß ich — wohl zum ersten Male nach meiner Schulzeit — zu singen begann, bei der Arbeit, im Sattel, bei den Gängen durch die Ställe. Und ich war erstaunt, wie viele Volkslieder in meinem Gedächtnis verblieben waren. Doch wenn ich abends im Bett lag, summte ich, was Nikoline so gern auf den Plattenspieler gelegt hatte:

„Und ich geh' mit einer, die mich lieb hat . . .“

Morgen . . .

Wird es für mich den ersehnten MORGEN geben? Weihnachten?

VIII

S O L I T A I R E

oder

DAS HAMBURGER ZWISCHENSPIEL

Ich warte auf Hermann Schlochthauer und das Pferd, das mich von nun an durch Alltage und Festtage begleiten soll.

Mein Herz ist von den sich überstürzenden Schlägen, die ich in den letzten Tagen einstecken mußte, noch so voller Wunden und Schmerzen, daß ich wie schon so oft schreiben will, um mir alles noch einmal vor Augen zu führen und mich wiederaufzurichten.

Es begann so freudvoll und voller Hoffnung, daß mich der Sturz in die Tiefe rasant traf und mich beinahe von allen weiteren irdischen Sorgen für immer befreite.

An einem sonnigen Morgen fuhr ich mit dem VW nach Hamburg. Ich war ein unaufmerksamer Fahrer, denn ich träumte vor mich hin und meine Gedanken weilten bei Nikoline und meinem Plan, bis Weihnachten zu einer endgültigen Klärung zu kommen. Lag es nicht auf der Hand, daß ich mir alles in den rosigsten Farben ausmalte? Je mehr ich grübelte, desto dankbarer wurde ich Gunthermann und Ulmenau für ihre einzig richtige Medizin, die sie mir verabreicht hatten. Auf Matthiasruh wäre ich zugrunde gegangen, das Erbarmen und die sicher gut gemeinten, aber grundverkehrten geistigen und materiellen Stützen dieser beiden Frauen hätten mir das allerletzte bißchen Selbstbewußtsein zerstört. Heute läge ich dann günstigstenfalls wieder bei dem Professor oder in einem Heim für seelisch hoffnungslos Angeknackste und wartete resignierend auf die letzte Erlösung.

Was die beiden alten Menschenfreunde mit mir angestellt

hatten, erwies sich als goldrichtig, als der Stein der Weisen. In Kenia streifte ich sämtliche mir von dem russischen Kanonier angeschossenen Komplexe ab, wurde wieder zum selbständig denkenden und handelnden Menschen. Selbstbewußtsein, Kraft und Vertrauen drängten sich wieder ans Tageslicht. Und die Arbeit und allgemeine Anerkennung hier in Holstedt setzte unter alles den Schlußpunkt. Zum Jahresende endlich würde ich mir auch noch meine Frau holen, mir das Geständnis ihrer Liebe mit aller nur erdenklichen Sorgfalt wiedergewinnen. Aber zuvor muß noch eine Wahrheit rückhaltslos ans Licht kommen, selbst wenn sie noch so weh tut. Aber ich fürchte sie nicht.

Ein Ausspruch Papa Ulmenaus:

„Man muß immer die Wahrheit sagen, selbst wenn man sich mit einer Lüge das Leben retten könnte. Liebe und Wahrheit machen frei, der Irrtum aber führt in Gefangenschaft!"

Daneben gilt immer noch die goldene Regel Kaspar Godeysens:

„Man kann von sich selbst, seinen Untergebenen, Freunden und Frauen niemals zu viel verlangen!"

War es also zu viel verlangt, wenn Nikoline und ich unser Innerstes voreinander bloßlegten?

In Lübeck machte ich Station und suchte Franz und Sofia in ihrem gemütlichen — im Gegensatz zu Holstedt streng antik eingerichteten — kleinen Paradies auf und versprach, auf dem Rückweg ein paar Tage bei ihnen zu verweilen. Am Abend traf ich in Hamburg ein, suchte mir ein Hotel in der Nähe des Dammtors und legte mich bald schlafen.

Tags darauf besuchte ich die Ausstellung, notierte mir, was auch für Franz von Interesse sein dürfte, stopfte mir die Tasche voll Kataloge und parkte später mühsam meinen Wagen vor dem Hotel. Anschließend schlenderte ich langsam die Binnenalster entlang zum Jungfernstieg, um mich im Alster-Pavillon von den Strapazen zu erholen.

Hamburg kannte ich noch nicht, die Großzügigkeit und Vornehmheit des Stadtbildes, seiner Straßen und Häuser beeindruckten mich sehr. Man spürte geradezu die jahrhundertealte weltweite Kaufmannstradition.

In bester Laune betrat ich das Kaffeehaus, ohne zu ahnen, daß in der nächsten Minute eine erschütternde Begegnung stattfinden würde.

Während ich nach einem freien Stuhl Umschau hielt, blieb mein Blick an einem Frauenantlitz haften, das mir bekannt vorkam. Trotzdem ich die Frau in meiner Erinnerung nicht unterbringen konnte, sagte mir eine innere Stimme, daß mir diese Begegnung Unheil bringen würde. Mit schnellen Schritten kam die Dame auf mich zu — ich stutzte — und plötzlich überkam es mich wie ein Fieberschauer — ich fühlte eine Blutleere im Gehirn — die Beine versagten den Dienst, taumelnd erreichte ich einen Stuhl und stützte mich schwer auf den Tisch.

Die Fremde nahm meine Hand . . .

„Was hast du denn, Jürgen? Ist dir nicht gut?“

Ich schüttelte kaum merkbar den Kopf und brachte keinen Laut über die Lippen.

Um kein Aufsehen zu erregen, dämpfte sie ihre Stimme:

„Komm, ich fahre dich nach Hause.“

Sie sprach mich mit meinem Vornamen an und sagte DU zu mir? Wer war sie nur? — — Sie reichte mir ihren Arm, der Geschäftsführer des Kaffees nahm mich von der anderen Seite, und so brachten sie mich in einem Straßenkreuzer unter, der auf dem Mittelstreifen parkte. Man schob mich auf einen der hinteren Sitze, die Dame setzte sich ans Steuer und blickte sich besorgt nach mir um.

„Wo wohnst du? Wohin soll ich dich bringen? Major?“

Was sagte sie? Major? . . . Major? . . . ein erneuter Schock durchfuhr mich und jagte einen weiteren Schauer über meinen Rücken . . .

„Weg ... weit weg ... wo keine Menschen sind", stammelte ich.

„Wie du willst. Wir fahren irgendwo raus, du bist ja vollständig fertig. Lieber wäre es mir, ich könnte dich in deiner Wohnung absetzen. Willst du?"

„Nein, weit raus ...", wiederholte ich.

Während die Rätselhafte mich durch die überfüllten Straßen nach Altona hin und dann die Elbchaussee entlang Richtung Blankenese entführte, war mir, als hämmerten viele kleine Teufel auf mein armes strapaziertes Hirn ... ‚Major' hatte sie zu mir gesagt ... Major ... der ich es doch nur bis zum Oberleutnant gebracht hatte. Handelte es sich um eine Verwechslung? Nein, wir mußten in meinem früheren Leben irgendwie miteinander in Berührung gekommen sein.

Wieder zermarterte ich mir mein Gehirn, bis mir plötzlich die Erkenntnis kam ... es gab keinen Zweifel, sie war meine erste Frau!

Wie hieß sie nur? Verdammt noch mal, mein Gehirn war doch noch vor einer Viertelstunde vollkommen in Ordnung. Wenn ich nach den vielen Schicksalsschlägen jetzt einen weiteren zu verdauen hatte, so konnte ich das doch mit meiner neugewonnenen Kraft!

Da fiel mir blitzartig der Name ein ... laut rief ich:

„Solitaire!"

Die Dame drehte sich lächelnd nach mir um. Es klang wie ein Seufzer der Erleichterung, als sie sagte:

„Gott sei Dank, mein Lieber, ich fürchtete schon, du hättest mich ganz und gar vergessen. Gleich kannst du mir alles erzählen, wo du die vielen Jahre gesteckt hast. Ruhe dich bis dahin noch ein wenig aus."

Das waren die besorgten Worte einer Ehefrau. Kein Zweifel, das, was mir die ersten Jahre wie eine eiserne Klammer das Herz abschnürte, und Gunthermann dann durch seinen wohlgemeinten Brief nach Nairobi restlos zerstreute, war mit doppelter Brutalität wieder auferstanden.

Der Wagen hielt vor einem einsamen Kaffeegarten. Ich hatte mich so weit in der Gewalt, daß ich allein aussteigen konnte. Mühsam schleppte ich mich an einen Tisch. Müde ließ ich mich auf den Stuhl fallen und überließ es Solitaire, der Kellnerin einen Auftrag zu geben.

Solitaire entnahm einem Päckchen eine Zigarette, zündete sie an und steckte sie mir in den Mund. Dann nahm sie sich selber eine. Ihre ein wenig geschlitzten Augen sahen mich mitleidvoll an... verflucht... schon wieder sollte ich von einer Frau nichts als Mitleid erfahren?

Ich riß mich zusammen und überfiel sie mit einigen Fragen...

„Major nennst du mich?"

Die aparte, hübsche, ein wenig hawaiisch angehauchte Frau beobachtete mich prüfend.

„Weißt du nicht mehr, warum ich dich, seit wir gemeinsam die „Minna" lasen, Major nannte? Es war ein erstes Liebeswort, Jürgen. Wie sollte ich dir damals meine Liebe anders gestehen? Und genau wie das Fräulein von Barnhelm erhoffte ich, daß auch wir ein Paar würden... erinnerst du dich?"

O ja, jetzt erinnerte ich mich...

„Wann haben wir uns denn eigentlich verlobt?" fragte ich und hoffte dadurch mehr zu hören. Nach dem Datum unserer Hochzeit konnte ich mich nicht gut erkundigen, das behält ein normaler Mann doch im Gedächtnis.

Solitaire sah mich ein wenig verliebt an:

„Weißt du das wirklich nicht, Major? Oder willst du mich nur prüfen, ob ich es etwa vergessen habe? Nun, es war am 12. Oktober 1939, mein Guter. Tags darauf mußtest du nach Polen."

Ihre Stimme senkte sich, sie sah sich um, ob niemand in der Nähe war, dann fuhr sie fort:

„Ich hatte dich bis Breslau begleitet, du brachtest das Kunststück fertig, von der dortigen Ortskommandantur einen Tag Urlaub ‚aus Familiengründen' herauszuschinden. Und da verlobten wir uns im Nord-Hotel, Zimmer 114, gleich neben dem Fahrstuhl. Ich weiß alles noch ganz genau, eine glückliche Frau vergißt so was nicht. Jürgen, wie waren wir verliebt!"

Sie hielt inne, da die Kellnerin die Getränke brachte. So blieb mir eine kurze Frist, nachzudenken.

Da ich trotz des schweren Schocks, der mich gerade getroffen, keineswegs mehr der Jürgen Godeysen der kritischen Jahre war, überwand ich den neuen Schlag nach außen hin. Was blieb mir auch weiter übrig, als den Tatsachen ins Auge zu sehen?

„Und wann war unser Hochzeitstag?"

Solitaire nahm meine Hand mit Verzeihung heischendem Blick . . .

„Es ist mir damals sehr schwergefallen, Major, dir den Ring zurückzuschicken. Der Krieg trägt Schuld daran. Meine Eltern lebten in Porte au Prince, und dahin konnte ich nicht. Ein Berliner Agent bot mir ein Engagement als Schauspielerin in die Schweiz an, und dort blieb ich hängen und . . . Major, du mußt das verstehen, ich war doch so allein auf der Welt — von dir kam keine Zeile — da nahm ich das Heiratsangebot meines um viele Jahre älteren Direktors an und wurde Schweizerin."

„Den Ring habe ich nie erhalten . . . wir waren also nicht verheiratet?" Ich lachte krampfhaft auf . . . „Wirklich nie miteinander verheiratet?"

Normalerweise mußte sie an meinem Verstand zweifeln, aber sie nickte mir nur belustigt zu. Mir war, als höbe sich ein Vorhang, Dunkles begann lichter zu werden. — O Nikoline, wenn du ahnen würdest, was ich die letzte Stunde durchgemacht habe, aber nun ist alles wieder gut . . . endgültig gut . . .

„Fräulein von Barnhelm“, sagte ich noch beklommen, „wie kommst du dann nach Hamburg? Hat dich dein Mann beurlaubt?“

Ihr Gesicht wurde ernst.

„Mein Mann starb vor zwei Jahren, doch ich lebe weiterhin in Zürich. Soll eventuell im Winter hier in Hamburg gastieren, deshalb bin ich da. Aber nun berichte du einmal, was du alles erlebt hast.“

Viel Erfreuliches war nicht zu erzählen, darum berührte ich nur die wesentlichsten Punkte. Meine frühere Verlobte hörte mir mit Anteilnahme zu.

„Hast wirklich viel durchgemacht, mein armer Major“, sagte sie mitfühlend — „aber nun ist ja wohl alles geklärt.“

„Alles noch nicht“, schloß ich meinen Bericht — „aber bald werde ich so weit sein, daß ich das Leben wieder selbst in die Hand nehmen kann.“

Wir beschlossen, den heutigen Tag mit einem festlichen Souper im Atlantic und einem Reeperbahnbummel zu beenden.

Zum Glück hatte ich einen dunklen Anzug mitgenommen. Zuerst fuhr mich Solitaire in mein Hotel, ich versprach, sie nach einer guten Stunde abzuholen. Solange braucht ja wohl eine halbwegs normale Frau, um sich in Schale zu werfen.

Da mir noch reichlich Zeit übrigblieb, schrieb ich, wie ich es mir vorgenommen hatte, Postkarten an Ulmenau und Gunthermann.

Medizin hat glänzend gewirkt — Patient gesund! Nun kann wohl nichts mehr schiefgehen.

An Papa Ulmenau richtete ich noch die Bitte, Weihnachten mit Nikoline bei ihm verbringen zu dürfen, ihr aber noch nichts von meinem Wunsch zu verraten.

Nachdem ich die Karten in den Kasten geworfen, spazierte ich dem Hotel zu, in dem Solitaire abgestiegen war. Der Schreck von vorhin steckte mir immer noch in den Gliedern.

Es wäre ja nicht auszudenken gewesen, wenn ich seinerzeit diese junge Schauspielerin geheiratet hätte und jetzt als Bigamist dastünde. Wahrscheinlich hätte Nikoline in ihrer immerwährenden Güte verziehen und auch das Gericht mir auf das Gutachten Gunthermanns hin keinen Prozeß gemacht, aber die Tatsache konnte man damit nicht auslöschen. Meine zweite Ehe würde ungültig erklärt, und Solitaire bliebe meine mir angetraute Frau. So sehr ich meine damalige Wahl auch heute noch verstand, so heiß überflutete mich die Gewißheit, daß meine Liebe zu Nikoline allzutief in mir verwurzelt war, als daß ich mich mit einem „Wechselt das Bäumelein" auf Gerichtsbeschluß hätte zufriedengeben können. Nun aber konnte ich endlich ruhig schlafen. Die letzten ungewissen Schemen, die mich noch bedrücken konnten, waren ausgelöscht. Noch nie lag die Zukunft so klar vor mir.

Meine geliebte Nikoline, ich werde dir auch von der heutigen Begegnung berichten, wir wollen ja keinerlei Geheimnisse voreinander haben. Auf unser Leben soll nicht der geringste Schatten fallen, nichts kann die Harmonie mehr stören.

Zu meiner Verwunderung erschien meine gute Schwyzerin auf die Minute pünktlich. Sie trug ein duftiges, weitfallendes, blütenweißes Tüllkleid und glich einer hawaiischen Prinzessin. Als sie die breite Hoteltreppe hinunterschritt, blieben die Herren jeden Alters stehen und schauten ihr nach. Ich küßte ihr die Hand, bot ihr den Arm. Wir waren sicher ein auffallendes Paar, als wir zum Wagen gingen. Dem Boy drückte ich mit Grandezza ein Geldstück in die Hand, als ob ich seit Jahr und Tag in internationalen Hotels verkehrte.

Nach einem raffinierten Essen, bei dem wir uns angeregt unterhielten, machten wir uns auf in Richtung St. Pauli. Der Name dieses Stadtviertels hat auf der ganzen Welt einen geheimnisvollen und vielversprechenden Klang. Doch man sollte seine Erwartungen nicht allzuhoch spannen, man findet hier nichts, was es nicht woanders genauso oder noch aufregender gibt. Solitaire und ich aber unterhielten uns jedenfalls glänzend.

Nachdem wir ein gutes Dutzend verschiedenartiger Lokale hinter uns gebracht hatten und vom teueren aber trotzdem ‚billigen' Sekt bis zum Köm, vom Neunauge bis zur Aalsuppe alles genossen, landeten wir zum Abschluß in einer kleinen, sehr netten Bar. Ich bestellte abermals Sekt, so jung kamen wir doch nicht mehr zusammen.

Das Lokal war gut besucht, der Mann am Klavier spielte leise geschmackvolle Tanzmusik, und die Paare drehten sich langsam im Kreise.

„Kannst du eigentlich noch tanzen, Major?"

„Keine Ahnung, wir können es ja mal versuchen."

Wir konnten es noch. Solitaire war nach den verschiedenartigen Getränken, die wir im Laufe der Stunden zu uns genommen hatten, in redseliger Stimmung und plauderte ununterbrochen vom Theater, ihren Erfolgen und Mißerfolgen, der kleinen Wohnung direkt am Zürcher See, dem ausreichenden Bankkonto, das ihr der Verstorbene hinterlassen hatte, den vielen Bekannten aus Genf, Lausanne und Lugano, die sie — wie das während der Zeit üblich war, als ihr Mann noch lebte — in regelmäßigen Abständen gleich truppweise überfielen.

„Da kann nämlich keiner über den andern lästern", lachte sie. Ich muß dir ehrlich sagen, ich möchte nicht mehr für immer nach Deutschland zurück. Man behauptet oft, die Schweizer wären stur und langweilig, weil sie sich nicht um jeden Dreck kümmern und ihr Ländle gern sauber halten. Für mich sind das nur Anziehungspunkte. Na, und musische Menschen gibt es auch dort. Wer kommt nicht alles aus der Schweiz? Die Schell, und der Dürrenmatt, Grock und Hubschmid, die bezaubernden Kabarettisten Geiler und Morath, die Attenhofer, der Komponist von „O mein Papa", Burghard, und die Palmer ... und noch viele, die mir im Augenblick nicht einfallen. Ich fühle mich sehr glücklich dort — nur eines fehlt mir ..."

Gedankenlos fragte ich ...

„Und das wäre?"

Solitaire sah mich mit einem schelmischen Lächeln an ...

„Ein Mann", sagte sie und legte den Kopf an meine Schulter, während der Pianist in eine andere Swing-Melodie überging.

Hast recht, Mädel — dachte ich mir —, du bist noch so hübsch und anziehend, du brauchst einen Kameraden, mit dem du dein Schweizer Idyll teilst. Dabei fiel mir ein, daß Solitaire bisher kein einziges Wort über meine Frau verloren hatte. Sie nahm die Tatsache meiner Ehe zur Kenntnis, und damit war es genug. Steckte was dahinter? War ich ihr noch immer nicht gleichgültig geworden?

„Es wird sicher irgendwo in der Schweiz einen netten Kerl geben, der dich mit Kußhand nehmen wird", beruhigte ich sie.

Solitaire schüttelte ihr Köpfchen, wobei ihre kleine Nase meine Schulter streifte.

„Zum Heiraten sind die Schwyzer bei all ihren Vorzügen nicht mein Fall. Ich möchte einen ... na eben einen andern ... doch leider ..."

Sie brach den Satz gleichzeitig mit der Musik ab und löste sich aus meinem Arm. Wir begaben uns an unsern Tisch zurück. Ich wollte lieber nicht weiter auf sie eindringen, denn mir schwante nichts Gutes.

Als meine Tänzerin schon wieder saß und ich mich auch gerade niederlassen wollte, trat ein Herr an meinen Tisch und sprach mich an:

„Würden der Herr Baron vielleicht eine Minute Zeit für mich erübrigen können?"

Was wollte der Mann von mir? Ich kannte ihn nicht — oder etwa doch? Er sah aus wie das personifizierte Wirtschaftswunder höchstpersönlich, seine mindest zweieinhalb Zentner sprengten beinahe die Nähte des ohne Zweifel teuren Maßanzugs, von der rotseidenen Krawatte her blitzten mich ein Riesenbrillant und eine Perle an. Die dicken wurstähnlichen Finger waren ebenfalls mit blinkendem Schmuck überladen.

„Ich wüßte nicht, was Sie mir zu sagen haben?" erwiderte ich nicht eben höflich.

Der Fettkloß sah mich bittend an und legte eine nicht ganz echte Treuherzigkeit in seine Schweinsäuglein:

„Ich bitte Sie, nur eine Minute."

Damit machte er eine Handbewegung zur Toilette hin, und weiß der Teufel warum, ich folgte seiner Aufforderung, nachdem ich mich bei meiner Begleiterin entschuldigt hatte.

Gleich hinter der Tür blieb ich stehen:

„Machen Sie's bitte kurz!" herrschte ich den Fremden an.

Irgendwoher kannte ich den Burschen, aber woher? Daß es mir nicht sofort einfiel, ärgerte mich. Der Dicke schob sich familiär an mich heran, so daß sein wogender Leib mich berührte.

„Ich gratuliere Ihnen, Herr Baron."

„Wozu?"

Sein Gesicht verzog sich zu einer einzigen speckglänzenden Fratze.

„Zu der neuen Eroberung, die Dame ist erstklassig."

Bevor ich diese Unverschämtheit erfassen konnte, setzte er noch eine unglaubliche Pointe drauf.

„Ich werde Ihrer Frau Gemahlin nichts davon verraten, wir Männer müssen doch zusammenhalten, Sie brauchen sich keine Sorgen zu machen."

„Wer sind Sie, und was geht Sie meine Frau an?" drohte ich.

Meine Erregung machte nicht den geringsten Eindruck auf ihn, er setzte mit einem mephistophelischen Grinsen hinzu:

„Ihre Gattin, Herr Oberleutnant, läßt ja auch nichts anbrennen."

Wie der Blitz fuhr meine Rechte an seine Brust, ich packte ihn am Rockaufschlag und schüttelte ihn.

„Von wem sprechen Sie, Sie Schuft?"

Je mehr ich mich in meine Wut hineinsteigerte, desto sanfter wurde seine Stimme.

„Von Madame Nikoline Godeysen. Vor zwei Tagen sah ich sie mit einem sehr feschen Kavalier bei einem Rennen in Hannover. Sie schienen sehr verliebt ineinander, denn er legte den Arm zärtlich um ihre Schulter, als sie zusahen, wie ‚Aphrodite' den Niedersachsen-Preis gewann."

Ich lockerte meinen Griff und stieß den Strolch gegen die Wand, daß er dank seiner Fettpolster wie ein Ballon zurückschnellte.

„Sie verkennen mich, ich meine es doch nur gut mit Ihnen. Sie sollen sich über Ihr heutiges Abenteuer keine Gewissensbisse machen."

„Das Wort Gewissensbisse dürfte wohl für Sie ein Fremdwort sein", warf ich ihm zu und ging an meinen Tisch zurück.

Solitaire empfing mich mit einem vollen Glas in der Hand und trank mir zu. Ich leerte das meine in einem Zuge.

„Wer war denn dieser schreckliche Kerl?" fragte sie, und mit einemmal wußte ich es. Diesem ‚Ehrenmann' hatte ich vor ein paar Jahren in Matthiasruh seinen eigenen Knüppel über den Kopf geschlagen. Und das war heute seine Revanche.

„Die Bar ist mir verleidet, wir gehen woanders hin", forderte ich sie auf und verließ mit ihr den Raum.

Wir haben noch einige Lokale aufgesucht, getrunken, getanzt und — ich muß es sagen — uns geküßt. Dieser Tag hatte mich so durcheinandergewirbelt, daß selbst bei einem Super-Menschen dadurch die Grundsätze ins Wanken gekommen wären.

Ich war frei, ganz und gar frei — frei von den Nachwirkungen meiner Kriegsverletzung, aber auch frei von jeder menschlichen Fessel. Und ich war jung, der Sog des teils echten, teils forcierten „Lebenwollens um jeden Preis" — die Grundmelodie dieser Vergnügungsindustrie und ihrer Gäste — erfaßte mich, und eine glückliche Solitaire strahlte mich an.

Als ich am hellen Morgen, vorsichtig wie ein Dieb, ihr Zimmer verließ, empfing mich auf der Straße der echte Hamburger Regen. Alles verschwamm in einem düstern Grau — der Himmel, die Elbe und auch mein Herz.

Trotz der regennassen Autobahn fuhr ich mit einem Durchschnitt von hundert nach Lübeck. Sofia empfing mich allein, da ihr Mann auf einen Tag nach Lauenburg gefahren war.

Die feinfühlende Freundin spürte wahrscheinlich schon bei meinen ersten Worten, daß sich bei mir eine Wandlung vollzog, die sich so gründlich ankündigte wie der Wechsel von Tag und Nacht. Ich entwickelte mich zu einem andern Menschen, auch die allerletzte Nervosität wich einer unheimlichen inneren Ruhe. Die junge Frau aus der Schweiz machte sich wohl kaum die Illusion, ihr weiteres Leben mit mir gemeinsam zu führen. Trotzdem sie in meinen Armen gelegen, blieb sie sicher der Ansicht, daß ich bei der ehemaligen Braut nur Vergessen gesucht hatte. Vielleicht war es auch so? Es ist mir jetzt ziemlich gleichgültig, denn Nikoline habe ich aus meinem zukünftigen Dasein ausgeschlossen. Ich werde mein weiteres Leben allein führen, das Kapitel Frau habe ich nach dem gestrigen Erlebnis zugeschlagen. Für lange Zeit, oder gar für immer. Unter den Männern gibt es viele Einzelgänger, und es sind nicht die schlechtesten, wie zum Beispiel mein lieber Professor Gunthermann.

Sofia zeigte mir voller Stolz einige Prachtstücke ihrer Einrichtung, an denen sie mit besonderer Liebe hing. Alles war mit Sorgfalt und Kennerblick zusammengetragen.

Sie erzählte mir, mit welcher Erwartung sie und Franz bei ihren Reisen die Antiquitätengeschäfte durchstöberten und sich über jede Entdeckung wie die Kinder freuten.

„Für uns sind das alles keine toten Gegenstände. Sie leben, und wir nehmen sie wie alte verschollene Familienangehörige in unser Heim auf. Wenn das so weiter geht, werden wir unsere Stadtwohnung noch vergrößern müssen. Was mich am meisten beglückt, Franz ist genauso vernarrt wie ich."

Das konnte ich verstehen, denn auch ich entdeckte erstmals mein Herz für antike Dinge, die mir in meinem bisherigen stillosen Herumzigeunern noch nie so nahe gekommen waren.

Ich freute mich, Sofia an diesem Tage von einer ganz neuen Seite kennenzulernen.

Auf der Loggia mit dem weiten Blick über den Hafen kamen wir bei einem Martini bald zu einem fruchtbaren Gespräch.

„Weißt du, Jürgen", sagte sie und ihre Augen leuchteten vor Freude über ihren Besitz, „wenn einem die Gegenwart nichts bietet, woran sich Herz und Auge erfreuen können, muß man sich eben selbst sein kleines Reich schaffen."

Ganz ähnliche Worte hatte ich vor langer Zeit einmal von Jobst von der Ulmenau gehört.

„Sieh mal", fuhr sie fort, „Franz hat unser Haus in Holstedt ganz modern und zweckmäßig eingerichtet, sogar bequem. Dabei bewies er einen guten Geschmack. Aber es gibt auch andere moderne Möbel, bei deren Benutzung man günstigstenfalls mit einem Hexenschuß oder eingeschlafenen Beinen wegkommt. Weißt du, mich stört heutzutage diese vertrakte Sachlichkeit. ‚Man' nimmt heutzutage nur noch das und das, ‚man' trägt das und das. Was heißt das ‚man'? Wenn schon ‚man', dann meine ich — man muß selbständigen Geschmack entwickeln und keiner Massenpsychose erliegen."

Ich gab ihr volkommen recht, sie sprach mir aus dem Herzen, von meiner Militärzeit an bis zum Beginn der Gesundung war jedes persönliche Denken weit in den Hintergrund getreten. Mit dem individuellen Denken fing ich ja erst seit kurzem wieder an.

„Fiel es dir eigentlich sehr schwer, dich an den norddeutschen Rhythmus zu gewöhnen?" wollte ich wissen, „es ist doch ein gewaltiger Unterschied zwischen Rom und Lübeck oder der Holsteinschen Ebene."

Sofia lachte ihr mütterlich warmes Lachen...

„O Jürgen, du wirst, so hoffe ich sehr, eines Tages von ganz alleine darauf kommen, daß es nicht den geringsten Unterschied macht, wo man lebt, wenn man erst entdeckt, daß Gott den Menschen die ganze Welt gegeben hat. Daß die Kunstwerke, die unsterblichen Wert besitzen, allen Menschen gehören. Vor einem Gauguin oder einem Rembrandt stehen dankbare Gesichter aller Farben und Völker seit der Geburt dieses Ausdrucks übervoller, gesegneter Herzen. Ein Beethoven-Konzert findet in Tokio den gleichen ehrfurchtsvollen Dank wie in San Francisco, und für einen Mann wie Albert Schweizer betet man in allen Erdteilen."

Unsere Gedanken weilten wortlos in der unendlichen Welt des Geistes. Sofia sprach einen Gedanken, der mich gerade beschäftigte, zu Ende, so, als wären wir soeben ein Stück Weges zusammen gegangen:

„Die Welt ist unsagbar reich an kulturellen Schätzen, nur müssen wir uns dessen bewußt werden, um für alle Zeit den wahren inneren Frieden zu finden."

„Es stimmt", pflichtete ich ihr bei, „wir halten uns meist viel zu lange bei nebensächlichen und wertlosen Dingen auf und übersehen dabei die Überfülle der Kostbarkeiten, die jederzeit bereit sind, uns zu beglücken."

„Der Mensch beharrt irrtümlicherweise bei einer von ihm selber erdachten sterblichen Seele, anstatt sich dem allmächtigen und dem unsterblichen Geist vertrauensvoll hinzugeben."

Wir steckten uns jeder eine Zigarette an und schwiegen. Von der Trave her ertönte das dumpfe Tuten eines Horns. Dem Regen am Morgen war ein sonniger Nachmittag gefolgt. Ein

Schwarm Möwen strich kreischend über den Garten, und aus der Ferne riefen dunkeltönende Kirchenglocken zur Andacht. Der vertraute Ruch von Teer und Wasser, Sonne und Salz stieg vom Hafen zu mir herauf und erfüllte mich mit Geborgensein.

Wir tranken unseren Tee, rauchten und hingen unseren Gedanken nach. Dabei verband uns eine innere Harmonie, die weit wohltuender war, als es Worte jemals sein konnten. Ich glaube, Sofia fühlte von meinem gestrigen Erlebnis mehr, als ich ahnte.

Lothringers markige Stimme weckte uns aus unseren Träumen, der Makler hatte ein Riesenobjekt aufgetrieben und begrüßte mich in rosigster Laune:

„Da bist du ja wieder, Jürgen, was meinst du, ich schlage vor, wir gehen nachher zusammen in die Oper und essen hinterher zu dreien gemütlich auf „lübsch“ im Ratskeller.“

Obwohl ich mir auf der Autobahn zwischen Hamburg und Lübeck vorgenommen hatte, mich nur ganz kurz bei den Freunden aufzuhalten und mich dann in Holstedt in die Arbeit zu stürzen, blieb ich zwei Tage, die mich wieder ganz brav auf die Beine stellten. Die glänzende Aufführung der „Meistersinger“, der Anblick der alten, so zahlreichen Bauwerke, zu denen mich Franz mit erläuternden Erklärungen führte — all das unterstrich die Worte Sofias von dem Allgemeinbesitz der Schönheiten, die der Mensch aus dem unsterblichen Geist geschaffen und die niemanden dem Alleinsein überließen. Es waren köstliche Tage.

Wieder in Holstedt angekommen, galt mein erster Gruß der Stute Carmencita. Als ich auf sie zutrat, neigte sie den Kopf, und ich fuhr ihr kosend durch die Mähne ...

„Du wirst dich wundern, mein Fräulein, im Frühjahr melden wir für unser erstes Turnier, dein Herrchen hat's erlaubt. Bis dahin aber werden wir beide noch manchen Tropfen Schweiß vergießen.“

Ich zweifelte keinen Augenblick daran, daß wir ein gutes Paar abgeben würden. Unwillkürlich tauchte vor mir der Satz aus Kaspar Godeysens Tagebuch auf:

> Zu den Glaubenssätzen des Reiters gehört auch
> die unerschütterliche Doktrin, daß die Pferde
> Reiter erzeugen, und so kommt man zu der Schluß-
> folgerung, daß es um so mehr Reiter geben wird,
> wie Pferde existieren.

Während meiner kurzen Abwesenheit war Anke aus ihren Ferien zurückgekommen, auch die Erzieherin Fräulein Cordes war wieder da, so daß wir wie in alten Zeiten zusammen Mittag aßen. Noch bei der Suppe legte das Hausmädchen ein viertes Gedeck auf. Ein Gast sei eingetroffen.

Ich erhob mich, um den Fremden in Vertretung des Hausherrn zu begrüßen. In der Diele kam ein sehr agiler, wenn auch ein wenig molliger Mann in Joppe und Stiefeln auf mich zu und stellte sich vor:

„Schlochthauer ist mein Name, ich wollte eigentlich Herrn Lothringer sprechen. Er ist wohl in Lübeck?"

Schlochthauer? der Name kam mir irgendwie vertraut vor, wo konnte ich den Mann nur so schnell hintun?

„Godeysen", erwiderte ich, „es stimmt, Herr Lothringer ist in seiner Stadtwohnung, ich war gestern noch bei ihm."

Damit forderte ich den Gast auf, mit mir ins Speisezimmer zu kommen:

„Sie essen doch mit uns?"

Der Mann rührte sich nicht vom Fleck, er starrte mich stirnrunzelnd an, als ob er mich ebenfalls nicht in seiner Kartothek unterbringen konnte. Dann riß er sich mit einem „Danke bestens" zusammen und folgte mir.

Anke und die Erzieherin begrüßten den Herrn wie einen alten Bekannten. Während Fräulein Cordes ihm die Suppe auftat, eröffnete Anke, die sich als Ersatz der Hausfrau fühlte, die Konversation:

„Bringst du für Papa ein neues Pferd mit, Onkel Hermann?" lispelte sie.

Das frische, rotbraune Gesicht leuchtete auf.

„Was ganz Feines habe ich diesmal für deinen Vater, Anke."

„Das wird Herrn Lothringer freuen", mischte ich mich ein — „wo steht das Pferd? Falls es eilig ist, ich habe jede Vollmacht, vielleicht darf ich es erst einmal begutachten?"

Mit sichtlichem Genuß löffelte Schlochthauer die Brotsuppe, die mit roher Milch und Quitten angerichtet war.

„Der Wallach steht vorläufig noch in Eutin, aber das ist ja kein Problem, ich fahre gern mit Ihnen hin, Herr . . .?"

„Godeysen!" half ich ihm.

„Godeysen . . .", er kniff die Lippen fest zusammen und schloß die Augen . . . auf der Stirn entstanden Falten . . . „Godeysen . . .? . . . lieber Vater im Himmel, Sie sind doch nicht am Ende der Sohn von Kaspar Godeysen?"

Jetzt war das Erstaunen bei mir:

„Bin ich . . . kannten Sie meinen Vater? Er starb vor einigen Jahren."

Anstelle einer Antwort sprang der Dicke vom Tisch auf, wischte sich mit der Serviette die Brotreste von den Lippen, und trat neben mich, so daß ich gleichfalls aufstand.

„Jürgen . . .? Du bist Jürgen Godeysen, Mann?"

Der Dicke riß mich an die Brust und drückte seinen Kopf an meine Wange.

„Jürgen . . .", schrie er vor Freude, „du lebst? Mann, das ist eine der schönsten Überraschungen seit Jahren. Wir alle dachten, du wärst im Kriege gefallen, weil man nichts mehr von dir hörte."

„Wer ist wir?" fragte ich.

„Na, mein Reiterverein, wir suchten den Namen Godeysen

in allen Programmen. Ich lebe nämlich jetzt in Wedel, mußt uns besuchen, ich habe eine seute Frau. Ist zwar ein bißchen tüdelig, aber sauber, Mann, sauber."

Da das Mädchen inzwischen den Hauptgang aufgetragen hatte, setzten wir uns wieder hin, doch die Erregung ließ uns nicht zur genügenden Würdigung der Speckklöße kommen. Jetzt fiel mir alles wieder ein, Hermann Schlochthauer war der Sohn Moritz Schlochthauers aus Berlin, über den ich aus Vaters Tagebuchblättern so viel erfahren hatte. Und mit Hermann besuchte ich mehrere Rennen in Karlshorst und Hoppegarten. Damals war er ein überschlankes, bleiches Bürschchen, von dem der jetzige vollschlanke Mann in den besten Jahren nur noch das immer wiederkehrende „Mann" übrig behielt.

„Mann", kam es jetzt zur Bestätigung meiner Feststellung, „was machst du denn hier bei Franz Lothringer? Du, das ist der feinste Kerl in ganz Schleswig-Holstein — — ich natürlich ausgenommen."

Er lachte und aß nun endlich seinen ersten Kloß.

Nach dem Essen gingen wir in mein Zimmer und holten bei einer guten Zigarre die vergangenen Jahre nach. Von mir war ja nun nicht viel Gutes zu berichten, ich hatte auch genug davon, immer wieder diese unerfreulichen Zeiten aufzuwärmen. Auch Hermann stand nach dem Ende des Krieges fassungslos vor den traurigen Resten dessen, das sein Vater in vielen Jahren liebevoll aufgebaut hatte. Nur um irgend etwas zu tun, stieg er im Jahre 47 in die Damenkonfektion ein. Da es in Berlin immer noch ziemlich traurig aussah, nahm er eine Stellung in Hamburg an. Aber er erbte die Passion seines Vaters, konnte gegen die Familientradition nicht an und wurde 1950 Pferdehändler. Das heißt, diese Bezeichnung traf nicht ganz zu, er war nebenher auch ein gesuchter Zuchtberater und vermittelte hochwertige Turnierpferde.

So ganz ohne Frau konnte er auf die Dauer auch nicht leben, drum ehelichte er eine Deern aus Wedel, von der er sehr schnell einen ganzen Schatz norddeutscher Ausdrücke übernahm:

„Mann, du mußt doch auch einen ganzen tollen Reiter geworden sein, neech?" sagte er — „der Sohn Kaspar Godeysens! Mein Vater hat dich sogar einmal als fünfzehnjährigen Schüler auf die Entfernung hin mit deinem großen Reiterpapa verwechselt, so tadellos soll dein Sitz gewesen sein. Hast du denn noch kein Turnier mitgemacht? Mann, da wird es höchste Zeit. Ich werde dir ein Pferd verkaufen, mit dem du die Welt erobern kannst. Zumindest die halbe."

Natürlich hatte er auch seinerzeit die Carmencita nach Holstedt gebracht. Er meinte, mit der Stute könne ich auch allerhand erreichen, aber ich müsse noch ein zweites Pferd reiten.

„Hast du viel Geld?" kam seine naive Frage. Ehe ich antworten konnte, sprach er weiter ...

„Auch wenn du nichts hast, werde ich dir den Charmeur geben, Mann mit dem ... na, ich habe es dir ja schon angedeutet, Klasse!"

Später fuhren wir nach Eutin. Diesen denkwürdigen Tag werde ich so bald nicht vergessen. Der Wallach war wohl das edelste und schönste von einem Springpferd, das ich je gesehen: glasklare Beine, edler Kopf, mit gut angesetztem Hals, im Exterieur das Ideal eines Reitpferdes. Dazu ein lebendiges, aber nicht allzu erregbares Temperament in allen Gangarten. Der ausgreifende Schritt, der federnde Trab, der schwungvolle Galopp, alles deutete auf ein rittiges Pferd mit Springveranlagung hin.

Wir arbeiteten eine gute halbe Stunde zusammen, das Pferd nahm meine Hilfen ohne den geringsten Widerstand an, es war, als ob wir beide nur aufeinander gewartet hätten.

Schlochthauer gab seiner Begeisterung über Reiter und Pferd in nicht wiederzugebenden Kraftworten Ausdruck:

„Mann, ich bringe dir den Charmeur morgen nach Holstedt, du mußt ihn neben der Stute zum Frühjahr fertig machen. Alles andere ist unwichtig.“

War es ein Wunder, daß ich die ganze darauffolgende Nacht kaum ein Auge zumachte?

Als ich endlich doch einschlief, ritt ich in meinen Träumen abwechselnd auf Carmencita und Charmeur. Nikoline sah mir bei der Arbeit aufmunternd zu.

Beim Erwachen dachte ich erneut an meine Frau. Wer mochte der Mann gewesen sein, mit dem sie das Rennen in Hannover besuchte und mit dem sie sich so gut verstand. War es möglich, daß sie sich in eine neue Bindung einließ und mich in der Öffentlichkeit kompromittierte, obwohl sie noch meinen Namen trug?

Auf die naheliegende Idee, daß der Denunziant gelogen oder maßlos übetrieben haben konnte, kam ich nicht.

Wenn sie sich nach zweieinhalb Jahren des Alleinseins und ohne eine direkte Nachricht von mir in einen vielleicht sogar vorläufig noch harmlosen Flirt einließ, konnte ich das eventuell verstehen, aber — verzeihen?

GUNTHERMANN AN JÜRGEN GODEYSEN

Mein lieber Jürgen Godeysen!

Eigentlich müßte ich „Sehr geehrter Herr" schreiben, aber das käme mir angesichts unserer Freundschaft zu dämlich vor.

Nach Ihrer großartigen Karte aus Hamburg darf ich wohl zu meiner mich sehr beglückenden Befriedigung annehmen, daß der Jürgen Godeysen wieder völlig gesund geworden ist.

Übrigens, ein raffinierter Schachzug von Ihnen, auf der Postkarte keinen Absender anzugeben.

Dachten Sie etwa, das würde genügen, um sich weiterhin interessant zu machen? Mitnichten, ich bin ein verhinderter Poirot, Agatha Christies Meisterdetektiv mit den grauen Gehirnzellen. Also Vorsicht!

Spaß beiseite. Seit Monaten hörten wir nichts mehr von Ihnen. Ihr letzter Bericht aus Kenia endete damit, daß Sie mit den zwei Whisky und Abenteuer liebenden Jägern aus dem Urwald eine nicht eben gesellschaftsfähige, aber ehrliche und naturgebundene Konversation trieben. Dann kam nichts mehr, Jürgen Godeysen schwieg!

Nun wissen wir — woher dürfte ziemlich egal sein —, daß Sie im kühlen ‚Schleswig-Holstein, Meer umschlungen' leben und von einer erstklassigen Familie als Freund und Bruder aufgenommen wurden. Das freut mich. Jetzt dürfte wohl die Stunde, in der Sie sich selber mit Verve an die Normalisierung

Ihres eigenen Drum und Dran — wozu ich in erster Linie Ihre Ehe rechne — machen werden. Sollten Sie mich irgendwie dabei einspannen wollen, so stehe ich, nachdem der Medizinmann Gott sei Dank nicht mehr benötigt wird, als Freund jederzeit zur Verfügung, soweit mich meine Schwestern und Patienten beurlauben.

Es grüßt Sie

Ihr oller
Gunthermann

JOBST VON DER ULMENAU AN JÜRGEN GODEYSEN

Lieber junger Freund!

Mit vierundneunzig Jahren ist es nicht mehr ganz einfach, einen Brief zu schreiben, besonders wenn man es selbst als junger Mann nie gerne tat, also bleibt mir nur die Hoffnung, daß Sie mein Gekritzel entziffern können.

Ihre Karte erfreute mich sehr. Selbstverständlich sind Sie mit Nikoline jederzeit herzlich willkommen, dazu ist keine Voranmeldung erforderlich. Sie beide sind nun mal meine einzigen Kinder, die ich betreue. Bevor Ihr zwei nicht wieder in voller Harmonie zusammenlebt, wie man es von einem liebenden Paar erwartet, habe ich meinen Auftrag auf dieser Erde noch nicht erfüllt. Beeilt Euch, denn ich muß nun langsam die himmlische Reise antreten. Wenn mein Geist meistenteils noch befriedigend funktioniert, so lassen die körperlichen Kräfte doch stark nach. Für mich alten Reitersmann wird es höchste Zeit zum ‚Halali'.

Die letzten Male habe ich ja geschwindelt und mich von meinem Reitknecht aufs Pferd heben lassen, aber das kam mir und auch der Stute zu dumm vor — beschwerlich aber bleibt es auf alle Fälle.

So beschränke ich mich darauf, meinen Leuten zuzusehn, wenn sie Pferde bewegen. Am allerschönsten ist es, wenn unsere Nikoline bei mir zu Besuch weilt, und ich ihre enormen Fortschritte dankbar notiere. Ihr beide müßt ein großartiges Paar abgeben.

Nun werden wir ein recht schönes Weihnachtsfest mit Tannenbäumen, die — so hoffe ich — der Schnee bedeckt, mit unseren Pferden und unseren drei im selben Takt schlagenden Herzen verbringen. Und wenn ich den ollen Professor — das ‚Küken' ist eben fünfzig geworden — hinzulade, werden wir ein feines Quartett bilden.

Was mich besonders beglückt, ist die Nachricht, daß Sie täglich im Sattel sitzen. Mein lieber Junge (ich darf doch so sagen?), vergessen Sie nie, daß man jeden Tag auf dem Rücken eines Pferdes beginnen sollte. Mag man auch noch so unwillig und mißgelaunt aufstehen, eine Stunde geritten, und Geist, Körper sagen ein frohes „Ja" zum Leben.

Die Politik hat der Vernunft, die Kunst der Schönheit abgeschworen, aber unser Pferd verlangt von uns, wie im ersten Dämmergrau der Welterstehung, heute und morgen und alle Zeit den Anstand, die Ehrlichkeit.

Sie sehen, Jürgen, so ein uralter Kavallerist kommt zumindest in seinen Gedanken nicht mehr vom Pferderücken runter. Ich danke jeden Morgen, daß ich hier inmitten der Natur, der Pferde und der herrlichen Ruhe mein Leben beenden darf.

Auf Wiedersehn, mein Sohn,

Ihr

Papa Ulmenau

Jetzt hätte ich es beinahe ganz vergessen: Ihre Filme sind wohlbehalten eingetroffen, ich habe sie entwickeln lassen und vorgeführt bekommen. Sehr gelungen!

JÜRGEN GODEYSEN
AN PROFESSOR GUNTHERMANN

Verehrter Professor Gunthermann!

Woher haben Sie meine Adresse nun wirklich?

Meine weiteren Erlebnisse in Afrika und die Aufnahme in der alten Heimat mit ihren dramatischen Zwischenspielen waren so mitreißend und aufreibend, daß ich meine Aufzeichnungen erst machte, als sich der Sturm wieder einmal gelegt hatte. Aber abschicken? Dazu kam es nicht. Ich schrieb ja auch in erster Linie für mich selber. Aber wenn ich Sie wiedersehe, bringe ich sie Ihnen mit.

Wann wird das sein? Ich weiß es nicht, denn ich habe dieser Tage meinen entsprechenden Plan umgeworfen. Darum lassen Sie sich heute wenigstens noch ganz kurz, aber von Herzen danken. Danken für Ihre aufopfernde Hilfe, es war d e r Weg, der mich wieder auf die eigenen Füße stellte. Es gab einfach keinen anderen. Persönlich will ich Ihnen noch mein Herz ganz und gar erschließen, es ist mir nicht gegeben, meinen Dank aufs Papier zu bringen. Das kommt mir wirklich „papieren" vor.

Ich drücke Ihnen ganz fest die Hand,

Ihr
Jürgen Godeysen

JÜRGEN GODEYSEN
AN JOBST VON DER ULMENAU

Hochverehrter, lieber Herr von der Ulmenau!

Das war eine Überraschung, von Ihnen einen Brief zu erhalden — den ich sehr gut lesen konnte. Ich beeile mich, ihn zu beantworten, obwohl ich eine ganze Weile benötigte, um zu einem — für mich sehr schweren — Entschluß zu kommen. Am besten ich setze ihn gleich an den Anfang:

Ihre liebenswürdige Einladung zum Weihnachtsfest muß ich zu meinem aufrichtigen Bedauern auf einen späteren Termin verlegen. Der Hauptgrund ist wohl der, daß ich mich doch noch gerne bis zum Frühjahr bewähren möchte, um dann meine Zelte im Norden abzubrechen und nach Priepert zu kommen.

Daneben habe ich zwei hervorragende Springpferde in Arbeit, eine Trakehnerstute „Carmencita" und einen prächtigen Fuchs-Wallach mit Namen „Charmeur". Ich werde hier in der Nähe ein Oster-Turnier bestreiten, und dann komme ich herzlich gerne zu Ihnen.

Da ich ganz ehrlich sein möchte, füge ich hinzu, daß ich noch einen dritten Grund habe (und das ist der ausschlaggebende), der meinen ersten Plan umwarf. Darüber mehr unter vier Augen, ich bin überzeugt, daß Sie meinen Standpunkt verstehen werden.

Professor Gunthermann versprach mir seinerzeit, als er mich zum Aufschreiben meiner Erlebnisse aufforderte, Ihnen das Einschneidendste aus meinen Tagebuchblättern vorzulesen.

Ich hoffe, daß er es getan hat, aber es gibt gewiß noch unzählige Dinge, die mir dann erst einfallen werden. Auf jeden Fall möchte ich auch Ihnen heute schon von ganzem Herzen danken. Daß ich ein völlig gesunder Mensch geworden bin — dazu haben Sie ein Großteil beigetragen.

Darf ich Ihnen als halbwegs junger Mann noch sagen, daß ich der Ansicht bin, das Geburtsdatum spielt bei einem Menschen, der im Geiste jung geblieben ist wie Sie, nicht die geringste Rolle. Und daß es auch — das soll beileibe kein billiger Trost für Ihre Bemerkung sein — gleichgültig ist, ob Sie noch im Sattel sitzen oder nicht. Was nützt es, an Jahren jung zu sein und zu reiten, wenn man keine Liebe zum Tier im Herzen trägt? Und wer bleibt nach dem Absitzen immer ein Reiter? Wo das Wort Reiter doch von Ritter — von Edelmann im Geiste — abstammt.

Sie sind ein wahrer Reiter, Herr von der Ulmenau. Und ich bin glücklich, als Mensch vor Ihnen bestehen zu dürfen.

Ich grüße Sie in reiterlicher Kameradschaft

Ihr

Jürgen Godeysen

Ich bin sehr stolz, wenn Sie mich mit „mein Junge" ansprechen.

Um später einmal den genauen Ablauf dieser Jahre vor Augen zu haben, machte ich mir Abschriften meiner beiden Briefe und fügte sie bei.

Der Zenith des Herbstes lag hinter uns. Lothringers waren wieder auf Holstedt und wollten diesmal bis über Neujahr hierbleiben.

In diesen Wochen machte ich mich mit den winterlichen Gepflogenheiten von Fütterung und Pflege des Tierbestandes bekannt. Das war etwas, das mir noch fehlte. Dadurch, daß ich mit den beiden Springpferden arbeitete, waren die Tage fast zu kurz. Ich hatte meine Lieblinge nach Grüntal gebracht, damit ich während der Winterzeit täglich in der inzwischen aufgestellten Reithalle arbeiten konnte; vorläufig benutzten wir den Reitplatz, denn das Wetter war noch immer leidlich.

Meist war ich bei der Arbeit allein, höchstens daß einer der beiden Pferdepfleger des Reiter-Vereins mir zusah und mal eine fachmännische Bemerkung vom Stapel ließ, die mir wegen des starken Dialekts wie Suaheli vorkam. Abgesehen davon hatten sie sicher recht, denn wer mit dem Pferd zusammen aufwächst, der sieht mehr als mancher andere, der erst in späteren Jahren diesen Weg findet.

Immer wieder machte ich mir Gedanken, ob der Aufbau meiner Arbeit richtig sei, ob ich meinen Pferden zu viel zumutete oder zu wenig abverlangte. So las ich oft im Tagebuch meines Vaters und suchte und fand dort die Stellen, in denen er vom Strom des Vertrauens zwischen Reiter und Pferd schrieb. Ich nahm mir vor, ihm nachzueifern und mich mit ganzem Herzen zu bemühen, daß dieser Strom des Vertrauens durch nichts gestört werde, daß kein noch so kleiner Bruch zwischen der Seele der Tiere und mir sich auftäte. Ich wußte, daß es fast unmöglich ist, einen solchen Bruch zu heilen und daß es deshalb unendlicher Geduld bedürfe, um die völlige Übereinstimmung herzustellen.

Und doch — wenn auch möglichst ungern — mußte ich die Pferde gelegentlich den Willen und die Stärke des Reiters spüren lassen.

Selten wurde ein wahreres Wort gesprochen, als es Alvisi in seinen Aphorismen tat:

Wie die Frau, so liebt auch das Pferd nicht die Schwachen, noch weniger achtet es sie.

Das Zusammenleben mit Franz und Sofia glich von Tag zu Tag mehr einer verwandtschaftlichen Bindung. Wir aßen stets zusammen, doch nach dem Abendbrot ging jeder seiner persönlichen Neigung nach. Franz verschwand in seinem Arbeitszimmer oder spielte eine Partie Schach mit Fräulein Cordes, Sofia setzte sich gerne in einem entfernten Zimmer ans Klavier, und ich zog mich oft in die Bibliothek zurück, holte ein Buch heraus und las bis tief in die Nacht. So lebte jeder für sich und doch in einer harmonischen Gemeinschaft, ich war nicht mehr der Gast, ich gehörte jetzt zur Familie.

Ich müßte lügen, wenn ich behaupte, daß auch nur ein Tag vergeht, an dem ich nicht an Nikoline denke. Und an den Mann, mit dem sie beim Rennen so vertraut gewesen sein soll. Je weiter ich mich von den hämischen Sätzen dieses Lippke distanziere, desto mehr Erklärungen erwachen in meinem Hirn, und desto bereitwilliger finde ich diese oder jene Entschuldigung für das Benehmen meiner Frau. Konnte sie nicht mit einem entfernten Verwandten das Rennen besucht haben? Einem Vetter aus zweiter oder dritter Linie vielleicht? Mit dem Mann oder Bruder einer Freundin? Wie wenig wußte ich doch vom Leben meiner Frau, nicht mehr als das, was wir gemeinsam erlebten. Und auch da tappe ich im Zwielicht.

Von dem Tage an, da sie in meinem Krankenzimmer erschien und mir das erste Kapitel aus meines Vaters Tagebuch vorlas, bis zu jenem Tage, an dem ich fluchtartig Matthiasruh verließ, war ich doch nur ein halber Mensch.

Stimmt das, was ich von meiner Frau aussagte, denn überhaupt noch? Waren es nicht möglicherweise Einbildungen eines kranken, verirrten Hirns, die mich ein völlig falsches Urteil fällen ließen? War es denn ausschließlich Mitleid, das Nikoline antrieb, mich zu heiraten, mir zu gehören, mich zu bemuttern? Konnte es denn nicht die echte aufopfernde Liebe gewesen sein? Und hatte ich sie mit meinen überempfindlichen Sinnen vielleicht verkannt?

Aber der Flirt auf der Rennbahn?

Na und . . .?

Was war denn zwischen mir und Beth, von Solitaire gar nicht zu reden, geschehen?

Doch bei einer Frau ist das ganz etwas anderes!

Echt männliche Ansicht: Ein Mann darf das, eine Frau nie!

Mein Gott, ich war ja soeben eifersüchtig. Warum denn auch nicht, hatte ich denn eine Sekunde aufgehört, Nikoline zu lieben? Doch sie, sie konnte mich nicht mehr lieben, selbst wenn es seinerzeit der Fall gewesen war. Meine damalige Krankheit war eine Entschuldigung, heute gilt das nicht mehr.

Eifersucht, Empfindlichkeit, Selbstgerechtigkeit — das sind Steine, die mir gegenwärtig im Wege liegen.

Warum ging ich einer Begegnung, wie ich sie mir vorgenommen, aus dem Wege? War es Feigheit — wie damals bei meiner Flucht aus Matthiasruh, oder die Angst vor der Wahrheit, wo ich doch um eine Klärung ringe.

Ich habe mir selbst den Weg versperrt. Warum schrieb ich Ulmenau ab. Nun ist es ganz unmöglich, für Weihnachten wieder zuzusagen. Wenn es auch noch so schwerfällt, ich muß bis zum Frühjahr warten. Aber dann, sofort nach dem Turnier, werde ich schrankenlose Klarheit fordern.

Noch etwas beschäftigte mich immer wieder: Woher hatten Gunthermann bzw. Ulmenau meine Adresse? Wer konnte mit ihnen in Verbindung stehen? Franz und Sofia schieden von vornherein aus. Sie befanden sich zur Zeit meiner Hamburgreise in Lübeck. Giani schrieb mir alle Monate aus Mailand, wo er sich in eine Witwe verliebt hatte. Wie sollten sie auch an die alten Freunde in Süddeutschland kommen? Ich hatte kaum je ihre Namen erwähnt. Wer aber war es sonst? Von „friend Farth" traf vor zwei Monaten ein kurzer Brief aus Southampton ein. Er war den Unruhen in Kenia ausgewichen und zu einem längeren Urlaub nach England gefahren, um seine Braut zu ehelichen. Ich hatte ihm natürlich eine Gratulation geschickt. Daß er mit Ulmenau oder Gunthermann korrespondiert, halte ich für ausgeschlossen, denn Farth schrieb sehr ungern. Sein Brief an mich war einer der höchsten Freundesbeweise, deren er fähig ist.

Schließlich blieb es ja gleichgültig, woher es die Freunde wußten. In dem korrekten deutschen Bürokratismus konnte es sicher gar nicht so schwierig sein, einen Menschen aufzustöbern. Ohne Anmeldung geht es doch in Deutschland nicht.

Nun martere ich wieder einmal mein Gehirn, ohne Klarheit in meine Situation, in meine Absichten und Pläne zu bringen, wenn es auch nicht mehr so ist, daß ich den anderen allein die Schuld gebe, sondern einen großen Teil dieser Schuld bei mir selbst suche. Aber meine eigene Entschlußlosigkeit ärgert und bedrückt mich. Immer noch komme ich nicht mit mir selbst ins Reine, sehe noch nicht den Weg, den ich klar und bestimmt zu gehen habe, den ich gehen muß und will, gegen alle Bedenken und Imponderabilien.

Lothringer hielt sich das „Hamburger Abendblatt“, und ich konnte mich nun auch über politische und wirtschaftliche Dinge in größerem Umfang orientieren. Der Mau-Mau-Aufstand in Britisch-Ostafrika lief seinem unvermeidbaren Höhepunkt entgegen. Ich las erschütternde Berichte und sorgte mich um die paar Freunde, die mir der Aufenthalt drüben geschenkt hatte. Was mochte aus Captain Skippon, Sergeant Harrison, was aus meinem alten Jamba geworden sein?

Wer bewohnte wohl zur Zeit meine Hütte? Ein Weißer? Undenkbar!

Kenia, du schönes, reiches Land, das Millionen Menschen Nahrung und ein friedliches Leben geben könnte, ich wünsche dir, daß du bald zur Ruhe kommst. Aber nicht nur du bist zu einem Brandherd geworden. An allen Ecken und Enden der Erde häuft sich der Zündstoff zu bedrohlicher Gefahr.

Man müßte an der Menschheit verzweifeln, wenn man nicht an die alles segnende und heilende Liebe glaubte.

Vor einigen Tagen begleitete ich Sofia und Anke auf einem kleinen Abstecher an die See. Die Herbstsonne lockte zwar, aber nicht mehr zum Baden. Die Ostseebäder lagen schon halb im Winterschlaf.

Wir ließen den Wagen vor einem Gasthaus in Cismar stehen, wanderten durch immer noch dichtbelaubte Eichen- und Buchenwälder, deren Blätter sich in rot-gelb-braun-goldenen Farben aller Tönungen von ihren Ästen trennten und, vom leisen Wind getragen, auf uns hernieder rieselten.

Plötzlich standen wir vor dem Riesenbau einer alten Kirche. Sofia erzählte mir, daß eine Anzahl Benediktinermönche, die wegen ihres unsoliden Lebenswandels zu Beginn des 13. Jahrhunderts aus Lübeck verbannt wurden, als Buße mit ihren eigenen Händen dieses Kloster mit der dazugehörigen Kirche bauten. Es wurde eine vielbesuchte Wallfahrtsstätte, die im Dreißigjährigen Krieg ihre Probe als uneinnehmbare Festung bestand.

Zum Abschluß dieses Tages stapften wir durch die Dünen, der Herbstnebel stieg aus dem feuchten Laub der Wälder, die versinkenden Sonnenstrahlen flimmerten über dem spiegelglatten Meer. Eine Feuchtigkeit, die uns an den Beinen hinaufkroch, forderte uns zur Rückfahrt auf. Die letzten Kilometer vor Holstedt mußte ich bereits die Nebelscheinwerfer einschalten.

Es ist ein schönes Land, dieses Schleswig-Holstein! Herb und lieblich zugleich, eine Landschaft, die sich mit ihren Menschen zu einem Bild der Stärke und des unerschütterlichen Glaubens vereint.

Gestern verlebte ich ein paar anregende Stunden mit Herrn von Drache. Der Mäzen des Reiter-Vereins sah mir bei meiner Arbeit mit Carmencita und Charmeur zu und forderte mich anschließend auf, zu einem Trunk zu ihm zu kommen. Da mir der immer aufgeschlossene, im Wuchs wie im Wesen gradlinige Industrielle äußerst sympathisch war, nahm ich nur zu gerne an.

Ich fuhr mit dem kleinen Wagen hinter seinem Mercedes

her und betrat nach einer guten Viertelstunde das inmitten eines Parkes gelegene Haus meines Gastgebers.

Drache hatte sich diesen Ruhesitz nach eigenen Angaben ausbauen lassen. Das ganze Erdgeschoß bestand aus einem einzigen großen Raum, der nach meiner Schätzung an die hundert Quadratmeter umfaßte. Trotzdem hatte man nicht das Gefühl, sich zu verlieren, denn die Fläche war in mehrere völlig gesonderte Plätze aufgeteilt. Eine große Bibliothek mit mindestens zweitausend Bänden fiel mir zunächst auf. In einem großen Kamin prasselten, behagliche Wärme verbreitend, grobe Buchenscheite. Die Wände des Raumes waren mit leichtlasiertem Eichenholz verkleidet und standen in schönster Harmonie zu dem spiegelglatten Fußboden aus Eichenparkett. In mannigfaltigen, unterschiedlichen Formen unterstrichen die Beleuchtungskörper den Charakter der einzelnen „Räume im Raum". Alles strahlte Harmonie und Behaglichkeit aus. Vor dem Kamin lag, sehr dekorativ, ein riesiger Neufundländer, der seinen Herrn schweifwedelnd begrüßte, mich aber argwöhnisch beschnupperte.

Wir setzten uns neben den Kamin in die Rauchecke, die durch einige tiefe Sessel im Halbkreis gebildet wurde. Bei einer Flasche Rotwein plauderten wir natürlich über Pferde. Drache kritisierte meine Arbeit mit knappen und klugen Worten . . .

Er lobte Sitz und Einwirkung vom Kreuz her, empfahl eine noch tiefere Hand bei der Arbeit auf dem Hufschlag. Der lange und tiefe Hals vor dem Sprung — das Tauchen — sei für einen harmonischen Sprung mit aufgewölbtem Rücken die beste Voraussetzung und der lange Hals das untrügliche Zeichen für die Übereinstimmung zwischer Reiter und Pferd, vor allem aber auch für das Vertrauen zwischen beiden.

Wir sprachen auch über die unterschiedliche Art, mit der Carmencita und Charmeur auf Hilfen reagierten. Was bei der Stute angebracht und nützlich sei, wirke sich bei Charmeur gar nicht oder ganz anders aus.

„Bei Ihnen spürt man Ihre Liebe zum Tier, und das ist die beste Methode zur Erkenntnis seiner Seele.“

„Da haben Sie recht“, erwiderte ich, „ohne Liebe geht es nicht beim Pferd.“

Joachim von Drache nippte an seinem Glas und lächelte:

„Nicht nur beim Pferd, lieber Godeysen, auch sonst nicht. Die Liebe ist die Sprache, die man in der ganzen Welt versteht. Dabei kommt es weniger auf die Worte als auf den Menschen an. Sein Charakter ist seine Botschaft.“

Das waren Worte, wie ich sie von einem als nüchtern angesehenen Geschäftsmann nicht erwartet hatte, denn Drache war ganz „Herr“, er umgab sich nach außen hin mit einem Abstand — das Geheimnis seiner industriellen Erfolge —, aber da drinnen schlug ein Herz, in das er wohl nur einen Vertrauten hineinsehen ließ. Er blieb weiter bei seinem Thema:

„Überströmend lieben heißt überströmend leben, Godeysen. Ich weiß nicht, wie Sie darüber denken. Aber ich sage mir, so lange ein Mensch Freunde hat, die ihn lieben und die er liebt, wird er lieben, weil Leben Lieben ist.“

Ich dachte über seine Worte nach. Freunde besaß ich mehr als mancher andere. Gunthermann, Ulmenau, Giani, Franz, Sofia . . . ich war reicher, als ich wußte. Mir fehlte nur immer wieder die Liebe einer Frau. Die wahre Liebe, nicht eine Liebelei, wie Solitaire sie mir entgegengebracht hatte.

Drache spann seinen Gedanken weiter:

„Dazu gehört auch die Liebe eines Tieres, eines Pferdes beispielsweise, sie kann einen am Leben erhalten. Wenn jedoch auch diese Liebe verschwindet, dann versiegen Lebensfreude und Lebenskraft.“

Richtig, die Liebe meiner Pferde besaß ich auch. Carmencita, die treue, arbeitswillige Stute, und Charmeur, der etwas schwierigere, doch gutmütige Wallach.

Da fiel mir das Pferd meines Vaters ein. Nicoline, habe ich dich denn vergessen? Heute gäbe es bestimmt keine Fremdheit mehr zwischen uns. Ich spürte so etwas wie Sehnsucht nach der Stute, die nun schon drei Jahre von meiner Frau geritten wurde. So hoffte ich wenigstens. Und Nikoläuschen, der gute Kerl? Der hatte sich von mir auch allerhand gefallen lassen müssen auf meinem absonderlichen Ritt von Matthiasruh nach Priepert.

Leichte Schritte ließen mich aufhorchen. Drache erhob sich und ging Frau und Töchtern entgegen. Mit einer zärtlichen Geste legte er den Arm um die etwa vierzigjährige schlanke, brünette Dame, die mir mit einem freundlichen Lächeln die Hand bot.

„Meine Frau ... Sie ist die Seele unseres Hauses, ohne ihr Wirken hätte das Geschäftsleben mich längst zermürbt und freudlos gemacht. Und hier ... meine beiden Töchter, die sich auch schon in dieser weiblichen Tugend üben."

Das klang schlicht und einfach. Frau Selma von Drache, davon konnte ich mich späterhin noch häufiger überzeugen, war wirklich die Seele, die dem häuslichen Leben Wärme und Frohsinn gab.

Die beiden, ein wenig langbeinig aufgeschossenen großen Töchter, Ditta und Maria, nicht nur körperlich zwillingsgeboren, sondern auch ein Herz und eine Seele, beschäftigte nur ein Gedanke: das Meer, das Wasser in jeglicher Form. Obwohl die Ostsee mit dem Wagen in gut zehn Minuten zu erreichen war, hatte Drache auf Bitten seiner zwei Mädchen im Park seines Anwesens ein großes Schwimmbassin anlegen lassen, damit sie frühmorgens gleich nach dem Aufstehen und abends vor dem Schlafengehen sich wie junge Seehunde in ihrem Element tummeln konnten. Selbstverständlich besaßen sie auch eine eigene Segeljacht, holten sich in Kiel und anderswo alljährlich ihre Preise und werden später unter Garantie jede einen „Wassermann", das heißt einen ebenso mit dem Wasser verschworenen Schwiegersohn, anbringen.

Nach einem kurzen Frage- und Antwortspiel, das sich zwischen mir und den beiden jungen Damen über unsere beiderseitigen sportlichen Ambitionen entwickelte und mehrmals von einem übermütigen Lachen unterbrochen wurde, ließen uns die drei weiblichen Mitglieder der Familie von Drache wieder allein.

Der Hausherr sah seinen Lieben mit dankbarem Stolz nach: „Ein verliebter Vater und ebenso verliebter Ehemann ist stets eine etwas komische Figur, aber sagen Sie mal ehrlich, Herr Godeysen, liegt nicht das ganze Glück eines Mannes in seiner häuslichen Umgebung? Mögen mir an manchen Tagen in meinem Werk noch so viel Schmutz, Intrige, Enttäuschung und schlechte Arbeit die Stunden vergällen, sowie ich das Büro hinter mir habe und mich ans Steuer setze, um nach Hause zu fahren, ist jeder Ärger weggefegt. Ich weiß, in gut zwanzig Minuten umsorgen mich liebevoll meine drei Mädchen. Und das ist der schönste Teil meines Lebens. Aber wem sage ich das? Wir haben alle einmal die Härte gefühlloser Worte spüren müssen, denen die Liebe fehlte. Sind Sie eigentlich verheiratet, Herr Godeysen?"

„Doch ... ja", erwiderte ich, aber es muß sehr bitter geklungen haben, denn Herr von Drache brach das Thema sogleich ab, und wir wandten uns mit unserem Gespräch wieder dem Pferde zu.

Nach Holstedt zurückgekehrt, schrieb ich mit reiflicher Überlegung einen Brief an meine Frau. Ich teilte ihr mit, daß ich mich nun endgültig entschlossen hätte, mich nach meiner Teilnahme am Osterturnier mit ihr zu einer Aussprache zu treffen — am liebsten an einem neutralen Ort.

Den Brief gab ich zu den Postsachen — im Gegensatz zu dem ersten, den ich in meine Mappe mit den Erinnerungen eingeheftet habe.

Und wieder einmal las ich im Tagebuch meines Vaters, bis der Morgen graute. Ich wurde weder müde, noch bedrückte mich die geringste seelische Last. Im Gegenteil, mir wurde immer lichter zumute ... Da standen sie, die Sätze, die mir Kaspar Godeysen auch als Erbe hinterlassen, und leicht fand ich diejenigen, die ich in dieser Stunde notwendig brauchte:

> ... wer immer in den Sattel steigt, der wird erzogen werden ... zum Leben und zum Menschen ... der Befehl des Schöpfers heißt:
>
> Du sollst leben!

Und gegen Schluß schrieb er, als ob er die Bedeutung dieser Worte eigens für mich erdacht hatte:

> ... ich hinterlasse dir gewissermaßen mein Leben. Alle seine tiefen Beglückungen, seine Schmerzen und seine wunderbare Inbrunst. Kurzum, das Glück eines Männerlebens, das reich war, weil es unbeirrt dem Herzen folgte ...

Dem Herzen folgte ... Vater, ich danke dir, ich werde versuchen, den gleichen Weg wie du zu gehen. Unbeirrt meinem Herzen folgen!

NIKOLINE AN JÜRGEN

O Reiterlein,

Du machst mir schon einen Berg voller Sorgen. Sie treiben mich dazu, Dir noch einen Brief zu schreiben, der aber ebenso wie die anderen vier in meinem Sekretär verschlossen liegen bleiben wird. So will es Gunthermann, und er hält strenge Wacht, daß alle seine Anordnungen eingehalten werden. Der einzige, den ich doch heimlich abschickte, kam aus Kenia zurück.

„Schöne Lady", frohlockte der Professor am Telefon, als ich ihn von Priepert aus anrief und ihm mitteilte, daß Du mir geschrieben hast und Dich gleich nach dem Osterfest, das ja noch so unendlich weit entfernt ist, mit mir treffen willst. „Schöne Lady, jetzt sind wir soweit. Sie können das Apfelbäumchen schon leise schütteln, Frau Eva. Die reife Frucht fällt Ihnen in den Schoß, ein gesunder rotwangiger Apfel, ich gratuliere."

Es war schon allerhand, Dich mit einem rotwangigen Apfel zu vergleichen, aber der Professor meint es ja immer gut, und wenn wir im Frühling ein neues, gemeinsames Leben beginnen, Reiterlein, dann hat er es mit seiner ärztlichen und menschlichen Größe untermauert, er und Papa Ulmenau.

Nun müßte ich eigentlich mit Dir schelten, aber kann ich das? Du warst es ja, der gesunden mußte, und Deine selbständige Entscheidung ist das Wichtigste von allem.

„Schicken Sie ihm ja keinen zuckersüßen Liebesbrief und versuchen Sie ihn nicht irgendwie zu beeinflussen", sagte Gunthermann, „er darf unter gar keinen Umständen das Gefühl haben,

‚man' will ihn steuern oder gar bevormunden. Wenn das geschieht, könnte es einen Rückschlag geben, und dann setzen Sie ihn als Ehemann ruhig auf die Verlustliste."

Das leuchtet mir ein, Liebster, wir dürfen nicht dieselben Fehler machen wie vor drei Jahren.

Um auf das Schelten zurückzukommen, Du hast Papa Ulmenau eine große Enttäuschung bereitet. Nicht daß er Dir einen Vorwurf machte, nein, aber ich sah es ihm an, als ich ihn von unserem Ostertreffen in Kenntnis setzte.

„Erst Ostern?" sagte er, und seine Stimme, die in letzter Zeit immer schwächer wird, zitterte ein wenig, „erst Ostern? Ich hoffte, daß er schon Weihnachten käme. Nun ja, er wird schon seinen Grund haben."

Jetzt wußte ich es also, Du wolltest bereits Weihnachten mit ihm und mit mir zusammensein. Was hat Dich nur veranlaßt, dieses Zusammentreffen zu verschieben? Es wäre zu schön gewesen, denn gerade am Weihnachtsabend ist es am schwersten, allein zu sein, wenn man liebt. Mama will vom vierten Advent an bis über Silvester mit Lindemann in den Harz fahren; ich sollte mitkommen. Aber erstens glaube ich, daß die beiden lieber allein sind und dann wäre es für mich vielleicht noch trauriger, wenn ich beobachten müßte, wie sich die zwei so glänzend verstehen. Seit einigen Wochen sagen sie du zueinander. Ich freue mich darüber. Vielleicht heiraten sie doch noch. Wäre das nicht die beste Lösung? Du wirst ja kaum in Matthiasruh bleiben wollen. Papa Ulmenau drängt mich immer mehr dazu, daß wir Priepert übernehmen. O Reiterlein, es wäre unaussprechlich schön, mit Dir hier zu leben. Unser väterlicher Freund ist schon sehr anfällig, es wäre gut, ihn nicht mehr allein zu lassen, denn eine fremde Hilfe lehnt er ab.

„Ich bin doch kein alter Mann?" knurrt er, wenn ich ihm so etwas vorschlage.

Eine ganz große Freude macht es mir jedesmal, wenn wir Deine Filme vorführen. Zunächst war ich mächtig erschrocken, als auf der kleinen Leinwand, die Ulmenau in der Diele aufspannen ließ, ein riesengroßer Elefant auf uns zustampfte. Wie schrie ich entsetzt auf, als ein mächtiger Löwenkopf sein Gebiß entblößte und ich mir einbildete, daß Du mit Deiner Kamera unmittelbar davor standest.

Unser alter Freund schmunzelte vergnügt, als er mein Entsetzen sah:

„Er lebt ja noch, Ihr Liebster, sonst hätte er mir niemals diese Aufnahmen schicken können. Was glauben Sie, wie weit so ein Tele-Objektiv reicht."

Dann entdeckte ich kurze Streiflichter Deiner Umgebung dazwischen, der englische Safarileiter und der immer elegante, dunkelhaarige Italiener, das amerikanische Ehepaar, und ein paar Gesichter der Schwarzen, die Eure Lasten trugen. Nett war auch der freundliche alte Neger vor Deiner Hütte. So erhaschte ich wenigstens einen kleinen Blick in Dein dortiges Leben.

Nach so einer Vorführung holte Papa Ulmenau seinen Atlas hervor, dann wanderten wir in Gedanken durch den Urwald und malten uns aus, welchen Weg Du genommen hast.

Jetzt bist Du wieder in Deutschland, mein Liebster, wenn ich mich in den Wagen setzte, könnte ich in sechs bis sieben Stunden bei Dir sein. Aber ich darf es nicht, kannst Du mir nachfühlen, wie schwer mir das wird?

Alle ahnen, was ich innerlich durchmache, und sind sehr rücksichtsvoll zu mir. Sogar Gunthermann, der alte Brummbär, mit dem gütigen Herzen.

„Lady, Sie verdienen einen Orden vom Familienminister, für Treue und Geduld. Glauben Sie mir, diese Treue lohnt sich. So einen Kerl wie unseren Jürgen finden Sie schwer wieder. Es ist eine große Gnade, wenn man einen wertvollen Menschen über die Strecke bringt und ihn damit am Leben erhält."

Nach diesem Lob drückte er mich an seine Brust, eine Gefühlsäußerung, die bei unserem „Einhorn" viel zu bedeuten hat und die er wohl nur selten von sich gab.

Reiterlein, ich bin sehr stolz. Nicht etwa auf mich, sondern darauf, daß Dich auch die anderen für einen Prachtmenschen halten. Für mich bist Du der liebste, ehrlichste, treueste und tüchtigste Mann in der ganzen Welt. Aber ich liebe Dich ja, und Liebende nimmt man häufig in ihren Äußerungen nicht für voll. Doch wenn Ulmenau, Gunthermann, Lindemann oder Mama immer gut und achtungsvoll von Dir sprechen, dann macht mich das sehr glücklich.

Nun werde ich die Weihnachtstage allein auf Priepert verbringen. Das soll kein Wehklagen sein, ich fühle mich dort wohl und wie zu Hause. Vielleicht wird es doch noch unser eigenes zukünftiges Heim.

Du wirst Dich schon richtig entscheiden. Wenn nur keine erneute Absage von Dir kommt! Ich habe mich jetzt ganz auf Ostern eingestellt.

Was ich sonst noch alles tat und sah oder auch absichtlich übersah, das werde ich Dir nach und nach erzählen, wenn uns später einmal an den langen Winterabenden „der Gesprächsfaden abreißen sollte". Aber wenn ich mir dann überlege, daß Du schon fast drei Jahre von mir fort bist und mir nicht ein einziges Mal geschrieben hast, sei es auch nur einen Gruß — „es geht mir gut" oder „auf bald" — dann überkommt mich doch ein ganz leiser Zweifel, ob Du mich überhaupt noch in Deine Zukunft mit einbezogen hast. Ob das Wörtchen „wir" nicht bei Dir durch ein „ich" abgelöst wurde? Was werde ich hören, wenn wir uns nach Ostern wiedersehen? Es gibt doch nur zwei Möglichkeiten, entweder ein Zusammenleben, wie wir es uns immer erträumten, oder die endgültige Trennung.

Könnte ich nur in Dein Herz blicken. O Liebster, eine Frau hat es auf jeden Fall schwerer; sie muß geduldig sein.

Dieses „Geduldigsein" kann ich schon nicht mehr hören. Was haben wir Frauen denn von der sogenannten Gleichberechtigung, wenn wir immer nur die Pflichten tragen müssen? Wer kann es mir eigentlich verwehren, heute schon vor Dich hinzutreten und zu fragen:

„Was wird mit uns beiden?"

Es ist vier Uhr nachmittags. Setze ich mich jetzt ans Steuer, dann bin ich spätestens um elf Uhr nachts bei Dir.

Alles schläft, nur ein schlaftrunkenes Dienstmädchen öffnet mir und fragt mich:

„Was wünschen Sie?"

„Ich will zu meinem Mann", werde ich der Verblüfften sagen und mich zu Deinem Zimmer führen lassen.

Ich setze mich auf den Bettrand, nehme Dich in die Arme, küsse Deine halbwachen Augen und befehle dann:

„Aufstehen, ich bin gekommen, Dich zu holen. Du bleibst jetzt bei mir, für immer! Kein Wort der Widerrede."

Das, Liebster, täte ich, wenn ich ein Mann wäre. Doch eine liebende Frau kann so etwas nur träumen; sie muß warten, bis er sich entschließt. Ist das nicht schrecklich? Käme ich noch einmal auf die Welt, dann wünschte ich mir, ein Mann zu werden.

Ach Reiterlein, jetzt läuft mir doch wahrhaftig wieder eine Träne die Wange herunter. Und ich wollte doch so tapfer sein. Was sind schon vier Monate und sechzehn Tage — ich habe es ausgerechnet — die ich noch warten soll, bis ich Dich wiedersehe, verglichen mit den endlosen einsamen Jahren?

Wenn ich die Pferde nicht hätte ...

Ach Du, ich habe mein erstes Turnier hinter mir. Den zweiten Platz beim A-Springen in Hünfeld. Papa Ulmenau war stolzer, als er vor siebzig Jahren gewesen sein soll, da er als Kavallerie-Oberleutnant einen Geländeritt in Potsdam gewann. Und Wilhelm, mein treuer Pferdepfleger, führte sich auf, als sei er der Besitzer des Pferdes.

Natürlich war ich auch sehr glücklich. Ich habe Nicoline geritten. Nikoläuschen ist mir immer noch ein etwas unsicherer Kantonist — doch auch die Stute verweigerte den Wassergraben und trug mir drei Fehlerpunkte ein.

Sonst kam die Primadonna gut durch. Es ist schon ein einmaliges Gefühl, erstmals in der Öffentlichkeit die Früchte seiner langen, stillen Arbeit zu ernten. Noch auf dem Abreiteplatz quälte mich ein fürchterliches Lampenfieber, doch kaum hatte ich vor den Richtern meine Referenz gemacht, wurde ich ganz ruhig und sicher und mit mir ... mein Pferd.

Erst nachher erfuhr ich, daß sich sogar Mama, Lindemann und Jobst von der Ulmenau unter den Zuschauern befanden. Glaub mir, noch mehr als die erste Siegesschleife erfreute mich das gute Einvernehmen dieser drei.

So schön alles war, nur einer fehlte mir, als ich den Turnierplatz verließ ...

Leb wohl, Liebster, nun schreibe ich kaum noch einmal für die Schublade, doch heute konnte ich nicht anders.

Vier Monate ...

sechzehn Tage ...

Ich liebe Dich!

Die Deine.

IX

HERMANN UND SOFIA

oder

LOB DER FREUNDSCHAFT

b

In der zweiten Novemberwoche fand die offizielle Eröffnung der Grüntaler Reithalle statt.

Alles, was sich zum Pferd bekannte — und das waren hier in diesem Lande der Pferdezucht nicht wenige —, erhielt eine Einladung. Neben den offiziellen Vertretern des Landesverbandes, der näher und weiter gelegenen Reitervereine, waren zahlreiche Landwirte der Umgebung gekommen, so daß die kleine Behelfstribüne die Gäste kaum fassen konnte.

Reiterlich gab es nicht einmal viel zu sehen. Niemand konnte das bei der geringen Mitgliederzahl des Grüntaler Vereins erwarten. Um so neugieriger war man, was diese passionierten Reitersleute mit Tatkraft und Opferbereitschaft erreicht hatten. Weit und breit gab es keine gedeckte Reithalle; die Grüntaler aber hatten es geschafft, und man witterte mit Recht, daß sich dadurch der Reiterbetrieb im Winter entscheidend beleben würde.

Wir Holstedter erschienen in voller Besetzung. Franz Lothringer, der die Quadrille mitritt, war schon in aller Morgenfrühe zur Generalprobe hinübergefahren. So brachte ich gegen Mittag Sofia, Anke und Fräulein Cordes, selbstverständlich auch Schulte-Trach und Hermann Schlochthauer, der am Tage vorher bei uns vorbeigekommen war und sich als treuer Freund der Familie anschloß, nach Grüntal.

Seit drei Tagen hatte ich schon nicht mehr trainieren können, denn die Halle blieb wegen der Vorbereitungen geschlossen. Seit

Wochen hatten die Mitglieder des Reiter-Vereins mit Unterstützung einer Handvoll Handwerker ganze Arbeit geleistet, letzte Hand an die Heizungsanlage gelegt, den Auffahrtsweg planiert, ja selbst eine Zuschauer-Tribüne und ein Podium für die Musik waren aus eigener Hand entstanden. So zeigte sich jetzt eine wirklich schmucke Anlage, die sich der Verein fast ohne fremde Hilfe geschaffen hatte. Für den heutigen Tag prangte alles im Festschmuck.

Nach einer erfreulich kurzen, aber inhaltsreichen, der Liebe zum Pferde geltenden Ansprache des Herrn von Drache gab es ein paar reiterliche Vorführungen, eingeleitet von einer sauber gerittenen Quadrille.

Sofia neigte sich zu mir . . .

„Ist das nicht ein beglückendes Bild?"

Ich stimmte ihr zu und gedachte der Worte:

„Reiten ist Leben und das Leben ist gut!"

Der festlichen Eröffnung der neuen Halle folgte ein kleines Schauspringen, an dem auch unsere leider nur wenigen Jugendlichen und einige Reiter benachbarter Vereine teilnahmen. Es ging hier nicht um Schleifen und Preise, sondern es sollte lediglich gezeigt werden, daß man in der Halle auch während des Winters die Springausbildung aufrecht erhalten konnte.

An die Vorführungen schloß sich ein ebenso frohes wie kameradschaftliches Zusammensein mit Damen und zahlreichen Gästen aus Kiel und Neumünster an, die dem kleinen Bruder einen Bügeltrunk nicht versagen wollten.

Drache ergriff das Wort, indem er sich mit den reiterlichen Fragen der Gegenwart auseinandersetzte. Er selbst nannte es den Aufbruch der deutschen Reiterei nach dem Kriege, und jeder in diesem Kreise fühlte, daß es keine Festrede, sondern eben eine Auseinandersetzung war mit der Zeit der ersten Nachkriegsjahre. Er sagte ungefähr folgendes: „Überall waren Reiter dabei, wieder aufzusitzen, und daß sie daneben oder in der Hauptsache auch noch Bauern und Handwerker, Kaufleute und Gelehrte, Künstler und Techniker waren, das paßte nur zu dem Sinn des geheimen Aufbruches.

Ein gewaltiges Schauspiel, voll von unterirdischer Dramatik und bezwingend durch die Lautlosigkeit, mit der es vor sich ging. Man nennt es heute Wunder, aber es ist mehr die Verwunderung der Welt über das neue Bild der deutschen Reiterei. Betrachten wir es in dieser festlichen Stunde unseres jungen Vereins einmal etwas genauer.

Es ist im Grunde ein tröstliches Bild, wenn auch in unseren Tagen so viele Zweifel und Ängste uns beschleichen, denn die Männer und Kräfte von damals sind ja heute noch da.

Es war die Zeit des Größenwahns, die da starb ... damals, als wir uns anschickten, wieder aufzusitzen.

Es war eine seltsam verborgene, ja unsichtbare Attacke, die damals die ersten deutschen Reiter ritten.

Nur selten konnte man sie sehen, denn nur zögernd fanden sich die ersten Gruppen zusammen.

Wenn da und dort in nächtlicher Stunde ein klappriges Auto über irgendeine entlegene Kreis-Chaussee holperte, dann konnte es wohl geschehen, daß die zitternden Scheinwerfer unvermittelt ein schier spukhaftes Bild aus dem Dunkel schnitten:

Reiter bei Nacht und Nebel. Doch es waren ganz und gar keine Gespenster. Bauernjungen zumeist, sowie Männer und Frauen aus angrenzenden Städten und Städtchen, die nach harter und unerbittlicher Arbeit in der Woche weit über das Land ritten, um irgendwo mit anderen zusammenzutreffen.

Sie ritten die Nächte hindurch, denn der Sonntag gehörte dem ersten vergleichenden Kampf und der ersten Bewährung. Turnier sagten sie noch nicht dazu.

Kein Prunken im schwarzen und roten Rock, keine fahnengeschmückte Arena mit Blasorchester zur Ehrenrunde, keine Zuschauermassen zu Ovationen bereit. Nichts brachten sie mit als ihr Pferd, ihr Herz und ihren fröhlichen unbändigen Glauben.

Sie reiten übrigens noch heute so, ihr Freunde, und es ist unbeträchtlich, daß sie jetzt die wohlbereitete Arena und das Blasorchester finden. Sie sind die Besten unter uns, auftauchend aus den dunklen Bezirken des Unbekannten, des Namenlosen und in einer nahezu vollständigen Organisationslosigkeit, offiziell eher verleugnet als gefördert, haben sie uns vor den Augen einer teils erschrockenen, teils faszinierten Weltöffentlichkeit den Platz unter den ersten Reiternationen wieder erkämpft.

Keiner unter ihnen, der nicht damals in dem schmucklosen, stummen Heer derer ritt, die in jenen Tagen wie heute nur um des Pferdes und des Reitens willen im Sattel sitzen. Zuerst in ungläubigem Staunen, dann in heller Begeisterung haben wir uns die Taten dieser Männer und Frauen zu eigen gemacht.

Wie herrlich klingen in unseren Ohren die Fanfarentöne der großen Siege in der Weltarena. Wie flammen die Herzen, wenn man dann sieht oder mit heißen, atemlosen Worten geschildert bekommt, wie da auf grünem Rasen die Reitersleute und ihre Pferde stehen, die den Sieg erstritten haben.

Unsere Reiter, unsere Pferde . . .!“

Für mich war wohl das Sachliche dieser Rede neu — denn ich hatte diese Jahre nicht erlebt, nicht als Reiter erlebt —, aber ich fühlte, daß ich mich gar nicht so mutterseelenallein auf dem Holsteiner Gut mit meinen Pferden bewegte, sondern daß ich nur einer von vielen war. Das waren Worte und Gedanken, die auch mein Vater ausgesprochen hätte, lebte er noch in dieser Zeit.

Eines Tages packte mich Hermann Schlochthauer in seinen Wagen und entführte mich in sein Häuschen an der Elbe. Er wollte mir unbedingt seine Frau und seine neugeborene Tochter vorführen. Beide fand ich in strahlender Gesundheit: Klein Erni schlief, mit Pausbäckchen und geballten Fäustchen, den unschuldigen Schlaf der ersten Jugend, und Frau Erni Schlochthauer war ein echtes Kind der Waterkant, blond mit wasserhellen Augen, schon ein wenig mollig, kein Wunder, da sie gut kochte und ihren Herzallerliebsten nicht alles allein essen ließ.

Sie war sehr munter und von einer klugen Gemütlichkeit, die sie über die ganze Wohnung zu verbreiten verstand. Hier war das Großväterliche liebevoll bewahrt, in Sesseln und Sammet, alten Uhren und behaglichen Öfen. Und doch wirkte nichts verstaubt, denn die Möbel waren echt und gut wie die Menschen, unter denen ich mich sofort wie zu Hause fühlte.

Wir schauten durch das breite Wohnstubenfenster auf den Fluß und beobachteten die großen und kleinen Schiffe.

Das Mittagessen war so gut und reichlich, daß ich doch in Sorge kam, ob ich nach einer Woche solcher Verpflegung wohl noch aufs Pferd käme. Dann zeigte mir Schlochtauer seine Ställe, die im Augenblick aber leer standen.

„Leider habe ich zur Zeit kein eigenes Pferd; ich bin ja auch zu viel unterwegs, und meine Frau kann ich mir mit dem besten Willen nicht als Reiterin vorstellen. Sie paßt viel eher auf einen Kahn. Doch habe ich öfter Tiere bei mir zu Gast, von befreundeten Landwirten; oder wenn ich einmal ein besonderes Prachtexemplar entdecke, dann greife ich sofort zu und lasse es erstmal einige Zeit bei mir stehen, bis ich den richtigen Interessenten gefunden habe. Es eilt nicht, Hauptsache, die Tiere kommen in die richtigen Hände.

Conny Almers zum Beispiel könnte mir eine Million bieten, ich würde ihm kein Pferd verkaufen. Wenn ich mich aber von einem Pferd trennen muß, das längere Zeit sozusagen mein Gast war, ist mir immer ganz mulmig ums Herz. Ich gewöhne mich so an die Kerlchen und unterhalte mich mit ihnen wie mit einem Menschen. Tagelang bin ich dann schlechter Laune, nicht mal Erni, die Deern, kann mich weich machen. Da habt ihr's doch besser auf dem Land. Für euch gehören Tiere ja zur Atemluft."

Der Dicke hatte sich so in Eifer geredet, daß er rot angelaufen war.

Da erschien Frau Erni und bat uns, hereinzukommen. Die Groggläser hatte sie schon zur Hälfte mit Rum gefüllt und auf dem Stövchen stand ein kupferner Kessel mit kochendem Wasser.

Und während wir tranken, erzählte Hermann Schlochthauer eine Geschichte aus den ersten Tagen nach Kriegsende. Eine tolle Geschichte, bei der er sich wieder in Eifer redete und — wenn auch in seiner schlichten Redeweise — ein lebendiges Bild dieser turbulenten Zeit heraufbeschwor.

Hermann und seine Mutter hatten damals in Hoppegarten einen vom Vater ererbten Rennstall und konnten ihre Pferde sogar durch den Krieg und — schier unglaublich — auch durch die erste Zeit der deutschen Katastrophe bringen. Was dabei aber geschah, das wäre kein schlechter Filmstoff.

Es fängt damit an, daß ein Oberst jener Besatzungsmacht, die für Berlins östliche Bezirke zuständig war, ihm hohnlachend die zunächst verbrieften Besitztitel zerreißt und sie ihm buchstäblich in das Gesicht wirft.

Dann läßt er die Pferde zusammentreiben. Irgendwohin, auf einen freien Platz, der nur den Vorzug der Umzäunung hat.

Die nächste Szene: Da stehen Mutter und Sohn am Rande der großen Stadt, und der Herbststurm schlägt ihnen Hagel ins Gesicht und Regenfetzen um die Ohren. Sie stehen seit dem frühen Morgen und stehen den Mittag hindurch. Am Abend sind sie noch auf ihrem versteckten Beobachtungsplatz, und ein knurriges Morgengrauen findet sie immer noch vor. Sie sprechen kaum miteinander, und es ist auch nicht nötig. Ihre Augen hängen brennend an einer Gruppe von zehn Pferden, die eine sinnlose Grausamkeit hinter Mauern und Draht zusammengetrieben hat.

Zum Verhungern, zum Verrecken ...

„Die Tränen standen uns in den Augen, vor Jammer und vor Wut“, sagte Hermann, und seine Stimme zitterte.

Es sind edle Tiere, Vollblüter hoher Aufzucht, und eine Stute wird morgen oder übermorgen fohlen. Vielleicht auch heute schon. Dann ist es sicher, daß Stute und Fohlen sterben werden. Es ist wohl überhaupt sicher, daß alle Tiere zum Untergang bestimmt sind. Einige liegen schon regungslos und ergeben. Seit Tagen sind sie nicht gefüttert worden.

„Ich sah meine Mutter an, wir brauchten nicht viel Worte zu machen, um uns darüber zu verständigen, daß wir es in der kommenden Nacht, in der Diebesstunde, vor dem ersten Dämmergrau, wagen wollten“, fuhr Hermann fort, und man sah ihm dabei an, wie er sich noch heute über diesen damaligen Entschluß freute. Ein leichter Entschluß war es gewiß nicht, denn Pferdediebstahl ist immer ein verwegenes Stück. Ein Pferd ist kein Koffer, den man am Handgriff packt, und auch kein Auto, das brav jeder Hand folgt, wenn sie nur den rechten Zündschlüssel hat oder die Leitung kurzzuschließen weiß.

Es ging aber nicht um ein Pferd, sondern um zehn, und es handelte sich um keine phlegmatischen Belgier oder Oldenburger, sondern um sanfte und zärtliche, aber auch äußerst leicht erregbare Vollblüter. Und dann die Bewachung, der Draht, die Mauern ... Man muß schon Herzen haben, die vor verzweifelter Liebe, vor Mitleid und Jammer bersten wollen, um so etwas zu wagen.

Die beiden wagen es ... und bringen es fertig. Sie stehlen zehn Pferde in bester Wildwestmanier, und — kaum vorzustellen — die alte Dame in einer von Schnee und Hagelböen durchtobten Nacht im Sattel, die Halfterleinen der vier übrigen Handpferde in der freien Rechten.

Und dann ein Jagen auf abenteuerlichen Nebenwegen, ein Hetzen von Deckung zu Deckung, und schließlich von einer

Vorstadtsiedlung zur anderen. In jeder Sekunde konnte es „Stoj" heißen, und das war dann das Ende der Freiheit... was man den Umständen nach mit dem Ende des Lebens so ziemlich gleichsetzen konnte.

Es kam der Morgen, und sie waren noch immer bedroht, denn unsagbar fern schien die rettende Linie im Westen.

Wie aus einem bösen Traum erwachend, sahen Mutter und Sohn sich an, als es schließlich keinen Zweifel mehr gab, daß sie es geschafft hatten.

Was nun kam, das ist kein Film mehr. Das ist ein Epos von der Unbezwingbarkeit des Willens, eine schier endlose Geschichte des gemeinen Hungers, unglaublicher Entbehrung und harter, nerven- und körperzerschleißender Arbeit.

Ich hörte hier von einem, der dabei gewesen ist, etwas von dem Berlin von damals, das für niemand eine Heimstatt, geschweige denn ein Asyl sein konnte. Es war ein Friedhof aus Schuttgebirgen, in dem scheinbar nur noch der Hunger lebendig war.

„Wie wir beiden am Leben geblieben sind mit unseren Pferden, ich weiß es heute selbst kaum", erinnert sich Hermann und schüttelt den Kopf. Die erste Unterkunft war im Stadtbahnbogen. Sie wurden verjagt. Dann kamen verwitterte Latrinen. Sie wurden verjagt.

„Du kannst dir das vielleicht nicht vorstellen, aber selbst diese ruinenhaften Häuschen wurden gebraucht", begegnete er meiner zweifelnden Zwischenfrage.

Dann kam ein Hauseingang am Tiergartenrand und endlich, endlich etwas wie Geborgenheit in dem Keller einer Villenruine an der großen, einstigen Ausfallstraße der Weltstadt, der Heerstraße, und es gab sogar einen verwilderten Garten hinter der Ruine.

Im Sommer wuchs dort allerlei Grünes; zunächst aber schenkte er den Pferden nichts als Sonne.

Und das war schon unglaublich viel für diese zwölf Kumpane: Mutter, Sohn und zehn Pferde.

„Sie sind nicht erfroren, nicht verhungert, obschon es so manches Mal nahe daran war", schloß Hermann diese Geschichte eines echten Pferdemannes.

Als er mich gegen Abend wieder nach Hause fuhr, meldete er sich für die nächste Woche an, um meine Fortschritte mit Charmeur und Carmencita zu kontrollieren.

„Ich denke, Jürgen, du wirst mir keine Schande machen."

Nun, ich hatte keine Bedenken.

Ehrlich gesagt, war ich mit mir selber nicht ganz unzufrieden. Am frohesten stimmte mich seine Erkenntnis, ich ritte aus Liebe zur Sache. Ich brauche den beschwingten, spielerischen Fluß der Bewegung und des Zusammenklanges zwischen Mensch und Tier, den sinnfälligen Adel der freudigen Hingabe an die führende Menschenhand. Das alles hatte ein Pferde- und Reiteridealist wie der Sohn des alten Pferdemannes aus Berlin — der in meinem Vater das Vorbild eines Reiters gefunden hatte — ebenfalls bei mir erkannt.

Seine Worte beglückten mich wie selten etwas in meinem bisherigen Leben. Sie bestätigten mir, daß ich mich endgültig auf dem richtigen Wege befand, einmal das reiterliche Erbe meines Vaters anzutreten ...

„Weißt du, Jürgen", sagte Hermann in seiner bedächtigen Art, „es gibt in der Weltpresse immer wieder Berichte von den großen Schauplätzen der internatnionalen Reiterei, man spricht — dem Himmel sei's geklagt — schon vom ‚perfekten Virtuosen'. Nach Möglichkeit sehe ich mir jeden dieser Männer an, ich fahre bis nach Paris, Madrid oder Rom. Meist bin ich restlos hingerissen, doch ab und zu bleibt ein bitterer Nachgeschmack, den wohl nur ein Pferdenarr kennt, wie ich es nun einmal laut Vererbung bin. Es gibt einen gewissen Typ, der verblüffende Anfangserfolge auf diesem oder jenem Prachtpferd erzielt. Nach ein paar Monaten ist der Name dieses Pferdes leider aus den Listen verschwunden, es wurde einfach zuschanden geritten — Sieg um jeden Preis! Der erfolgshungrige Pferdebesitzer kaufte sich eben ein neues.

Siehst du, Jürgen, das schmeckt mir nicht. Es geht nicht nur um die Befriedigung und den Ruhm des Reiters, sondern ebenso um das Glück des Pferdes.

Das brauche ich dir ja nicht zu erzählen, Jürgen. Du wirst mit deinen Pferden das Höchstmögliche erreichen, aber aus Liebe und mit Einfühlungsvermögen, du bist eben der ideale Reiter."

Nun ja, das hörte sich sehr schön an — ein idealer Reiter. Täglich bemühte ich mich, in die Geheimnisse des Gleichklangs einzudringen, und Schlochthauers Kritik an meiner Arbeit stützte mich doch sehr. Der brave Kerl sagte so etwas nicht um der schönen Worte willen.

Die reiterliche Harmonie — das war es auch, was mein Vater ein Leben lang suchte — und fand. Ich kenne längst alle seine Gedanken, die er über seine Arbeit mit den Pferden aufzeichnete, er ist über sein Grab hinaus mein Reitlehrer.

Das neue Jahr setzte mit einer machtvollen Symphonie der Natur ein.

Während es zu den Christtagen regnerisch und warm war, legte sich in der Silvesternacht eine dichte, weiße Decke über Felder und Dächer, Bäume und Wege. Das Schneetreiben hielt auch den Neujahrstag über mit unverminderter Stärke an, drang in Ohren, Nase, Mund und Augen, die Bärte der Hunde erstarrten im Nu zu Eisklumpen, staubfein und eisig kalt stachen die Kristalle wie Nadeln in die Wangen und ließen das Blut pulsieren.

Das Wetter reizte mich zu einer weiten Wanderung in die Schneeweite hinaus. Von Übermut getrieben, jagte ich mit den Hunden um die Wette, fiel der Länge nach in den tiefen Schnee und wälzte mich in den weißen Himmelsflocken, bis ich wie ein lebendiger Schneemann aussah. Ich fühlte mich unbeschwert wie ein Schuljunge. Alle Bedrückungen der letzten Wochen waren von mir abgefallen.

Denn vor den Festtagen war mir doch ein wenig traurig ums Herz gewesen. Ich mußte immer wieder daran denken, daß ich eigentlich ein Wiedersehen mit Nikoline und ein paar schöne Tage bei Herrn von der Ulmenau auf mein Programm gesetzt hatte und mich nun durch meinen freiwilligen Verzicht, ausgelöst durch die zynischen Bemerkungen eines Lippke, um die Erfüllung dieser Weihnachts-Sehnsucht betrog.

Lothringers aber hatten alles nur Erdenkliche getan, um mir die Feiertage so heimisch wie möglich zu gestalten. Ich erlebte hier zum ersten Male die weihnachtlich-familiäre Verbundenheit zwischen der Gutsherrschaft, den Angestellten, den Knechten, Mägden und allen auf dem Hof beschäftigten Personen. Erst nach der gemeinsamen Bescherung, bei der jeder ein kleines Geschenk erhielt und sich am Gänsebraten und leichten Rotwein nach Herzenslust laben konnte, gingen die Familien nach Hause — auch Lothringers und ich. Und da erlebte ich einen Abend, so angefüllt mit Ruhe und Liebe, als sollte er für alle Hast und für jedes nicht ausgesprochene gute Wort des ganzen Jahres entschädigen.

Ich schenkte meinen Gastgebern eine kleine Zeichnung von Franz Marc, einen sehr edlen Pferdekopf, in dem ein Künstler die Seele des Tieres so empfand, wie auch ein wahrer Reiter sein Pferd bis in die Seele hinein erschauen muß.

Und auch dies wurde wiederum ein Geschenk für mich, denn Lothringers unterhielten sich mit mir über den 1916 gefallenen Maler. Ich hatte vorher Bilder immer für etwas Selbstverständliches gehalten und mir nie Gedanken über die Menschen und Beziehungen gemacht, die dahinter stehen. Deshalb ging an diesem Abend eine ganze Welt vor mir auf, als Franz Lothringer, dessen Leidenschaft für die Kunst ich noch nicht gekannt hatte, mir ein Bild des Malers entwarf, der nicht nur malte, was seine leiblichen Augen sahen, sondern der mit Kohle und Pinsel das gleiche tat wie die Dichter; er ließ den Mond durch das Zimmer spazieren und holte die Sterne vom Himmel. Welch wunderbare, ernste Weite der Kunst! Ich hatte noch nie einen Blick hineingetan.

„Und jetzt", sagte der Freund geheimnisvoll, „möchten wir dir unser Weihnachtsgeschenk gleichsam symbolisch überreichen. Nimm es als kleine Dankbarkeit für deine Arbeit und deine Freundschaft."

Bei diesen Worten überreichte mir Sofia ein gerahmtes Bild, mit einer schwarzen Stute darauf.

Beide nickten mir verschmitzt zu.

„Oh", stammelte ich, „Carmencita — mit dem Bild macht ihr mir eine große Freude."

„Nur mit dem Bild?" lachte Franz, „mit der Stute nicht?" - -

Das Allerschönste an der überwältigenden Freundschaft dieser beiden Menschen ist, daß sie nie eine Last für mich wird. Sie schenken mit einer Freude, als würden sie selbst beschenkt. Ihre Güte und Klugheit verpflichten mich, solange ich leben werde.

*

Nach dem strengen, aber auffallend kurzen Einbruch des Winters um den Jahresanfang wurde es ungewöhnlich milde, und jetzt, in den ersten Märztagen, atmete ich, als ich durch die kahle Lüneburger Heide fuhr, schon ein wenig südlich angehauchte Vorfrühlingsluft. Die Sonne gab sich alle Mühe, dem Wind beim Trocknen der durch den langen Regen aufgeweichten Landstraßen zu helfen. Ein paar hungrige Krähen sorgten für die Märzmusik, das Moor tauchte feucht und schwarz aus den breiten, braunen Flächen hervor.

Die schmucken Fachwerkhäuser mit ihren tief heruntergezogenen Strohdächern, den gekreuzten Pferdeköpfen an den

Seitengiebeln, luden zu einem Besuch bei den gastfreundlichen Heidebauern ein, deren Schafherden, die Heidschnucken, schon jetzt ihre Nahrung im Freien suchten.

Eine ungelenke Hand hatte nach dem Tode meines Vaters den Namen des Ortes auf die letzte Seite des Tagebuches geschrieben. Er lag in der Nähe von Sodersdorf, an einem kleinen Fluß, der Luhe, die bald hinter Winsen in die Elbe fließt.

Ein uralter Schäfer mit einem langen, weißen Bart, der zu der kindlich jungen Stimme wenig paßte, zeigte mir den Weg.

„Gleich hinter dem Eichenwäldchen liegt ein Friedhof; auf dem hat man den Herrn, der mit seinem Pferd auf der Flucht hier ankam, begraben. Ich kann mich noch sehr genau daran erinnern, wie er eines Mittags völlig erschöpft um ein Nachtlager bat, drüben beim Tierarzt. Wenn Sie Näheres von dem Fremden wissen wollen, suchen Sie vielleicht nachher den Pferde-Doktor auf. Blume heißt er, ein freundlicher, älterer Herr, Junggeselle, soll aber irgendwo in der Stadt eine Tochter haben, erzählt man sich, wer weiß, ob's wahr ist?"

Ich dankte und fuhr weiter, sonst hätte mir der Alte, der sicher froh war, einen Zuhörer gefunden zu haben, noch die ganze Lebensgeschichte des Tierarztes erzählt.

Der Dorffriedhof lag, sehr klein und sehr idyllisch, direkt neben einer Gruppe mächtiger, alter Eichen und einem mächtigen Hünengrab. Es war nicht schwer, das Grab meines Vaters unter den etwa zwanzig anderen Grabstätten herauszufinden. Ein schlichtes Eisenkreuz, auf dem weiß gemalt die Worte

KASPAR GODEYSEN, ein Reiter auf der Flucht

standen. Keine Blume, wohl auch im Sommer nicht, aber dafür grünte den größten Teil des Jahres die endlos sich anschließende Heide mit ihren süßen, duftigen Blüten, und Millionen Bienen sangen ihr Lied. Gleich am Fluß warteten zahlreiche Weiden auf den nahen Frühling. Wenn man die Augen ein wenig zukniff und gen Nordwest blickte, tief die klare Luft einatmete und über die schier ohne Ende scheinende Heide hinwegblinzelte, konnte man mit ein wenig Phantasie das Meer erfühlen.

Mein Vater hatte sich den schönsten Platz für seine irdische Ruhe ausgesucht — Weite und Natur, Stille und Schönheit.

Ich faltete die Hände und sprach ein Gebet. Dann ging ich langsam und nachdenklich zu meinem Wagen zurück.

So ist nun einmal das Leben, überlegte ich, man wird hineingeworfen in den Strom und muß schwimmen, damit man nicht weggetrieben wird. Wer stark ist, bleibt oben, der Schwache geht unter. Mein Vater lebte ein männliches Leben, ein Leben voller siegreicher Kämpfe.

An einem Grabe kann man innere Ruhe und Sammlung finden und sich mit dem Verstorbenen noch einmal aussprechen. Wer das richtig tut, wird nie verzweifelt von solch einer Ruhestätte fortgehen, sondern immer getröstet und gestärkt. Man sollte an die Liebe denken, die man von dem empfing, der von einem ging.

Tierarzt Blume empfing mich sehr freundlich, wobei er mich, als ich meinen Namen gesagt hatte, eingehend musterte. Er berichtete mir in kurzen, aber freundlichen Worten, was er von meinem Vater wußte. Kaspar Godeysen war auf seiner Flucht vom Fohlenhof hier gelandet; mit seiner letzten Kraft fragte er sich bis zum Bürgermeister durch, und dieser war — in Vertretung des wirklichen Dorfoberhauptes — Tierarzt Blume. Der Junggeselle nahm ihn auf und stellte ihm seine geräumige Mansarde zur Verfügung. Das Pferd Nicoline fand beim benachbarten Bauern eine zufriedenstellende Unterkunft. Der Arzt und sein reiterlicher Gast vertrugen sich ausgezeichnet, beide sprachen nicht viel, saßen aber manchen Abend am warmen Ofen zusammen, jeder in ein Buch vertieft. Natürlich kam es ab und zu auch zu einem Gespräch.

„Ihr Vater war ein stiller, besinnlicher Mann, der wohl ein kompliziertes Leben hinter sich hatte. Seine einzigen Besitztümer waren sein Sohn, sein Pferd und seine Vergangenheit“, so sagte er mir — ‚Nicoline ist alles, was ich ihm an materiellen Werten hinterlassen kann. Hoffentlich kommt das Pferd eines Tages in seine Hand; ich habe seit Monaten nichts mehr von ihm erfahren‘. — — Nun konnte ich mir auch erklären, warum Ihr Vater tagelang am Fenster saß und schrieb, wenn er sich nicht mit dem jungen Pferd beschäftigte. Als er eines Tages bis zum späten Nachmittag nicht heruntergekommen war, fand ich ihn in seinem Bett liegen — sanft entschlafen. Das Herz hatte aufgehört zu schlagen. Er starb ebenso ruhig und unauffällig, wie er lebte. Ein wahrhafter Mann, Ihr Vater.“

X

L I N D E M A N N

oder

ALLES GETRENNTE FINDET SICH WIEDER

In gut vierzehn Tagen werde ich mein erstes M-Springen bestreiten. Vor einer Woche habe ich meine beiden Pferde nach Holstedt zurückgeholt, denn der Boden des kleinen Reitplatzes ist aufgetaut und elastisch. Ich arbeite in aller Ruhe, um die Tiere nicht zu überfordern, sie zugleich aber in Form zu halten.

Dressur-Arbeit auf dem Viereck wechselt mit sich steigernden Anforderungen im Springen. Es ist eine Freude, mitzuerleben, wie sicher und geschmeidig beide Pferde alle Arten von Hindernissen springen. Ich habe mir Koppelricks und Oxer, Tripel-Barre und Eisenbahnschranke, Steil- und Hochweitsprünge so bauen lassen, daß ich sie in immer anderer Reihenfolge und möglichst auch von beiden Seiten her springen kann. Und dann alle paar Tage reine Galopp-Arbeit, um die Pferde schnell und ausdauernd zu machen, vor allem aber wendig auch in schneller Gangart. Meine größeren Hoffnungen darf ich wohl auf Charmeur setzen, der sich leicht aufnehmen läßt und nach der Parade sofort wieder in Schwung kommt. Ein geborenes Pferd für ein Zeitspringen.

Es war vorgestern — ich hatte soeben meine Arbeit mit Charmeur beendet, übergab ihn dem Pfleger, der ihn in den Stall bringen und versorgen sollte —, als ein grauer Volkswagen auf der Landstraße vor dem Reitplatz hielt. Ein hochgewachsener Herr in dunkelblauem Anzug schälte sich aus dem Wagen heraus und kam bedächtigen Schrittes auf mich zu. Da ich oft Besuch aus der Umgebung erhielt, von Mitgliedern des Reiter-Vereins, die an meiner Arbeit interessiert waren, wunderte ich mich keineswegs, überließ Carmencita gleichfalls dem Pfleger und wartete auf den Gast.

Als der Herr nur noch an die zwanzig Schritte von mir entfernt war, zog er den Hut. Und nun erkannte ich einen, den ich bestimmt nicht erwartet hatte, und zwar den Oberförster a. D. Lindemann, den Mann, der mich einst vor einem Selbstmord bewahrte.

Freudig und erwartungsvoll zugleich ging ich ihm entgegen. Wir drückten uns die Hände und blickten uns lange in die Augen.

Über drei Jahre hatte ich meinen Lebensretter nicht gesehen. Der Förster hatte sich, was die äußere Erscheinung betraf, sehr zu seinem Vorteil verändert. Stolz und selbstbewußt, von einer sympathischen Offenheit und Ausstrahlung war er ja schon immer gewesen, doch in dem gutsitzenden dunklen Anzug, dem schneeweißen Seidenhemd, der grauen Krawatte und dem lose hängenden dunklen Flauschmantel glich er in seiner aufrechten Haltung einem Gutsherrn. So ähnlich mußte wohl Matthias von Pratt ausgesehen haben.

Lindemanns Musterung meiner Erscheinung schien ebenfalls positiv ausgefallen zu sein, denn er lächelte mich zufrieden an:

„Entschuldigen Sie meinen unangemeldeten Überfall, Herr Godeysen, aber ich dachte mir, wenn ich ihn erst anrufe, wird er mich vielleicht nicht empfangen, darum stelle ich ihn gleich vor die vollendete Tatsache meiner Anwesenheit."

„Sie brauchen sich nicht zu entschuldigen. Herr Lindemann, ich freue mich, daß Sie da sind."

Das war ehrlich gemeint. Es war mir in diesem Augenblick auch völlig gleichgültig, wer Lindemann meine Anschrift verraten hatte, ob Gunthermann, Ulmenau oder eine Auskunftei, oder einer aus dem Holstedter Freundeskreis. Vielleicht hatten Lina von Pratt oder gar Nikoline ihn hergeschickt. Das Bewußtsein einer Verbindung mit meiner Frau, mit oder ohne ihr Wissen, zufällig oder ausgeklügelt, von ihr begrüßt oder nur gelitten — die Tatsache allein, daß dieser Lindemann die letzten drei Jahre in ihrer unmittelbaren Nähe lebte, daß er so und so oft mit ihr an einem Tisch gesessen, ihre Stimme gehört, ihre Augen gesehen — traurige oder hoffnungsvolle Augen, lachende oder weinende —, das noch so lose, rein äußerliche Zusammenleben mit der, der mein Herz gehört, das genügte, mir die Illusion eines aufgehenden Lichtes zu geben.

Eine endlose Dunkelheit, meist im Hintergrund meiner einsamen Jahre, löste sich zunächst einmal in einen durchsichtigen Schleier, hinter dem verborgen die Zukunft lag, von jubelnden und jauchzenden Melodien eines mit aller Sehnsucht erwarteten Lebens, eines Lebens, in der Gemeinschaft mit der Frau, die mir alles das schenken könnte, von dem mein Vater in seinem Tagebuch geschrieben — das Glück.

Jetzt hieß es für mich, mutig sein. Es gibt Mut im Glück wie es Mut im Unglück gibt.

Würde der Mann, der mir einst mein Leben erhielt, heute eine Botschaft überbringen, die mich ins tiefste Dunkel zurückstieß? — Herrgott, wie liebte ich immer noch diese Frau. Aber wenn er vielleicht von mir erwartete, daß ich von mir aus das Wort Nikoline über die Lippen bringen würde, befand er sich im Irrtum. Wenn die bestehende Disharmonie jemals durch Worte zu bereinigen wäre, dann gäbe es dabei nur zwei Gesprächspartner: meine Frau und mich.

Beschreiben konnte ich es nicht, woran es lag, daß die bloße Anwesenheit Lindemanns in mir einen ganzen Berg von Gedanken und kleinen Philosophien auftürmte, die allesamt mit Nikoline verbunden waren.

Ganz überraschend kam nun ein Satz aus dem Munde meines Besuchers, der ebenso gut von mir hätte stammen können:

„Ich denke da gerade an eine kleine Weisheit, Herr Godeysen", sagte er fast entschuldigend, „wieso ich eben darauf komme, weiß ich auch nicht."

„Sagen Sie doch", bat ich ihn.

„Liebe Deinen Nächsten wie Dich selbst — steht geschrieben, doch wenn man sich selbst auf eine engherzige und furchtsame Weise liebt, wird man seinen Nächsten auf dieselbe Weise lieben. Man muß selber glücklich sein, um glücklich zu machen. Finden Sie nicht auch?"

Um diesen Ausspruch richtig verdauen zu können, bot ich Lindemann erst einmal einen Platz auf der Bank an, die ich mir auf den Reitplatz hatte hinstellen lassen, um meinen täglichen Gästen wie Sofia oder Anke eine Bequemlichkeit zu bieten.

Ehe wir noch saßen, hatte ich mich gefunden:

„Sind Sie eigens hierher gefahren, um mir das zu sagen?"

Lindemann nahm mir die Frage keineswegs übel. Er lachte auch nicht darüber, er dachte nur erst einmal nach, bis er fortfuhr:

„Vielleicht war das einer der Gründe, Godeysen. Jedenfalls habe ich mich auf der ganzen Herfahrt mit diesen Dingen sehr eindringlich beschäftigt. Dabei formulierte ich folgenden Gedanken:

> ‚Das Redliche, was in dir ist, wird in der Redlichkeit der Geliebten aufblühen. Das Wahrhafte, was in deiner Seele ist, wird in ihrer Wahrheit Ruhe finden. Und nur was in deinem Charakter stark ist, wird sich der Stärke des ihren erfreuen.'

Und damit komme ich zu einer schwerwiegenden Erkenntnis: man muß gelitten haben, um gut zu sein. Aber vielleicht muß man auch Leiden verursachen, um selbst besser zu werden."

Irgendwie ärgerte mich der letzte Satz. War das eine Anspielung auf mich? Oder verstand ich ihn nicht ganz? Auf jeden Fall meinte ich, daß der Gegenangriff die beste Verteidigung sei.

„Ist das eben ein Selbsturteil gewesen, Herr Lindemann? Dann nehmen Sie es nicht so tragisch, Liebe verzeiht alles."

Nun erwartete ich so etwas wie ein Aufbegehren oder den Versuch, sich gegen diesen Angriff zu verteidigen. Wie wenig kannte ich doch diesen Mann. Seine Antwort, ruhig und bestimmt, in freundlichem Tone vorgebracht, war ein Bekenntnis:

„Vielleicht war es ein Selbsturteil. Man sollte ja gegen sich selber am strengsten und unnachgiebigsten sein. Es ist doch so, Herr Godeysen, daß wir Männer in den sogenannten besten Jahren sehr oft wie die Kinder handeln und denken, sowie es um unseren zum so und sovielten Male gekränkten Stolz geht. Dabei gibt es doch in der Liebe gar keinen Stolz, ausgenommen den über den Besitz einer wertvollen Frau. Und diesen muß man hüten, täglich pflegen, denn wenn er einem erst verloren geht, ist es fast unmöglich, ihn ein zweites Mal zu erringen."

Sollten diese Worte, die keineswegs vorwurfsvoll, eher ganz sachlich und objektiv klangen, auf mein Verhältnis zu Nikoline gemünzt sein? Hatte ich ihre Liebe tatsächlich verloren?

Ich mußte bitter auflachen ... verloren? Besaß ich sie denn je?

Lindemann spann seinen Faden weiter:

„Die Frau verliert in der Liebe zu einem ausgezeichneten Manne das Bewußtsein ihres eigenen Wertes, der Mann dagegen kommt oft erst recht zur Erkenntnis des seinen durch die Liebe einer edlen Frau."

Verteufelt noch mal, ging es mir durch den Kopf, ich kann diesen Mann doch jetzt unmöglich fragen, ob er der Ansicht ist, daß Nikoline mich wirklich geliebt hat und heute noch liebt. Was glaubte ich denn eigentlich selber? Obwohl ich völlig Herr meiner Gedanken war, konnte ich zu keinem klaren Urteil kommen. Dieses Problem überstieg vorläufig noch meine Kraft. Ich mußte es ganz einfach an mich herankommen lassen . . .

Es gab Tage, an denen ich nicht einen Pfifferling für die Zukunft mit Nikoline gab, da mir alles, was sie damals sagte und was sie tat oder nicht tat, Beweise dafür waren, wie sehr unsere Verbindung aus ihrem fraulichen, mütterlichen Mitleid heraus an meinem Krankenbett im Sanatorium Gunthermanns geboren war.

Dann wieder gab es Stunden, in denen ich nicht den geringsten Zweifel hegte, daß sie mich so liebte, wie es sich jeder Mann wünscht.

Beinahe vergaß ich den Mann an meiner Seite, aber meine Frage richtete ich ja auch nur an mich selber, obwohl ich sie laut herausbrachte:

„Ist der Zweifel nicht eine schwere Bürde?"

Ein Gleichklang zwischen mir und Lindemann mußte vorhanden sein, denn er gab mir sofort die Erklärung:

„Was ein Mensch glaubt und woran er zweifelt, ist gleich bezeichnend für die Stärke seines Geistes. Doch der Schmerz, Herr Godeysen, ist der große Lehrer der Menschen, denn unter seinem Hauche entfalten sich die Seelen. Und dann muß man handeln, als Mann auf jeden Fall. Nichts wird so oft unwiederbringlich versäumt wie eine Gelegenheit, die sich täglich bietet und an der man aus Bequemlichkeit oder eben eines unbestätigten Zweifels wegen vorbeigeht."

Während unseres Gespräches bedeckte sich der Himmel mit schweren, dunklen Wolken, die ersten Regentropfen vertrieben uns von unserer Bank. Wir suchten Schutz im nahen Stall und setzten uns auf zwei Hocker zu Charmeur und Carmencita.

Ein Wolkenbruch prasselte gegen die Fenster. Lindemann hatte sein künstliches Bein ausgestreckt, die Hände im Schoß gefaltet und bot ein Bild vollster Harmonie.

Jetzt warf er mir einen Blick zu — wie ein Bruder oder gar

Vater, der dem Sohn die Sorgenfalten glätten möchte und sich überlegt, wie er es wohl am geschicktesten anstellen muß.

„Sie haben hier eine schöne Arbeit, Godeysen, nicht wahr?"

Wo wollte er jetzt hinaus?

„Ich bin zufrieden", erwiderte ich, „vor allem bin ich wieder ein gesunder Mensch. Ich arbeite für den Hof, kontrolliere die Zucht der Kleinpferde, habe hier sehr viel gelernt, sogar von der Milchwirtschaft habe ich allerhand mitbekommen. Der Besitzer des Anwesens ist sehr viel in Lübeck und übertrug mir jede Vollmacht. Ich kann handeln, als ob es mein Hof wäre. Doch das Schönste ist die Arbeit mit diesen beiden großartigen Pferden, mit denen ich in vierzehn Tagen mein erstes M-Springen absolviere. Daneben habe ich wertvolle Menschen zu Freunden gewonnen. Kann ein Mann mehr verlangen?"

Lindemann sah mich mit ein wenig schiefem Kopf von der Seite an, als zweifelte er an meiner Aufrichtigkeit:

„Ein Mann k a n n nicht nur mehr verlangen, er m u ß sogar mehr verlangen. Er hat das Recht, alles zu verlangen! Jeder Mann hat das, Sie sowohl als ich. Wir finden uns allzuoft mit gegebenen Tatsachen ab, verzichten auf Dinge, die uns nach dem Gesetz der Natur zustehen und kommen uns dabei noch wer weiß wie heroisch vor. Wir begreifen es nicht, daß die unausgesprochenen Worte die gefährlichsten, aber auch die herrlichsten Wirkungen hervorrufen können. Es gehört immer guter Wille und eine Art Selbstüberwindung dazu, selbst das Einfachste zu begreifen und das Klarste zu verstehen. Sonst stehen wir eines Tages knapp vor dem Ziel und nehmen die letzte Hürde nicht."

Was sollte das schon wieder? Das ging doch jetzt bestimmt auf mich? Was wußte dieser Mann von meinem Leben?

Wieder ging ich, ohne recht zu wollen, denn der Freund meiner Schwiegermutter war mir ohne Zweifel sympathisch, zum Gegenangriff über.

„Warum nehmen Sie, Herr Lindemann, denn diese letzte Hürde nicht?“

Auf seine Antwort war ich absolut nicht gefaßt:

„Ihretwegen, Godeysen! Ich bin heute zu Ihnen gekommen, um mir darüber Klarheit zu verschaffen, inwieweit Sie meine Zweifel ablehnen oder begreifen werden. Ich möchte vorausschicken, daß weder Lina, Verzeihung, ich meine Frau von Pratt — noch Ihre Frau die geringste Ahnung haben, daß ich hier in Holstedt bin. Diese Fahrt ist die erste, die ich allein in einem Wagen unternehme. Es gibt ja heute Spezialeinrichtungen, die es ermöglichen, mit einem, ja sogar ganz ohne Beine ein Auto zu fahren. Der Weg zu Ihnen und zurück ist also eine Art Zerreißprobe für mich. Nicht nur für meine körperliche, auch für meine seelische Widerstandskraft. Ich wollte mal feststellen, was ich alles noch einstecken kann. Ich werde sie bestehen, das weiß ich schon ...

Zunächst wollte ich nur bis Hannover, dann dachte ich mir, fahre weiter, und wie von einer unsichtbaren Hand gelenkt, fuhr mich der Wagen nach Holstedt. Daß Sie hier und wieder völlig gesund sind, wissen wir längst. Sicher werden Sie eines Tages, ich hoffe sogar sehr bald, nach Matthiasruh zurückkehren.

Unterwegs kam mir der Gedanke, es wäre besser, wenn wir uns vorher über die brennendsten Fragen, die uns bewegen, aussprächen. Ich sage ‚uns‘, denn ich bin überzeugt, es geht uns beiden verschiedenes durch den Kopf.“

Der Himmel hatte sich wieder gelichtet, ein erster Sonnenstrahl rief uns ins Freie. Wir gingen hinüber ins Herrenhaus und zogen uns ins Bibliothekszimmer zurück.

Ohne Umweg ging Lindemann auf sein Anliegen los. Er und Lina waren durch das Zusammenleben der letzten Jahre innerlich zu einem so wunderbaren Gleichklang gekommen, daß sie den Wunsch hatten, ihre Gemeinschaft durch eine Eheschließung zu legitimieren. Und nun kam das Erstaunliche:

Der frühere Förster und jetzige unumschränkte Verwalter des Prattschen Hofes war gekommen, mich um eine Zustimmung zu dieser Ehe zu bitten.

„Aber Herr Lindemann, was geht denn das mich an?" sagte ich mit echter Verwunderung, „das ist doch nun einzig und allein Ihre und Frau von Pratts Angelegenheit. Seien Sie überzeugt, daß ich für Ihrer beider Wunsch vollstes Verständnis habe. Wenn einer weiß, wie schmerzlich das Alleinsein ist, dann bin ich es. Sagen Sie bitte Frau von Pratt, wie sehr ich mich freue, daß sie in Ihnen einen Gefährten fürs weitere Leben gefunden hat."

Sichtlich erleichtert fuhr er sich durch das dichte, angegraute Haar, doch seine Bedenken schienen noch nicht restlos verflogen zu sein.

„Ja, aber ..." sagte er bedächtig, als prüfe er jedes der nun folgenden Worte, „da ist noch eins, was mich und natürlich auch Lina beschäftigt. Wann dürfen wir damit rechnen, daß Sie die Leitung von Matthiasruh wieder übernehmen?"

Das also war es, was ihn noch bedrückte. Lindemann war ebenso wie ich der allerletzte, der vom Gelde seiner Frau leben würde. Zur Zeit leitete er den ganzen Betrieb und verdiente damit das, was er brauchte. Wenn ich aber zurückkäme, welche Position würde dann noch für ihn übrigbleiben? Ich konnte ihn mit einem einzigen Wort beruhigen:

„Nie! — Selbst wenn meine Frau mich liebt, werde ich Matthiasruh nicht übernehmen. Ich habe so viel in den Jahren des Alleinseins gelernt, daß ich heute überall eine gute Stellung finden kann. Liebt mich Nikoline, dann wird sie mir überallhin folgen, wohin mich mein Weg führt. Matthiasruh gehört Lina von Pratt, späterhin Lina Lindemann. Es wird für Sie ein gehöriges Stück Arbeit und eine Verantwortung bleiben, dieses Gut mit allen seinen Nebenwerken zu leiten und über die Zeit zu bringen."

Lindemann war nicht der Mann, eine noch so ehrliche Großzügigkeit zu akzeptieren.

„Sie irren sich, Herr Godeysen, Matthiasruh gehört nicht Lina von Pratt, sondern einzig und allein Ihnen. So war es der Wille des Verstorbenen. Ich habe auf Linas Wunsch das Testament gelesen. Der Mann seiner Tochter sollte der alleinige Herr über das sein, was er hinterlassen würde. Meinetwegen brauchen Sie sich nicht die geringsten Sorgen zu machen, und Linas wegen auch nicht. Ich finde ebenso leicht wie Sie eine Stellung, die meiner zukünftigen Frau und mir einen gesicherten Lebensstandard garantiert. Das Glück liegt nicht im Besitzen oder Erwerben, sondern nur im Geben. Darin gibt es zwischen Lina und mir keinen Meinungsunterschied."

Allzugern hätte ich jetzt ein paar persönliche Dinge über meine Frau erfahren, doch Lindemann erwähnte nichts weiter von ihr, und ich hielt die mir auf den Lippen schwebenden Fragen mit aller Gewalt zurück.

Dann mußte ich dem Gast von meiner Arbeit berichten. Er war ein aufmerksamer, interessierter Zuhörer und beherrschte die Materie bis ins kleinste.

Zum Schluß bat er mich, ob ich ihm nicht meine Pferde vorführen möchte. Das tat ich gern, und auch hier erwies er sich als aufgeschlossener Beobachter.

Nach der Arbeit mußte ich ihm noch einiges über meine Pferde erzählen und war erstaunt über seine fachmännischen Zwischenfragen.

„Es muß herrlich sein, ein Pferd ganz jung zu bekommen und mit ihm zusammen aufzusteigen. Rudolf Binding hat das so treffend ausgedrückt — wie sagte er doch, ich komme nicht darauf?"

„Du sollst nur jungfräuliche Pferde reiten, und ihre Jungfräulichkeit bewahren — meinen Sie das? Binding dachte an die innere Unberührtheit."

„Ja, das ist es. Man sollte diese Mahnung auch auf den Menschen anwenden. Es gibt so viel herrliche Aussprüche von Dichtern, Weltweisen und den Großen der Geschichte, die vom Gedanken des Reitens getragen sind. Es läßt sich viel — sehr viel — daraus lernen, aber nur für den, dessen Herz mit den Pferden verbunden ist. Da fällt mir ein Ausspruch des alten Perserkönigs Darius ein, den er sich selbst als Grabinschrift setzen ließ:

‚Ich war nicht zornmütig,
meine Leidenschaften
hielt ich streng im Zaum.
Ich war ein guter Reiter.'

Der Herr der damaligen Welt hielt nichts für wichtiger in seinem eigenen Nachruf als die Erklärung: ‚Ich bin ein guter Reiter!' Nicht etwa ‚ein großer Krieger'."

Dann machte ich Lindemann mit Lothringers bekannt. Er aß mit uns, ließ sich anschließend von Franz durch die Ställe führen, und blieb über Nacht. Die Rückfahrt am gleichen Abend wäre ihm sicher doch zu schwergefallen.

Am nächsten Mittag brachte ich ihn zu seinem Wagen. Bevor er einstieg, sagte er:

„Ich habe heute nacht über vieles nachdenken müssen, Godeysen. Wir beide haben manches Gemeinsame, im Guten wie — na sagen wir mal — im allzu Bedächtigen ... Ich kann mir vorstellen, daß Sie ebenso wie ich vor einer Tür stehen können, die Hand an der Klinke, und sie doch nicht herunterdrücken. Wir warten in so einem Falle beide darauf, daß uns jemand von drinnen öffnet. Wir fordern das Höchstmögliche vom Partner und vergessen vielleicht dabei, ob wir nicht selber den ersten Schritt unternehmen sollten. Aus dieser Erkenntnis heraus habe ich mir meinen Wahlspruch gemacht: ‚Laß mich alles Gute, das ich tun kann, j e t z t tun. Laß es mich nicht aufschieben oder vernachlässigen, denn ich werde diese Minute nie wieder erleben!' "

Er setzte sich ans Steuer, ich reichte ihm die Hand durchs Wagenfenster. Lindemann hielt sie fest umschlossen, mir war, als habe er noch etwas auf dem Herzen und traue sich nicht, damit herauszurücken.

„Erzählen Sie bitte ruhig den beiden Damen, daß Sie mich aufgesucht haben“, meinte ich, „und grüßen Sie sie von mir. Vielleicht komme ich nach Ostern vorbei.“

Lindemanns Augen leuchteten auf.

„Wir alle werden glücklich sein, wenn Sie kommen, alle drei. Das können Sie mir glauben, Godeysen.“

Immer näher rückt der Tag, an dem ich mit meinen beiden Pferden das M-Springen bestreiten werde. Und ebenso naht die Stunde, in der ich mich mit Nikoline treffe. Ich habe es mir überlegt, ich werde sie gleich nach dem Turnier anrufen, und wenn sie darauf besteht, komme ich auch nach Matthiasruh. Unter allen Umständen muß ich endlich Gewißheit über uns beide haben.

In Holstedt herrscht zur Zeit großer, ungewohnter Trubel, hervorgerufen durch zwei unerwartete Gäste, die ebenso wie Lindemann plötzlich kamen.

Ich stand gerade an der offenen Stalltür in einem Gespräch mit Schulte-Trach. Wir wollten uns demnächst an einer Kleinpferdeschau beteiligen und berieten, welche unserer Tiere dafür in Frage kämen, als aus dem Herrenhause mit hoher Lautstärke der Triumphmarsch aus Aida zu uns herüberklang. Das war für diesen sonst so ruhigen Betrieb etwas Ungewohntes. Sofia beschäftigte sich tagsüber meist mit dem Haushalt, dem Reitpferd oder den Schularbeiten ihrer Tochter. Franz hatte von sich aus wohl kaum einmal das Radio oder den Plattenspieler in Gang gebracht, obwohl er sich freute, wenn seine Frau ihm ein Abendkonzert bereitete. Aber diese festliche Musik am hellen Vormittag? Was mochte der Anlaß dazu sein?

Gleich darauf bekam ich eine unerwartete Erklärung — unverkennbar die Stimme:

„Amigo, Jürgen, wo steckst du alter Freund?"

Wir lagen uns in den Armen. Einfach großartig sah er aus — mein Freund Giani. Er trug einen hocheleganten, grauen Flanellanzug, um den Hals schlang sich ein rotes, weißgepunktetes Seidentuch, er war, da er soeben aus dem Süden gekommen war, braungebrannt, und seine schwarzen Augen blitzten mit den weißen Zähnen um die Wette, und seine Stimme überschlug sich fast vor Wiedersehensfreude.

Wenn er auch in letzter Zeit mit seiner Post äußerst sparsam gewesen war, so gehörte er doch zu den Freunden, von denen man noch so lange getrennt sein kann und mit denen man dennoch unveränderlich verbunden bleibt.

„Du, ich habe meine Braut mitgebracht, Gloria, die schönste und liebste und klügste und teuerste und . . . na ja . . . d i e Frau Italiens, für mich bestimmt. Ich habe so etwas Herrliches gar nicht verdient, amigo, kannst es mir glauben."

Eine sonor klingende Frauenstimme mischte sich in diesen Erguß ein:

„Selbsterkenntnis ist immer gut, sie müßte nur öfter kommen, Giani."

Ich wandte mich um. Eine große, schlanke, ich möchte beinahe sagen „königliche Frau" kam mir mit einem bezaubernden Lächeln entgegen. Giani schoß auf sie los, legte den Arm um ihre Taille und führte sie mir mit stolzgeschwellter Brust zu.

„Das ist sie, amigo, habe ich zu viel gesagt?"

„Viel zu wenig", lachte ich — sie reichte mir die Hand.

Gloria Feori lachte ein tiefes, warmes Lachen, das wie ein reiner Celloton beglückte:

„Die beiden Freunde scheinen noch vom Urwald her gut aufeinander abgestimmt zu sein. Ich freue mich sehr, Sie kennenzulernen, Jürgen Godeysen."

Gloria Feori sprach ein reines Deutsch. Und mein amigo hatte sich in der Zeit unserer Trennung ebenfalls in meiner Sprache ziemlich vervollkommnet. Als ich das erwähnte, erklärte er mir, seine Braut hätte in München zwei Jahre Musik studiert, und daß er sich mit seinem Schwager und seinem deutschen Freunde endlich einmal ohne Stottern unterhalten wolle, müsse ich doch begreifen.

Zu Ehren der Gäste zauberte Sofia ein festliches Abendessen auf den Tisch. Wir tranken ein paar gute Flaschen Mosel auf das Brautpaar.

„Wir heiraten im Monat Juni, amigo, in Rom, und du bist Trauzeuge, hörst du, und deine Frau kommt mit. Natürlich auch Franz, Sofia und Anke. Aber wir machen kein großes Fest, verstehst du, sondern feierlich im kleinen Kreis, dafür aber erstklassig. Das ist viel schöner, meinst du nicht auch?"

Ja, das fand ich auch. Und ich war freudig überrascht, welch guten Einfluß die schöne Mailänder Dame auf meinen guten amigo ausübte. Seine Urwaldmanieren und Ausdrücke hatte er restlos abgelegt. Er war wieder ein echter Sohn des klassischen und modernen Italien.

Sein Vater baute in Mailand noch ein zweites Warenhaus, und Giani wollte im Herbst die Leitung beider Häuser übernehmen. Gloria, die eine überdurchschnittliche Pianistin sein soll, verzichtete zugunsten ihrer Ehe auf eine Konzert-Laufbahn. Sie wollte sich nur noch im Dienste der Wohltätigkeit aufs Podium begeben.

Natürlich kamen wir auch auf Pferde zu sprechen. Gloria interessierte sich auch für den Reitsport und streute manche kluge Bemerkung in unser Gespräch. Ich erzählte ihnen, daß ich mir nach fleißiger Winterarbeit in einigen Tagen meine ersten Sporen auf einem öffentlichen Turnier verdienen wolle und mir sogar einige Hoffnungen mache, weil ich zwei gute Pferde für ein M-Springen zur Verfügung habe.

Besonders Giani bedauerte mit herzlichen Worten, daß sie nicht dabei sein könnten, aber Gloria erwartete gerade in diesen Tagen die Rückkehr von Verwandten, die in Bremerhaven aus Rio ankämen und die sie natürlich abholen müßten.

„Wir werden dir in Rom die Villa Borghese zeigen, amigo", beruhigte mich Giani, als er meine Enttäuschung sah, „du wirst dir wie in einem Traum vorkommen. Es ist immer ein bezauberndes Bild, das diese Stätte traditionsreicher, weltberühmter Reiterkämpfe bietet: der saftig-grüne Rasen, Teppiche farbenprächtiger Blumen und die leidenschaftlich mitgehenden Zuschauer in ebenfalls farbenfrohen Gewändern. Darüber spannt sich ein azurblauer Himmel — und auf dem Parcours die edelsten Vollblüter der gesamten Reiterwelt! Du wirst später auch einmal dort in den Sattel steigen, amigo, du hast das Zeug dazu!"

Es war wirklich erfrischend, den beiden zuzuhören, wie sie von ihrer Heimat schwärmten. Sofia wollte nicht zurückstehen und erzählte von ihrer Hochzeitsreise, die sie seinerzeit mit Franz durch ganz Italien führte.

„Weißt du, Jürgen, wir fuhren wie ein deutsches Ehepaar zunächst einmal nach Venedig. Ich kannte es bis dahin noch nicht. Ist das nicht verwunderlich?"

Das fand ich keineswegs und bemerkte, daß es Münchener gäbe, die in ihrem ganzen Leben noch keinen Berg bestiegen hätten, und Holstedter, die noch nie an der Ostsee waren.

Sofia wurde fast poetisch:

„Venedig ist keine Stadt, sondern ein Märchentraum. Du mußt dort glücklich sein, ob du willst oder nicht. Alles ist wie unwirklich, wie aus Meerschaum und Perlmutter gebaut, die Paläste im Widerschein der leichten Wellen irisfarben wie aus dem Meer geboren, der marmorgepflasterte weiße Marcusplatz mit den silbernen Kuppeln der Marcuskirche — es ist alles unvergeßlich für den, der es zum ersten Mal sieht."

Bis weit nach Mitternacht blieben wir an diesem Abend zusammen. Wir gingen dann allesamt die breite Holztreppe zu den Schlafzimmern hinauf. Vor meiner Tür blieben Giani und Gloria stehen, blickten sich verstohlen an und drucksten noch an irgend etwas herum.

„Wollt ihr noch was sagen, ihr zwei?“ fragte ich.

„Ja“, meinte der Freund, „als wir den Entschluß faßten, unsere Hochzeitsreise auf der Motor-Jacht zu unternehmen, bekam meine geliebte Gloria mal wieder einen tollen Einfall, der dich betrifft, amigo.“

Gloria Feori versenkte ihre Augen, deren Bläue einem Alpensee entliehen sein mußte, tief in die meinen:

„Jürgen Godeysen“, sagte sie, und ihre Stimme klang ein wenig unsicher, „Sie sind Gianis einziger Freund, und ich glaube, daß auch wir beide recht gute Kameraden werden; mein Verlobter und ich haben keine Geheimnisse voreinander, und da dachte ich mir, weil Sie bisher noch keine eigene Hochzeitsreise unternehmen konnten, daß es für uns alle sehr schön wäre, wenn Sie und Ihre Frau an unserer Seereise teilnehmen würden.“

Dieser Vorschlag traf mich wie ein Blitz aus heiterem Himmel. Es schien mir unmöglich, darauf etwas zu sagen. Wußte ich denn, wie mein Zusammentreffen mit Nikoline ausfallen würde? An sich wäre der Gedanke, mit meiner Frau und den beiden liebenswerten Menschen auf einer Jacht durchs Mittelmeer zu streifen, überwältigend schön. Zunächst suchte ich erst einmal nach Worten.

Giani nahm mir diese Sorge ab:

„Überlege es dir, amigo, wir haben noch zwei Monate Zeit, aber Trauzeuge mußt du sein, das erwarte ich von dir.“

Ich reichte beiden die Hand und fühlte mich vor so viel Freude schrecklich müde und abgespannt.

„Das ist doch selbstverständlich“, brachte ich mühsam hervor, „alles andere wird sich von selber ergeben.“

XI

„MORGEN“

„... MIT EINER, DIE MICH LIEB HAT“

Nun wäre aber wirklich aller Grund vorhanden, mit diesem Tagebuch aufzuhören. Das wahre lebendige Leben nimmt mich mit allen Fasern gefangen, es liegt so unendlich vieles vor mir, das ich mit meiner geliebten Frau plane und das wir gemeinsam anstreben werden. Doch ich denke mir, wenn vielleicht später einmal mein Sohn oder gar Enkel diese Blätter finden werden, in irgendeiner alten Kommode oder in des verblichenen ‚Großvaters' Jürgen Godeysen Schreibtisch, dann wird er wissen wollen, wie der Weg ins ‚Morgen' weiterging.

Diese unwiderruflich letzten Aufzeichnungen schreibe ich in Matthiasruh in unserem Zimmer. Ihr lest richtig: in unserem Zimmer, denn bei Nikoline und mir gibt es kein ‚mein' und ‚dein' mehr, sondern nur noch ein ‚uns'.

Ich habe nie gewußt, daß man mit denselben Augen den gleichen Ort einmal kalt, unpersönlich und häßlich, ein andermal ausgesprochen schön, romantisch und von eigener Art geprägt empfinden kann.

Wenn ich aus dem Fenster schaue, liegt das von Lina liebevoll gepflegte Hausgärtchen vor mir, das mit seinen Bäumen und Büschen, deren Knospen zwar kaum einen grünen Schimmer zeigen, und mit den ersten Osterglocken und Krokussen eine zarte und anmutige Ruhe ausstrahlt. Wie schön wird es hier erst im Sommer sein, wenn Stiefmütterchen und Rosenhecken, Nelken und Jasmin ihren betörenden Duft ausströmen, Hummeln und Bienen von Blüte zu Blüte tanzen und die Vögel ihre jubelnden Lieder singen.

Als ich vor wenigen Tagen in Holstedt mich von Lothringers verabschiedete, um zum Turnier zu fahren, wehte vom Meer her noch ein scharfer Wind, der den nahen Frühling nicht ahnen ließ. Wir machten keine großen Worte, ob und wann ich zurückkäme, diese Frage ließen wir offen. Ich war überzeugt davon, daß die Freunde gerne mitgefahren wären, doch sie erwähnten es mit keinem Wort, und ich forderte sie nicht auf. Vielleicht mochte es undankbar erscheinen, aber ich wollte allein sein, auf einem fremden Turnierplatz, unter unbekannten Kameraden, auf mich allein gestellt. Nur Hermann Schlochthauer ließ sich nicht abhalten, er hatte auch wirklich ein Recht, dabei zu sein, denn ohne ihn wäre ich nie zu meinem Charmeur gekommen. Allerdings wollte er erst kurz vor dem Turnier bei mir eintreffen.

Franz hatte mir den Volkswagen zur Verfügung gestellt, ich nahm mir am Ziel zunächst ein Hotelzimmer und fuhr dann zum Platz hinaus, um meine Pferde in Augenschein zu nehmen. Sie waren von Holstedt im Waggon verladen, ich wußte sie bei Goebel, dem bewährten Holstedter Pferdepfleger, in besten Händen und war deshalb nicht mit zur Verladestation gefahren.

Als ich in der Stallung die beiden Tiere wohlbehalten vorfand, saß ein mir Unbekannter neben ihnen. Der Mann sah mich fragend an, dann gab er mir eine unerwartete Erklärung:

„Ihr Pfleger — Sie sind doch Herr Godeysen? — der Goebel, wurde telegrafisch abberufen. Ich vertrete ihn — hoffentlich ist es Ihnen recht — ich habe seit Jahren in großen Gestüten und Ställen gearbeitet?“

Der Fremde muß es mir angesehen haben, daß ich mit diesem Tausch keinesfalls einverstanden war. Ich fand es geradezu unglaublich. Wie konnte man meine Pferde, ohne mich zu fragen, einem anderen Pfleger anvertrauen? Das war ein unerhörter Vertrauensbruch, der mich empörte.

„Herr Godeysen werden mit mir zufrieden sein", sprach der Neue, der Kroll hieß.

„Was für ein Telegramm?" wollte ich wissen.

Der Ersatzmann hob die Schultern.

„Weiß nicht genau, ich glaube, der hat ein Kind bekommen oder so?"

Diese Erklärung befriedigte mich nicht. Soviel mir bekannt war, galt Goebel als ausgesprochener Junggeselle. Als ich das dem Neuen sagte, meinte dieser lakonisch:

„Deswegen kann er doch Vater geworden sein?"

Dieser Logik konnte ich mich nicht verschließen, und so nahm ich den Tausch mit einem leisen Seufzer als gegeben an, trotzdem ich mir nicht erklären konnte, was Franz veranlaßt haben mochte, mir von dem Wechsel nichts zu sagen und einen mir völlig unbekannten Mann zu schicken.

Meine Erregung legte sich, als ich beim Satteln zusah. Die Pferde waren schon am Vorabend angekommen und sollten noch ein wenig Bewegung haben. Auf dem Abreiteplatz herrschte allerlei Betrieb — die Probesprünge wurden eifrig benutzt und außerdem wurde noch longiert — so machten wir einen gemeinsamen Ritt in den nahen Wald, zu dem ich dem neuen Pfleger die Stute überließ. Zu meiner Befriedigung stellte ich fest, daß er gut mit ihr fertig wurde. Er hatte einen tadellosen Sitz und eine ruhige, weiche Hand.

Gegen Abend traf ich in der Hotelhalle einige meiner zukünftigen Konkurrenten, die mich aufforderten, an ihren Tisch zu kommen, doch ich entschuldigte mich mit einem dringenden Weg. Ich setzte mich ans Steuer und fuhr noch einmal zu meinen Pferden hinaus, denn die Fahnenflucht meines sonst so zuverlässigen Goebel ließ mir trotz des guten Eindrucks, den ich vom Neuen gewonnen hatte, keine Ruhe.

Pferde sind bekanntlich sehr sensible Geschöpfe. Ihnen ausgerechnet am Vorabend eines Turniers einen neuen Pfleger vorzusetzen, das paßte mir nicht. Nun, ich würde der Sache schon noch auf den Grund gehen, sagte ich mir.

Meine Besorgnisse erwiesen sich zum Glück als unbegründet, ich fand alles in bester Ordnung vor, die drei hatten sich bereits sichtlich angefreundet. Kroll, darauf eingerichtet, die Nacht bei seinen Schützlingen zu verbringen, baute sich soeben ein Lager.

Der Abend war für die frühe Jahreszeit ungewöhnlich milde, wir setzten uns auf eine Bank neben der Stalltür.

Wie wohl das tat! Man atmete die würzige Abendluft und vernahm aus dem Stall heraus, der den größten Teil der für morgen eingesetzten Turnierpferde beherbergte, die wohlvertrauten Geräusche: Das Schnobern, Knarren und Scharren, das Rascheln des Strohs, dazu die gedämpften Stimmen der Betreuer — man konnte sich so recht entspannen und mit sich selber zu Rate gehen.

„Ein wunderbarer Frühlingsabend, ganz österlich", sagte ich vor mich hin.

Auf eine Reaktion rechnete ich nicht. Schon gar nicht auf die, die jetzt kam. Kroll deklamierte mit leichtem Pathos . . .

„In solcher Nacht
verleumdete die art'ge Jessica
wie eine kleine Schelmin ihren Liebsten,
und er vergab es ihr."

„Kaufmann von Venedig", fügte er noch hinzu und schob sich ein Stück Kautaback zwischen die Zähne.

Was sollte ich dazu sagen? War der Bursche vielleicht früher einmal beim Theater? Die Aufklärung folgte sogleich, wenn auch nur in Stichworten:

„Ich war mit einer Souffleuse befreundet — in Brieg am Stadt-Theater arbeitete sie — wir wohnten eine Weile zusammen — ich mußte ihr oft die Rollenbücher einstreichen — da lernte ich so manches."

Mich interessierten im Augenblick ganz andere Dinge, drum lenkte ich das Gespräch auf meine Pferde. Krolls Augen leuchteten auf, er fand sie in ausgezeichneter Verfassung, glänzend gepflegt und meinte bescheiden, er sei froh, mir dienen zu können. Das klang ehrlich, der Mann gefiel mir immer besser, trotzdem ich mich innerlich dagegen wehrte.

Wieder überraschte er mich mit einem ungewöhnlichen Zitat:

„Ich hoffe, all das Vergangene
zu tilgen, das Zerrüttete wieder
herzustellen und in den Augen der
Welt wieder zum ehrlichen Manne zu werden.
Clavigo 2. Akt."

Ehe ich mich dazu äußern konnte, sprach er weiter:

„Ich habe sie auf der Flucht verloren — die Souffleuse — 1944 — hätte sie ja längst suchen können — aber man hat so viel zu tun — werde es jetzt machen — habe ich mir soeben vorgenommen — ist ja nie zu spät."

Da hatte er zweifellos recht, es war nie zu spät, eine Unterlassungssünde wiedergutzumachen.

„Verheiratet waren Sie nicht mit der Dame?" fragte ich ihn, um etwas Interesse zu zeigen.

„Nein, nein, nein!" deklamierte er —
„Zum Weibe, wenn ich sie gleich liebe,
begehre ich sie nicht.
Graf von Strahl — Käthchen von Heilbronn."

Ein merkwürdiger Vogel, dieser philosophierende und Zitate beherrschende Flüchtling aus Schlesien. Nun, jedenfalls verstand er etwas von Pferden, und das war für mich ausschlaggebend. Mir blieb auch keine andere Wahl.

Am nächsten Morgen stand ich sehr zeitig auf. In den Ställen herrschte bereits reges Leben, denn außer mir waren zu dieser Stunde schon viele andere Teilnehmer bei ihren Pferden.

An die Stalltüre angelehnt, nahm ich das Bild dieses Frühlingsmorgens in mich auf. Die ersten Sonnenstrahlen zerteilten den Frühnebel, der grüne Rasen leuchtete wie von Millionen Brillanten übersät, die Forsythien-Büsche glühten gelb und saftig im goldenen Licht des Sonnenballs, der immer feuriger seine Bahn zog. Glockenklang wehte von der Stadt zu uns her — Ostern — fast hätte ich es vergessen.

Klang das Wiehern der Pferde, das Singen der Vögel an diesem Morgen nicht inniger und heißer? Mir schien es so — die ganze mich umgebende Welt jubelte.

Ostern, Fest der Auferstehung!

Gewaltsam holte ich mich zur Erde und ihren Realitäten zurück.

Nun stand ich also vor meiner ersten größeren Prüfung, bisher hatte ich nur an ländlichen Veranstaltungen teilgenommen und ein paar Schleifen in Klasse A und L gewonnen. Bei diesem Osterturnier wollte ich mir nun Zeugnis ablegen, ob ich gut mit den Pferden gearbeitet hatte. Ich gestand mir ehrlich ein, daß ich diesmal den Sieg wollte und brauchte. Nicht wegen einer goldenen Schleife, sondern als Bestätigung meines wiedergefundenen Selbstvertrauens. Aber auch eine Niederlage wäre keinesfalls ein Grund in das Gott sei Dank überwundene Minderwertigkeitsgefühl zurückzufallen. Es spielten ja so viele unerwartete Dinge bei einem solchen Turnier mit. Wer nicht lächelnd verlieren kann, hat sowieso auf einem Turnierplatz nichts zu suchen.

Heute wollte ich eine Prüfung vor mir selber ablegen. Ich bin der Sohn Kaspar Godeysens, also muß ich reiten. Daß ich das kann, werde ich beweisen.

Die ganze Stadt hatte zu Ehren des Turniers ein festliches Kleid angelegt. Girlanden, Transparente und ein Wald von Fahnen beherrschten das Straßenbild. Kraftfahrzeuge aller Art in nicht abreißender Kette bahnten sich schon eine gute Stunde vor Beginn den Weg hinaus.

Über allem aber lachte die Ostersonne, als freue sie sich selber über das erste Turnier des Jahres.

Wilhelm — ich hatte mich mit dem alten Pferdeburschen und seinen Zitaten wohl oder übel abgefunden — strahlte eine wohltuende Ruhe aus. Wir setzten uns wieder an die Stalltüre und rauchten eine Zigarette, als ob uns das emsige Treiben um uns herum gar nichts anginge.

„Mein Vater sagte, man müsse die große Ruhe empfinden, die von innerer Sammlung und Ausgeglichenheit ausgeht, und hinter der man ein unsichtbares Lächeln ahnt. Dann kann man auch eine große Leistung vollbringen", hörte ich mich sprechen und fühlte mich in eben dieser Ruhe geborgen.

Der Pferdepfleger kaute an seinem Zigarettenstummel und nickte mir bedächtig zu.

Der Nachmittag begann mit einem L-Jagd-Springen, dem die Hauptprüfung einer M-Dressur folgen sollte. Dann kam das M-Zeitspringen, für das ich gemeldet hatte, weil ich mir hier die besten Chancen ausrechnete.

Die Schönheit vollendeter Dressur begeistert ja nicht nur den Sachverständigen, auch die vielen hundert Zuschauer standen ganz im Banne dieser Gemeinsamkeit von Reiter und Pferd.

Die Reitkunst ist der Ausdruck einer in liebevoller Arbeit geprägten Kultur. Es ehrt den Menschen, daß man nicht an Drill und Zwang bei dem Worte Dressur denkt, sondern an Kammermusik und klassische Harmonielehre. Hier sieht man es deutlich, daß Reiten eine Kunst ist, die auszuüben nur der berufen sein wird, der sich mit ganzer Seele bemüht, in das Herz seines Pferdes einzudringen. Mit Gewalt geht es nicht, denn nicht das Pferd soll sich dem Reiter anpassen, sondern der Reiter dem Pferde. Durch die Gymnastik soll die Entwicklung des Tieres in seiner natürlichen Gangart angestrebt werden.

‚Alle Hilfen müssen — das gilt vielmehr noch für die Dressur als für das Springreiten, unsichtbar sein. Sobald man sie erkennt, sind sie keine harmonischen Hilfen mehr . . .‘

Plötzlich war ich ganz weit weg und landete mit meinen Gedanken auf dem Fohlenhof meines Vaters, der mir eben diese Lehre auseinandersetzte.

Erstaunlicherweise wußte ich sogar, wann er mir diese Sätze gesagt hatte, im Sommer, es muß in den großen Ferien gewesen sein. Ich war vielleicht sechzehn Jahre alt — unser Fohlenhof lag ein paar hundert Meter vom Haff entfernt, auf der Halbinsel Wollin — tatsächlich sah ich jetzt, wenn ich die Augen schloß, unser langgestrecktes ebenerdiges Haus vor mir — mit dem grünen Schindeldach — und dahinter im Rechteck die neuen weißen Stallungen, die mein Vater im Frühjahr bauen ließ und in denen er die Zuchtstuten unterbringen wollte.

Weiterhin sah ich auch die wenigen Lebewesen, die uns umgaben, deutlich vor mir — Luise, die rundliche Köchin, die eigens für mich jeden Sommer einen großen Steintopf Quittengelee einmachte, die beiden Hausmädchen, die in Vaters jungen Pferdepfleger verliebt waren und die paar Tiere, die unsern Hof belebten. Drei Pferde, zwei Kühe, eine Handvoll Hühner und zwei stämmige Rottweiler — das war wohl alles.

Meine erste Schulzeit verbrachte ich in Swinemünde. Unser Nachbar, der in dem Seebad als Zahnarzt tätig war, nahm mich morgens mit dem Wagen mit und holte mich auch wieder ab. Später kam ich aufs Gymnasium nach Stettin — — lieber Gott ja, mir fiel so unendlich vieles wieder ein . . .

Daneben lernte ich alles, was ein junger Reiter wissen muß. Bei jeder Gelegenheit ritt ich mit Vater querfeldein, weit ins Land hinaus bis an die Küste. Ich war sehr stolz, als er mich dabei eines Tages in seine Pläne einweihte. Es war sein großer Wunsch, eine eigene kleine Zucht, bei der er, wie immer in seinem Leben, das Höchstmögliche voraussetzte, aufzubauen.

Er suche schon ziemlich lange nach einigen Stuten, die er als Grundstock zu erwerben gedachte ...

‚Pferdezucht ist kein Luxus, mein Sohn, sondern eine
Notwendigkeit. Motorsport muß auch sein, aber das
Pferd wird immer seinen gebührenden Platz in der
Welt behalten. Züchterschaft, Reiter und Vereine
müssen eine unerschütterliche Einheit bilden, um die
Erhaltung des Pferdes und um die Heranbildung
fairer Reiter.'

Er war ein einmaliger Pferdenarr, mein Vater!

‚Unsere Arbeit ist eine Arbeit des Idealismus, der
höheren Menschengeltung. Wir sind dazu da, diese
zu verwirklichen.'

So ungefähr predigte er. In seinem Arbeitszimmer, das eine umfassende Bibliothek mit Fachwerken über das Pferd — auch fremdsprachlichen — enthielt, und dessen eine Wand mit Schleifen, Silberschildern und Plaketten bedeckt war — hing ein Zitat Bindings, das er sich einst zum Leitmotiv erkor ...

‚Ärgere Dich nie über Dein Pferd —
Du könntest Dich ebensowohl
über Deinen Spiegel ärgern!'

Ich legte beide Hände an die Schläfen und war überwältigt, wie die Bilder aus meiner Kindheit, die so viele Jahre in ein Dunkel getaucht waren, wieder an die Oberfläche kamen.

Stürmischer Applaus und Bravorufe holten mich in die Gegenwart zurück, die Dressurprüfungen waren zu Ende gegangen.

Wie immer führte ich mit Carmencita vor der Arbeit ein kurzes Gespräch. Sie brauchte das und wartete wohl schon darauf. Auch für mich war diese freundschaftliche Aussprache ein Bedürfnis, denn damit stellte ich den ersten Kontakt her, das Gefühl der Zusammengehörigkeit für die nun folgende Arbeit. Die Stute war, so bildete ich mir jedenfalls ein, nicht mit einem üblichen „so brav, mein Pferd" zufrieden, ich mußte wie zu einem Menschen mit ihr sprechen. Ich legte meinen Kopf an ihren Hals und fuhr ihr zart über die weichen Nüstern.

„Gleich geht's los, Fräulein, mach mir keine Schande."

Die Brave wendete den Kopf und sah mich an, als ob sie erwidern wollte:

‚Keine unnötige Aufregung, von mir aus geht alles klar.'

Charmeur stieß mich mit der Stirne sacht in den Rücken und wieherte ganz leise auf. Mit dem freien Arm zog ich den Wallach dicht an mich heran, so daß ich zwischen meinen Pferden stand.

„Hab keine Angst, alter Junge, ich vergesse dich schon nicht. Du sollst heute noch dein Meisterstück ablegen."

Am Abreiteplatz machte ich die Stute und mich langsam warm und locker. Da die Pause schon abgelaufen war, umstanden kritische Beobachter den Ring und sahen uns aufmerksam zu. Inzwischen war die Startfolge ausgelost worden. Ich erwischte mit Carmencita die Nummer 14 und mit Charmeur die 42, besser konnte ich es kaum treffen.

Den Parcours hatte ich mir vorhin beim Abschreiten genau eingeprägt. Ausgesprochen leicht hatte man es uns nicht gemacht — besonders die doppelte Mauer, die als vorletztes Hindernis aufgebaut war, schien mir mit ihren sieben Metern Abstand schwierig, weil sich meine Stute im Sprung sehr fliegen ließ und ich immer darauf achten mußte, daß ich solche Doppelsprünge nicht in zu schneller Fahrt anging. Das Billard sah ich für beide Pferde als ein Gefahrenmoment an, denn ich hatte bisher wenig Gelegenheit gehabt, den Auf- und Tiefsprung mit ihnen zu üben. Abgesehen von diesen, für mich zu beachtenden Tücken waren die Hindernisse fair und einladend aufgebaut. An zwei Stellen war aber sehr gute Wendigkeit der Pferde erforderlich, denn gleich hinter der grauen Mauer, die mit davor gestellten Blumenkästen eine Absprungerleichterung erhalten hatte und daher zu einem schwungvollen Sprung reizte — mußte um 180 Grad in entgegengesetzter Richtung gewendet werden. Da waren mit wendigen Pferden kostbare Sekunden zu gewinnen. Auch die dreifache Kombination erforderte nach dem weiten Sprung über den Graben ein schnelles Durchparieren, um nicht mit zu großer Fahrt an die Kombination zu kommen.

Wie froh war ich, daß mir zwei Pferde zur Verfügung standen. So hatte ich doch die Möglichkeit, mit Charmeur zu vermeiden, woran die Stute eventuell scheitern könnte. Meine gefährlichsten Gegner würden daher diejenigen sein, die, ebenso wie ich, zweimal über den Parcours gehen konnten. Da war vor allem Hewers, ein junger Reederssohn aus Hamburg und dann Carla Freyberg aus Kiel. Beider Eltern waren in der erfreulichen Lage, ihren Kindern ein paar gute Springpferde zu halten.

Doch auch einige von den jungen Landwirten hatten mehr als ein Pferd in der Konkurrenz, und ich wußte, mit welchem Schneid, wenn auch nicht immer mit der nötigen Grundausbildung, sie über die Sprünge gingen. Das Hauptmotiv ihrer allzu frühzeitigen Teilnahme an Konkurrenzen war oft einzig und allein das Bestreben, ihre Pferde zu zeigen, um sie möglichst schnell und gut verkaufen zu können.

Endlich war es soweit. Meine Startnummer wurde aufgerufen, und ich ritt durch den Einlaß vor das Richterhäuschen. Leicht und federnd trabte die Stute über den Rasen, die Menschen ringsum schienen ihr nicht den geringsten Eindruck zu machen. Sie wähnte sich wohl immer noch auf unserm kleinen Reitplatz in Grüntal. Wir fühlten uns beide in bester Form, meine vierbeinige Freundin und ich.

„Nummer vierzehn, Herr Godeysen auf Carmencita", verkündete eine Stimme aus dem Lautsprecher.

Ich zog meine Kappe zum Gruß vor den Richtern. Dann warf ich einen flüchtigen Blick in die Zuschauermenge — im gleichen Augenblick, in dem ich zum Startplatz reiten wollte, stockte mir das Herz.

War das möglich oder narrte mich meine Phantasie?

Eingekeilt zwischen Schlochthauer und — nein, das konnte doch nicht wahr sein — — Giani? — — erblickte ich das Gesicht, das mir in den vergangenen drei Jahren Tag für Tag erschienen war, bei geschlossenen und offenen Augen, im Wachen und Träumen, im Hoffen und Zweifeln ... und der Ausdruck war der gleiche wie damals, als er mich zur Flucht trieb ... Mitleid!

Statt mich nun voll und ganz auf meinen Ritt zu konzentrieren, ließ ich meinen Gedanken freien Lauf ...

Schlochthauer ... das wußte ich ja, der war hier — — aber Giani? Der amigo wollte doch heute mit seiner Frau in Bremerhaven sein? Nun gut, vielleicht hatte er sich in letzter Minute freigemacht. Doch meine Frau? Wie kam sie hierher? Woher wußte sie, daß ich heute hier in den Sattel steigen würde? Und wieso saß sie zwischen meinen beiden Freunden, die ihr doch unbekannt sein mußten. Ein Zufall? Nein, an Zufälle glaubte ich nicht. Täuschte ich mich? Spielten meine angespannten Nerven mir einen Streich? Diesmal nicht, es war bestimmt Nikoline! Aber so leicht warf mich nichts mehr um, nicht einmal das Mitleid meiner Frau!

„Herr Godeysen, sind Sie bereit?"

Lieber Vater, ich stand mit meiner Stute am Start und schlief mit offenen Augen. Ich riß mich zusammen, neigte mich zu meinem Pferde und gab es mit einem „Mach's gut, Mädel", frei.

Carmencita zeigte sich von Anfang an als geschmeidige Springerin. Fließend die erste Hürde ... die Bahnschranke ... den Oxer ... das grüne Gatter. Fehlerfrei flog sie über den Graben — — und nun hieß es, das Tempo verkürzen, denn die Stute legte los, als ob sie die Dreier-Kombination mit einem Satz bewältigen wollte ... hinreißend nahm sie den ersten

Sprung ... den zweiten ... fand großartig ihre Füße ... stutzte den Bruchteil einer Sekunde ... blitzschnell gab ich ihr Hilfe ... aber der Absprung kam einen Atemzug zu spät ...

Von der Hinterhand kaum bemerkbar berührt, fiel die Stange hinter uns zu Boden ...

Ein gedämpfter Schrei der Enttäuschung wehte von den Rängen zu uns.

„Bleib nur ruhig, mein Herzchen", besänftigte ich die Stute, „das sind erst fünf Sekunden, das können wir uns erlauben."

Sie nahm das Billard mit schwebender Leichtigkeit ...

‚Bravo ... und jetzt die ersten Sprünge noch mal von der andren Seite, meine Kleine, so ... prima genommen, Mädel, wenn wir mit den fünf Strafsekunden davonkommen, das wäre großartig ... jetzt paß auf ... die doppelte Mauer ... sieht gefährlich aus, und ist es auch ... schöööön ... noch die Trippelbar ... so, und jetzt sieh zu, daß wir noch Zeit rausholen ... Mädel, du warst ganz groß, Charmeur wird sich anstrengen müssen, es dir gleichzutun.'

Prasselnder Beifall unterbrach die atemlose Stille, die uns bis auf den einen Aufschrei während des ganzen Ritts begleitet hatte. Ich tätschelte der braven Stute anerkennend den Hals.

„Godeysen auf Carmencita 82,0 Sekunden", kam es aus dem Lautsprecher, als wir den Parcours verließen.

Das war keine schlechte Zeit — das war sogar eine hervorragende Zeit — das hatte ich der Stute niemals zugetraut.

Wilhelm stürzte mir mit vor Erregung hochrotem Gesicht entgegen, er sagte nichts, nicht einmal eines seiner brühmten Zitate fiel ihm ein, aber dafür verzog er die Lippen zu einem anerkennenden Flunsch und nickte mir mit frohen Augen zu. Dann umarmte er die Stute und murmelte ihr ein paar für mich leider unverständliche Worte ins Ohr. Die erste Schlacht war geschlagen, und zwar mit einem unerwarteten Erfolg. Bei aller Springfreudigkeit hatte ich ihr eine solche Zeit nicht zugetraut. Heute war sie dahingestürmt wie ein Fuchs, dem die Meute schon dicht an der Rute sitzt. Sie lag bis jetzt noch an dritter Stelle, trotz der fünf Strafpunkte, aber bis zu meinem zweiten Ritt würde es unter den 27 Teilnehmern eventuell noch eine ganze Anzahl mit besseren Zeiten geben. Ich nahm mir vor, einige der favorisierten Reiter anzusehen. Wo lagen die Klippen für die meisten — wo konnte ich mit Charmeur Zeit gewinnen? Durch forciertes Tempo oder Kürzen der Wendekurven — ich konnte meinem Burschen in dieser Hinsicht schon einiges zumuten.

Die Stute überließ ich Wilhelm, mit dem Auftrag, Charmeur fertigzumachen und zum Abreiteplatz zu bringen. Ich hatte ja eine gute Stunde Zeit, bis ich mit der Startnummer 42 an die Reihe kam.

Gerade als ich an der Einlaß-Schranke stand, um den ersten Ritt der jungen Kielerin zu verfolgen, eilte Schlochthauer auf mich zu. Er strahlte vor Freude übers ganze Gesicht:

„Jürgen, min Söhn, das war ein sauberer Ritt, den du uns da mit deiner Carmencita hingelegt hast. Alle Achtung! Bis jetzt die drittbeste Zeit!"

Ich überhörte sein Lob, erst sollte er mir Rede stehen:

„Wer ist die Dame neben dir?"

Hermann machte sein unschuldigstes Gesicht:

„Dame? Was für eine Dame? Ich bin ganz allein hierhergefahren."

„Allein hierhergefahren, das glaube ich dir, du bist nicht dumm, Hermann, aber sage mir wenigstens, wer der Herr an der anderen Seite der Dame ist?"

Der Pferdefreund sah mich an wie ein dreijähriger Junge . . .

„Ein Herr?", staunte er — „habe ich gar nicht gesehen."

Dann nahm er eine alte Sport-Zeitung aus der Tasche und hielt sie mir hin . . .

„Du Heimlichtuer, du bist doch schon im letzten September in Kassel geritten, warum hast du mir denn nichts davon gesagt?"

„Was ist das für ein Märchen?", brummte ich unwillig zurück.

„Kein Märchen — da steht's — Sieger im Zweipferde-Springen Godeysen auf Nicoline und Nikolaus! Ja, min Söhn, es kommt alles ans Tageslicht. So, und jetzt zeig mal, was du noch kannst!"

Mit einem Lachen verschwand er in Richtung der Tribüne.

Ich sah ihm einen Moment verblüfft nach ... Godeysen auf Nicoline und Nikolaus? ... in Kassel ... Schlochthauer ... Giani ... Nikoline? .... na, da schien ja eine ganz schöne Verschwörung gegen mich im Gange zu sein ... vielleicht wurde mir auch von dieser Seite der Wilhelm serviert? Na wartet, ich komme schon noch dahinter, meine Freunde!

Beim Lesen dieser Zeilen wirst du, geliebte Nikoline, dir sicher denken: da spricht dieser Mann nun drei Jahre lang von Liebe und gibt sich, obwohl er mich in seiner unmittelbaren Nähe wähnt, mit einer Selbstbetrachtung zufrieden, anstatt alles stehn und liegen zu lassen und sich augenblicks zu überzeugen, ob sich sein Verdacht bestätigt.

Du wirst mich verstehen, Liebste, ich wollte erst dann vor dich hintreten, wenn ich nach meinem Ritt auf Charmeur meine reiterliche Pflicht erfüllt hätte.

In den Minuten, in denen meine Gedanken auf der Tribüne verweilten, absolvierte Fräulein Freyberg ihren ersten Ritt. Ich vernahm nur noch das Ergebnis: 85 Sekunden, eine Zeit, die für mich also bis jetzt keine Gefahr bedeutete.

Auf keinen Fall wollte ich nun auch noch den ersten Ritt von Hewers versäumen und konzentrierte mich auf den Parcours und was darauf vor sich ging. Bis der blonde Junge mit seiner bildschönen Holsteinschen Fuchsstute einritt, fand ich meine bisherigen Erfahrungen bestätigt. Die Doppelmauer entpuppte sich für viele Pferde als eine Falle, mancher Reiter ging diesen Doppelsprung in zu großer Fahrt an, andere wieder verloren kostbare Sekunden in der Wendung nach der Parkmauer. Hier galt es also aufzupassen.

Natürlich gab es mehrere fehlerfreie Ritte, aber nur zwei mit einer besseren Zeit als Carmencita. Ich lag mit ihr also immer noch an fünfter Stelle, denn Hewers kam trotz eines sehr schneidigen Rittes auf 90 Sekunden. Nun hatte ich genug gesehen und kannte mein Programm: Schnell reiten, alle Chancen der Kurventechnik ausnützen und doch kühl und beherrscht vor und zwischen den Sprüngen bleiben. Wenn ich auf Sieg reiten wollte, durfte es keine Zeitfehler geben... und ich wollte!

Als ich eine Viertelstunde später zum zweitenmal vor dem Richterturm hielt, stand Charmeur wie ein Denkmal, ruhig aber doch aufmerksam und mit gespitzten Ohren. Seine Ruhe und Zuversicht übertrugen sich auf mich, ich war in diesem Augenblick sehr stolz auf mein Pferd.

Im Abdrehn zum Aufgalopp vor der Startlinie fing mein Blick drei Menschen ein, die mir mit lachenden Gesichtern zuwinkten — in den Augen der überglücklichen Frau in der Mitte las ich jetzt das, was ich seit Jahren zu entbehren glaubte: reine, überströmende Liebe!

„So, Charmeur, jetzt kommt es darauf an, wir müssen zeigen, was wir können! Die geliebte Frau soll wissen, daß sie jetzt endlich wieder einen richtigen Mann hat!"

Wenn es auch ein wenig absurd klingt, mir war, als ob der Wallach lachte.

Noch nie war ich mit solchem Elan und so viel Lebensfreude an eine vor mir liegende Aufgabe gegangen. Ich gab mein Pferd frei und — weiß der Teufel, wie es geschah — ich muß wohl für den Bruchteil einer Sekunde mit meinem Blick zur

Tribüne hin abgerutscht sein, statt mich ganz auf das erste Hindernis zu konzentrieren.

Ein „Oh“ ging durch die Menge ... Charmeur hatte ausgerechnet das erste, das leichteste Hindernis, eine Hecke mit Stange, hörbar angeschlagen. Ein schneller Blick über die Schulter — die Stange war oben geblieben.

Da hatte ich nun unzählige Reiterbücher gelesen, ja, studiert, kannte eine Menge Sprüche auswendig, und dennoch vergaß ich den einen, der mir soeben fast jede Chance nahm:

‚Im Übermut besonnen bleiben!‘

Als ob der Wallach sein Versehen wieder ausbügeln wollte, ging er jetzt frisch und willig, taxierte die beiden Eisenbahnschranken sicher, hatte zwar noch etwas Widerstand im Maul, aber von da an fanden wir unsere gewohnte Harmonie wieder. Er überflog den Oxer, und ließ sich vor dem steilen, grünen Lattenzaun auf der Schmalseite der Bahn gut aufnehmen.

Gleich aus der Kurve heraus kam der Graben. Mein Herz schlug höher, als er ihn losgelassen und in herrlicher Streckung fliegend überwand. Ich verkürzte das Tempo und brachte das Pferd in die nötige Spannung für die nun folgende Dreierkombination. Charmeur ging mit der Gleichmäßigkeit eines alten routinierten Springpferdes. Das beflügelte mich und gab mir zugleich ein Gefühl der Sicherheit. Es war, als wüßte er, mit welcher an Besessenheit grenzenden Leidenschaft ich heute ritt. Es ging nicht nur um mich, es ging auch um Nikoline — um uns!

Gleich nach diesem Dreifachsprung kam die graue Mauer. Mit hoher Fahrt ging ich sie an, nach dem Sprung hieß es durchparieren für die Kehre um 180 Grad. Diese scharfe Parade tat mir fast selber weh, aber hier galt es, Sekunden herauszuholen. Noch mitten in der vollen Parade warf ich mich nach links zur Seite, so daß fast eine Kurzkehrtwendung daraus wurde.

„So brav!“, rief ich meinem Pferde zu und stellte es auf den nun folgenden Steilsprung ein. Die fünf rotweißen Stangen dicht übereinander sehen nicht sehr einladend aus, aber was Carmencita geschafft hatte, konnte für ihn kein Problem sein. Er fand den Absprung ganz sicher und hob sich mit langem Hals und gewölbtem Rücken — welch ein Glücksgefühl. Mein Herz schlug frei und unbeschwert wie nie zuvor.

Jetzt das Billard. Der Wallach schien ein wenig erschrocken, als er plötzlich oben landete, aber das war schnell überwunden, und nach dem Absprung brachte ich ihn gleich auf volle Fahrt, denn nun kamen noch einmal die vier Sprünge, die wir in entgegengesetzter Richtung schon einmal genommen hatten.

Der Kurs mit seiner bunten Folge von Hoch- und Weitsprüngen zwang zu schnellem Galoppieren zwischen den Hindernissen, und das lag uns beiden ganz besonders. Wie selbstvergessen und mit einer unheimlichen Ruhe steuerte ich Charmeur gegen die Sprünge, um ihn dann mit geballter Verve hinüberzuwerfen.

Am Wendepunkt ließ sich der Gute wie auf einem Teller drehen, und zog willig die beiden rotweißen Mauern an... „seeehr gut, mein Pferd!“

Im weiten Abstand die Trippelbarre. Hier konnten wir noch einmal auf Tempo gehen, schon, um den nötigen Schwung für diesen letzten Hoch- und Weitsprung zu gewinnen.

Im Gefühl des bisher fehlerfreien und herrlich schnellen Rittes war ich diesen letzten Sprung doch wohl ein wenig zu hitzig angegangen. Charmeur drückte sehr früh ab und flog in einem gewaltigen Satz über die drei Stangen. Im gleichen Augenblick hörte ich den Anschlag eines Hufes und in das „Oh“ des Publikums mischte sich der Schreck, daß wir uns am letzten Sprung noch Strafsekunden zugezogen hatten.

Nur nicht umsehen während der letzten Meter bis zum Ziel! Vielleicht ist es nochmal gut gegangen...

Brausender Beifall riß mich aus dem Trance-Zustand in die Wirklichkeit. Ich blickte mich um und stellte aufatmend fest: Verdammtes Glück gehabt, die oberste Stange zitterte zwar noch, aber sie war oben geblieben!

Liebevoll klopfte ich meinem vierbeinigen Freunde den Hals ... ‚Junge, Junge — ich glaube, wir haben eine prächtige Zeit herausgeholt!'

Noch ehe wir den Ausgang der Bahn erreicht hatten, wurde meine Neugier befriedigt.

„Herr Godeysen auf Charmeur — — 71 Sekunden."

Wieder brauste ein langanhaltender Beifall auf, denn das war bis jetzt die beste Zeit des Tages.

Wilhelm war zur Stelle, als ich auf dem Abreiteplatz durchparierte. Noch ehe ich aus dem Sattel war, tat er das, was alle Pferdepfleger in solchen Fällen tun, er faßte in die Hosentasche und belohnte Charmeur mit ein paar Zuckerstückchen. Erst dann wendete er sich zu mir:

„Das war ein toller Ritt, Herr Godeysen — einfach großartig! Ich habe es gestern schon gesagt, in dem Wallach steckt Klasse. Man soll ja nicht zu früh gratulieren, aber ... "

Ich fiel ihm ins Wort:

„Warten wir es also ab, noch steht Carla Freybergs zweiter Ritt aus."

Drei Menschenkinder rasten auf uns zu, ich sprang aus dem Sattel und riß Nikoline in überströmender Glückseligkeit an mein Herz. Tränen schossen ihr aus den Augen, wir blickten uns stumm an, und ich las nichts als Liebe, reine, alles verzeihende, alles verlangende und zu allem bereite Liebe darin.

„Evviva il cavallo Charmeur!", schrie Giani und schlug mir ebenso wie Hermann von der anderen Seite auf den Rücken.

Dann wandten wir uns alle vier dem Pferde zu, das, von Wilhelm liebevoll gestreichelt, mit gespitzten Ohren aufmerksam zu uns hersah.

„Na, Wilhelm, was sagen Sie jetzt?", meinte Schlochthauer.

Der gutmütige Schlesier brachte keinen Laut hervor, seine Hand glitt nur immer wieder über Charmeurs Hals und Kopf.

„Gar kein Zitat, Wilhelm?" fragte Nikoline.

Ich stutzte und sah sie erstaunt an.

„Zitat? Woher weißt du denn ...?", stammelte ich verwundert.

„Oh, das wissen wir doch alle, wir waren doch Gäste ein paar Tage auf Matthiasruh, nicht wahr, Herr Schlochthauer?", lachte Giani und weidete sich an meiner Überraschung.

„Also doch eine Verschwörung!", sagte ich und fand die endgültige Bestätigung in den leuchtenden Augen meiner Freunde.

Inzwischen hatte Wilhelm seine Sprache wiedergefunden:

„Ich hab eins", triumphierte er und rezitierte, mit verschmitztem Lächeln ...

„Ei, nun wird's Zeit
Ihn aus dem Traum zu schütteln,
Erwacht doch, Herr!
Wenn ihr das Mädchen liebt,
so denkt sie zu gewinnen.'

Widerspenstigen Zähmung, 1. Akt, 1. Szene."

Alle lachten hellauf.

Diesen prachtvollen Burschen habt ihr mir sicher auch hergeschickt?", trumpfte ich auf.

Bevor einer etwas erwidern konnte, mischte sich eine Ansage aus dem Lautsprecher ein:

„Carla Freyberg auf Schneeball."

„Die müssen wir uns ansehen", rief Schlochthauer und zog Giani mit sich fort ... „kommen Sie, Frau Godeysen."

Nikoline legte ihren Kopf an meine Schulter ...

„Bis gleich, Liebster."

„Bis gleich ... und dann soll uns nichts mehr trennen."

Fast gewaltsam riß sie sich von mir los...

„Ach, Reiterlein, es ist des Glücks fast zu viel."

Bis ich meinen alten Beobachtungsplatz an der Barriere erreichte, hatte Carla Freyberg bereits den Graben genommen. Das blonde Mädchen absolvierte den letzten Gang des Springens und war die einzige, die mir meinen Sieg noch streitig machen konnte. Hewers hatte mit seinem zweiten Pferd viel Pech gehabt — einmal gerissen — und dann verweigerte sein bewährter dunkelbrauner Wallach die zweite Mauer. So ging viel Zeit verloren.

Ich sah sofort, daß auch Carla versuchte, ihren Ritt aus einem Elan heraus zu gestalten — der entweder mit dem Sieg oder mit vollem Mißerfolg endet. So ging sie die dreifache Kombination ein wenig zu schwungvoll an — die Schimmelstute kam vor dem Oxer aus dem Tempo, schnellte sich katzengleich über das Doppelrick, mußte für den dritten Sprung sehr früh abdrücken, touschierte ziemlich hart — aber das Gatter blieb in seiner Auflage.

Die mich umgebenden ländlichen Reiter, die genau wie ich mit gespannter Aufmerksamkeit zusahen, ob sich ihre Placierung durch diesen Ritt noch ändern würde, sparten nicht mit anerkennenden Worten:

„Die Lüttje kann was, die wird nochmal eine zweite Helga Köhler."

„Die geht aufs Ganze, die Deern!"

„Die hat aber Schneid in de Büx!"

Die Kehre nach der blumengeschmückten Mauer gelang ihr glänzend — nach dem Steilsprung nahm sie eine geradezu höllische Fahrt auf — ging in diesem unwahrscheinlichen Tempo über das Billard, die drei Hindernisse auf der langen Seite machten keine Schwierigkeiten — auch der blutigste Laie mußte erkennen, daß hier ein äußerst schneller Umlauf geritten wurde.

Die Erregung der Zuschauer drückte sich in einer atemlosen Stille aus. Ich selber ertappte mich dabei, daß ich meine Hände fest ineinander verkrampfte und mir das Herz bis zum Halse schlug. Noch nie hatte mich der Ritt eines Kameraden oder vielmehr einer Kameradin derartig mitgenommen. Das blonde Mädchen ritt wie der Leibhaftige. Es fiel mir in diesem Augenblick verdammt schwer, Kavalier zu sein und ihr den vollen Erfolg zu gönnen. Sollte mir ausgerechnet eine Frau den Schlußpunkt zu meinem wiedergewonnenen Selbstvertrauen nehmen?

Die beiden Mauern wurden fehlerfrei überwunden, in kraftvollem Galopp ging sie das letzte Hindernis, die Trippelbarre, an — sie gab ihrem Schimmel alle Freiheit zu einem imponierenden Hoch-Weitsprung, schon schien sie drüber zu sein — ich fand mich bereits mit der Tatsache einer, wenn auch knappen Niederlage ab — da knallte ein harter Ton in die Stille hinein ... ein Huf schlug an das Holz. Als die Stute landete, wippte die Stange noch in der Auflage — fiel aber doch unter einem tausendstimmigen Schrei des Bedauerns, den ein frenetischer Beifall für die schneidige Reiterin ablöste, als sie durchs Ziel ritt.

„Das mußte nicht kommen", sagte einer der Nachbarn zu mir, „aber wat dem eenen sin Uhl, is dem andern sin Nachtigall. Ich glaube nicht, daß die Freyberg diese fünf Fehlersekunden schneller war als Sie."

Nun, gleich würde ich es wissen, meine Hoffnung stieg von neuem. Ich atmete erst mal tief durch und ging langsam zum Abreiteplatz zurück. In meine allzu verständliche Erregung hinein ertönte es aus dem Lautsprecher:

„Fräulein Freyberg auf Schneeball — 77 Sekunden."

Also doch, mein Sieg stand fest.

Auch ohne die fünf Fehlerpunkte der prächtigen Carla Freyberg hätten wir unsere Nase mit einer winzigen Sekunde vorne gehabt.

Von allen Seiten kamen freundliche Zurufe und manch ehrlicher Händedruck auf mich zu — ich nahm alles wie im Unterbewußtsein in mich auf, denn ich dachte an meinen Vater und an die Frau, die ich nach einer Zeit schwerer Prüfung vor ein paar Minuten aufs neue und diesmal für immer wiedergewonnen hatte — an Nikoline.

Wilhelm leuchtete übers ganze Gesicht:

„Ich habe es gewußt, Herr Godeysen — die Dame eben soll zwar großartig geritten sein, aber Sie sind ein ganz großer Reiter!"

„Nicht übertreiben, mein Guter", lachte ich — „ich will erst einmal einer werden."

Nachdem die aufgerufenen Reiter nebeneinander aufmarschiert waren, kam über den Lautsprecher der Richterspruch ... Ich durfte als Erster vorreiten. Neben mir rückte als Zweiter ein ländlicher Reiter, der nur drei Sekunden mehr hatte, dann Fräulein Freyberg. Und erst an sechster Stelle Herr Hewers aus Hamburg.

Welch herrliches Gefühl, unter dem Applaus der Zuschauer an der Spitze der Placierten im Galopp auf die Ehrenrunde zu gehen. Es war nicht nur die Freude über die goldene Schleife, es war mehr — — das Ziel meiner Irrfahrt seit der Flucht aus Matthiasruh war erreicht.

Beim Verlassen der Bahn entdeckte ich Nikoline, die mich mit glänzenden Augen erwartete. Der Kreis hatte sich geschlossen.

Nachdem ich Wilhelm mein Pferd anvertraut hatte, verzogen Nikoline und ich uns in das an den Turnierplatz grenzende kleine Wäldchen, und setzten uns auf eine versteckte Bank.

Es wäre uns unmöglich gewesen, jetzt mitten im Trubel der auseinanderströmenden Zuschauer oder im geschäftigen Treiben der Reiter, Pfleger und Pferde Rede und Antwort zu stehen, noch weniger weitere wohlgemeinte Gratulationen über uns ergehen zu lassen.

Wie zwei Kinder, die vom ersten Hauch der Liebe berührt wurden, ließen wir einzig und allein zunächst das beseligende Gefühl des Zusammenseins wie Balsam über unsere so lange Zeit gequälten Herzen streichen.

„Reiterlein, mir ist, als ob die ganze Welt stillsteht, nur um das Klopfen deines Herzens zu hören. Wenn ich jetzt nicht viel sage, so liegt das einfach daran, daß es keine Worte gibt, um meine Glückseligkeit auszudrücken."

Ich nahm ihr Gesicht in meine beiden Hände — sah ich das alles nicht zum erstenmal: den Ansatz ihres Haares, die schmalen Augenbrauen, die ein wenig hervorstehenden Backenknochen, die kleine gerade Nase, den trotzigen Mund und die strahlend blauen Augen. Konnten letztere jemals etwas anderes widergespiegelt haben als Liebe?

„Weißt du, Liebling", sagte ich, und ich schämte mich fast meines Geständnisses — „weißt du, ich war lange Zeit fest davon durchdrungen, deine Augen sprächen nur von Mitleid zu mir."

Der Schatten eines wehen Lächelns huschte über ihr Gesicht, sie öffnete ihre Lippen, schloß sie aber gleich wieder, ohne zunächst einen Ton hervorzubringen.

„Ich weiß es", sagte sie nach einer Weile — „durch Günthermann. Es war der einzige Schmerz, den du mir je bereitet hast. Doch auch ich habe mich geirrt, ich hielt deine Liebe für Dankbarkeit."

„Dummes Ding", hauchte ich. In diesen zwei Worten drückte ich meine ganze Zärtlichkeit aus.

Nikoline nahm meine Hände, und ich spürte, daß die ihren eiskalt waren:

„Darf ich etwas ganz Prosaisches sagen — trotz deiner Nähe friert mich."

Lieber Gott, in meiner Wiedersehensfreude hatte ich ganz übersehen, daß wir uns erst im Monat April befanden. Die Sonne näherte sich schon sehr dem Horizont, in kurzer Zeit würde sich die Dämmerung vollends auf uns herabsenken. Hand in Hand stürmten wir wie zwei Sechzehnjährige den Stallungen zu.

Zu meiner nicht geringen Verwunderung bemerkte ich auf einmal zwei Pfleger, die mich beide anlachten, als ob sie sich über den gelungenen Streich freuten.

Nikoline sah mich von der Seite an, in ihren Mundwinkeln zuckte es bedenklich.

„Na, nun beichte mal, mein Herz", befahl ich und markierte den Gestrengen.

Ein Kapitel für sich, echt fraulich erdacht und empfunden, klärte sich jetzt auf. Da sie selber vor meinen Ritten nicht in Erscheinung treten wollte, schickte sie mir kurz entschlossen ihren treuen Pfleger Wilhelm, damit wenigstens „ein reiterliches Stück von ihr" an diesem für mich so wichtigen Tage in meiner Nähe wäre. Giani hatte dabei natürlich auch seine Finger im Spiel. Ich wußte ja inzwischen, daß außer ihm auch Hermann dahinter steckte, und nicht nur diese beiden, der ganze Freundeskreis hatte sich nach und nach in einer treuen Gemeinschaft gefunden, die sich mit aller Liebe und Behutsamkeit bemühte, meiner Frau beizustehen und uns wieder zusammenzuführen.

Jetzt klärte sich auch die Geschichte mit dem „Nebenbuhler", die Lippke mir aufbinden wollte, denn dieser Nebenbuhler war mein Italiano. Er hatte Nikoline seinerzeit zum Niedersachsen-Rennen nach Hannover begleitet.

„O Liebling, ich war ja so eifersüchtig“, stöhnte ich.

„Was meinst du, wie eifersüchtig ich erst war, als ich vom Einhorn ein paar Brocken aus deinen Briefen hingeworfen bekam und er mir erzählte, eine bildschöne Engländerin bemühe sich um dich“, entgegnete sie mit gespielter Entrüstung.

„Diese Engländerin war ein unglücklicher Mensch und wurde im Urwald, ein paar Meter von mir entfernt, ermordet“, sagte ich ernst — „du wirst alles in meinen Aufzeichnungen lesen.“

Am nächsten Morgen fuhren wir in Nikolines Wagen gen Süden zum Prattschen Hof. Diesmal verlief alles ganz natürlich, kein „großer Bahnhof“ wie damals, als ich meinen Einzug auf Matthiasruh hielt.

Wir trafen gerade um die Mittagszeit ein, Lina Pratt empfing mich mit einem selbstverständlichen „Ach, da bist du ja, Jürgen, das ist schön“. Ich küßte sie auf die Wange (nicht sie mich wie vor drei Jahren), und obwohl sie mir ausnehmend jung erschien, hätte ich am liebsten Mutter zu ihr gesagt.

Im Eßzimmer hatte sich viel geändert, vor allem war der Sessel des „Hausherrn“ verschwunden. In der Ecke stand eine neue Garnitur, ein runder Tisch mit modernen Stühlen.

Lindemann begrüßte mich ebenfalls ohne viel Aufhebens wie einen guten Freund. Die Unterhaltung bei Tisch gestaltete sich froh und unbefangen, ohne jeden Rückblick auf das Vergangene. Das Gesprächsthema bildete das gestrige Turnier und mein Sieg.

Es fiel mir auf — obwohl es eigentlich selbstverständlich war —, wie ausgeglichen Lindemann und Lina heute auf mich wirkten. Nicht nur ich schien gesund und wie neugeboren zu sein, sondern wir alle vier. Die gesamte Atmosphäre dieses Hauses empfand ich gereinigt und jeder nervösen Spannung enthoben.

Die dunklen Wolken, die die Prattsche Hinterlassenschaft jahrelang beschatteten, waren einem hellen Licht gewichen.

Nach der Mittagsruhe beschlossen wir einen Ritt durch den nahen Wald, meine Frau auf Nikolaus und ich auf dem Pferde meines Vaters. Mit Herzklopfen ging ich zum Stall. Wie würde mir die Stute begegnen?

Wenn ihr, meine Nachkommen, die ihr diese Zeilen lest, Reiter seid, wie mein Vater und ich es waren, dann werdet ihr meine Bedenken begreifen und nicht lächeln ...

Die Stute Nicoline und ich sahen uns bei der ersten Begegnung nach so langer Trennung zunächst einmal prüfend an. Dabei las ich in ihrem Blick — und der Kuckuck soll mich holen, wenn es nicht stimmt, was ich schreibe — — was in unsere Sprache übertragen ausdrücken würde:

> „Jetzt ist die Stunde da, in der wir den Willen Kaspar Godeysens in die Tat umsetzen können."

Ein kräftiges, freudiges Wiehern unterstrich die Richtigkeit meines Empfindens.

Meine Frau nahm meinen Arm:

„Ich dachte mir, Reiterlein, du reitest von heute an Nicoline und den Charmeur, und ich deine Stute und Nikoläuschen. Es ist dir doch recht?"

„Genau", stimmte ich ihr bei und drückte sie fest an mich, „in dieser Zusammensetzung werden wir sechs gemeinsam die Turnierplätze unsicher machen und uns bemühen, dem Namen Godeysen einen guten reiterlichen Klang zu erhalten."

Als ich nach so langer Zeit erstmals wieder neben meiner Frau herritt, spürte ich so ganz sicher, daß wir zusammenhalten würden in allen Lebenslagen. Prüfungen sind Beweise der Fürsorge Gottes, mochten die Töne des menschlichen Gemüts auch noch so verschiedenartig klingen, sie müssen — so wie es nun bei uns der Fall sein wird — immer im Einklang miteinander stehen, um richtig zu harmonieren.

Gegen Abend lief ein Telegramm aus Priepert ein. Papa Ulmenau gratulierte mir zu meinem Erfolg und bat um unseren baldigen Besuch.

Nikoline schlug vor, gleich am nächsten Morgen zu fahren. Sie würde das Gefühl nicht los, der liebe alte Mann hielte sich nur noch mühsam hier unten auf der Erde, um uns beide gemeinsam bei sich zu sehen.

Ich stimmte ihr zu. War es nicht unsere erste Pflicht, denen, die uns in den kritischen Jahren mit all ihrer Fürsorge umhegten, unseren Dank abzustatten? Wo wären wir wohl ohne die beiden alten Herrn gelandet? Unser Plan lag schnell fest: ein paar Tage bei Jobst von der Ulmenau, ein Besuch bei Professor Gunthermann, auf Bitten von Lina und Lindemann zurück nach Matthiasruh bis zu Gianis Hochzeit und der anschließenden Seereise, die ja auch unsere verspätete Hochzeitsreise werden sollte.

Nach dem Frühstück legtest du, geliebte Frau, mir fünf Briefe auf den Tisch. „An Dich" stand auf den Umschlägen, und die Daten verteilten sich auf drei Jahre. Ich zog mich in unser Wohnzimmer zurück. Was ich las, erschütterte mich.

Wie leicht gehen wir Männer in unserem Egoismus über die Empfindungen eines wahren Frauenherzens hinweg. Wir sehen die Probleme, die an uns herantreten, nur von diesem einen männlichen Standpunkt aus.

So ist es und nicht anders!

Würden wir uns doch die Mühe machen und uns in die Perspektive unseres Partners versetzen, um dann mit unserer vielgepriesenen Überlegenheit und Objektivität den Weg zu ebnen, wieviel bittere Worte blieben unausgesprochen und wie viele Tränen unvergossen. Jetzt erst verstand ich deine ganze schrankenlose Liebe und Aufopferung, du meine selbstlose Gefährtin. Immer warst du, Geliebteste, ganz nahe, auch wenn hunderte Meilen zwischen uns lagen. Während ich mit Nikolaus durch die Wälder irrte, warst du schon bei Gunthermann und wartetest geduldig in der Kreisstadt im Hotel auf des Professors Bericht. Ihr waret davon überzeugt, daß ich zunächst im Sanatorium meine Zuflucht suchen würde.

Es berührt mich heute noch tief, rückblickend zu erfahren, wie richtig der hervorragende Arzt die Ursache unserer Probleme damals erkannte.

„Warten und Beten" — war der einzige Rat, den er dir geben konnte.

Er ließ dich die Briefe schreiben, die nun vor mir lagen. Und erst jetzt ihr Echo fanden. Wir haben schon verdammt viel von dir verlangt, mein Herz.

Trotz all dieser seelischen Massagen schriebst du dein Bekenntnis:

„Ich werde Dich immer lieben, wie Du Dich auch entscheiden magst."

Hätte ich diese Zeilen erhalten, wieviel Zweifel und Qual wäre mir erspart geblieben . . .

. . . da ertappte ich mich wieder bei einer echt männlichen Selbstgefälligkeit . . . was wäre „Mir" erspart geblieben . . . ich denke wieder nur an mich . . .

Heute verstehe ich den Psychologen Gunthermann voll und ganz. Man entläßt einen Patienten nicht nur gebessert, sondern zieht erst dann die Hand von ihm zurück, wenn er völlig geheilt ist.

In einem dritten Brief schriebst du, wie Ulmenau dir den Zweifel an meiner Liebe auszutreiben versuchte. Dafür danke ich dem alten General ganz besonders.

Ob ich an „unser" Lied dachte? Wie oft habe ich es gesungen, gesummt, geträumt. Und immer bedrängte mich dabei die gleiche Frage: Werden diese wunderbaren Worte, die ich mir in meiner Einsamkeit zum Leitmotiv des kleinen Fünkchens Hoffnung setzte, das noch in der verborgensten Kammer meines Herzens glomm, für uns Bedeutung erlangen?

„Und ich geh mit einer ...“

Dein vierter Brief gleicht einer einzigen Liebeserklärung. Doch der Professor rückte dir den Kopf ganz gehörig zurecht, und brachte es dir energisch bei, wie sehr ich dich liebe. Das las ich nämlich aus seinem Bericht heraus.

Als du gar nicht mehr aus noch ein wußtest, suchtest du deine Zuflucht bei den Pferden — so wie ich es tat, als ich nach Deutschland zurückkam. Das ist beileibe kein blindes Flüchten, viel eher ein beschwingtes Hintersichlassen der Schwere und Erdgebundenheit.

Brief fünf ist eine Anklage gegen meinen Wankelmut, die zuerst für Weihnachten geplante Zusammenkunft zu verlegen. So sehr ich selber unter dieser Verzögerung litt, war sie für unser jetzt beginnendes neues Leben notwendig.

Wie klein und unbedeutend ist doch der menschliche Wille, darum habe ich unsere weitere Zukunft in Gottes Hände gelegt. Wenn es Ulmenaus Wunsch ist, dann werde ich mit Freude die Bewirtschaftung von Priepert übernehmen.

Meine Gedanken beim Lesen deiner Briefe, die mich „heute erst erreichen“, gehören zum Gesamtbild der letzten Jahre. Darum halte ich sie fest, denn du hast ein Recht darauf, den gesamten Ablauf meines Genesungsprozesses mit all seinen körperlichen und geistigen Fieberkurven bis zum Tage meiner Wiedergeburt zu verfolgen.

Die alte Standuhr in der Diele schlägt elfmal. In einer Stunde wollen wir aufbrechen.

Wie anders verlasse ich diesmal Matthiasruh. Nur eines ist sich gleich geblieben: Ich bin unumstrittener Herr dieses Gutes, und doch besteht ein Unterschied — damals sollte ich es sein, jetzt bin ich es wirklich.

Aber ebensowenig wie in jenen kritischen Tagen werde ich heute die Stelle des Matthias Pratt einnehmen. Der Ruf erging an einen andern. Und dieser war immer eine Persönlichkeit, der eine Verantwortung tragen muß, um leben zu können. Er und die Mutter meiner Frau haben ein Recht auf ein eigenes, unabhängiges, arbeitserfülltes Dasein. Für zwei Paare wäre auf Matthiasruh kein Platz.

Daß Nikoläuschen sich bei seinem Sprung auf der Wiese von Priepert das Hufgelenk zerrte, war wohl schicksalhaft, denn sonst hätte ich Jobst von der Ulmenau ja nicht kennengelernt. So wird unsere Zukunft wahrscheinlich auf dem Waldgute liegen.

Ich kann mir denken, daß der alte General längst eine Verbindung mit meinem Vater aufgenommen hat, der ihm nach der gewonnenen „Armee“ ans Herz gewachsen war, und der nun droben im Himmel in der Reiterecke auf ihn wartet. Sicher haben sie schon während meiner Krankheit miteinander in Verbindung gestanden und sich überlegt, wie sie mich wohl am besten wieder in den Sattel heben könnten. Das Einhorn Gunthermann brummte ab und zu seine Anweisungen. Nun können sie wohl alle drei mit dem Ergebnis zufrieden sein.

Nikoline, wir haben uns, und das ist das Wunderbare, in den Jahren der Trennung trotz aller Widrigkeiten nicht auseinsondern zueinander gelebt. Lag nicht schon eine unwahrscheinliche Fügung darin, daß wir — jeder für sich, ohne es voneinander zu wissen — unsere ganze Kraft und Geduld einzig und allein aus dem Umgang mit Pferden holten?

> „Auf dem Rücken eines Pferdes ziemt nur das Schweigen, hier wollen einzig die Gedanken ihr Leben haben. Es ist so seltsam und schön. Für alle Reitersleute der Welt gibt es diese Stunde der Wahrheit. Sie wird bestimmt vom Pferde und seiner adeligen Art. Es duldet keine Lüge. Welch trostreiche Gewißheit, daß es in dieser Zeit, die so vieles verfälscht und verwässert, nach einem unerschütterlichen Gesetz des Edlen, nur das Echte zuläßt.“

Wie herrlich kann doch diese Welt sein — ein warmer Frühlingssonnenstrahl fällt durch das offene Fenster auf meine Hände — und über das Blatt Papier, das meine letzten Worte um diesen Lebensabschnitt trägt, krabbelt ein rotes, schwarzgetupftes Marienkäferchen. Das erste, das ich in diesem Jahre sehe. Auf der Buche, die mit ihren noch kahlen, aber knospenbestandenen Zweigen zu mir herüberblickt, hat sich eine Spatzenversammlung eingefunden. Ein wildes Gezwitscher und Geschilpe, man erzählt sich — wie bei den Menschen — das Neuste. Klatsch, Tatsachen, die froh oder traurig stimmen, Enttäuschungen und Hoffnungen.

Wie vom Sturme fortgeblasen, erhebt sich die ganze gefiederte Gesellschaft und ist verschwunden, als handele sie auf einen geheimen Befehl.

Und das Leben geht weiter — wie bei uns.

Aber was ist das Leben ohne Sehnsucht, ohne Hunger, ohne Verlangen, ohne Träume?

Mein Vater wußte es.

*

Während ich eben den Schlußstrich unter mein Tagebuch setze, summe ich unser Lied:

„. . . und ich geh mit einer, die mich lieb hat . . .“
Vater, ich nehme die Zügel auf,
hab Dank!

*

Knaur

Der Schloßherr
Eine Geschichte voller Intrigen, Verdächtigungen, Liebe und Eifersucht.
192 S. [776]

Die Lady und der Dämon
Kate, Tochter eines Miniaturmalers, hat das Talent des Vaters geerbt und feiert künstlerische Erfolge. Als ihr Förderer, ein französischer Baron, ihre Liebesheirat verhindert, lernt Kate die rauhen Seiten des Lebens kennen.
384 S. [1455]

Meine Feindin, die Königin
Ein farbenprächtiges Sittengemälde vom Hofe Elisabeths I. von England.
384 S. [790]

Verlorene Spur
Zwei unzertrennliche Schwestern werden vom Schicksal auseinandergerissen, doch das Glück beider entscheidet sich – freilich auf sehr unterschiedliche Weise – an einem deutschen Fürstenhof. 384 S. [1403]

Die Ashington-Perlen
Eine junge Frau wird Erbin einer Teeplantage auf Ceylon. Sie gerät in den Bann eines faszinierend-herrischen Mannes und kommt in den Besitz der sagenumwobenen Perlen der Ashingtons, die ihr jedoch kein Glück verheißen…
368 S. [1087]

Der Teufel zu Pferde
Waghalsige Liebesabenteuer in einer Welt aus Samt und Seide.
320 S. [679]

Tanz der Masken
Ein spannender Roman menschlicher Irrungen; die Geschichte eines unseligen Erbes und der alles überwindenden Kraft der Liebe. 384 S. [1328]

Unter dem Herbstmond
»Wenn ein Mädchen sich zur Zeit des Herbstmondes unter die große Eiche setzt, kann sie den Mann sehen, den sie einmal heiraten wird.« Das verkündet eine alte Sage, die der jungen Cordelia nicht mehr aus dem Kopf geht, nachdem sie in der Schweiz einem geheimnisvollen Fremden begegnet ist… 432 S. [1510]

Victoria Holt

Knaur

Remarque, Erich Maria
Schatten im Paradies
Remarques großer letzter Roman über die Emigration. 348 S. [363]

Styron, William
Nur diese Handvoll Staub und anderes aus meiner Feder
Der weltberühmte Romancier legt hier seinen ersten Erzählband vor. Seine sehr persönlichen Geschichten handeln von Schwarzen und Weißen, von ihren Leidenschaften, ihren Stärken und ihren Schwächen. 320 S. [1214]

Gordon, Noah
Die Klinik
Drei hervorragende Ärzte praktizieren unter der unerbittlichen Aufsicht von Dr. Longwood. Sie erfahren Siege und Niederlagen, Glück und Leid in einem Beruf, der sie täglich vor Herausforderungen stellt…
Ca. 416 S. [1568]
Der Rabbi
In der Zeit der Ungläubigkeit und Prunksucht beginnt der junge Michael Kind seine Laufbahn als Prediger. Seine Ehe mit einer Konvertitin wird zur großen Herausforderung seines Lebens.
352 S. [1546]

White, T. H.
Das Buch Merlin
Die vielgerühmte Version der großen Sage von König Artus und seiner Tafelrunde. Erzählt von einem der inspiriertesten Fantasy-Erzähler.
256 S. [1032]
Mr. White treibt auf der reißenden Liffey nach Dublin
Ein Überlebensroman. Eines Tages erscheint der Erzengel Michael und prophezeit eine Sintflut. Mr. White baut eine Arche. Als die Flut tatsächlich kommt, besteigen er und seine Mitbewohner ihr sonderbares Gefährt und fahren durch eine grandiose Alptraum-Szene, die sich wie eine Parodie auf den »Ulysses« von James Joyce liest…
256 S., 45 s/w-Abb. [1229]

Solschenizyn, Alexander
Ein Tag im Leben des Iwan Denissowitsch
Der Bericht über das Schicksal der Menschen in Stalins Zwangsarbeitslagern. 144 S. [190]

Uris, Leon
Haddsch
Haddsch, eine Männergestalt wie aus dem Alten Testament, ist die Hauptfigur dieser großen Familiensaga, die uns in das Land Palästina und in die Mentalität seiner Bewohner führt.
576 S. mit s/w-Abb. [1515]

Forsyth, Frederick
In Irland gibt es keine Schlangen
Zehn Stories voll überraschender Einfälle, erzählerischer Kraft und einer faszinierenden Wirklichkeitsnähe. 320 S. [1182]

Bieler, Manfred
Der Bär
In seinem autobiographischen Roman kehrt Manfred Bieler nach Zerbst, dem Ort seiner Kindheit, zurück. Das verträumte, östlich der Elbe gelegene Zerbst kommt uns nahe durch viele Geschichten, in denen geliebt und gelitten wird. 448 S. [1286]

Waberer, Keto von
Der Mann aus dem See
Poetisch und liebevoll, hintergründig und einfühlsam sind die alltäglichen Begebenheiten eingefangen, die Keto von Waberer in ihren Geschichten erzählt. In eindringlicher Sprache läßt sie den Leser miterleben, wie Menschen sich dem Leben und der Liebe stellen! Ca. 288 S. [1272]

Romane

Palmer, Lilli

Nachtmusik
Das Leben eines bisher unbescholtenen Universitätsprofessors gerät aus den Fugen. Eine turbulente und amüsante Geschichte. 384 S. [1090]

Eine Frau bleibt eine Frau
Millionen haben Lilli Palmer seinerzeit in ihrer gleichnamigen Fernsehserie bewundert. Daraus hat sie verschiedene Beiträge ausgesucht, sie in Erzählungen verwandelt und in diesem Sammelband veröffentlicht.
224 S., 16 Abb. [1320]

Umarmen hat seine Zeit
»Man muß auch mal ein Risiko eingehen, sonst lebt man nicht.« Diesen Rat ihrer geliebten Schwiegermutter wird Sophie nie vergessen. Sie will leben und sie lebt riskant, denn sie weiß: Alles auf Erden hat seine Zeit. 304 S. [789]

Wenn der Nachtvogel schreit
Die überraschende Entdeckung eines höchst ungelegenen Passagiers auf der Yacht »Gudrun« im Hafen von Portofino stürzt nicht nur deren Besitzer in Unannehmlichkeiten, sie verändert auch schlagartig das Leben seiner Freunde und Freundinnen inmitten der vorsommerlichen Ferienidylle…
320 S. [1576]

Buck, Pearl S.

Geschöpfe Gottes
Zwei erfolgreiche Männer im ewigwährenden Konflikt zwischen Machtgier und Nächstenliebe.
216 S. [1033]

Eine Liebesehe
In Pennsylvania findet der Maler William Barton die Motive für seine Kunst und eine Frau, die ihm Ergänzung und Erfüllung ist.
175 S. [755]

Wo die Sonne aufgeht
173 S. [310]

Am Teich der Lotosblüten
Märchen aus dem Nahen und Fernen Osten.
192 S. [786]

Das Mädchen von Kwangtung
China im Bürgerkrieg. Eine Handvoll grundverschiedener Menschen findet zueinander und bewährt sich im Augenblick höchster Gefahr.
160 S. [812]

Colette

Chéri
Colette schildert die Liebe zwischen einer reifen Frau und einem jungen Mann, der halb so alt ist wie sie selbst – eine Beziehung ohne Zukunft – denn eines Tages wird er sie verlassen und sich einer Jüngeren zuwenden… 224 S. [1345]

Romane